出土戰國文獻字詞集釋

曾憲通 陳偉武 主編

石小力 禤健聰 編撰

卷十一

中華書局

卷十一部首目録

卷十一

水

石鼓文·霝雨　陶彙5·247　陶彙5·384　睡虎地·答問121

包山248　上博二·魯邦5　上博二·容成53　郭店·尊德7　新蔡乙四43

上博七·凡乙2　上博七·凡甲10　郭店·太一1　上博五·三德16　望

山1·130

集成980魚鼎匕　貨系1519　山東002　陶彙3·411　齊幣444

璽彙1598　左冢漆梮　楚帛書

○**強運開**（1935）　(編按：石鼓文)《説文》："準也。北方之行，象眾水並流中有微陽之氣也。"段注云："火，外陽内陰；水，外陰内陽。中畫象其陽，云微陽者陽在内也，微猶隱也，水之文與☲卦同。"運開按：伏羲畫卦，而蒼頡即因之以造水字也。

《石鼓釋文》戊鼓，頁9

○**何琳儀**（1989）　(編按：楚帛書)首字原篆作""，李零（甲）釋"水"。饒引《左傳》昭公十九年"楚爲水師以伐濮"證楚有水師，甚確。按"水"的這種特殊寫法已見曾侯乙墓編鐘銘"濁、渚"等字"水"旁。

《江漢考古》1989-4，頁53

○**劉樂賢**（1997）　望山一號楚墓第130、131號都是殘簡，《望山楚簡》的釋文爲：

　　　　□備（佩）玉一環□（130號）

　　　　□大□（131號）

　　釋文中的字，是據原形照描的，顯然是當作不識字處理。《楚系簡帛文字編》則將它收於"公"字之下。試以《楚系簡帛文字編》公字條的其它字形對比，可以看出，釋爲"公"是不對的。

《望山楚簡》的照片印得很不清楚，但此字在第 131 號的形狀還可以看明白。《江陵望山沙冢楚墓》所附照片的效果要好一些，這兩支簡的未釋字都能看清楚。對照照片，可知《望山楚簡》和《楚系簡帛文字編》對該字的摹寫稍有走形。二字分別作🜲、🜲，分明就是"水"字。第 131 號所存的字爲"大水"，據此，可以將第 130 號補釋爲：

☒〔大〕水備（佩）玉一環☒

包山楚簡和望山楚簡中都有用"佩玉一環"祭祀"大水"的説法，如：

賽禱太，備（佩）玉一環；厌（后）土、司命、司禍，各一少（小）環；大水，備（佩）玉一環。（包山楚簡第 213 號）

遇禱太，備（佩）玉一環；厌（后）土、司命，各一少（小）環；大水，備（佩）玉一環。（望山楚簡一號墓第 54 號）

看來，上論兩支殘簡，原來也應是講，用佩玉一環祭禱"大水"。

《第三届國際中國古文字學研討會論文集》頁 631—633

〇**袁國華**（1997） 曾侯乙墓竹簡有🜲 212、🜲 212、🜲 157、🜲 171 等字，《曾侯乙墓竹簡釋文與考釋》一文將以上各字分別釋作從"手"的"拳、揉、擠"以及"探"。唯若以楚系竹簡文字比而觀之，似不宜將🜲等偏旁釋做"手"。雖然曾侯乙墓竹簡除以上各字外，並未見可以確定爲手或從手的字，但是包山楚簡則有從"手"旁的"捭、扻、拘"等字，其字形分別作：

🜲 96、🜲 125、🜲 97、🜲 169、🜲 183、🜲 122

各字所從"手"或作🜲，或作🜲，或作🜲，與《説文解字》"手"古文🜲相同或相近；字亦作🜲，或作🜲，只是繁簡之別。

從🜲等偏旁的形體考察，字皆作五畫，由一下垂向右彎曲筆畫加上四點組成，左右各兩點，兩兩往中間靠攏，乍看似是兩道相連筆畫，細察之實與包山楚簡的"手"旁寫法甚有分別。🜲與🜲、🜲、🜲、🜲等，明顯有別，自不待言；甚至與🜲，亦不盡相同，"手"字無論繁簡，其中間直畫之上，皆有一小撇，《説文解字》古文亦復如此，而🜲等字則無，因此之故，似不宜將🜲等偏旁都釋爲"手"。

從🜲等偏旁的形體及筆畫組合觀之，疑字是"水"。無論甲骨文、西周金文或是戰國古文，典型的"水"字都寫作🜲，此典型一直沿用到漢代的小篆。🜲與🜲構形上的分別在於將原來兩兩平行的"🜲"四點，寫成往中間靠攏的"🜲"而已。"水"字的這種寫法，楚系簡牘文字屢見。包山楚簡"氾、沱、湯、㴑、涅"

等字形分別作：

"水"旁的構形即作"⚡"。此外,曾侯乙墓竹簡"沴"字凡兩見,簡 177 云:"石沴人駟",字形作⚡,另外簡 214 云:"所彄石沴肄彄柤新田之盥",字形則作⚡,李家浩先生將以上兩字都釋作"沴"。根據字形的特徵,既然"⚡"與"⚡"同字,則"⚡"與"⚡"都是水字,應無問題。這是疑"⚡"乃"水"字,一個極之重要的證據。

⚡等偏旁被誤認,疑是受"⚡"字的構形影響的。戰國楚系文字"水"旁置於字的下方者,幾乎都將"水"旁橫寫做"⚡"。楚系簡帛文字"水"旁置於字的下方而作橫畫者,如"漸"作⚡、"湘"作"⚡"、"泊"作"⚡"、"淺"作⚡、"滄"作⚡、"潔"作⚡、"邲"作⚡、"瀶"作⚡、"灘"作⚡、"法"作⚡等;又包山楚簡"滎"字作⚡,"水"旁半直半橫,望山楚簡或訛作"⚡",都頗具特色。唯像曾侯乙墓竹簡⚡字仍完全保留直書者,則甚為罕見,加上從"手""⚡"聲的"拳"字,早見於先秦典籍與《說文解字》,故將⚡誤釋為"拳",是其來有自的。

既然⚡等偏旁不是"手",乃是"水",一如上述,則曾侯乙墓竹簡所見⚡、⚡、⚡、⚡等字應分別隸定做"漿、溧、濟"以及"滲"字了。

《中國文字》新 23,頁 241—243

○李守奎(2003) 戰國以前出土文獻中从"手"的字很少,可以確知的只有"拜"字,形體與"水"或水旁有很大的差別。"水"旁中閒曲筆从左上向右下斜曳,兩旁似水滴的四點離散且向下;"手"旁以⚡形為正體,中閒曲筆自右上向左下折行,兩旁似手指的筆畫與中閒的筆畫相連且向上彎曲。我們可以確知的戰國初期的"手"和手旁還沒有發現。從現有的材料看,"手"部字是在戰國以後漸漸多起來的。楚文字中的"手"和"水"有明顯不同:

手:⚡郭店・五行 45　⚡郭店・性自命出 21　⚡郭店・老子甲 33　⚡郭店・老子甲 33

水:⚡包山 246　⚡包山 182　⚡包山 170

我們可以清楚地看到楚文字水旁兩側的"水滴"逐漸與中閒的筆畫相連,有點像西周金文的"手"形,但中閒的曲筆基本上都保留了西周金文"水"字的寫法。而楚文字"手"旁中閒的一筆全部自右上向左下曲行。

《第四屆國際中國古文字學研討會論文集》頁 506—507

△**按** 楚帛書丙篇“水”與下文“師不復”當點斷，何琳儀等以“水師”連讀，不確。

【水上】包山 246

○**李零**（1994） 水上與溺人。溺死的冤鬼。前者是漂在水上的，後者是沉在水底的。

《李零自選集》頁 64，1998；原載《學人》5

【水虫】集成 980 魚顚匕

○**于省吾**（1932） 《洪範·五行傳》“時則有魚孽”注：“魚蟲之生於水而游於水者也。”

《雙劍誃吉金文選》頁 227，1998

○**詹鄞鑫**（2001） “水蟲”爲古人對魚龍龜鱉等水生動物的統稱。蚩尤是神話中的上古民族名稱，古族之名往往源於圖騰之物。“蚩尤”疊韻連語（古音均屬之部韻），且均从“虫”，正透露出其名源於水蟲名稱。《初學記》卷九引《歸藏·啟筮》云：“蚩尤出自羊水，八肱八趾疏首。”以音求之，蓋“虯”之音轉，緩言之則曰“蚩尤”。《説文》：“虯，龍子有角者。”秦漢簡傳説蚩尤“頭有角”，又説“蚩尤神龜足蛇首”（《述異記》），猶存虯龍遺意。在此銘文中，“蚩尤”當爲水蟲族類之稱。

《中國文字研究》2，頁 177

【水事】上博五·三德 16

○**李零**（2005） “水事”，疑指水利工程。

《上海博物館藏戰國楚竹書》（五）頁 299

【水滎】上博二·容成 23

△**按** 滎即榮之省文，簡文中讀爲潦，“水滎”即“水潦”。參“榮”字條。

【水潦】睡虎地·秦律 2

△**按** 水潦，因雨水过多而積在田地裏的水。《荀子·王制》：“修隄梁，通沟澮，行水潦，安水藏。”

【水瀆】睡虎地·日甲 16 背叁

○**劉樂賢**（1994） 水竇即水穴。又按：敦煌遺書伯 3865《宅經》認爲水瀆東南流是“五實”之一，則此處水瀆也可讀爲水瀆。

《睡虎地秦簡日書研究》頁 220

○**王子今**（2003） 遼寧綏中石碑地秦行宮遺址有相當完備的上水系統和下水系統，體現出當時建築設計和施工已經考慮到生活中的清潔需要，值得重視。而睡虎地秦簡《日書》“水瀆”的性質，很可能也屬於住宅建築的排水設施。所謂“水竇”，當區別於其他“竇”。

《睡虎地秦簡〈日書〉甲種書證》頁 334

河 泃

睡虎地·秦律 7　　郭店·窮達 3　　上博一·詩論 29　　璽彙 0124　　陶彙 3·856

上博二·容成 24　　上博三·中弓 2　　陶彙 3·855

○**睡簡整理小組**（1990）　（編按：睡虎地·秦律 7）呵，呵責。呵禁所，指設置警戒的地域。

《睡虎地秦墓竹簡》頁 21

【河水】上博一·詩論 29

○**馬承源**（2001）　河水　今本所無。見於《國語·晉語四》：“秦伯賦《鳩飛》，公子賦《河水》。”是《河水》篇曾經重耳賦之。但韋昭注：“河，當作沔，字相似誤也。其詩曰：‘沔彼流水，朝宗於海。’言已返國，當朝事秦。”但從簡文看“河”字與“沔”字筆畫有清楚的區別，至少簡文之“河”字不可能誤認爲“沔”字，因此，《河水》應是逸詩的篇名。

《上海博物館藏戰國楚竹書》（一）頁 159

○**何琳儀**（2002）　簡文“河水智”，似可讀“河水知”。“知”之義訓，參見《詩·檜風·隰有萇楚》“夭之沃沃，樂子之無知”，箋：“知，匹也。”關於“知”訓相交匹合之義，清儒已有精確的解説。

《詩·邶風·新臺》：“新臺有泚，河水瀰瀰。燕婉之求，籧篨不鮮。新臺有灑，河水浼浼。燕婉之求，籧篨不殄。魚網之設，鴻則離之。燕婉之求，得此戚施。”顯而易見，詩義爲男女之辭。簡文“河水知”意謂“《河水》是一首男女匹合之詩”。至於《衛風·碩人》和《魏風·伐檀》之“河水”，則很難與“智”或“知”聯繫在一起。故《詩論》“河水”應指《邶風·新臺》。

《上博館藏戰國楚竹書研究》頁 257

○**廖名春**（2002）　《河水》當指《伐檀》。《左傳·僖公二十三年》：“公子賦《河水》，公賦《六月》，趙衰曰：‘重耳拜賜！’公子降，拜，稽首，公降一級而辭焉。衰曰：‘君稱所以佐天子者命重耳，重耳敢不拜？’”杜預注：“《河水》，逸

《詩》，義取河水朝宗於海，海喻秦。”《國語·晉語四》：“秦伯賦《鳩飛》，公子賦《河水》。秦伯賦《六月》，子餘使公子降拜。秦伯降辭，子餘曰：‘君稱所以佐天子匡王國者以命重耳，重耳敢有惰心，敢不從德。’”韋昭注：“河當作‘沔’，字相似誤也。其詩曰：‘沔彼流水，朝宗於海。’言己反國，當朝事秦。”江永《群經補義》：“此説是也。余謂‘嗟我兄弟，邦人諸友。莫肯念亂，誰無父母’，亦欲以此感動秦伯，望其念亂而送己歸也。”董增齡《國語正義》卷十：“杜既以《河水》爲逸《詩》，則辭亡而義從何見？以‘朝宗於海’屬之《河水》，經文無證。宏嗣破‘河’爲‘沔’，遠勝杜説。當其時吕、郤在國，惠、懷無親，‘邦人諸友，莫肯念亂，誰無父母’，確合當時情勢。”杜、韋、江、董説皆誤，《河水》非逸《詩》，亦非《沔水》之誤，當指《伐檀》。《伐檀》詩云：“坎坎伐檀兮，寘之河之干兮，河水清且漣猗。不稼不穡，胡取禾三百廛兮？不狩不獵，胡瞻爾庭有縣貆兮？彼君子兮，不素餐兮！”取“河水清且漣猗”等爲名，故曰《河水》。小序：“《伐檀》，刺貪也。在位貪鄙，無功而受禄，君子不得進仕爾。”朱熹《辯説》：“此詩專美君子之不素餐。序言刺貪，失其旨矣。”從簡文“《河水》智”看，朱説是。君子“不稼不穡”而“取禾三百廛”，“不狩不獵”而“庭有縣貆”，正是所謂“智”也，這種“不素食”之“智”正是孟子所謂“勞心者治人”。簡二十九的《惓而》爲《周南·卷耳》，《涉秦》爲《鄭風·褰裳》，《芣苢》出自《周南》，《角幡》爲《唐風·葛生》，則《河水》亦必出自《詩經》。《國語·晉語四》和《左傳·僖公二十三年》所載賦詩除《河水》外，《采菽》《黍苗》《六月》皆出自《小雅》，《鳩飛》即《小雅·小宛》，取首章文辭爲名。依此類推，《河水》不必爲逸《詩》。以“河”爲“沔”字之誤，實由杜預注“義取河水朝宗於海”説而來，不足爲訓。不能説《左傳》有誤，《國語》亦有誤。簡文也作“河”，更説明“河”字不誤。韋、江、董以《沔水》詩爲説，純係揣測。此次賦詩，以《國語》所載最詳。秦伯賦《采菽》，“以天子之命服命重耳”。重耳賦《黍苗》，表達“重耳之卬君也，若黍苗之卬陰雨也”之情，強調“若君實庇蔭膏澤之，使能成嘉穀，薦在宗廟，君之力也。君若昭先君榮，東行濟河，整師以復强周室，重耳之望也。重耳若獲集德而歸載，使主晉民，成封國，其何實不從。君若恣志以用重耳，四方諸侯，其誰不惕惕以從命！”“其何實不從”“其誰不惕惕以從命”實有“河水朝宗於海”之意。這就是説，重耳在賦《黍苗》時，已以“河水朝宗於海”之意説秦穆公，所以“秦伯歡曰：‘是子將有焉，豈專在寡人乎！’”賦《鳩飛》勉勵重耳，而《小宛》的“各敬爾儀，天命不又……教誨爾子，式穀似之……夙興夜寐，毋忝爾所生……惴惴小心，如臨於穀（編按：“穀”爲“谷”之誤）。

戰戰兢兢,如履薄冰"等語,正表現了秦穆公的教訓、勉勵之心。重耳於是賦《河水》,說明自己"不素餐兮",將不會辜負秦穆公的勉勵。如果賦的是《沔水》,既是文不對題,也是重複《黍苗》之意。

《上博館藏戰國楚竹書研究》頁 270—271

【河市】

○**黃吉軍、黃吉博**(1998)　　1998 年 3 月,洛陽市第二文物工作隊在西郊于家營發掘了 6 座秦墓,這是該隊繼 1986 年在孫旗屯發掘 3 座戰國晚期秦國墓之後第二次正式考古發掘的秦墓。值得注意的是這批秦墓中發現印有"河市、河亭"戳記的隨葬器物,爲河南區劃演變和秦墓斷代的研究提供了重要資料。

圖一　于家營秦墓出土陶罐"河市、河亭"戳記陶文

一、"河市、河亭"考辯

本世紀 50 年代初,洛陽漢河南縣城遺址曾發現印有"河市、河亭"戳記的陶片(圖二)。這種帶某"市"、某"亭"的戳記,在全國其他地方出土很多,如湖北雲夢睡虎地 14 號秦墓出土陶釜上的"安陸市亭",秦都咸陽遺址出土陶釜上的"杜亭"和秦始皇陵園出土陶器上的"櫟亭、麗亭、焦亭",河南三門峽剛玉砂廠秦人墓出土陶器上的"陝市、陝亭",河北邯鄲戰國至漢代遺址出土的"邯亭"戳記陶片,安徽亳城外渦河橋邊出土帶"譙市"的陶盆碎片等。這種戳記當爲某地"市、亭"的製品標記。資料表明,凡地名爲二字者,大抵省略一字,如邯鄲的"亭"便省作"邯亭";安邑的"亭"省作"安亭"。地名爲一字者,無法再加省略,如陝地的"市、亭"便作"陝市、陝亭"。由此推之,"河市、河亭"當是"河南"的"市"、"河南"的"亭"。

圖二　漢河南縣城遺址出土"河市、河亭"陶文戳記

秦漢時期,大城市的"市、亭"不止設一處。《三輔黃圖》載:"長安九市,六市在道西,三市在道東。"又說:"市樓皆重屋,又曰旗亭,樓在杜門大道南,

又有當市樓,有令署以察商賈貨財買賣貿易之事,三輔都尉掌之。"具體到洛陽出土的"河市、河亭"二者有無區別? "河亭"是"河南旗亭",還是鄉亭之下的"亭市"? 從戳形看,漢河南縣城遺址出土的陶片和于家營秦墓出土的陶罐,其戳記凡"河市"者皆爲豎戳,"河亭"皆爲橫戳,這種不同是偶然的巧合,還是別有用意? 我們認爲其含義可能不同,因此我們暫且認爲,凡書"河市"者應是河南市井官府製陶作坊的戳記。又因秦漢時期鄉下置亭,十里一亭,亭長下設亭父、求盜,分掌"關閉掃除"和"逐捕盜賊"等事,鄉下置亭,有的亭下也設"市",那麼"河亭"應是河南近畿市井官府製陶作坊的戳記。

二、"河南"地名的産生與演變

"河市、河亭"既然是河南的"市、亭",那麼無疑應是先有"河南"而後才能有"河市、河亭"。歷史上洛陽出現河南之名最早在何時,在不同的歷史時期其演變情況如何? 把這個問題弄清之後,才能判斷于家營墓葬中出土的"河市、河亭"陶文戳記究屬何時之"河南"。

河南之名,最早見於戰國早期。《史記·周本紀》曰:"考王封其弟於河南,是爲桓公。"《索隱》曰:"考王封其弟於河南,爲桓公。卒,子威公立。卒,子惠公立。長子曰西周公。又封少子於鞏,仍襲父號曰東周惠公,於是有東、西二周也。"《世本》曰:"西周桓公名揭,居河南,東周惠公名班,居洛陽。"周考王在位於公元前449—前426年,説明"河南"一名最早在戰國早期就已出現。此時的"河南"已代替了王城,也就是説春秋時期的京室"王城",到了戰國時期已改稱"河南"了。這是由於春秋末年,周王室發生王子朝之亂,敬王東遷"成周"後,王城日漸衰落,原來廣袤的京師都市,到戰國早期僅縮小爲原來王城中西部的一小片地區。戰國糧倉遺址(今九都路中段南側、澗河以東)、戰國燒窯作坊(今小屯村北和村東)、戰國製骨作坊(今小屯村東)、呂不韋文信錢範(王城東南部)、戰國早中期安藏空首布錢範(今市府西院)等遺物和遺迹都出土於原王城中西部河南縣城的範圍以内,説明了原王城的荒廢和縮小。縮小後的一小片地域即稱爲"河南"。因北鄰黄河,取黄河以南之意,故名。

戰國中期後,各諸侯國爲了鞏固其政權,相繼建立了郡縣制。而周王室因政治保守,尚未設郡縣,直到東西二周先後被秦滅亡後,秦國才在東西二周的地域内初置三川郡。《史記·周(編按:"周"當爲"秦")本紀》:"西周君背秦與諸侯約從,將天下鋭兵出伊闕攻秦,令秦毋得通陽城,於是秦使將軍摎攻西周,西周君走來自歸,頓首受罪,盡獻其三十六城,口三萬。秦王受獻,歸其君於周。五十二年(即昭王五十二年,公元前256年)周民東亡,其器九鼎入秦,周初亡。"又在"襄王元年(公元前249年)……東周君與諸侯謀秦,秦使相國吕不韋誅之,盡入其國……秦界至大梁,初置三川郡"。《集解》引徐廣曰:"周比亡時,凡七縣:河南、洛陽、穀城、平陰、偃師、鞏、緱氏。"這說明河南是秦滅東西周時的七邑之一。

河南郡的設置是在西漢初年。《漢書·地理志》載:"河南郡,故三川郡,高帝更名……縣二十二。"這時的"河南"不僅是郡治,也是郡下屬縣之一。《太平寰宇記》河南縣條:"河南,故郟鄏地……秦滅,漢爲縣,屬河南郡,後漢也爲河南縣,歷魏、晉及後魏皆理於今苑城東北隅,後周大象二年移於故洛陽城西,隋大業二年又移於今洛城内寬政坊,即今理所也。"這裏既概述了河南的沿革,又説明了河南故城的位置。(中略)

我們判斷這6座墓的時代應在孫旗屯戰國晚期秦墓之後,即從公元前221年秦始皇統一六國至公元前206年秦朝滅亡。墓葬的時代確定之後,"河市、河亭"戳記的時代也就迎刃而解了。所以我們認爲此墓出土"河市、河亭"戳記的"河南",當是秦三川郡下之"河南"縣。

《中原文物》1998-2,頁66—68

【河㠯】璽彙0124

○**羅福頤等**(1981)　河丞。

《古璽彙編》頁21

△**按**　讀爲"河尉"。

【河亭】

△**按**　見【河市】條。

【河凥】郭店·窮達3

○**袁國華**(1998)　簡文云:"陶拍於河凥。"查古籍如《墨子·尚賢》《吕氏春秋·慎人》《管子·版法解》《史記·五帝本紀》《列女傳·周南之妻》等皆有舜"陶於河瀕(瀕或作濱)"的記載。故循音義以求之,"河凥"應讀作"河浦"。

"凥"金文亦作"医",可見二字古音極近甚至相同。"医"即小篆"箙"字。"箙",古音屬幫母魚部;"浦",古音屬滂母魚部。故由此推論所得,"凥、浦"二字,音近可通假。"浦"《説文》水部云:"瀕也。"由是觀之,將"河凥"讀作"河浦"於音義皆合。

《中國文字》新24,頁141

○**李家浩**(1999) 《吕氏春秋·慎人》《新序·雜事一》等説“舜……陶於河濱”,《管子·版法》《史記·五帝本紀》等也説“舜……陶河濱”。“河匿”當與“河濱”同義。《廣雅·釋丘》:“浦、濱,厓(涯)也。”“浦”从“甫”聲。上古音“古、甫”都是魚部字。“古”屬見母,“浦”屬幫母,聲似相隔,但是從有關資料看,“古”的古音似與幫母的字有密切的關係。例如銅器銘文裏,有一個用爲姓氏的字,作从“夫”从“古”,此二旁皆聲,讀爲“胡”。“夫”有甫無切、防無切兩讀,前一讀音屬幫母,後一讀音屬並母。幫、並二母都是脣音。《儀禮·士相見禮》“士相見之禮,摯……夏用腒”,《白虎通·瑞贄》引“腒”作“脯”。《左傳》哀公十一年“胡簋之事,則嘗學之矣”,《孔子家語·正論》記此事,“胡”作“簠”。“腒”从“居”聲,“居、胡”皆从“古”聲。“脯、簠”皆从“甫”聲。據此,“河匿”當讀爲“河浦”。

《中國哲學》20,頁353—354

○**李零**(1999) “滸”,原作“匿”,疑讀“滸”,“滸”是水邊。

《道家文化研究》17,頁494

○**季旭昇**(2001) 《郭店·窮達以時》:“匋拍於河匿。”河匿,袁國華、李家浩先生都讀爲河浦。李家浩先生舉出銅器銘文“㚤”讀“胡”、《儀禮·士相見禮》“腒”字在《白虎通·瑞贄》引作“浦”、《左傳·哀十一年》“胡簋之事”在《孔子家語·正論》引文“胡”作“簠”等證據,證明“匿”可以讀爲“浦”。因而以爲《窮達以時》的“遇告古也”句中的“告古”應讀爲“造父”。論證精闢,釋義可從。

但是,考慮到“古”的上古音與幫母字有直接關係的例證畢竟數量不是很多,而且在銅器中从“古”得聲的“匿”系銅器有“䀇、𥃱(左旁所从不詳)、匿、𠥻、𠤴、鈷、匿、䤣、𠤷、𠥁、𠥼、𠥱、𠥽、笑、医(同医,大形可能爲夫形之省)、𠥠”等十六種寫法,从“甫”得聲的“簠”系銅器則有“甫、筩、鋪、𥁄、匩”等五種寫法,“古”聲雖然和脣音的“夫”聲可以相通,但是和“甫”聲之閒似乎有一道很明顯的界線。基於這樣的理由,我們以爲“河匿”不妨讀爲“河滸”。“匿”字文獻未見,應从“古”得聲,古(*kaɤ)上古音在見紐魚部開口一等;滸(*xaɤ)上古音在曉紐魚部開口一等,二字韻同聲近,互相通作,應該没有問題。

《詩經·王風·葛藟》:“在河之滸。”毛傳:“水厓曰滸。”《大雅·緜》:“率西水滸。”毛傳:“滸,水厓也。”《爾雅·釋地》:“岸上,滸。”以此解釋《窮達以時》的“(舜)拍陶於河匿”,似也一樣文從字順。至於李家浩先生所舉“古”聲和脣音相通的例子,絶大部分是異文,而異文是有可能有其它解釋的。

《中國文字》新 27，頁 118—119

○**王志平**（2002）　“臣”，李家浩《讀〈郭店楚墓竹簡〉瑣議》讀爲“浦”，李零《校讀記》讀爲“湆”。疑當讀爲“湖”。郭店楚簡《語叢四》有“不見江臣（湖）之水”之語，可證。

《簡牘學研究》3，頁 57

【**河東**】上博三·中弓 2

○**陳偉**（2006）　2 號簡云：“夫季氏，河東之城家也。”

　　河東，研究者多未涉及，只有晁福林先生説是“大河以東地區”。其實，先秦、秦漢人所説的“河東”，有兩個不同的地方。先秦、秦漢人習慣將黃河河道分爲三段，即西河、南河、東河。如《禮記·王制》云：“恆山至於南河，千里而近。自南河至於江，千里而近……自東河至於東海，千里而遥。自東河至於西河，千里而近。自西河至於流沙，千里而遥。”這三段河道所指，孫詒讓概括説：“禹治河故道，自積石西來，至今鄂爾多斯左翼後旗唐東受降城，折而南流，入《職方》雍、冀二州境，《禹貢》《王制》所謂南河也。過大伾山南，至今河南衛輝府浚縣，漢黎陽縣宿胥口，又折而東北流，合漳水，至今直隸永平府樂亭縣碣石入海，《王制》所謂東河也。”古人所説的“河東”，在較多場合是指西河之東。如《左傳》僖公十六年：“於是秦始征晉河東，置官司焉。”《孟子·梁惠王上》：“河內凶，則移其民於河東，移其粟於河內。河東凶亦然。”《史記·貨殖列傳》云：“昔唐人都河東，殷人都河內，周人都河南。”先秦、秦漢人所説的另一處河東，是指東河之東。《周禮·夏官·職方氏》述九州云：“河東曰兖州，其山鎮曰岱山，其澤藪曰大野，其川河、沛，其浸廬、維……”《爾雅·釋山》云“河東岱”，邢昺疏曰：“云‘河東岱’、注‘岱宗，泰山’者，在東洞之東，一名岱宗，一名泰山。”竹書在説魯國季氏，所云“河東”當指後者，而不是前者。

　　關於“東河”行經，孫氏之説需要訂正。據譚其驤先生研究，公元前 4 世紀以前，黃河下游流經河北平原，在渤海灣西岸入海，因兩岸未築隄防，河道不穩定。黃河曾往返更迭多次流經的有《禹貢》《山海經》和《漢書·地理志》中記載的三道。前二道在河北平原偏西，沿太行山麓北流。《山經》大河下游大致走今雄縣、霸縣一線，至今天津市區附近入海。《禹貢》大河下游在深縣與《山經》大河別流，穿過今河北平原中部，於青縣以東入海。《漢志》大河則離開太行山東麓，經豫東北、魯西北、冀東南，東北至黃驊市東入海。這三條河道或迭爲主次，或同時存在，而以流經《漢志》大河爲常見。到戰國中期，兩岸全面築隄，河道開始固定，即《漢志》河水和《水經注》大河故瀆。公元 70 年王景治河開闢的黃河新道位置偏南，大體流經冀魯交界地區，至今山東利津縣境入海。春秋、戰國人所説的“東河”，大概是指《漢志》所載的大河；而所謂“河東”，大致也就是《漢志》大河以東地區。

　　應該注意的是，傳世古書中並不見河東包含魯地的記載。在上揭《周禮·夏官·職方氏》中，河東與兗州關聯。由於岱即泰山是兗州山鎮，《爾雅·釋山》所云，也有類似的意味。而古人對於“九州”兗州的界定，並不包括魯地。《尚書·禹貢》云：“濟、河惟兗州。”孔傳：“東南據濟，西北距河。”孔疏：“濟、河之閒相去路近，兗州之境，跨濟而過，東南越濟水，西北至東河也。”《爾雅·釋地》“濟、河閒曰兗州”，郭璞注：“自河東至濟。”邢疏：“《禹貢》：‘濟、河惟兗州。’孔安國云：‘東南據濟，西北距河。’孔《傳》凡云‘據’者，謂跨之也。距，至也。濟、河之閒相去路近，兗州之境，跨濟而遇，東南越濟水，西北至東河也。”《吕氏春秋·有始覽》：“河濟之閒爲兗州，衛也。”高誘注：“河出其北，濟經其南。”按之今地，大約相當山東省西北部、河北省東南部和河南省的東北隅。至於魯地，一般是歸之於豫州。《吕氏春秋·有始覽》在兗州、青州之後説：“泗上爲徐州，魯也。”《嘉慶重修一統志》卷一六五·山東兗州府一“建置沿革”云：“《禹貢》徐、兗二州之域。”而在注釋中説：“府治及東境屬徐州，西北境屬兗州。”竹書《仲弓》的出土，使我們得知，先秦人所説的”河東”，實際上也包括魯國在內。

《古文字研究》26，頁 281—282

【河賓】上博二·容成 13

○**李零**（2002）　匋於河賓：即“陶於河濱”。《五帝本紀》作“（舜）陶河濱”。《郭店楚墓竹簡·窮達以時》第二簡至第三簡作“（舜）匋（陶）笞於河㵒（濟）”。

《上海博物館藏戰國楚竹書》（二）頁 260

△**按**　李説可從。

【河醮】上博六·王子 3

△**按**　簡文云“莊王迚河醮之行”，“河醮”讀爲“河雍”，亦見於清華二《繫年》簡 76—77“連尹戴（止）於河灘”，《左傳》宣公十二年稱“衡雍”，《韓非子·喻老》作“河雍”，在今河南原陽西，與“郼”同地。

江 江

十鐘 睡虎地·語書 8 集成 12113 鄂君啟舟節 郭店·語四 10

郭店·老甲 2 上博二·容成 26 新蔡乙四 9 璽彙 0101 璽彙 2590

上博七·吳命 5 新蔡甲三 180

故宮 423

○**丁佛言**（1924） 古鉢。江去疾。江字易橫豎。

《說文古籀補補》頁 48,1988

○**何琳儀**（1998） 晉璽江,姓氏。系出嬴姓,伯益之後,封江陵,子孫以國爲氏,見《姓譜》。

鄂君舟節江,長江。楚璽"江夌",讀"江陵",地名。《史記·項羽本紀》："因立敖爲臨江王,都江陵。"

秦璽江,姓氏。

《戰國古文字典》頁 414

【江宀】上博七·吳命 5

○**曹錦炎**（2008） "江",此處專指長江。《書·禹貢》："江漢朝宗於海。""完",讀爲"干"。《說文》"睅或作皖";《史記·平準書》"初大農筦鹽鐵官布多",《漢書·食貨志》"筦"作"幹";《禮記·禮運》"衣其澣帛",《孔子家語·問禮》"澣"作"浣";《禮記·禮器》"澣衣濯冠以朝",《釋文》"澣本又作浣";《史記·萬石張叔列傳》"身自浣滌",《漢書·石奮傳》"浣"作"澣"。此皆"完"可讀"干"之證。"干",岸,水邊。《詩·魏風·伐檀》："坎坎伐檀兮,寘之水之干兮。""江干",長江邊。

《上海博物館藏戰國楚竹書》（七）頁 316

△**按** 曹說誤,"宀"即"賓"之省體,參卷六貝部"賓"字條,"江宀"讀爲"江濱"。

【江夌】璽彙 0101

○**趙平安**（2003） 江夌即江陵,《地理志》屬南郡。

《第四屆國際中國古文字學研討會論文集》頁 533

【江陵】睡虎地・語書 8

○**睡簡整理小組**（1990）　江陵,即楚舊都郢,今湖北江陵。

《睡虎地秦墓竹簡》頁 15

【江之陽】集成 11718 攻吳太子姑發䚕反劍

○**商承祚**（1963）　余處江之陽。

此余字爲上余字之重文。

山南爲陽,山北爲陰,吳在淮河之南,故以河南的地帶爲陽。山與江河據所向以稱陰陽,自無不可。

《中山大學學報》1963-3,頁 71

○**曹錦炎**（1989）　江之陽

山南水北爲陽,山北水南爲陰。此言作器者時居長江之北,陳夢家謂當指吳之州來而言（《蔡器三記》,《考古》1963 年 7 期）。考州來本楚邑,一度入吳,《春秋》成公七年:"吳入州來。"《左傳》:"吳始伐楚,吳入州來。"《左傳》襄公廿六年:"吳於是伐巢……入州來。"《左傳》襄公卅一年:"延州來季子其果立乎?"可見州來入吳後曾一度爲季札之封邑。至昭公四年又入楚,《左傳》昭公四年:"冬,吳伐楚……(楚)然丹城州來。"昭公九年:"楚公子棄疾遷許於吳,實城父,取州來淮北之田以益之。"諸樊未即位時州來正屬吳地,陳說可從。

《古文字研究》17,頁 71

沱

集成 9678 趙孟庎壺　　包山 170　　郭店・五行 17　　上博二・容成 45
上博四・曹沫 6　　上博五・三德 12　　璽彙 1086　　陶彙 6・118
璽彙 1774　　官印 0003　　睡虎地・爲吏 34 叁

○**強運開**（1935）　　古璽。　。按,即汜之反文。

《說文古籀三補》頁 55,1986

○**李先登**（1982）　"沱":

一件,1977 年 11 月 30 日告東冶 T2H11 出土,陰文長方形"沱"字印一方,鈐印於繩紋殘陶片上,器形已不辨。(中略)"沱"字從水從它,與池字相通,乃戰國時陶工私名印。

《古文字研究》7,頁 216

○**張守中**(1994)　(編按:睡虎地·爲吏 34"苑囿園沱")今別作池。

《睡虎地秦簡文字編》頁 169

○**何琳儀**(1998)　晉璽沱,讀池,姓氏。氏於地者,城郭園池是也。見《風俗通》。

《戰國古文字典》頁 865

○**白於藍**(1999)　(編按:《包山楚簡》)169 頁"沱"字條,"🖋"(170),釋沱不妥,西周靜簋"射于大沱"即"射于大池",東周趙孟壺"遇邗王于黃沱"之"黃沱",《左傳》作"黃池"。包山簡此"喜沱"爲地名,也以釋池爲佳。

《中國文字》新 25,頁 197

○**劉信芳**(2003)　(編按:包山 170)喜沱:

　　白於藍云:"釋沱不妥,西周靜簋'射于大沱'即'射于大池',東周趙孟壺'遇邗王于黃沱'之'黃沱',《左傳》作'黃池'。包山簡此'喜沱'爲地名,也以釋池爲佳。"(《〈包山楚簡文字編〉校訂》,《中國文字》新廿五期)按:釋"沱"是,《詩·召南·江有沱》:"江有沱。"傳:"沱,江之別者。"《書·禹貢》:"岷山道江,東別爲沱。"又"沱潛既道"。又:"浮于江沱潛漢。"《漢書·地理志》蜀郡郫縣:"《禹貢》江沱在西。"又汶江縣:"江沱在西南,東入江。"又南郡枝江縣:"江沱出西,東入江。"《說文》:"沱,江別流也。"所謂江別流者,江中有州。江流因洲支分爲二,其主流(主航道)仍江之名。支分者爲沱。今長江三峽沿江有朱家沱、石盤沱、金剛沱、萬户沱、蓮沱、南沱等。知包簡地名"沱"不可破讀爲"池"。

《包山楚簡解詁》頁 196—197

○**李零**(2004)　(編按:上博四·曹沫6)池舶　《國語·齊語》提到"施伯,魯君之謀臣也",即此人。韋昭注:"施伯,魯大夫,惠公之孫,施父之子。"

《上海博物館藏戰國楚竹書》(四)頁 247

○**李守奎、曲冰、孫偉龍**(2007)　楚之"沱"字乃《玉篇·水部》之"池"字。與《說文》之"沱"字同形。

《上海博物館藏戰國楚竹書(一——五)文字編》頁 511

△**按**　《說文》:"沱,江別流也,出崏山,東別爲沱。从水,它聲。"徐鉉等曰:"沱沼之沱,通用此字。今別作池,非是。""沱"應即"池沼"之"池"本字,它旁隸變后訛與也旁同,遂成"池"字。

浙

　　上博 29

△**按**　《説文》:"浙,江水東至會稽山陰爲浙江。从水,折聲。"漢印"浙江都水",見《漢印文字徵》十一·二。

湔 瀞 湔

　　貨系 2464

○**李家浩**(1986)　陽湔　疑讀爲"陽原"(**原注**:古代"湔""原"二字音近可通。《詩·邶風·簡兮》"在前上處"之"前",阜陽漢墓竹簡作"泉"[《文物》1984 年 8 期頁 S039,8 頁圖、圖版壹:39]《左傳》昭公三年經"滕子原"之"原",《公羊傳》作"原"。"前"與"泉"通,而"泉"又與"原"通,是"前"與"原"亦可相通),在今河北省陽原縣南。

《中國錢幣》1986-4,頁 57

○**黃錫全**(1993)

2464	瀞	湔陽	陽湔	陽原,河北陽原縣西南	魏	孔

《先秦貨幣研究》頁 356,2001;
原載《第二屆國際中國古文字學研討會論文集》

○**何琳儀**(1998)　趙三孔布"陽湔",讀"陽原",地名。《左·昭廿三》"前城",《水經·伊水注》引服虔曰"前讀泉"。《吕覽·本味》"高泉之山",《山海經·中山經》湔作前,是其佐證。

《戰國古文字典》頁 1045

沫 沬

　　郭店·尊德 35

○**陳偉**(2001)　沬,讀爲"眛"。《説文》:"眛,目不明也。"段注云:"《吴都賦》'相與眛潛險,搜怪奇。'劉曰:'眛,冒也。'"簡文爲冒犯之意。

《中國哲學史》2001-3,頁 117

○**李零**（2002）　　"蔑"，原作"沫"，疑讀"蔑"（兩字都是明母月部字，讀音相近）。

《郭店楚簡校讀記》（增訂本）頁 141

○**劉釗**（2003）　　"沫"疑讀爲"没"，意爲"掩蓋、超過"。

《郭店楚簡校釋》頁 129

△**按**　《尊德義》簡辭云："勇不足以沫衆。"

温

△**按**　《説文》："温，水。出犍爲涪，南入黔水。从水，昷聲。"

沮

○**王人聰**（1996）　（編按：印文"王彭沮"）璽文"沮"假爲"祖"，古人多取"彭祖"爲名，如"申彭祖、胡彭祖、樊彭祖"等（見《漢印文字徵・第五》）。

《香港中文大學文物館藏印續集一》頁 164

△**按**　《説文》："沮，水。出漢中房陵，東入江。从水，且聲。"

涂　　滁

○**睡簡整理小組**（1990）　（編按：睡虎地・爲吏 33）塗墍（音計），用灰泥塗抹房屋。《書・梓材》："惟其塗墍茨。"

《睡虎地秦墓竹簡》頁 171

○**張守中**（1994）　（編按：睡虎地・爲吏 33）通塗　扂屋涂墍。

《睡虎地秦簡文字編》頁 169

△**按**　楚文字"余"旁常增無義偏旁口作舍，故"滁"即"涂"字異體。

【淒州】上博二·容成 25

○**李零**(2002)　淒州　從明都澤的位置看,疑即《禹貢》等書的徐州。按:二州似在古魯、宋之地。

《上海博物館藏戰國楚竹書》(二)頁 269

○**陳偉**(2003)　明都作爲澤名,古書中有不同寫法。《周禮·夏官·職方氏》"其澤藪曰望諸"句下,孫詒讓《正義》有詳盡羅列和梳理,可參看。《禹貢》敘其地於豫州,《周禮·夏官·職方氏》則説是青州藪。

九河,《爾雅·釋水》説是徒駭、太史、馬頰、覆釜、胡蘇、簡、絜、鈎盤、鬲津九水。其實可能是泛指流經今河北平原上的黄河下游的多股岔流。《禹貢》敘在兗州下。

夾州、塗州,李零先生説:"夾州,《書·禹貢》所無,但與下'涂州'鄰近,疑相當《禹貢》等書的'兗州'。""涂州,從明都澤的位置看,疑即《禹貢》等書的徐州。"

明都、九河當在此二州之境。其閒關係,可能是一水各位於一州,也可能是二水均在某一州。後文説:"禹乃通三江、五湖,東注之海,於是乎荆州、陽州始可處也。"三江、五湖皆在陽(揚)州,即屬第二種情形。由於豫州另見,就傳世古書所敘州域而言,這二州應優先考慮與青、兗或其鄰州的對應。

夾州,確有可能如同李零先生的推測,相當於《禹貢》兗州。夾、寅形近,或生混淆。包山 168 號簡的"寅"字右側,便與"夾"字類似。《汗簡》卷中之二所録《古尚書》"夾"字和《古文四聲韻》卷五所録《古老子》"狹"字,則與"寅"字相混,因而,此字或許是"寅"字誤寫。寅、兗二字爲喻紐雙聲,真、元旁轉,上古時讀音相近,或相通假。

涂、徐皆从"余"得聲,當可通假。在地域上,徐州與《禹貢》豫州和《職方》青州有涉。胡渭曾指出:"《周禮》'正東曰青州',《禹貢》徐州之山水皆在焉。蓋以徐爲青,青地太半入幽,而徐之西則又入於兗云。"因此,涂州確有可能如李零先生所云,大致相當於《禹貢》徐州。

《中國史研究》2003-3,頁 42—43

○**李守奎、曲冰、孫偉龍**(2007)　簡文"淒州",地名,當即"徐州"。

《上海博物館藏戰國楚竹書(一—五)文字編》頁 504

○**凡國棟**(2007)　徐州之得名説法頗多。劉熙《釋名·釋州國》云:"徐,舒也。土氣舒緩也。"邢昺《疏》引李巡曰:"淮海閒,其氣寬舒,稟性安徐,故曰徐。徐,舒也。"是以劉、李説法頗近似。辛樹幟《節要》以爲"或因徐國得名”。劉起釪撰《徐州地理叢考》一文詳細考證了徐人的歷史由來及其居住遷徙情況,最後論定徐州是由於徐人所居之地而得名,此説當無疑問。

我們考慮《容成氏》之滄州與傳世文獻之徐州對應,很大程度上是因爲古音通假的關係。其實《容成氏》滄州之地域和《禹貢》徐州並不完全吻合,而近似與《吕氏春秋》之徐州。其實這一點與劉起釪氏的考證並不矛盾。正如劉氏所云,徐人最初是居於魯地,正當洙泗流域,而《容成氏》的滄州之域正與徐人早期的居住地帶吻合。這就似乎説明,徐州本應如《容成氏》的滄州一致,在洙泗流域;但是隨着徐人南遷,徐州之境亦隨之南遷,而《禹貢》所反映的徐州則是徐人南遷以後的面貌。

《楚地簡帛思想研究》3,頁 215

○**尹宏兵**(2007) 涂與徐可通,學者均以爲涂州即徐州。但《容成氏》涂州與《禹貢》徐州並不相同,此涂州是以明都爲中心的一片區域,相當於春秋及戰國初年宋地,以今豫東平原爲核心的一塊地區,從下文竞州來看,此涂州東不及海,只相當於黄淮平原西半部。

《楚地簡帛思想研究》3,頁 224

△**按** “滄州”讀“徐州”當可從。

沅 沵

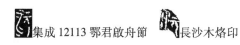

集成 12113 鄂君啟舟節　　長沙木烙印

○**郭沫若**(1958) 沅即沅水。

《文物參考資料》1958-4,頁 4

△**按** 《説文》:“沅,水。出牂牁故且蘭,東北入江。从水,元聲。”鄂君啟節及長沙木烙印之“沅”,均當指“沅水”。

溺 灟 淲 𣽈

集成 261 王孫遺者鐘　　包山 7　　包山 177　　包山 246　　郭店·老甲 37

郭店·太一 9　　郭店·老甲 8　　上博二·容成 36　　上博五·姑成 10　　左冢漆桐

珍秦·秦 99　　珍秦·秦 266

包山 5

○**强運開**（1935）　王孫鐘“龢人民”。運開按：此篆从水从旁，並从。又按：《説文》：“殄，盡也。”古文殄作與相近，是即古沴字也。沴訓殄，亦訓害。“龢人民”者，蓋謂調龢其人民，使之毋相沴害也。

《説文古籀三補》頁 56，1986

○**郭沫若**（1936）　渗字从水殄聲，殄者彊之異，《莊子·大宗師》“陰陽之氣有沴其心”，《釋文》云：“沴崔本作灑，崔以其心屬上句。”知沴灑一字，則知殄彊一字矣。从水，斯爲灑矣。灑者，水盛皃，“和渗民人”者謂和變而殷盛之。

《郭沫若全集·考古編 8》頁 348—349，2002

○**劉彬徽、彭浩、胡雅麗、劉祖信**（1991）　（編按：包山 172）㲚，讀作没。《小爾雅·廣詁》：“没，滅也。”《漢書·匈奴傳》：“没，溺也。”没人即溺於水中之人。

《包山楚簡》頁 58

○**湯餘惠**（1993）　（編按：包山）172　原隸爲㲚，注 488：“㲚，讀爲没。”此字从休，即古溺字。《古文四聲韻》引《華岳碑》作，簡文㲚，从休勿聲，即“淹没”之“没”。勿、没古並明紐物部，古音極相近。㲚之爲没，猶《説文》殁或體作歾。《小爾雅·廣詁》：“没，滅也。”5 簡“～典”，謂不見於名籍。246 簡“～人”，指溺水而亡者。

《考古與文物》1993-2，頁 74

○**黃盛璋**（1994）　（編按：包山）此字當即《説文》水部之“休，没也。从水、人，讀與溺同”。段注：“此沉溺之本字，今人多用溺水水名爲之，古今異字爾。《玉篇》引孔子曰：君子休於口，小人休於水。”顧希馮所見《禮記》尚作休，蓋楚文字寫法，《楚辭》：“沕深潛以自珍。”徐廣曰：“沕，潛藏也。”此“沕”僅見《楚辭》，必爲楚文字，而㲚爲其繁文。

簡 246：“鬼攻（工）解於水上與㲚人。”“㲚人”即溺人，休甲骨文已有，見《佚》616，後代通行“溺”字，而本字久廢，但楚簡此字屢見，其用爲人名，必爲常見之字，它加了“勿”，以表示沉没之意。而《楚辭》之“沕”，以水換人旁，應爲其簡寫，當爲一字，平山戰國中山壺：“唯其沕於人，寧沕於淵。”李學勤同志根據上引《禮記》相類之文句，而讀爲“溺”，是正確的，但此字一直被隸定爲“沕”，因右旁作 S，很像是勺，但音讀不對，現在我才恍然悟知，此字實从水从“勿”，簡化如勺，以致誤認。總之，此字就是楚文字的“溺”，讀“溺”不讀

“没”,楚文字自有“没”字。

《湖南考古輯刊》6,頁 187—188

○**荊門市博物館**(1998) （編按:郭店·老甲 8)溺,簡文从“弓”从“勿”从“水”,此處似借作“妙”。此字亦見於《包山楚簡》第二四六號:“思攻解於水上與溺人。”溺人,没於水中之人。

《郭店楚墓竹簡》頁 114

○**崔仁義**(1998) （編按:郭店·老甲 8)溺,同尿,通妙。尿、妙古韻同在宵部。

《荊門郭店楚簡〈老子〉研究》頁 64

○**廖名春**(1998) 1987 年出土於湖北荊門包山二號墓的楚簡,“𦫳”字五見。其中簡 7 兩見,簡 172、177、246 各一見。簡 5 有一“𡥀”字,从“子”而不从“水”,當爲“𦫳”字之別體。(中略)

按《王孫遺者鐘》之“𩉿”字即包山楚簡之“𦫳”字。此字亦多見於 1993 年湖北荊門郭店一號楚墓所出楚簡。如王弼本《老子》第 40 章“反者,道之動;弱者,道之用”、第 55 章“骨(編按:“骨”爲“骨”字之誤)弱筋柔而握固”,“弱”字荊門楚簡皆作“𦫳”。此字下部从“水”,上部當爲“弱”。隸定當作“溺”。讀若“弱”。“溺”本作“弱”,故文獻中多互用。如《易·大過·象傳》:“‘棟橈’,本末弱也。”陸德明《釋文》:“弱,本亦作溺。”《書·禹貢》:“道弱水。”陸德明《釋文》:“弱,本亦作溺。”《説文·水部》即云:“溺,水。”《左傳·昭公八年經》:“陳侯溺卒。”《史記·陳杞世家》“溺”作“弱”。荊門楚簡有“天道貴𦫳”句,即“天道貴溺”,“溺”當讀作“弱”。又有“善爲士者必𦫳”説,即“善爲士者必溺”,“溺”也當讀作“弱”。

人們對“𦫳”字之所以不能正確釋讀。關鍵就在《説文》對“弱、溺”二字的説解有誤。《説文·彡部》:“弱,橈也,上象橈曲,彡象毛氂橈弱也。弱物并,故从二弓。”段玉裁注:“橈者,曲木也,引申爲凡曲之稱。直者多強,曲者多弱。”“曲似弓,故以弓象之;弱似毛氂,故以彡象之。”《説文·水部》又云:“溺,水……从水,弱聲。”“休,没也,从水、人,讀與溺同。”段玉裁注:“此沉溺之本字也。今人多用溺水水名爲之,古今異字耳。《玉篇》引孔子曰:‘君子休於口,小人休於水。’顧希馮所見《禮記》尚作休。”其實,“弱”字並非从“弓”从“彡”,《説文》與段玉裁注都有問題。所謂“弓”,乃人的側身形象,戰國文字中“人”作偏旁時與“弓”混,許慎將“人”誤作了“弓”。所謂“彡”,乃尿水的形象。兩人側身站着撒尿,這就是“弱”字的本義。加水旁繁化爲“溺”。而“尿”則爲“弱”字的簡化,將二人簡爲一人,所以應是“弱”字的別體。正因爲

“溺、尿”皆爲“弱”的異寫，所以文獻中不但“溺”與“弱”可互作，而且“溺”也讀作“尿”。如《史記·范雎蔡澤傳》：“更溺雎。”張守節《史記正義》：“溺，古尿字。”《漢書·酈食其傳》：“沛公輒解其冠，溺其中。”《韓安國傳》：“然即溺之。”《周仁傳》：“常衣弊補衣溺袴。”顏師古注此三“溺”字皆云：“溺讀曰尿。”故《集韻·嘯韻》曰：“尿，亦作溺。”“休”從人從水，《説文》云“讀與溺同”。《庄子·逍遥游》：“大浸稽天而不溺。”《類篇》引“溺”作“休”。實亦“弱”。宋郭忠恕《汗簡》所載“弱”字，夏竦《古文四聲韻》所載《古老子》的兩個“弱”字和《華岳碑》的一個“弱”字，皆左爲人，右爲水，即“休”。所以“休”也不過是“弱”省略了一人而已。以上足證“休”乃“弱、溺、尿”之別寫。“人”作形符與“尸”不分，所以它的音義自然與“尿”同。

　　“溺”之沉溺義當從它的本義溺尿引申而來，溺尿入水故曰沉溺。“弱”之軟弱義亦疑當從尿水而來，水是至柔之物，故以爲弱。

　　由此來看人們對《王孫遺者鐘》“𣱾”字字形之分析，高田忠周“從水從弓，弓即弘省”説，“從水”固然不錯，但“從弓”乃從人之誤；强運開“從水從參並從弓”，“即古渗字也”説，誤右上之“人”爲弓，又誤左上爲“參”，主要是不明“彡”乃尿水的形象；郭沫若、于省吾、林潔明等作“渗、㳠、㴇”，也是一誤右上之“人”爲弓，二不明“彡”之意。其釋義除于省吾説略近外，它皆爲穿鑿。按“𣱾”當作“溺”，“溺”讀若“淑”。《詩·周南·汝墳》：“惄如調饑。”陸德明《經典釋文》：“惄，《韓詩》作愵。”《説文》亦曰：“愵，讀若惄。”“惄”“愵”可互作，“溺”自然也可讀若“淑”。《爾雅·釋詁上》：“淑，善也。”《詩·曹風·鳲鳩》：“淑人君子，其儀一兮。”鄭玄注：“淑，善。”鐘銘曰：“龢溺民人。”即和淑民人，和善人民，意與《孝經·諸侯》章“和其民人”同。

　　《包山楚簡》一書的作者與滕壬生等將“𣱸”字隸定爲“㴑”、李運富隸定爲“㞞”，從字形看，基本上是正確的；但以爲《説文》所無則是不明此即“溺”字。湯餘惠“此字從休，即古溺字”説，極爲有見；但“簡文㴑，從休勿聲，即‘淹没’之‘没’。勿、没古並明紐物部，古音極相近。㴑之爲没，猶《説文》殁或體作歾”説則又失之交臂。李守奎徑直隸定作“没”，是謂重過。包山楚簡“溺”字在簡 172 與 177 中皆用作人名，以“溺”作人名罕聞，即使如荊門楚簡讀若“弱”，文獻中也不多見。由《王孫遺者鐘》“溺”讀如“淑”推論，包山楚簡“溺”作人名當讀作“叔”。簡 172 的“鹽溺”即“鹽叔”，簡 177 的“尹溺”即“尹叔”。簡 246 的“溺人”即溺水之人，不必作“没人”。

　　　　　　　　　　《吉林大學古籍整理研究所建所十五周年紀念文集》頁 92—95

○**丁原植**（1999）　（編按：郭店·老甲 8）"溺"字，帛書乙本作"眇"，王弼本作"妙"。此處疑借爲"汩"。帛書《老子》甲本第 16 章有"汩身不怠"。帛書乙本與王弼本"汩"均作"没"。"汩"有"潛藏隱没"之義。《史記·屈原賈生列傳》："襲九淵之神龍兮，汩深潛以自珍。"裴駰《集解》引徐廣曰："汩，潛藏也。"司馬貞《索隱》："張晏曰：汩，音密，又音勿也。""非溺"疑爲"微汩"之假，意謂隱微而潛藏。

《郭店竹簡〈老子〉釋析與研究》頁 56

○**廖名春**（2003）　簡文並非"从'弓'从'勿'从'水'"，所謂"弓"，乃人的側身形象，戰國文字中"人"作偏旁時與"弓"混。兩人側身站着撒尿，這就是"弱"字的本義。加水旁繁化爲"溺"。而"尿"則爲"溺"字的簡化，將二人簡化爲一人，所以應是"弱"字的別體。正因爲"溺、尿"皆爲"弱"的異寫，所以文獻中不但"溺"與"弱"可互作，而且"溺"也讀作"尿"。如《史記·范雎蔡澤傳》："更溺雎。"張守節《史記正義》："溺，古尿字。"《漢書·酈食其傳》："沛公輒解其冠，溺其中。"《韓安國傳》："然即溺之。"《周仁傳》："常衣弊補衣溺袴。"顏師古注此三"溺"字皆云："溺讀若尿。""溺"即"尿"之繁文，故能與"妙"通，不能讀爲"没"。"妙、眇"通用，"眇"爲"妙"之借。

《郭店楚簡老子校釋》頁 80—81

○**陳錫勇**（2005）　"溺"，从"弱"聲。《釋名·釋疾病》："溺，弱也，不能自勝之言也。"《説文》作"溺水"，《釋文》："弱，本或作溺。"《左傳·昭公八年》"陳哀公溺"，《史記·陳杞世家》"溺"作"弱"。《荀子·禮論》："禮之理誠深矣，堅白同異之察入焉而溺。"《史記·禮書》"溺"作"弱"。是"溺"與"弱"同，且《老子》第五十五章甲編："骨溺筋柔而捉固。""溺"釋作"弱"，與帛書本同，以彼例此，是"溺"當解作"弱"也。《老子》第三章帛書乙本："聖人之治也，虛其心，實其腹，弱其志，强其骨。""志"，識也，"弱其志"，即"弱其識"，是猶"深不可志"，即"深不可識"也。"微弱"之"微"，是謂"虛其心"，"微弱"之"弱"，是謂"弱其識"，《老子》第三十八章帛書本："前識者，道之華而愚之首也。"故當"弱其識"也。《老子》第五十六章曰："塞其穴、閉其門，和其光、同其塵。""塞穴"、"閉門"是猶"虛其心"也；"和光"、"同塵"是猶"弱其識"也，第五十六章"玄同"於"德"，而本章謂"玄達"於"道"，是同例也。故"微弱玄達"是謂"虛其心、弱其識，深達於道理"。"玄"，深遠也，"玄之又玄"即"深之又深"；"玄鑑"即"深鑑"；"玄同"乃省略語，謂"深同於德"也。然則，"溺"，或釋作"妙"者，是不然也。此云：古之善爲士者,虛其心、弱其志而深達道理者,故深不可識也。

《郭店楚簡老子論證》頁 64—65

○**劉釗**(2006)　　王孫遺者鐘,清光緒十年(1884)出土於湖北荆州宜都縣城西二十多里的山中,現藏美國三藩市亞洲美術博物館。該器被多種金文著録書收録,《集成》編號爲261。其銘文如下(通假字直接釋出):

　　　　唯正月初吉丁亥,王孫遺者擇其吉金自作和鐘,中翰且揚,元鳴孔皇,用享以孝,于我皇祖文考,用祈眉壽,余温恭舒遲,畏忌翼翼,肅慎聖武,惠於政德,淑于威儀,謀猷丕飾,閑閑和鐘,用宴以喜,用樂嘉賓父兄,及我朋友。余任以我,延永余德,和🜚民人,余敷旬于國,皇皇熙熙,萬年無期,世萬孫子永保鼓之。

　　文中"和🜚民人"一句中的"🜚"字以往作爲不識字,主要有三種隸定:

　　1.渗　　　2.弳　　　3.㴊

　　對此字的考釋以往雖然有多種説法,但都不能令人相信。1998年廖名春先生在《楚文字考釋三則》一文中,指出此字與見於包山楚簡和郭店楚簡的"溺"字寫法相近,也應該釋爲"溺"。從此字形體和其在文中的用法來看,這一考釋無疑是正確的。

　　包山楚簡和郭店楚簡的"溺"字作如下之形:

比較可知兩者的形體的確十分接近。

　　關於"🜚"字的結構,以往大都將其隸定作"㴊",誤以爲此字從"叅"作,由此誤導出了錯誤的解釋。廖名春先生指出字所從的"彡"像尿水的形象,應該是比較可信的説法。其實以往的考釋諸家忽視了"🜚"字本來就是"尿"的本字,這個字見於甲骨文,作"🜚",唐蘭先生很早就將此字釋爲"尿",如今看來應該是正確的。"溺""尿"音義皆同,本爲一字之分化,"㴊"字從"尿"的本字"🜚",從"水"爲纍加的義符,左邊的"彳"是"人"字,也是纍加的義符。因爲古文字中的"人、尸、弓"三者經常相混,所以左邊有時寫成從"人",有時寫成從"尸",有時又寫成像"弓"。

　　關於王孫遺者鐘"㴊"字在銘文中的用法,廖名春先生認爲當讀爲"淑",他説:

　　　　"溺"讀若"淑"。《詩·周南·汝墳》:"惄如調饑。"陸德明《經典釋文》:"惄,《韓詩》作愵。"《説文》亦曰:"愵,讀若惄。""愵""惄"可互作,

“溺”自然也可讀若“淑”。《爾雅・釋詁上》:“淑,善也。”《詩・曹風・鳲鳩》:“淑人君子,其儀一兮。”鄭玄注:“淑,善。”鐘銘曰:“龢溺民人。”即和淑民人,和善民人,意與《孝經・諸侯》章“和其民人”同。

按讀“和溺民人”爲“和淑民人”從文意上看没有問題,但是傳世典籍從無“和淑”一詞,“和溺”還應該有另外更合適的解釋。我們認爲“和溺”應該讀爲“和弱”。“溺”從“弱”聲,“溺”“弱”可以相通,郭店楚簡《老子》甲本“骨溺筋柔而捉固”,“溺”即借爲“弱”。“和弱”乃“調和抑制”之意。《淮南子・原道》:“是故聖人將養其神,和弱其氣,平夷其形,而與道沉浮俯仰。”將“和弱”的“調和抑制”意按之銘文的“和弱民人”,文意十分合適。

最後連帶談談見於戰國古璽的兩個“溺”字。澳門蕭春源先生編有《珍秦齋藏印》一書,書中編號 99 和 266 分別收有下列兩方私印:

兩方印釋文皆隸定作“㳻”,其中編號 99 之印釋文下的注釋謂“此字已見春秋時之王孫遺者鐘(《金文總集》7175),字書未收此字”。

按釋文下注釋謂“此字已見於王孫遺者鐘”甚是。但謂“字書未收此字”則不確。其實這兩個字也都應該釋爲“溺”。

《古文字構形學》頁 270—272

【㲻人】包山 246

○劉彬徽、彭浩、胡雅麗、劉祖信(1991)　没人。

《包山楚簡》頁 58

○湯餘惠(1993)　指溺水而亡者。

《考古與文物》1993-2,頁 74

○李零(1994)　水上與溺人。溺死的冤鬼。前者是漂在水上的,後者是沉在水底的。

《李零自選集》頁 64,1998;原載《學人》5

【㲻典】包山 7

○湯餘惠(1993)　謂不見於名籍。

《考古與文物》1993-2,頁 74

○劉信芳(1996)　溺典　簡七云:

　　邦人入其溺典,臧(藏)王之墨。

簡文“溺”字原有誤釋,湯餘惠先生釋作“溺”,極是。“溺典”之涵義,原報告考釋者認爲即"隱匿名籍",其説不可信。《釋名·釋疾病》:"溺,弱也,不能自勝之言也。"《左傳》襄公二十六年:"遇王子弱也。"杜預注:"弱,敗也,言爲王子所得。"是俘虜稱"弱"。楚懷王時期,楚國人口變動極大,無户籍者衆多,此類無户籍者至少包括:1.戰俘;2.逃亡者;3.因自然災害、社會動盪(如莊蹻暴郢)而引起大規模人口遷徙者;4.正式登記户籍所遺漏者。僅釋爲"隱匿名籍",顯然不能包括以上數種情況。

"溺典"其實就是"没有正式户籍的人口典册"(大略相當於現在的流散人口登記)。專門登記無户籍者的名册——"溺典"需上報官府,即所謂"入其溺典",還需"藏王之墨"(詳下釋)。"溺典"既是一種供呈報備案的典册,自然不能簡單地釋爲"隱匿名籍"。

據包山竹簡,楚懷王時期至少有兩次大規模地清理無户籍者的行動(楚懷王八年、九年),由楚懷王親自主持(參簡七),"新官師、新官令、新官婁、新官連敖"等衆多官員"奔得受之",如此緊迫地清理無户籍者,這是社會動盪在户籍管理上的反映。《國語·周語上》:"宣王既喪南國之師,乃料民於太原。"料民即登記人口之數。仲山父認爲:"民不可料也。"理由是,如果政局穩定,人民安居樂業,"少多死生出入往來者,皆可知也"。而料民則"害於政而妨於後嗣"。料民的深刻原因在於統治者已經覺察到人口危機,是統治者急需人口以補充前線兵員損失的直接反映。對於無户籍者的處理想必是十分嚴屬的,簡七記爲"已入其臣之溺典",恐怕是連人帶"典"一併没入官府,或充勞役,或充軍。如果僅僅只有入"隱匿名籍",司法官員處理就是了,是用不着如此興師動衆的。

《簡帛研究》2,頁 13—14

○**陳偉**(1996)　"泿典"見於簡 7—8。簡 4—6 作"厚典"。《考釋》説:"厚,簡 7 此字作泿,讀如没。《小爾雅·廣詁》:'没,無也。'又,《史記·屈原賈生列傳》'汩深潛以自珍',徐廣注:'汩,潛藏也。''泿典'當是隱匿名籍。"説"泿典"爲隱匿名籍,恐與簡書文意不合。簡 4—6、7—8 記云:

> 佗大令念以爲刞令圍墜刞人其厚典,新官師瑗、新官令郖(越)、新官婁履犬、新官連囂郇趄、奔得受之。

> 王廷於藍郢之遊宫,焉命大莫囂屈陽爲命邦人内其泿典。臧王之墨以内其臣之泿典:悥之子庚一夫,尻郢里,司馬徒箸之;庚之子晗一夫、晗之子疕一夫,未在典。

簡 2—4 中的"墜"應讀作登記的登,已見前述。簡 4—6"墜"字亦當如此,所指只是一般的登記,而不是查驗一類舉動。"其朖典"宜屬上讀。"其"可能用同"之"字,爲連詞。楊樹達先生在《詞詮》中列舉了"其"字的這種用法,可參看。簡 7—8 中的"内"讀"入"、讀"納"均可,爲繳納、呈進的意思。由"墾、内"這些動詞連及的"朖典",似乎不好看作隱匿名籍這一違法行爲。簡書也沒有反應出如《考釋》所説的那種意境。説起要"墾""其朖典、内其朖典",新官師瑗等人和臧王之墨以就"受(授)"、就"内",受(授)者、内者未見有什麼猶豫,官府也不作懲戒,顯然不像是對違法行爲的交代或稽查。簡 7—8 最後一段説庚"尻鄸里,司馬徒箬之",晤、疕二人"未在典"。"司馬徒箬之",應該是講已然之事,而不會是在本次内典以後予以著録。否則,晤、疕二人"未在典"就無法解釋。由此可見,簡書後面一段大約是拿所内"朖典"與名籍簿册對照的結果,即庚在先前已有登記,晤、疕二人則未曾著録。這樣,所謂"朖典"可以包含未登入名籍之人,也可以包含已登入名籍之人,因而自然不會是指隱匿名籍。

　　簡 4—6 記"刽人其朖典",簡 7—8 記邦人之"朖典","其(臧王之墨以)臣之朖典";後一件文書還顯示"朖典"具有與"典"即官方名籍簿册相對應的性質。由此看來,"朖(厚)典"似當是一種私人的人口名册。這種名册繫之於刽人、邦人名下,顯然不包括這些人在内。而據簡 7—8 所載,"臣"即奴隸乃是這種名册的著録對象。本章第 1 節論及的"某人之人"是否也當爲朖典所載,尚難推斷。然則,"朖(厚)典"可以説是私家附屬人口中部分甚或全部成員的名册。《戰國策·楚策四》"汗明見春申君"章提到春申君"爲汗明先生著客籍"。"朖(厚)典"與春申君的"客籍"也許有類似之處。

　　國家對私家附屬人口予以登記,可能是要這些人承擔徭役,也可能是對依附關係提供保護。在簡 15—17 中,宵倌司敗與卲行之大夫爲佶人發生爭訟,左尹曾指示"至典"以資裁決。這閒接表明了後一種可能性的存在。在簡 7—8 中,庚業已書於官府名籍,其子孫"未在典"。視此,上一次登記朖典也許歷年已久。如然,國家對朖典的登記或者閒隔很長,或者本無常規。這也比較有助於後一種推測。

《包山楚簡初探》頁 129—131

○**陳偉**(2001)　在包山楚簡中,有兩件文書提到"弱典"。按照我們的理解,這些記載涉及到戰國中期楚國男子傅籍的年齡問題。(中略)

　　"典"字,從竹從册從其,整理小組釋爲"典",認爲指典册。彭浩先生指出:"登記名籍的簿册稱作'典'。"作了更具體的説明。後來學者多從之。或許這個字的具體考釋還有推敲的餘地，但對其詞義的把握，應該不會有大的問題。我們現在讀爲“弱”的字，寫法上有些區别，即在第 5 號簡上寫作伆［下從“子”］，在第 7 號簡上寫作伆［下從“水”］這兩種形體，整理小組認作一字。隨後將要引述的、對這個字曾作有討論的幾位學者，在這一點上也是一致的。從彼此字形上部相同以及文例相當看，這一判斷應該可以成立。問題的關鍵在於此字的辨識和理解。

目前所見有關此字的意見大致有以下幾種：（1）整理小組所作的考釋寫道：此字“讀如没。《小爾雅·廣詁》：‘没，無也。’又，《史記·屈原賈生列傳》‘伆深潛以自珍’，徐廣注：‘伆，潛藏也。’‘伆典’當是隱匿名籍。”《包山楚墓》所收附録中彭浩先生的一篇論文也認爲：“楚國法律把故意不向政府申報名籍的行爲稱作‘伆［從水］典’。伆［從水］，讀作没。伆典即隱匿名籍，其目的是藉以逃避徭役、兵役和賦税。”（2）湯餘惠先生針對從水之字認爲：“此字從伏，即古溺字。《古文四聲韻》引《華岳碑》作伏。簡文㲱，從伏勿聲，即‘淹没’之‘没’。勿、没古並明紐物部，古音極相近。㲱之爲没，猶《説文》㱮或體作殁。《小爾雅·廣詁》：‘没，滅也。’5 簡：‘㲱典’，謂不見於名籍。246 簡‘㲱人’，指溺水而亡者。”劉信芳先生贊同湯氏之説，指出：“簡文‘溺’字原有誤釋，湯餘惠先生釋作‘溺’，極是。‘溺典’之涵義，原報告考釋者認爲即‘隱匿名籍’，其説不可信。《釋名·釋疾病》：‘溺，弱也，不能自勝之言也。’《左傳》襄公二十六年：‘遇王子弱也。’杜頂注：‘弱，敗也，言爲王子所得。’是俘虜稱‘弱’。楚懷王時期，楚國人口變動極大，無户籍者衆多，此類無户籍者至少包括：1.戰俘；2.逃亡者；3.因自然災害、社會動蕩而引起大規模人口遷徙者；4.正式登記户籍所遺漏者。僅釋爲‘隱匿名籍’，顯然不能包括以上數種情況。”“‘溺典’其實就是‘没有正式户籍的人口典册’（大略相當於現在的流散人口登記）。”（3）何琳儀先生認爲：此字“疑伆之繁文。《集韻》：‘伆，伆穆，深微貌。’‘伆，潛藏也。’包山簡‘～典’，讀‘伆典’，收藏之典。”（4）1994 年在撰寫後來於 1996 年出版的小書《包山楚簡初探》時，我們針對整理小組的看法提出：簡 2—4 以及 4—6 中的“升”字應讀爲“登”，指登記。簡 7—8 中的“内”讀“入”、讀“納”均可，爲交納、呈進的意思。由這些動詞連及的“㲱典”，似乎不好看作隱匿名籍這一違法行爲。簡書也没有反映出如整理小組所説的那種意境。上文引述的其他幾位學者的意見，當時尚未讀到，所以没有能夠納入考慮之中。

在讀到郭店楚簡的資料之後，聯繫相關討論，我們在原有認識基礎上形成了一種新的看法,即此字大概應該讀爲"弱","弱典"是指所謂"弱冠"即男子成年之後所登録的名册。

於此,郭店楚簡具有兩個層面的啟示。

其一,這種字形在郭店簡中出現 4 次。在《老子》甲 8 號簡中,整理小組釋爲"溺",將"非溺"讀爲"微妙"。與這種顯然受到傳世本和帛書本影響的理解不同,劉信芳先生將此二字讀爲"菲弱"。在同篇 33、37 號簡中,整理小組均釋爲"溺",讀爲"弱",相關文字讀作"骨弱筋柔"和"弱也者",與傳世本及帛書本一致。又在《太一生水》篇 8 號簡中,整理小組亦釋爲"溺",讀爲"弱",相關一句讀作"天道貴弱",這與《老子》貴柔的思想一致。簡文隨後説到"伐於强","强""弱"相對,也是對此字釋讀的印證。這樣,在郭店簡中出現的四個場合,此字都應釋爲"溺";其中後三處,均應讀爲"弱";在第一處即《老子》甲 8 號簡中,除讀爲"妙"之外,也有可能讀爲"弱"。我們回過頭來,反觀對包山簡此字的看法,顯然由湯餘惠先生提出、得到劉信芳先生贊成的釋爲"溺"一説最爲準確。前引劉信芳先生的論述中,已經用"弱"來解釋"溺"。依照郭店簡的用字習慣,我們應該可以直接將包山簡此字讀爲"弱"。

在將此字讀爲"弱"以後,除了劉信芳先生訓爲敗之外,還存在一種可能性。這涉及到郭店簡的另外一層提示。《唐虞之道》篇第 25—26 號簡記云:"古者聖人二十而冒(帽),三十而有家,五十而治天下,七十而至(致)正(政)。"整理小組《注釋》説:"《禮記·曲禮》:'二十曰弱冠。'簡文'二十而冒',係言年二十而加冠爲成人。"《禮記·曲禮上》給出的實際是男性人生周期的各主要環節,即:"人生十年曰幼,學;二十曰弱,冠;三十曰壯,有室;四十曰强,而仕;五十曰艾,服官政;六十曰耆,指使;七十曰老,而傳;八十、九十曰耄,七年曰悼,悼與耄雖有罪,不加刑焉;百年曰期,頤。"十、二十等,爲年齡。幼、弱等,爲對這一年齡的代稱。學、冠等,爲在相應年齡所作的事情。整理小組注釋以"二十曰弱冠"爲一句讀,是不夠確切的。《釋名·釋長幼》説:"二十曰弱,言柔弱也。三十曰壯,言丁壯也。四十曰强,言堅强也……"正是解釋各年齡代稱的意義,可以參證。在傳世典籍中,類似的記載還有一些。(中略)儘管我們對古書中的這類記載習以爲常,但在出土文獻中則還是頭一次看到。這使我們瞭解到,雖然相關傳世典籍的成書年代有的還不夠確定,有關説法無疑在戰國中期即已流行(至少楚地如此)。這爲我們將包山簡此字讀爲"弱",理解爲"弱冠",提供了必要的歷史背景。

其實,在包山簡自身,也存在有若干印證。

對於包山簡所見名籍的登録者,往往稱作"夫",如 3 號簡、7 號簡、8 號簡中的"一夫",4 號簡中的"二夫"。《説文》:"夫,丈夫也。从大、一,一以象簪。周制八寸爲尺,十尺爲丈,人長八尺,故曰丈夫。""一以象簪"下段注云:"依《御覽》,宜補'冠而後簪。人二十而冠,成人也'十二字。此説以一象簪之意。"《詩·小雅·車攻》"射夫既同"孔疏:"射夫即諸侯也。其大夫亦在獲射之中,則此可以兼焉。諸侯而謂之射夫者,'夫'男子之總名。"簡書中的這些被稱爲"夫"的人大概即是成年男子。那些没有稱"夫"的人,如 12—13 號簡中的某瘫、15—17 號簡中的登姓四人,看名字也當是男性。這與前述"弱"的含義正好一致。

在 2—6 號簡中,以 4 號簡中的標記爲界,分爲前後兩條簡文。這兩條記載都是關於份這個地方的名籍問題,時閒上則前後銜接,彼此應有一定關聯。4—6 號簡記有"弱典",2—4 號簡則説"登份人所幼未登份之玉府之典"。"幼"大概就是"人生十年曰幼"的"幼",指"弱"之前的年齡段。相形之下,"弱"也應該是指年齡。

更爲重要的是,上文引述我們以前談過的意見,就是在簡書中,完全看不出"弱典"具有什麼消極性的色彩,並不與某種違法行爲有關。如果將其看作是當年齡自然增長到一定程度而需要登録的名册,則正與這種情形相符。

相傳古代有男子 20 歲登記服役的做法。《周禮·地官·鄉大夫》云:"以歲時登其夫家之衆寡,辨其可任者。國中自七尺以及六十,野自六尺以及六十有五,皆徵之。"賈公彦疏云:"七尺謂年二十。知者,案《韓詩傳》二十行役,與此國中七尺同,則知七尺謂年二十。"《漢書·高帝紀》"蕭何發關中老弱未傅者悉詣軍"顏師古注云:"傅,著也。言著名籍,給公家徭役也。"又引孟康曰:"古者二十而傅,三年耕有一年儲,故二十三而後役之。"《鹽鐵論·未通》也説:"古者,十五入大學,與小役;二十冠而成人,與戎;五十以上,血脈溢剛,曰艾壯……今陛下哀憐百姓,寬力役之政,二十三始傅,五十六而免,所以輔耆壯而息老艾也。"這些傳説應有一定的歷史背景。又《史記·孝景本紀》記景帝二年:"男子二十而得傅。"《漢書·景帝紀》亦云:"令天下男子年二十始傅。"表明這在西漢一段時閒内乃是實際執行的制度。而這些大致類似的規定或説法的存在,顯然是因爲男性只有到了 20 歲上下,心智和體魄才臻於成熟,具有爲國家效力的客觀條件。這與將"弱典"理解爲在弱冠之年著録名籍以備爲國家服務正好一致。

前已説明,簡文"弱"字有兩種寫法,一種从"水",一種从"子"。後者或許正是"弱冠"之"弱"的本字。

依照這個思路理解簡書,也存在問題。在第 7 至第 8 號簡中,喜的子孫三代,只有其子庚"書之"即已登錄名籍,而庚之子晤、晤之子疕卻"未在典"即未登錄名籍。晤和疕都被稱作"夫",均應是成年男子。其中晤爲疕之父,無論如何也當超出弱冠之年。這二人"未在典",似與將弱典解釋爲弱冠之年著錄名籍不符,反而支持隱匿名籍的説法。不過,其中存在這樣一種可能,喜一家四代作爲臧王之墨以之"臣"即奴隸,在一般情形下並不必爲國家所掌握並提供力役,但若遇特別情形則有此需要。7—8 號簡正是這種特別情形下的記錄,所以才要由楚王專門下達命令。

如果以上推測大致不誤的話,那麼包山簡的這兩條記載對瞭解當時楚國的傅籍制度就具有非常重要的意義。關於先秦時代的傅籍年齡,過去依據上面引述的文獻資料,多認爲是 20 歲。然而睡虎地秦簡的出土提供了新的信息。在所謂《編年記》中,記載喜這個人於昭王四十五年(前 262 年)十二月甲午出生,秦始皇元年(前 246 年)傅籍。此後學者或者認爲當時秦國男子是年滿十六周歲(虛齡十七歲)的時候傅籍,或者認爲在達到一定身高的時候傅籍。古人舉行冠禮的年齡存在不同記載,但 20 而冠卻是最流行的説法。郭店簡《唐虞之道》篇稱"二十而冒(帽)",爲此增加了一條新的證據。在另一方面,"弱"作爲男子年齡代稱是指 20 歲,更是古無異説。這樣,在包山簡時代——戰國中期偏晚,楚國男子登錄名籍從而爲國家服役的年齡應該是以 20 歲即通常認爲成年而舉行冠禮之年爲基準。這與前引典籍中古代男子 20 歲登記服役的記載正相呼應,而與睡虎地秦簡《編年記》所反映的秦始皇初年秦國的做法不同。

《簡帛研究二〇〇一》頁 14—17

△按 楚文字多用"溺"爲"弱"。包山簡"溺典"似可從陳偉説讀爲"弱典",簡 5 作𝄞,易水旁爲子旁,當是爲"弱"而改換之專字。

涇 淫

涇官印 0031　涇陶彙 5·10　淫郭店·緇衣 6　淫郭店·唐虞 12

○荊門市博物館(1998)　(編按:郭店·緇衣 6)涇〈淫〉。

《郭店楚墓竹簡》頁 129

○**李零**（1999）　（編按：郭店·唐虞 12）讀爲“輕”。

《道家文化研究》17,頁 500

△**按**　郭店《緇衣》簡 6“謹惡以御民淫”,“淫”爲“淫”字寫訛,上博《緇衣》簡 4 及今本《禮記·緇衣》均作“淫”。戰國文字巠旁與𡈼旁時有訛混。

【涇下】考古與文物 1998-2,頁 52

○**周曉陸、路東之、龐睿**（1998）　涇即涇河,下指涇河下游地區。《史記·項羽本紀》漢元年四月:“諸侯罷戲下,各就國。”索隱:“戲,水名也,言下者,如許下、洛下然也。”是其例。《史記·秦始皇本紀》:“二世夢白虎嚙其左驂馬,殺之,不樂,怪問占夢。卜曰:‘涇水爲祟。’二世乃齋於望夷宮,欲祠涇,沈四白馬。”此事或關“涇下家馬”。

《考古與文物》1998-2,頁 57

○**王輝、程學華**（1999）　“涇”即涇河。周曉陸以爲“涇下”指涇河下游,如《史記·項羽本紀》“（漢元年四月）諸侯罷戲下”之“戲下”,殆是。

《秦文字集證》頁 164

渭

渭 睡虎地·封診 66　　上博二·容成 27

○**張守中**（1994）　（編按：睡虎地·封診 66）通喟　其口鼻氣出渭然。

《睡虎地秦簡文字編》頁 169

△**按**　《説文》:“渭,水。出隴西首陽渭首亭南谷,東入河。从水,胃聲。杜林説。《夏書》以爲出鳥鼠山。雝州浸也。”上博二《容成氏》簡 27“涇與渭”,“渭”用爲本義,指渭水。楚簡中“渭”還用爲“潰”,如清華一《楚居》簡 3:“麗不從行,渭（潰）自脅出。”簡 8:“衆不容於兔,乃渭（潰）疆郢之陂而宇人焉。”

漾

集成 9710 曾姬無卹壺　　包山 12　　包山 13　　包山 126

【漾陵】集成 9710 曾姬無卹壺、包山 13 等

○**黃盛璋**（1984）　（編按：曾姬無卹壺）漾即漢水,漾陵必爲沿漢水的地名。襄樊市曾出土一鄀伯瑚,銘云:“鄀伯受用其吉金作其元妹叔嬴爲心媵鐈瑚,子子

孫孫其永用之。"則鄀爲嬴姓古國,在襄樊地區漢水流域,此漾陵當和鄀國地境有關。

○**黃盛璋**(1989)　"漾陵"又見於曾姬無卹壺。"漾陵"即"羕陵",爲曾姬葬地,有可能得名於陵墓。其地與楚"方城之外"繒關相近。繒關應爲姬姓曾國舊關,地入於楚,仍作爲楚北方門户。曾姬葬之漾陵,既與羕國無關,楚陵也不應在此。其地近繒關,可能是羕國亡後,曾國尚未南徙,地未入楚,而和曾國有關,羕陵很可能爲曾國貴族之"兆域",即公族墓葬地區,故曾姬歸葬於此。

○**李家浩**(1990)　"漾陵",地名。湖北省武漢市文物商店收購的羕陵公戈銘文曰:"膚(攄)鼎之歲,羕陵公逅□所造,冶己女。"1978 年河南省襄城出土一批金幣中,打印有"羕夋(陵)"二字印記。壺銘"漾陵"與此"羕夋"當是同一地名的異文。

　　目前,學術界對於"漾陵"的地望有兩種不同意見。楊樹達據《書·禹貢》"嶓冢導漾,東流爲漢"和《説文·水部》"漾水出隴西豲道,東至武都爲漢",認爲"漾陵"(原文將"陵"誤釋爲"陲")在"漾水之旁"。黃盛璋不同意這一看法,他説"漾水就是漢水上游,據《水經注》漾水至武都沮水爲漢水,並非楚地",因此他認爲壺銘的"漾當即《水經注》汝水支流之養水,漾陵當在養水之上"。在此兩説中,黃説的理由較爲充分。不過從上引羕陵公戈和羕陵金幣看,也許"漾陵"本應作"羕陵",其得名根本與漾水無關。

○**李零**(1992)　(編按:曾姬無卹壺)安兹、漾陵、蒿閒,應是並列的地名,皆無可考。漾《説文》古文作瀁,曾侯乙墓遣册有鄬尹,裘錫圭先生指出此鄬字應即楚養氏之養,據此,漾陵似當讀爲瀁陵或養陵。

○**連劭名**(1996)　(編按:曾姬無卹壺)"漾陲",是陵墓的名號。劉宗漢先生曾告知筆者,《禮記·檀弓》下云:"工尹商陽與陳棄疾追吳師。"鄭注:"陳,或作陵,楚人聲。"陳、陲聲近,故楚人亦讀"陲"爲"陵"。《文選·登樓賦》李注引《韓詩章句》云:"漾,長也。"《説文》云:"長,久遠也。"後代帝王陵墓多有名"長陵"者。

○**黄德寬**（2002） 　（編按：曾姬無卹壺）最後需要討論的，就是漾陵的地望問題。對此各家説法不同。李家浩認爲："也許'漾陵'本應作'羕陵'，其得名根本與漾水無關。"根據我們的考釋，既然漾陵爲楚王室墓區所在，當與楚宣王時都城臨近，一般説來帝王諸侯的陵寢都在都邑近郊。據《史記·楚世家》載，楚文王始都郢（江陵紀南城），楚平王十年因恐吴而修築郢都城牆。楚昭王十年"吴人入郢"，並"以班處宫"（説明宫室完好無損）。次年秦師救楚，敗吴，昭王復"入於郢"。楚昭王十二年吴人復伐楚，昭王去郢，北徙都於鄀。徙都之後，何時遷回，史籍失載。但楚昭王二十一年吴越交惡，"吴由此怨越而不西伐楚"。估計此後不久，昭王當又由鄀徙都返郢，故有楚頃襄王二十一年"秦將白起拔郢，燒先王夷陵"之事。由此而言，宣王時，都城仍然在郢。從吴人入郢"辱平王墓"，"白起拔郢，燒先王夷陵"看，楚王墓葬區皆在都城郢之近郊。因此，我們有理由認爲曾姬無卹選中的漾陵墓地也在郢附近。

　　漾陵作爲地名多次出現於包山楚簡。"漾"也作"羕"（107、128）、鄴（117），爲一字之異形。據簡文，漾陵曾設有"宫大夫、君、正"等官職，簡文也有"鄴陵人××"之稱（166、169）。簡126、127載："東周之客鄦（許）緹致俈（胙）於蔵郢之歲，夏屎之月，甲戌之日，子左尹命漾陵之宫大人察州里人陽鍴之與父陽年同室"，"大宫疟、大駐師言謂：陽鍴不與其父陽年同室。鍴居郢，與其季父鄀連囂陽必同室。"簡中出現了"漾（羕）陵"和"郢"，似乎表明兩地非常近。東周致胙於蔵郢，説明楚王時居蔵郢，蔵郢或以爲紀南城。簡文中的"郢"，可能取楚都的通稱，也就是當時的蔵郢之省稱。包山楚墓距楚故都紀南城約16公里，簡文多次出現"漾陵"，甚至與"郢"同見一簡，表明"漾陵"當在郢都近郊，爲楚王墓葬區所在之地，這爲我們徹底考明漾陵的地望提供了重要線索。

　　　　　　　　　　　　　　　　　　　　　《古文字研究》23，頁105

○**劉信芳**（2003） 　（編按：包山）漾陵：

　　又見簡13、126，簡128作"羕陵"。又簡107"羕陵攻尹快"，117作"鄴陵攻尹快"。知漾、羕、鄴得通用。管理此地的官員有"漾陵大宫疾、大駐尹師、鄴公丁、士師墨、士師鄀慶吉"（簡12），"羕陵正婁"（簡75）、"羕陵攻尹"（簡107）、"羕陵宫大夫司敗"（簡128）。

　　按"漾、鄴"並讀爲"養"，春秋時楚國有養邑，梁玉繩《漢書人表考》卷五謂楚養由基"以邑爲氏"，其説本於《通志·氏族略》。《左傳》昭公十四年："楚子殺鬭成然而滅養氏之族。"昭公三十年"使監馬尹大心逆吴公子，使居養。莠尹然、左司馬沈尹戌城之,取於城父與胡田以與之"。知養在當時吳楚邊界上,位於城父附近,即今河南沈丘縣東,地與安徽界首縣相接。然楚本有二"養"地,《水經注·汝水》:"又東逕沙亭南,故養陰里也。司馬彪《郡國志》曰:襄城有養陰里。京相璠曰:在襄城郟縣西南。養,水名也。"熊會貞《參疏》:"今沈邱東有養城,當是吳公子所居。京以在郟縣者當之,未深考耳。"包山簡 86 有"羕陵君",《包山楚墓》附錄二五釋其封地爲今沈丘縣,又曾簡 192、119 有"郪君",考釋者亦釋以沈丘縣。今按:包山簡除"郪陵"外,又有地名"郪",見簡 177、184、186。其中簡 177 記有"羕陵公",又記有"郪辶令絑";簡 186 記有"羕陵少甸尹燒",又記有"郪正公欨",足證"羕陵、郪"是兩處地名。"羕陵"之"羕"或從水作"漾",應與《水經注》養水有關,是"羕陵"地望應在襄城"養陰里",而"郪"之地望乃在今河南沈丘東,如是則"羕陵君、郪君"各有其封地,其勢不得牽混爲一。

《包山楚簡解詁》頁 19

○**趙平安**(2003)　漾陵之漾即《水經注》汝水支流之養水,漾陵在養水之上。

《第四屆國際中國古文字學研討會論文集》頁 535

○**吳良寶**(2005)　《包山》簡 107 的"羕陵",簡 126 作"漾陵"。"漾陵"還見於楚器《曾姬無卹壺》(《集成》15·9710),該地名不直接見於文獻記載。不過,學界在將"羕(漾)陵"的"羕(漾)"讀爲"養"這一點上,意見是一致的。因爲《説文解字》謂"漾"古文從"養",典籍中也有二字相通假的例證。

　　文獻中記載的"養"地有兩處。一見於《左傳》昭公三十年,吳二公子奔楚後居於養,清代《讀史方輿紀要》卷四等定位於今河南沈丘縣東南;一見於《後漢書·郡國志》潁川郡"襄"縣之養陰里,地在今河南寶豐縣與郟縣間。

　　何浩先生認爲,漾陵的"漾"即潁水中下游的"東養",在今河南沈丘縣、安徽界首縣之間;《後漢書》襄縣之"養陰里"與應國都城相近,西周至春秋早期當爲應國境地,而位於沈丘縣東的楚養邑,處於胡、頓、項、沉、厲諸國間的大片空隙之地,應爲古養國所在。這實際是《讀史方輿紀要》、《中國歷史地圖集》(第一册)等書的意見。黃盛璋先生則不同意此説,認爲《曾姬無卹壺》的"漾"就是《水經注》汝水支流的養水,漾陵應當在養水之上,地在今河南省寶豐縣與郟縣間。徐少華先生根據《郪伯簋》(《集成》9·4599)銘文中有郪伯受爲其元妹叔嬴作媵簠的內容,判定養國爲嬴姓,屬淮夷支系,與江、黃等同族,其地應該居東,因而同意何浩先生的意見。

　　《左傳·昭公三十年》載吳國二公子奔楚後居於養,楚國"取城父與胡田以與之,將以害吳也"。其後"吳子執鐘吾子,遂伐徐","己卯,滅徐"。同一件事的記載也見於《史記·吳太伯世家》:"三年,吳王闔廬與子胥、伯嚭將兵伐楚,拔舒,殺吳亡將二公子。"兩相對照就可以知道,楚國用來安排吳二公子的養地,不會遠在今河南寶豐縣境内,所以清代學者的意見是可信的。

黄盛璋先生將"養"定位於今河南寶豐縣界,除了《水經注》的資料外,還有一個較重要的依據,那就是今河南襄城縣出土了包括"㴲陵"金版(引按,實爲金餅)在内的一批窖藏金幣:"㴲陵版金窖藏出土的地點在襄城北 15 公里北宋村,而襄城自春秋晚期皆爲楚境,並爲汝水所逕,養水就在它的西北面";"㴲陵金版,僅此一塊,過去從未發現,鑄造當少,此地首見,是流通不遠,故可推斷其爲附近地方所造,如非養城或養陰,亦當在此附近。"今按,這種論證方法是有一定片面性的。金幣作爲流通貨幣,不可能只在鑄造地附近流通使用。雖然目前只在河南襄城發現過"㴲陵"金餅,但同樣是鈐有"陳、郢"地名的金幣,其出土的範圍幾乎遍及戰國晚期楚國的領土範圍,並不局限於一地。所以,儘管"漾陵"寶豐説有《後漢書》及《水經注》的記載爲證,但缺乏同時代的直接證據,因而很大程度上是後出現的地名。

曾侯乙墓竹簡中有"鄴君"(簡 119、192),裘錫圭、李家浩先生以爲其封即今河南沈丘縣東的"養"。包山簡中還有"鄴"一地,見於簡 128、143 等。對於包山簡中的"㴲陵"和"鄴",何浩、劉彬徽先生認爲是一地:戰國初期的楚惠王時該地單稱爲"養",後來置養陵縣,才有"漾陵公"。徐少華先生也以爲"養陵"與"養"是一地。不過,也有學者不同意此説。比如,劉信芳先生云:

> 包山簡除"鄴陵"外,又有地名"鄴",見簡 177、184、186。其中簡 177記有"㴲陵公",又記有"鄴让令綵";簡 186 記有"㴲陵少甸尹燒",又記有"鄴正公敀",足證"㴲陵、鄴"是兩處地名。"㴲陵"之"㴲"或從"水"作"漾",應與《水經注》養水有關。是"㴲陵"地望應在襄城"養陰里",而"鄴"之地望乃在今河南沈丘東。如是則"㴲陵君、鄴君"各有其封地,其勢不得牽混爲一。

今按,根據"㴲陵"之"㴲"或作"漾"就得出"應與《水經注》養水有關"、"㴲陵"應在襄城養陰里的結論(其實,今河南沈丘一帶的"養"也位於潁[編按:"穎"爲"潁"之誤]水旁邊),這樣的論證方法有一定的局限性。

"㴲陵"也見於楚金版,此外金版文字中還有"鄙、陳"等地名。如果"㴲陵"是在襄城的"養陰里",該地在戰國中期晚段的前 301 年之後即已歸屬三晉,這就與楚金版主要流通於戰國晚期出現了矛盾。雖然《包山》簡 43、44 表明楚懷王(前 328 年—前 299 年在位)時楚國就有了金版,但是"漾陵"或"鄢"等地當時是否已開始鑄造金幣還是一個未知數。因此,在材料不充分的情況下,包山簡中的"羕陵"與"鄭"暫視爲一地,其具體位置,以河南沈丘説相對可靠。

《漢字研究》1,頁 524—525

△按　《説文》:"漾,水。出隴西相道("相"當依王筠《句讀》作"氏"),東至武都爲漢。从水,羕聲。瀁,古文从養。"楚文字永旁時或訛作三人旁,故有包山簡 12、13 等"漾"字之作。"漾陵"又作"羕陵",參見本卷永部【羕陸】條。

漢  灘

陶彙 3・1106

集成 12113 鄂君啓舟節　　　上博二・容成 27　　　上博一・詩論 10

上博一・詩論 11　　　新蔡甲三 268

○**郭沫若**(1958)　　(編按:鄂君啓舟節)灘指漢水。

《文物參考資料》1958-4,頁 4

○**熊傳薪、何光岳**(1983)　　(編按:鄂君啓舟節)譚先生關於"上漢"的地點,他認爲"自今鮎魚口穿過長江,溯漢水而上"。這也值得商榷。當時潛江縣岳口鎮以東皆爲雲夢澤,每當冬春水退,洲渚縈回,漢水下流與雲夢澤隔開,夏秋水漲時,則汪洋連成一片,故當時漢水於此地流入雲夢澤,岳口即爲古漢水之入湖口,上漢也應由此溯漢水而上。

《湖南師院學報》1983-3,頁 87

○**張中一**(1989)　　接着"让灘",這個"灘"當在湖中,先秦時代的"灘"字不具有"漢"的含義,只有水灘、湖灘、沙灘含義,洞庭湖古時的灘域很多。"让灘"即南向逆水行灘,没有北向下漢之意。

《求索》1989-3,頁 126

○**李守奎、曲冰、孫偉龍**(2007)　　《説文》有"灘"字。楚之"爨"字皆讀爲"漢水"之"漢"。

《上海博物館藏戰國楚竹書(一—五)文字編》頁 505

【灘坒】上博一・詩論 10

○**馬承源**(2001)　　灘坒:今本《詩・國風・周南》有篇名作《漢廣》。灘,从隹

从漢。“坣”爲“往”字的聲符，“廣、坣”一聲之轉。

《上海博物館藏戰國楚竹書》(一) 頁 140

△按　《説文》:“漢，漾也。東爲滄浪水。从水，難省聲。𤁉，古文。”楚文字“漢”皆寫作“灘”，从難聲不省。此“灘”與《説文》“灘”字俗體“灘”同形而義不相涉。

沔 𣵦

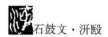

石鼓文·汧殹

○**吳大澂**（1884）　𣶒　古沔字。石鼓。

《説文古籀補》頁 44,1988

○**强運開**（1935）　薛尚功、趙古則均釋作沔。鄭云:“讀作棉，用平聲，叶韻。”潘云:“有重文。”郭云:“籀作泛。”楊升庵亦釋作泛。張德容云:“鄭説非也，《説文》泛作𣵦，从反正，鼓文正是如此，鄭蓋誤以爲沔耳。”又按此字，潘迪以爲有重文，吳東發則謂有重文者非，容細審石花，似潘説亦未可非。諸家各以意爲句讀，殊難臆定。運開按，張氏此説甚誤，此説自以從薛、趙所釋作沔爲是。石花破損處，雖似重文，其實非也。下文丞字則有重文，蓋沔亦水名。《説文》:“沔水出武都沮縣東狼谷東南，入江，从水，丏聲。或曰入夏水。”段注云:“武都沮縣，二志同，今陝西漢中府略陽縣是其地。”汧、沔二水俱發源於陝西，一在隴州西北而東南其流;一在漢中東南入江，二水即不合流，而一據上游一屬下游，可推而知，故曰“汧殹沔，丞丞彼淖淵”也。

《石鼓釋文》乙鼓，頁 2—3

○**徐寶貴**（2008）　沔作𣵦。《説文》篆文作𣵦。宀，甲骨文作𠂤（《合集》二六三一臼），金文作𠂤（虘鐘），《説文》篆文作𠂤。由甲骨文、金文可知，宀字所從的“丏”本作𠃌𠃌。石鼓文沔字之所從增加了筆畫繁作𠃌，至《説文》篆文又訛省作𠃌。其演變序列以圖表示即:

𠃌——𠃌——𠃌——𠃌

《石鼓文整理研究》頁 767

【沔₌】石鼓文

○**張政烺**（1934）　《詩·新臺》“河水瀰瀰、河水浼浼”，皆訓盛兒。“沔沔”與之音義並近。

《張政烺文史論集》頁 13,2004;原載《史學論叢》1

○**鄭剛**（1996）　以上各例都是兩個疊音詞組成一個四字詞組,在韻文中正好構成一個子句,如果只有一個疊詞,因爲不能單獨成句,就往往與主句合爲一個句子,例如石鼓文・汧殹:"汧殹沔沔,烝皮(彼)淖淵","沔沔"即《詩經・新臺》"河水浼浼"的"浼浼"。徐王子旃鐘:"其音鍠鍠,聞于四方。"鍠鍠即形容聲音悠長的"悠悠"。

《中山大學學報》1996-3,頁113

○**何琳儀**（1998）　石鼓"沔沔",水流貌。或讀"瀰瀰"(綿婢切)。《集韻》:"瀰,水盛兒。或作濔、沔。""灑,灑灑,水流兒。"

《戰國古文字典》頁1078

汧　㳽

㳽 石鼓文・汧殹　　㳽 石鼓文・霝雨　　汧 秦陶1251

○**强運開**（1935）　《説文》:"汧水出右扶風汧縣西北,入渭。"段注引《括地志》曰:"故汧城在隴州南三里,汧山在今隴州西北,《禹貢》之岍,《周禮》之嶽山也。汧陽河即古汧水出焉,東南流經汧陽縣,至寶雞縣縣東三十里合於渭,班、許皆於西北句絕,此水自西北而東南也。"

《石鼓釋文》乙鼓,頁1

○**何琳儀**（1993）　《説文》:"汧,水出右扶風汧縣西北入渭,从水,开聲。"石鼓《汧沔》作㳽。

《第二屆國際中國古文字學研討會論文集》頁258

○**袁仲一**（1987）　(12)汧南、汧口。南,陶工名;汧爲古汧邑,東周初秦文公四年(公元前762年)至汧渭之會,"乃卜居之,占曰吉,即營邑之"(《秦本紀》)。秦置縣,治所在今陝西省隴縣南。

《秦代陶文》頁50

○**徐寶貴**（2008）　汧,其聲旁"开"作幵。甲骨文"龗"字作龗(《佚》三八六),金文"弝"字作弝(弝簋),所從的"开"字橫畫之下的直畫均無橫畫。石鼓文則在直畫上增加橫畫以爲裝飾。秦陶文"汧"字作汧,所從之"开"已連爲一體。其演變情況如下:

TT——幵——开

汧,水名。《説文》:"汧水出扶風汧縣西北入渭。"《水經注》:"水出汧縣之蒲谷鄉弦中谷,決爲弦蒲藪。《爾雅》曰:'水決之澤爲汧。'汧之爲名,實兼斯舉。水有二源,一水出縣西山,世謂之小隴山。巖嶂高險,不通軌轍。故張衡《四愁詩》曰:'我所思兮在漢陽,欲往從之隴坂長。'其水東北流,歷澗,注以成淵,潭漲不測。出五色魚,俗以爲靈,而莫敢采捕。因謂是水爲龍魚水,自下亦通謂之龍魚川。川水東逕汧縣故城北。《史記》,秦文公東獵汧田,因遂都其地,是也。"

《石鼓文整理研究》頁 766

△按　石鼓文之"汧",爲秦地之汧水,清華二《繫年》簡 122 記載公元前 304 年,三晉伐齊,"齊師北,晉師逐之,入至汧水",此乃齊地之汧水。

漆

集成 10384 高奴禾石權　　　秦文字集證 222·273

近出 1185 卅八年上郡守戈　　　集成 11374 二十七年上守趙戈

○張政烺(1958)　第二行"粜工師"三字和三年上郡戈同,和二十五年上郡戈的"高奴工師"句相當,高奴是縣名,粜應當也是縣名,有些像漆字,《漢書·地理志》上郡有漆垣,或許有些關係。

《北京大學學報》1958-3,頁 180

○李學勤、鄭紹宗(1982)　"漆",秦上郡屬縣漆垣之省。

《古文字研究》7,頁 134

○陶正剛(1987)　粜,隸定爲桼,即漆。漆垣,地名。

《文物》1987-8,頁 61

○陳平(1994)　遼陽四十年上郡守戈銘中真正的鑄地、造器之所,應是被鄒文認定爲督造官的"漆工"中的"漆"。漆,即秦漢時上郡轄縣漆垣之省,該縣名見於《漢書·地理志》上郡條內。漆垣全名作爲戰國中晚期秦上郡兵器鑄造地名,還見於十二年上郡守壽戈、□□年上郡戈、十五年上郡守壽戈;將鑄造地名漆垣省作漆的,則見於十八年桼工帀戈、廿七年上郡守趙戈、三年上郡守冰戈。秦漢上郡縣漆垣,新莽時曾改稱爲漆牆,其地在今陝西省葭縣境。

《考古》1994-9,頁 848

○陳曉捷(1996)　"漆狀",另有"□狀",從字體看應爲"漆狀"。《漢書·地

理志》右扶風有漆縣。其地在今陝西彬縣。"狀"爲陶工名。

《考古與文物》1996-4,頁3

○**郎保利**(1998)　"柒工","柒"即漆,漆工爲漆垣工師的簡稱,以前發現的上郡戈刻辭中多見"漆垣工師",如十二年上郡戈、十五年上郡守壽戈等等,也有作"漆工師"者,如三年上郡守冰戈、廿七年上郡守趙戈,"工"即工師的簡稱。

《文物》1998-10,頁79

△**按**　秦系文字之"漆",或省作"柒",參卷六柒部"柒"字條,皆指上郡屬縣漆垣。

洛

集粹　　上博二·容成26　　新蔡甲三349　　上博六·天甲6　　上博六·天乙5

集成11404 十二年上郡守壽戈　　集成11406 廿五年上郡守廟戈

璽彙0322

【洛都】廿五年上郡戈

○**黃盛璋**(1988)　《漢書·地理志》上郡屬縣有"洛都,莽曰卑順",續志省,沿革失考。上郡兵器最多爲高奴工師主造,次爲漆垣,再次爲筥即籚,亦即膚施(詳見另考),餘各縣工師皆不見,而多見於背面或胡或僅刻記地名之兵器中,之縣皆表用地。洛都又見廿五年上郡戈銘:

　　　　廿五年上郡守廟造、高奴工師□、丞申、工鬼薪詘(戈內)

　　　　上郡武庫、洛都(內背)

"上"字爲鑄款,陽文,應與戈同疇鑄,"郡、武庫"分刻於"上"字前後,顯然在後,"洛都"舊誤釋"冶都",更在其後,刻於右上首,按秦法制,兵器鑄造與保管、使用皆分權,上都鑄造兵器,要上交上郡守驗收,交武庫統一保管,再撥交上郡各地或邊郡使用,此戈即由上郡武庫撥交洛都使用後加刻洛都,至於胡刻"廣衍"之十二年上郡戈,內另一面也刻"洛都",則再由洛都轉交廣衍時加刻,而矛骹亦刻"上武",上刻"廣衍",也證明由上郡武庫撥交,但血槽內還刻有"□(晉)陽",應在先,轉調廣衍後與戈互配爲戟,因皆刻"廣衍",由出土廣衍故城墓地,說明廣衍爲最後用地。

　　洛都自來失考。《中國歷史地圖集》亦列於無考地名中,自廣衍故城沿牸牛川南下約二十公里,在伊金霍洛旗新廟子,有一時代相當故城,逆流北上約三十五公里,有準格爾旗暖水公社榆樹圪,也有一座時代迄於東漢的古城,洛都與廣衍皆屬上郡,而上郡所造兵器至少已有兩件轉交洛都,其中一件又由洛都轉移廣衍。廣衍故城南北兩古城,當有一爲洛都故城,由於洛都東漢已有,所以其南古城時代更合。

《文博》1988-6,頁 39—40

○**王輝**(1990)　　洛都亦上郡屬縣,今地不詳。《漢書·地理志》上郡屬縣有洛都,“莽曰卑順”,後漢省。

《秦銅器銘文編年集釋》頁 52

○**周偉洲**(1997)　　38.洛都丞印　《漢書·地理志》上郡本注:“秦置。”下屬縣有“洛都”。則西漢洛都係承襲秦上郡洛都而來,地在今陝西甘泉西北。丞爲縣令佐官。

《西北大學學報》1997-1,頁 36

汾

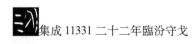集成 11331 二十二年臨汾守戈

【汾陰】

○**周偉洲**(1997)　　26.汾陰丞印　《史記·秦本紀》惠文王九年(公元前 329年)“渡河,取汾陰、皮氏”。《漢書·地理志》河東郡屬有汾陰縣,當沿秦縣而置。秦汾陰縣屬河東郡,丞爲縣令佐官。地在今山西萬榮縣西。

《西北大學學報》1997-1,頁 35

△**按**　《説文》:“汾,水。出太原晉陽山,西南入河。从水,分聲。或曰:出汾陽北山,冀州浸。”戈銘臨汾、印文汾陰,皆地名。

漳

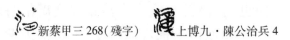新蔡甲三 268(殘字)　　上博九·陳公治兵 4

△**按**　該字有殘缺,上博九《陳公治兵》亦見“漳”字,作 (簡 4),可相比照。

《説文》：“漳，濁漳，出上黨長子鹿谷山，東入清漳。清漳，出沾山大要谷，北入河。南漳，出南郡臨沮。从水，章聲。”新蔡簡“漳”或即南漳。

沿

集成 203 沿兒鐘

○**吳大澂**（1884）　　古沿字。沿兒鐘。

《説文古籀補》頁 44,1988

△**按**　《説文》：“沿，水。出河東東垣王屋山，東爲沇。从水，允聲。沿，古文沿。”沿兒鐘“沿兒”，人名。

灌 灌

灌睡虎地・日甲 51 背貳

○**劉樂賢**（1994）　　廣灌，疑爲植物名。

《睡虎地秦簡日書研究》頁 243

漸 漸 漸

漸包山 61　　漸包山 140　　漸包山 249　　漸包山 250　　漸上博三・周易 50　　漸陶彙 3・287

漸上博三・周易 50　　漸上博三・周易 50

○**吳大澂**（1884）　　漸　古漸字。古陶器。

《説文古籀補》頁 44,1988

○**劉彬徽、彭浩、胡雅麗、劉祖信**（1991）　（編按：包山 140）漸，借作斬，《國語・齊語》“斬孤竹而南歸”，注：“伐也。”

《包山楚簡》頁 50

○**濮茅左**（2003）　（編按：上博三・周易 50）“漸”，同“漸”字，本簡“六二、九三”爻辭又作“漸”。卦名，《周易》第五十三卦，艮下巽上。《象》曰：“《漸》之進也，女歸吉也。進得位，往有功也。進以正，可以正邦也。其位剛得中也。止而

巽,動不窮也。"《象》曰:"山上有木,《漸》,君子以居賢德,善俗。"

　　此字馬王堆漢墓帛書《周易》、今本《周易》均作"漸"。

《上海博物館藏戰國楚竹書》(三)頁 204

○**李守奎、曲冰、孫偉龍**(2007)　　(編按:上博三《周易》50)懃。

《上海博物館藏戰國楚竹書(一—五)文字編》頁 505

△**按**　　上博三《周易》簡 50 之懃,左上寫作莫,對應馬王堆帛書及今本《周易》皆作"漸",故知讀爲"漸",應是"漸"字變體。

【漸木立】包山 249、250

○**曾憲通**(1993)　　"暫木位"大概是指一些臨時用牌位安置的神靈。

《第二屆國際古文字學研討會論文集》頁 415

○**吳郁芳**(1996)　　"漸木立"即斷木立,《包山楚簡》中斬木例作"漸木",而斬、斷意同。斷木復立在古人看來是"木爲變怪"的妖祟,《漢書·五行志》中猶載有許多斷木立的災異,如"上林苑中大柳樹斷仆地,一朝起立";"社有大槐樹,吏伐斷之,其夜樹復立其故處";"零陵有樹僵地……民斷其本……樹卒自立故處"。在古人看來這都是木妖作祟,故京房《易傳》曰:"棄正作淫,厥妖木斷自屬";"木仆反立,斷枯復生,天辟惡也"。昭佗病重時眼前出現斷木復立的幻覺是不奇怪的,故在驚恐中趕忙要巫祝"攻解於漸木立",而且換一個地方將斷木樹立起來。

《考古與文物》1996-2,頁 77

○**連劭名**(2001)　　包山楚簡祭禱記録的最後一則云:

　　簡(250):見於繼無後者與漸木立,以其故祝之。舉禱於繼無後者各肥豬,饋之。命攻解於漸木立,且徙其處而樹之,尚吉。

　　"漸木"是預示吉凶的神樹,其源甚古。《公羊傳·隱公元年》云:"漸,進也。"何注:"漸者,物事之端,先見之辭。"《周易》中有"漸"卦,孔穎達《周易正義》云:"漸者,不速之名也,凡物有變移,徐而不速謂之漸也。"《象》曰:"山上有木,漸,君子以居賢德善俗。"《序卦》云:"漸,進也。"《詩經·常武》云"進厥虎臣",鄭箋:"進,前也。"是知"漸木"即前知之木。

　　文獻中有關此事的記載極少,《太平經》卷一百十二"有過死謫作河梁戒一百八十八"云:

　　人有命樹生天土各過。其春生三月命樹桑,夏生三月命樹棗李,秋生三月命梓梗,冬生三月命槐柏。此俗人所屬也。皆有主樹之吏,命且欲盡,其樹半生,命盡枯落,主吏伐樹,其人安從得活。欲長不死,易改心志,傳其樹近天門,名曰長生,神吏主之,皆潔静光澤,自生天之所,護神尊榮。

"天門"指西北,《禮記·内則》云"父母舅姑之衣衾簟席枕几不傳",鄭注:"傳,移也。"將命樹移植西北的方術,即簡文所云"且徙其處而樹之"。

"漸"卦隱含前知之象。下卦艮爲龜,上卦巽爲木,下互坎爲水,上互離爲火,合貞卜之象,如《管子·水地》云:"龜生於水,發於火,於是爲萬物先,爲禍福正。"故《周易·漸》的《彖》辭云:"進以正,可以正邦也。"

立、位古同,簡文中指神位。《墨子·明鬼》云:"昔者夏、商、周三代之聖王,其始建國營都日,必擇國之正壇,置以爲宗廟,必擇木之修茂者立以爲叢位。"

孫詒讓《墨子閒詁》云:"位"是"社"字之訛,其説不確。

《考古》2001-6,頁 68—69

○**劉信芳**(2003)　漸木即建木,其神名"立",故稱"漸木立"。《山海經·海内南經》:"有木,其狀如牛,引之有皮,若纓黄蛇。其葉如羅,其實如欒,其木若蓲,其名曰建木。"郭璞《注》:"建木青葉,紫莖,黑華,黄實。其下聲無響,立無影也。"《海内經》:"有九丘……有木,青葉,紫莖,玄華,黄實,名曰建木,百仞無枝,有九欘,下有九枸,其實如麻,其葉如芒,大皋爰過,黄帝所爲。"《淮南子·地形》:"漸木在都廣,衆帝所自上下,日中無景,呼而無響,蓋天地之中也。"《廣雅·釋詁》:"建,立也。"楚屈建(《左傳》襄公二十五年)、太子建(哀公十六年)皆字子木,知"漸木"即"建木",其神名"立"。古代祀禮,凡有後嗣之鬼,於宗廟置神位祀之;而無後嗣者則無宗廟,於郊野樹一木枋,稱爲建木,祭而禱之。影隨人後,人之無後嗣者如建木之無影,絶無後者作祟,攻解於建木立,取其類也。

林澐釋"立"爲"位"(《讀包山楚簡札記七則》,《江漢考古》1992 年 4期),説亦可通。

《包山楚簡解詁》頁 250

○**李家浩**(2005)　"漸木立"除見於上文二所引 249 號簡文外,還見於其後的説辭:

以其古(故)説之:舉禱於絶無後者各肥豬,饋之。命攻解於漸木立,叔(且)徙其尻(處)而椬(樹)之,尚吉。《包山》249—250

"漸木立"不大好懂,在學術界有不同説法,據我所知大概有以下三種:(中略)

按這些説法,都存在不同程度的問題。尤其是劉氏的説法,存在的問題更大。“漸、建”二字在現在同音,但在古代並不同音。上古音“漸”屬從母談部,“建”屬見母元部,不論是聲母還是韻部,都相隔甚遠。簡文的“漸木”不可能是神話中的“建木”,“立”更不可能是“漸木”的名字。

　　吴氏所説的包山楚簡斬木作“漸木”,是指包山司法文書簡 140—141 反:

　　東周之客許綎歸作(胙)於藏郢之歲,十月,辛巳之日,畢貹尹栖糖與剢(鄭)君之司馬奉爲皆告城(成),言胃(謂):“小人各政(征)於小人之地。”無讕(訕)。登(鄧)人所漸(斬)木四百,徵於鄭君之地襄溪之中;其百又八十,徵於畢地都中。

　　此簡和 43、44 號簡,是關於鄧人在畢、鄭二地伐木,畢、鄭二地的官吏徵收其伐木稅金的案例。《包山簡牘》考釋(262)説:“漸,借作斬,《國語·齊語》‘斬孤竹而南歸’,注:‘伐也。’”按“漸”從“斬”得聲,《包山簡牘》考釋把“漸木”之“漸”讀爲“斬”,無疑是正確的,但是在解釋字義時所引的書證不確。《國語·齊語》“斬孤竹而南歸”之“斬”,是征伐的意思,而簡文“斬木”之“斬”,是砍伐的意思。《周禮·地官·山虞》:“春秋之斬木不入禁。”

　　“立”字除見於 249—250 號簡外,還見於下録包山卜筮簡:

　　叔(且)雀(爵)立(位)遲踐。　《包山》202

　　至九月憙雀(爵)立(位)。　《包山》204

此二“立”字皆讀爲“位”。249—250 號簡的“立”字似乎不應該例外。

　　根據上述情況,我們認爲“漸木立”之“漸木”應該從吴氏讀爲“斬木”,“立”應該從曾氏讀爲“位”。《墨子·明鬼》:“其始建國營都……必擇木之修茂者,立以爲菆(叢)位。”“叢位”即叢木之位,亦即叢社之位。“斬木位”猶此“叢位”,當指斬木之位,也就是用砍伐的樹木作的神位的意思。

《長沙三國吴簡暨百年來簡帛發現與研究
國際學術研討會論文集》頁 198—199

○**晏昌貴**(2007)　(二)漸木立(位)

　　有敚(祟)見於絶無後者與漸木立(位)(包山 249)

　　命攻解於漸木立(位)(包山 250)

　　劉信芳先生以爲漸木即建木,其神名“立”。曾憲通先生讀作“暫木位”,是指一些臨時用牌位安置的神靈。吴郁芳先生讀作“斷木立”,並引《漢書·五行志》,以爲斷木反立爲妖。連劭名先生以爲“漸木”是預知吉凶的神樹,即前知之木。李家浩先生讀爲“斬木位”,並引《墨子·明鬼》爲證,以爲即“叢位”。今按:以上諸説當以李家浩先生説爲是。漸木或爲社木,

"立"讀如"位"。古代社神之位多以木,《周禮·地官·大司徒》:"設其社稷之壝而樹之田主,各以其野之所宜木,遂以名其社與野。"單個的樹木可以爲社主,衆多的叢林亦可爲社,即叢社。《楚辭·七諫·沈江》"日漸染而不自知兮",王逸注:"稍積爲漸。"簡文"漸木"或即積木,又稱叢木。叢、聚古字通,《左傳·哀公十七年》"陳人恃其聚而侵楚",杜預注:"聚,積聚也。"漸、聚並有積義,"漸木"或可讀爲"聚木"或"叢木",均可指社。《墨子·明鬼下》:"昔者虞夏商周,三代之聖王,其始建國營都,日必擇國之正壇,置以爲宗廟,必擇木之修茂者,立以爲菆位。""菆位"即社,孫詒讓《墨子閒詁》引證甚詳,其文曰:

> 菆與叢同,位當爲社字之誤也……《急就篇》:"祠祀社稷叢臘奉。"一本作菆。顏師古曰:"叢,謂草木岑蔚之所,因立神祠。"即此所謂"擇木之修茂者,立以爲菆社"也。《(戰國策)秦策》"恆思有神叢",高注曰:"神祠叢樹也。"《莊子·人閒世篇》:"見櫟社樹,其大蔽牛。"《呂氏春秋·懷寵篇》曰:"問其叢社,大祠民之所,不欲廢而復與之者。"《太玄·聚·次四》曰:"牽羊示于叢社。"皆其證也……《史記·陳涉世家》:"又閒令吳廣之次近所旁叢祠中。"《索隱》引《墨子》云……:則所見本"社"字已誤作"位",而"菆"字作"叢"則不誤也。又《耕柱篇》曰:"季孫紹與孟伯常治魯國之政,不能相信,而祝於禁社。""禁社"乃"叢社"之誤。(中略)《六韜·略地篇》云:"冢樹社叢勿伐。""社叢"即"叢社"。

孫氏博引載籍,力圖證明《墨子》"叢位"爲"叢社"之誤,但也許《墨子》本文不誤,"叢位"即爲叢木位或叢社之位。睡虎地秦簡《日書·詰咎篇》67—68簡背:"凡邦中之立叢,其鬼恆夜呼焉,是遽鬼執人以自伐〈代〉也。乃解衣弗袥,入而傅(搏)之者,乃可得也。""立叢"或爲"叢立(位)"之倒。並可與簡文對照。

社或社鬼爲祟致人疾病,出土文獻和傳世文獻並有記載。睡虎地《日書》乙種163—164號簡:"卯以東吉,北見疾,西、南得,朝閉夕啟,朝逃得,晝夕不得。以入,必有大亡。以有疾,未少瘳,申大瘳,死生在亥,狗肉從東方來,中鬼見社爲姓(眚)。"《淮南子·説林訓》:"故侮人之鬼者,過社而摇其枝。"高誘注:"侮,猶病也。"

古亦有攻社之舉。《春秋·莊公二十五年》:"六月辛未朔,日有食之,鼓,用牲於社。"《公羊傳》:"日食則曷爲鼓用牲於社,求乎陰之道也。以朱絲營社,或曰脅之,或曰爲暗,恐人犯之,故營之。"何休注:"或曰脅之,與責求同義。社者,土地之主也,月者土地之精也。上繫於天而犯日,故鳴鼓而攻之,脅其本也。"《白虎通‧災變》:"鼓用牲於社。社者,衆陰之主,以朱絲縈之,鳴鼓攻之,以陽責陰也。"《周禮‧春官‧大祝》掌六祈"五曰攻",鄭玄注:"攻,如其鳴鼓然。"簡文"命攻解於漸木立(位)",亦當爲攻社之舉措。

《石泉先生九十誕辰紀念文集》頁 346—348

冷　文物 1978-2,頁 50　　　　文物 1978-2,頁 50

△按　《説文》:"冷,水。出丹陽宛陵,西北入江。从水,令聲。"秦印"冷",姓氏,《廣韻》青韻:"冷,姓。《左傳》周大夫冷州鳩。"上列秦印乃同人之印,時代爲秦昭襄王時期,一爲標準小篆體,一爲隸書,表明當時篆、隸二體並用。

湘

集成 12113 鄂君啟舟節　　　包山 83　　　楚帛書殘片

○何琳儀(1998)　包山簡湘,讀相,姓氏。商丘有相氏,蓋帝相之後。見《姓譜》。

《戰國古文字典》頁 709

△按　《説文》:"湘,水。出零陵陽海山,北入江。从水,相聲。"

深　湵　冞

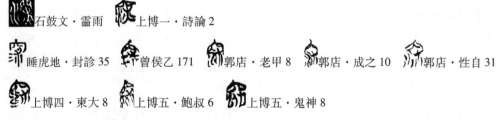

石鼓文‧霝雨　　　上博一‧詩論 2

睡虎地‧封診 35　　曾侯乙 171　　郭店‧老甲 8　　郭店‧成之 10　　郭店‧性自 31

上博四‧柬大 8　　上博五‧鮑叔 6　　上博五‧鬼神 8

郭店‧尊德 19　　上博六‧用曰 20

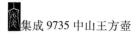集成 9735 中山王方壺

郭店·五行 46　　　郭店·五行 46　　　集粹

○**强運開**（1935）　　《説文》：“深，水出桂陽南平，西入營道，从水，罙聲。”又罙篆下云：“滨也。一曰竈突，从穴、火，求省，讀若禮三年導服之導。”段注云：“導服即禫服也。”按罙即滨淺字，不當有異音，蓋竈突可讀禫，與罙爲雙聲，據此則滨本水名，作滨淺訓者，乃罙之叚字也。自滨行而罙廢矣。

《石鼓釋文》戊鼓，頁 8

○**裘錫圭、李家浩**（1989）　（編按：曾侯乙 171）探。

《曾侯乙墓》頁 499

○**睡簡整理小組**（1990）　（編按：睡虎地·秦律 11）深，讀爲甚，超過。

（編按：睡虎地·秦律 71“工獻輸官者，皆深以其年計之”）深，讀爲審，《吕氏春秋·順民》注：“定也。”工匠上繳產品，與一般轉輸不同，必須固定按生產的年份記賬，以便對其年度產量等進行考核。

《睡虎地秦墓竹簡》頁 22、37

○**袁國華**（1997）　（編按：曾侯乙 171）“滨”字，从“水”从“穴”从“米”。此字的釋讀，似有兩種可能。若參照李家浩先生的釋讀，改“手”旁爲“水”旁，字應釋作“深”。“深”字，戰國文字作 （石鼓文）、（中山王壺）、 （睡虎地秦簡），小篆作 ，二字皆从“水”从“穴”，至於“米”疑是“ 、 、 ”等部件的訛體，故“滨”似可釋作“深”。不過“滨”字亦有可能是“潘”字。“滨”字从“水”从“穴”从“米”，古文字及小篆从“米”或从“似米”部件的文字，並與“滨”字字形完全相同者，目前未見，唯疑當即“潘”字。《汗簡》有“審”字，字形一作 ，一作 。鄭珍氏《汗簡箋正》云：“宷从宀从采，審之正體。此从宀从米非。”鄭氏立説乃據《説文解字》。《説文解字》有“宷”“審”二字，許慎云：“ ，悉也；知宷諦也。从宀从采。 ，篆文宷从番。”此鄭氏認爲《汗簡》所收“審”字从“宀”从“米”爲誤之故。從小篆“審”字字形分析，“宷”“審”二字固然可从“采”，唯從出土文字資料考察，“審”字所从亦絶非从“采”不可。“審”字，西周金文五祀衛鼎作 ，戰國睡虎地秦簡作 、 等形，故黄錫全先生認爲“宷”或“審”字，“並从 或 ，似‘米’”。循此線索推斷，疑从“米”的“滨”字，很可能即是“潘”字。或曰“穴”“宀”異部，不當混淆。“穴”“宀”兩個部首，由於意義相近，常可互相替換，即所謂

“形符互換現象”,如“寓”,石鼓文作⿱,侯馬盟書作⿱;“竈”,邵鐘作⿱、石鼓文作⿱;皆爲其證。據此,將“深”字視爲“藩”字或體,亦非無稽。“深”字,見曾侯乙墓竹簡簡171,簡文云:“盂深驕爲左飛。”“深”字的用法尚不可確知。“深”字,或釋“深”,或釋“藩”,各有所據。字從“穴”似以釋“深”爲宜,唯字又從“米”,則釋“藩”亦非絕無可能,故就目前有限材料,實難遽下論斷,姑且並存其説以俟他日。

《中國文字》新23,頁245—246

○**何琳儀**(1998)　隨縣簡探,人名。

《戰國古文字典》頁1405

○**李守奎**(2003)　“深”字在古文字中比較常見,尤其是楚簡中更是屢見。

　　　　⿰郭店·老子甲8　　⿰郭店·成之聞之4

　　曾侯乙墓171號簡的“⿰”字所從的“水”與214號簡的“沴”所從的“水”旁近同。應當就是“深”字。“深”從“水”,“㝐”聲;“㝐”從“穴”,“术”聲。《説文》以爲從“穴”從“火”從“求省”不確。在簡文中“深驕”用爲馬名。

《第四屆國際中國古文字學研討會論文集》頁508—509

○**馮勝君**(2006)　《五行》篇“深”字兩見,均作⿰(46號簡),與楚文字“深”字作⿰(《老子》甲8號簡)形相比,不從“尤”。這種寫法的“深”字在古文字中未見。

《簡帛》1,頁50

○**李守奎、曲冰、孫偉龍**(2007)　楚之“深”字從穴從水,尤聲。

《上海博物館藏戰國楚竹書(一—五)文字編》頁506

△**按**　郭店《五行》簡46“㝐,莫敢不㝐;淺,莫敢不淺”,與“淺”相對,知㝐是深字省體。

【深畍】上博五·融師8

△**按**　即“深晦”,簡文云“顔色深晦,而志行顯明”。

【深㴯】上博四·柬大王8

△**按**　即“深溪”,指深谷。簡文云“驟夢高山深溪”。

油 油

集成 12113 鄂君啟舟節　　近出 1196 六年襄城令戈

○**郭沫若**（1958）　（編按：鄂君啟舟節）湖殆指東湖。

　　　　　　　　　　　　　　　　　　　《文物參考資料》1958-4，頁 4

○**熊傳新、何光岳**（1982）　（編按：鄂君啟舟節）舟節中的“逾沽”（湖），譚其驤先生在考證此地時，認爲“逾沽”是“古代自鄂穿梁子等湖可西通大江”。我們認爲譚先生的意見，值得商榷，據地形來看，幕阜山脈由南向北連綿不斷地直伸到武昌的長江之濱，有冶塘山、櫟山、洪山、磨兒山、蕭山、梅亭山、鳳凰山等一脈相連，據白眉初《鄂湘贛三省志》中的武昌縣云：“有幕阜山脈，自江西邊界北走，貫咸寧而入境，直至城東爲洪山，西走貫全城如長蛇奮欲，而西瞰江，其首隆然，是曰蛇山，地勢海拔 144 尺。”從而可見，其閒不可能有水道橫斷諸山，而東下梁子湖等十九湖。雖説其閒如清平山，山勢低矮，即使在古代，當長江水漲時，或亦有水流從其山坳缺口溢於梁子湖，但無論如何，水流不很深，其流甚暫，決難通行三舟相連的艅艎這種大船。所以，鄂君從鄂出發，所經“逾湖”之地，應是長江北，即今湖北黃岡縣陽邏鎮以西的武湖、茄湖、鴨兒湖、白水湖、西湖、牛湖、官湖，這些湖，在古代是連成一片，並爲雲夢澤的一部分，它往西可通漢水，因此，鄂君的舟路，應是從黃河進入江北的武湖、白水湖、西湖一帶的雲夢澤，而西入漢水。關於黃岡多湖，《湘鄂贛三省志》黃岡縣云：“而西多平原，傍江一帶，多湖水。”直到民國時，上述地區，地勢仍尚如此低下，顯係古代湖泊遺迹。因此“逾沽”的位置，應是從這裏“逾湖”到漢水，它是一條古航道。

　　　　　　　　　　　　　　　　　　　《湖南師院學報》1982-3，頁 86

○**陳偉**（1986）　（編按：鄂君啟舟節）油，一開始就被讀作沽即湖字，定爲鄂城以西湖群，諸家並從，不以爲疑。其實，這類字形的釋讀，在古文字學界是有討論的。如西周銅器《遇甗》上有一字，郭沫若先生讀古，徐中舒先生讀叶，陳夢家先生讀由。又《雲夢睡虎地秦簡》有一字，原隷定作軕，李學勤先生改讀軸。先秦文字中，由的單字尚未能確認，由、古二字也就還没能分別開來。不過，《説文》所謂“兜鍪也。从冃，由聲”的“冑”字倒屢有所見，其釋讀也爲學者所公認。我們可以將冑字所从之由與古及从古而作的字進行比較，決定舟節此字的讀法。

大盂鼎	牆盤	石鼓	中山王方壺	鄂君啟節
小盂鼎	㲋簋	胄簋	中山王方壺	鄂君啟節

圖二

上面,我們羅列了周代兩字的標本(圖二)。隨着時代的推移,兩字的寫法各各略有演化,而基本結構未變。兩字形體大致類似,卻又存在着明顯的區別。這就是古字上部十字交叉,横畫長出;由字上部則只有一竪畫,或在竪畫中著一圓筆。雖然古文字的點、横時有互作,但這兩字卻界限森然,一般未見交叉。大小盂鼎同爲一人之器,中山王𰀲方壺兩字並見,寫法各異,是最突出的例證。舟節此字省去義符水旁的形體,與諸胄字所從的由字極爲近似,而與同時的中山王器的胄字所從幾無二致。同時,舟節中也有從古而作的居字,則和常見的古字一樣,也不與舟節此字混淆。因此,舟節此字讀古似不可從,應該改讀爲由。

由、育二字,上古韻部爲幽覺對轉,又是喻紐雙聲,可以通假。《詩·思文》"帝命率育"。"率育",朱起鳳先生《辭通》卷十一以爲即《書·微子之命》"率由典常"之"率由","育乃由字之假"。又有胤胄的胄字,《説文》曰:"從肉,由聲。"《書·舜典》"教胄子",《説文》育字下引作"教育子";鄭注《周禮·大司樂》作"教育子",注《禮記·王制》作"教胄子"。凡此,是由及從由得聲的字與育字通假之例。

如果讀由爲育,油水即是淯水。《文選·南都賦》注引《山海經》:"攻離之山,淯水出焉,南流注於漢。"《水經·淯水》:"淯水出弘農盧氏攻離山。東南過南陽西鄂縣西北。又東過宛縣南。又屈南過淯陽縣東。又南過新野縣西。西過鄭縣東南。入於沔。"《説文》淯字下段注:"今河南南陽府府城東三里俗名白河者是。"

《江漢考古》1986-2,頁 89—90

△按　鄂君啟舟節"油",當從陳偉釋讀。楚文字"由"與"古"寫法相近,易於混淆。

淮　潅

睡虎地木牘　　陶彙3·40　　陶彙3·1156　　上博二·容成25

△按　《説文》:"淮水,出南陽平氏桐柏大復山,東南入海。從水,隹聲。"

澧 澧

集成 12113 鄂君啟舟節

○**何琳儀**（1998）　鄂君舟節澧，水名。《書·禹貢》："岷山導江，東別爲沱，又東至于澧。"在今湖南西北。

《戰國古文字典》頁 1262

濼 濼

璽彙 1286　　　　集成 175 莒叔之仲子平鐘

△**按**　《説文》："濼，齊魯間水也。从水，樂聲。《春秋傳》曰：公會齊侯于濼。"璽文用爲人名。莒叔之仲子平鐘銘"台（以）濼其大酉（酋）"，用爲"樂"。

濕 濕

集成 11542 平都矛

【濕成】
○**何琳儀**（1998）　平都矛"濕成"，趙幣或作"㞢成"，地名，見㞢字。

《戰國古文字典》頁 1039

泗 泗

上博二·容成 37　　　　上博二·容成 37

【泗尹】
○**李零**（2002）　泗尹　即"伊尹"。"泗"是心母質部字，上文"伊水"之"伊"作"㳂"，字从死，"死"是心母脂部字，與"泗"讀音相近，都是"伊"的通假字。

《上海博物館藏戰國楚竹書》（二）頁 279

洹

集成 321 曾侯乙鐘　　集成 11383 郾侯奔作戎戈

○**何琳儀**（1998）　螶生不戈洹,水名。《左·成十六》:“聲伯夢歸洹。”

曾樂律鐘“洹鐘”,讀“圜鐘”。見亘字。

《戰國古文字典》頁 1054

△**按**　曾侯乙鐘律名“洹鐘”,也寫作“宣鐘、亘鐘、匟鐘”,即《國語·周語》之“宣鐘”,參卷七“宣”字條。

洋

十鐘　　陶彙 3·784　　上博 38

○**何琳儀**（1998）　《説文》:“洋,水出齊臨朐高山,東北如鉅定。从水,羊聲。”

齊璽洋,人名。

《戰國古文字典》頁 675

濁  湜

集成 286 曾侯乙鐘　集成 320 曾侯乙鐘　曾侯乙石磬　　曾侯乙石磬

曾侯乙石磬　　雨臺山律管

集成 303 曾侯乙鐘　郭店·老甲 9

珍秦 43

○**黃翔鵬**（1981）　（編按:曾侯乙鐘）以“濁”字稱“六吕”,來自楚制,它不是“濁吕鐘”,而是“濁割肂”,足以證明它是曾律名而不是楚律名。

《音樂研究》1981-1,頁 23

○**李純一**（1981）　（編按:曾侯乙鐘）其餘鐘銘還敘述另外六個濁律,即濁新鐘、濁文王、濁坪皇、濁割肂、濁穆鐘和濁獸鐘。其中除濁割肂應屬曾國外,其餘五

個都應是楚名。它們較上述六律低半音或一律,相當於經傳上所説的"六閒（閒）"或"六吕",因知這裏的濁字本義爲低半音或一律。然而早期注疏家對於濁律的解釋與此頗有出入,如《禮記・樂記》的"倡和清濁",《鄭注》説是"清謂蕤賓至應鐘也,濁謂黄鐘至中吕",《孔疏》説是"黄鐘至仲吕爲濁,長者濁也;蕤賓至應鐘爲清,短者清也"。長濁短清之理固然無誤,但其具體劃分則大相徑庭。

《音樂研究》1981-1,頁59

○曾憲通（1986）　（編按:曾侯乙鐘）樂律銘的所謂"濁"律,本來是與"清"律相對的低音律名,但曾侯乙編鐘中只見濁律,未見清律。或以不標濁者爲清律。所以,曾律中的"濁"字包涵有低半音即一律的意思。從對應關係看,曾國的六個濁律有五個是借自楚國的。

《曾憲通學術文集》頁43,2002;原載《古文字研究》14

○何琳儀（1998）　曾器濁,清濁之濁,樂律。《禮記・樂記》"倡和清濁",注:"謂黄鐘至中吕。"

《戰國古文字典》頁378

○荆門市博物館（1998）　（編按:郭店・老甲9）"濁",簡文右部从"蜀"省。楚簡中的"蜀"旁多作此形。

《郭店楚墓竹簡》頁114

○王輝、程學華（1999）　（編按:珍秦43）睡虎地秦簡《封診式・遷子》:"（遷）蜀邊縣。""蜀"字與此印"濁"偏旁同。《姓觿》覺韻:"濁,《姓考》云:'商時有濁侯國,後以國爲氏。'"《史記・貨殖列傳》:"胃脯,簡微耳,濁氏連騎。"《珍秦齋》原讀"騷濁",但古未見騷姓。

《秦文字集證》頁297

漑　𣽈

睡虎地・爲吏6伍

○睡簡整理小組（1990）　（編按:"賢鄙漑辭"）漑,讀爲既。

《睡虎地秦墓竹簡》頁174

治 洍 綺

秦代印風 222　　十鐘　　璽彙 4887　　睡虎地·答問 74

上博二·子羔 1

○**睡簡整理小組**（1990）　（編按：睡虎地·日甲 79 正“生子,老爲人治也”）治,疑讀爲笞。

《睡虎地秦墓竹簡》頁 193

○**張守中**（1994）　（編按：睡虎地·秦律 14）通笞　治主者寸十　秦一四。

《睡虎地秦簡文字編》頁 170

○**劉樂賢**（1994）　（編按：睡虎地·日甲 79 正）治讀爲笞,習見於睡虎地秦簡法律文書中。

《睡虎地秦簡日書研究》頁 112

○**何琳儀**（1998）　（編按：璽彙 4885“日敬毋治”）秦璽“毋治”,讀“勿怠”。

《戰國古文字典》頁 57

○**李守奎、曲冰、孫偉龍**（2007）　（編按：上博二·子羔 1）疑爲“治理”之“治”。

《上海博物館藏戰國楚竹書（一——五）文字編》頁 506

△按　治理之“治”楚簡多作“綺”,從糸,𦉪聲,爲楚系用字。詳見卷十三糸部“綺”字條。

【治掠】睡虎地·封診 1

○**睡簡整理小組**（1990）　笞掠,拷打。《淮南子·時則》：“毋笞掠。”

《睡虎地秦墓竹簡》頁 147

【治獄】睡虎地·編年 19

○**睡簡整理小組**（1990）　審理法律案件。

《睡虎地秦墓竹簡》頁 10

寢 㿗 㵒

集成 9673 寺工師初壺　　官印 0015　　秦文字集證 135·47

○**李輝、宋蕊**（1983）　（編按：二年寺工壺）“寢”同寢。《十鐘山房印舉》有秦“泰

寢左田上"印,寢字即从水。《集韻》:"寢或作寢。"

《考古與文物》1983-6,頁 4

○王輝(1987)　參卷八【北寢】條。

○何琳儀(1998)　秦器寢,讀寢。《詩・商頌・殷武》"寢成孔安",傳:"寢,路寢也。"

《戰國古文字典》頁 1416

△按　諸字皆省从"帚"。

渚 渚

渚璽彙 0343　　渚郭店・語四 17　　渚上博四・逸詩・交交 2　　渚新蔡乙四 9

○吳振武(1983)　0343 五渚正鉢・五渚正鉢。

《古文字學論集》(初編)頁 492

○李家浩(1984)　《古璽彙編》0343 號"五渚正璽",其文如下:　

"渚"字原書缺釋,《古璽文編》作爲不認識的字收在附錄裏(見該書 419 頁)。其實只要我們把此字的右旁與《侯馬盟書》313 頁所收的"者"字比較一下,就會發現這個字應該是"渚"字。《戰國策・燕策二》:"秦之行暴於天下,正告楚曰:蜀地之甲,輕舟浮於汶,乘夏水而下江,五日而至郢。漢中之甲,乘舟出於巴,乘夏水而下漢,四日而至五渚。"

《史記・蘇秦傳》也有如此相同的記載。印文"五渚"當是這裏所說的"五渚"。"五渚正"即管理五渚的長官。

但是有的古籍"五渚"卻誤作"五都、五湖"。《戰國策・秦策一》:"秦與荊人戰,大破荊,襲郢,取洞庭、五都、江南。荊王亡奔走,東伏于陳。"《韓非子・初見秦》"五都"作"五湖"。《史記・蘇秦傳》裴駰集解和酈道元《水經注・湘水》引《戰國策・秦策一》,"五都"並作"五渚",與印文合,可見南北朝時裴、酈所見的本子不誤。"渚、都"二字並从"者"聲,形音俱近,故傳本"渚"訛爲"都"。"五湖"常見於古書,舊認爲是太湖,其地在長江下游故吳國境內,非秦"襲郢取洞庭"時所取之地。《韓非子・初見秦》的"五湖"當是"五渚"之誤。

關於"五渚"的地望有不同説法。《水經注・湘水》:"凡此四水(指湘水、資水、沅水、澧水)同注洞庭,北會大江,名之五渚。《戰國策》曰:'秦與荊人成,大破之,取洞庭、五渚'是也。"

《史記·蘇秦傳》裴駰集解亦認爲五渚在洞庭。司馬貞索隱:"案:五渚,五處洲渚也,劉氏以爲宛鄧之間,臨漢水,不得在洞庭。或説五渚即五湖,益與劉説不同也。"

據《秦策一》記載,秦破郢之後所取的楚地以"洞庭、五渚、江南"爲序。郢在今湖北江陵,位於江北;洞庭在郢的東南,位於江南,而宛鄧在今河南南部、湖北北部。秦取宛是在秦昭王十五年,取鄧是在秦昭王二十八年,而"襲郢,取洞庭、五渚、江南"是在秦昭王二十九年以後的事。是"襲郢,取洞庭、五渚、江南"之前宛鄧之間早已爲秦所有,不會秦取了洞庭後又北上宛鄧之間取五渚,然後又南下取江南。很顯然劉氏的説法不足爲信。前面已經説過,五湖在長江下游的故吳國境内,非秦所取的五渚。索隱引或説也不足爲信。以情理而論,當以酈、裴説近似。至於是否是像酈所説湘、資、沅、澧四水"同注洞庭,北會大江,名之五渚",有待研究。

《江漢考古》1984-2,頁 45—46

○**吳振武**(1984)　　[五二一]419 頁第二欄,𣲙

今按:此字從水從者,應釋爲渚。侯馬盟書者字作𣋷或𣍵,戰國"高都、中都"布中的都字所從之者作𣍵或𣋷(《辭典》二〇三及《文物》1972 年 4 期),古璽書字所從之者或作𡥷(《彙》三九五一),皆與此字𣍵旁相同或相近。原璽全文作"五渚正璽",《史記·蘇秦列傳》蘇代約燕王曰:"……漢中之甲,乘船出於巴,乘夏水而下漢,四日而至五渚……"《集解》謂:"《戰國策》曰'秦與荆人戰,大破荆,襲郢,取洞庭、五渚',然則五渚在洞庭。"《水經·湘水注》:"凡此四水(引者按:指湘水、資水、沅水、澧水)同注洞庭,北會大江,名之五渚。《戰國策》曰:'秦與荆戰,大破之,取洞庭、五渚'者也。"可知五渚在洞庭,戰國時屬楚。"正"是官長的意思,典籍習見,"五渚正璽"當是管理五渚的官長所用之璽。原璽中"鉢"字作𨰻,正是典型的楚文字寫法。渚字見於《説文·水部》。

《〈古璽文編〉校訂》頁 207,2011

○**陳偉**(2003)　　(編按:郭店·語四 17"利其渚者不塞其溪")瀦,字本作"渚"。《周禮·地官·稻人》"以瀦畜水,以防止水",鄭注:"鄭司農説豬防以《春秋傳》曰'町原防,規偃豬'……玄謂偃豬者,畜流水之陂也。"

《郭店竹書別釋》頁 239

○**劉釗**(2003)　　(編按:郭店·語四 17"利其渚者不塞其溪")"渚"通作"瀦",指陂塘等

蓄水處。《管子・五輔》：“導水潦,利陂溝,決潘渚。”《說文・水部》新附：
“潴,水所亭也。”

《郭店楚簡校釋》頁 231

○馬承源（2004）　（編按:上博四・逸詩・交交 2）集于中渚　《爾雅・釋丘》“如陼者
陼丘”,郭璞注:“水中小洲爲陼。”《詩・召南・江有汜》“江有渚,之子歸,不我與”,
《詩經集傳》：“渚,小洲也,水歧成渚。”“陼”“渚”通假。《小雅・鴻鴈之什・鴻
鴈》：“鴻鴈于飛,集于中澤。”《毛亨傳》：“中澤,澤中也。”“中渚”亦爲“渚中”。

《上海博物館藏戰國楚竹書》（四）頁 176

洨

上博三・周易 11　　近出 1138 洨陽戈

○濮茅左（2003）　（編按:上博三・周易 11)“洨”,《集韻》音“交”,讀爲“皎”。《莊
子・漁父》“鬚眉交白”,《經典釋文》：“交一本作皎。”“皎”,《廣雅》：“皎,白
也,明也。”《楚辭章句・九懷・危俊》“晞白日兮皎皎”,光明而照察。

《上海博物館藏戰國楚竹書》（三）頁 151—152

○廖名春（2004）　（編按:上博三・周易 11)從帛書《二三子》“絞,日也”的解釋看,
楚簡本的“洨”、王弼本的“交”以及《二三子》的“絞”,都應讀如“皎”。而“意、
委”都應讀如“威”。帛書《二三子》應作:“卦曰:‘絞如,委如,吉。’孔子曰:
‘絞,日也;委,老也。老、日之行□□□,故曰吉。’”

《周易研究》2004-3,頁 13

△按　上博三《周易》簡 11“六五,其孚洨如”,馬王堆帛書本及今本《周易・
大有》“洨”均作“交”。

【洨陽】洨陽戈

△按　洨陽,地名。《說文》：“洨,水。出常山石邑井陘,東南入于泜。從水,
交聲。邨國有洨縣。”“洨”字或釋爲“汶”,不可從。

濟

石鼓文・霝雨　　集成 9735 中山王方壺

○强運開（1935）　此篆自薛尚功撫寫作𤃹,釋滋,遂致陳氏甲秀堂及阮撫天

乙閣顧研本均沿其誤,今得安氏十鼓齋所藏北宋拓弟一本作濟,甚爲明顯,足以正千餘年之訛謬矣。舊拓之可寶貴如此。濟本水名,引申之義爲濟渡。孟子曰:"子産以其乘輿濟人於溱洧。"可以爲證。鼓文言"流迄湧湧盈淲□濟,君子即涉,涉馬□流",此濟字亦應作濟渡解,上下文義自一貫矣。

《石鼓釋文》戊鼓,頁 3

【濟濟】石鼓文、中山王方壺

○**張政烺**(1979)　（編按:中山方壺）《禮記·曲禮》:"天子穆穆,大夫濟濟。"鄭玄《注》:"皆行容止之貌也。凡行容,尊者體盤,卑者體蹙。"《正義》曰:"天子穆穆者,威儀多貌也。大夫濟濟者,濟濟徐行有節。"

《古文字研究》1,頁 210

○**何琳儀**(1998)　中山王方壺"濟濟",見《詩·大雅·文王》"濟濟多士",傳:"濟濟,多威儀也。"

石鼓"濟濟",見《詩·大雅·旱麓》"榛楛濟濟",傳:"濟濟,衆多也。"

《戰國古文字典》頁 1269

○**徐寶貴**(2008)　濟濟,《書·大禹謨》"濟濟有衆",傳:"濟濟,衆盛之貌。"《詩·大雅·旱麓》"榛楛濟濟",傳:"濟濟,衆多也。"此言"盈淲(淶)濟濟",當狀水勢盛大貌。

《石鼓文整理研究》頁 777

灄 澠 灄

集成 12113 鄂君啟舟節

○**郭沫若**(1958)　灄,以地望推之,當是洞庭湖之古名。

《文物參考資料》1958-4,頁 4

○**商承祚**(1963)　灄,當即湘水支流耒水。

《文物精華》2,頁 54

○**于省吾**(1963)　"內(入)灄"　按先言"入湘,庚臊,庚澎易",後言"入灄",可見"灄"距湘水下游較遠。"灄"當即"耒水","灄"從"灄"聲,與"耒"爲雙聲疊韻。《論語·述而》"諫曰"的"諫"字《説文》引作"灄"(古文字從晶與從灄無別),是從"耒"、從"晶"字通之證。耒水係湘水的支流。《水經注·耒水》:"耒水出桂陽郴縣南山,又北過其縣之西,又北過便縣之西,又西北過耒陽縣之東,又北過酈縣東,北入于湘。"可見此節言入灅水,已深入湖南的南部。

○**孫劍鳴**(1982) 灅,郭云:"灅以地望推之,當是洞庭湖的古名。"這一推論大約也是由於以䣜爲城陵磯,以涨陽爲岳陽而來的。商釋《節銘》,於"灅"下注"耒"字,我以爲是正確的。"灅"即今之"耒水",北入湘江。

○**熊傳新、何光岳**(1982) 灅在舟節中作🔲,上述學者均考證爲"灅",我們無異議。但在考證"灅"時,是湘江的哪條支流,所達到的地點上,譚其驤先生認爲"灅",是指耒水,我們不同意此説。"耒",它乃是耒耜的"耒",是古代耕土的一種農具,從木而不從水。而灅字,從水不從木。我們可從金文中的有關"灅"字來看一看,《鼄虎簠》中的"灅",記爲🔲,《父乙䵼》中的"灅",作🔲,《盉駒尊》中的"灅",作🔲,《師旅鼎》上的"灅",作🔲,《滔䵼》中的"灅",作🔲。"耒"在金文中,《耒彝》中作🔲,《耒敦》中的"耒",作🔲,《耒作父乙尊》中的"耒"爲🔲。這些金文中的"耒"字,均爲象一人手拿耒在翻土。從以上可見,金文中的"耒"與"灅",全然不同,這怎麼能論證灅就是耒,入灅就入耒水呢?雖説灅與耒,同音可相假,但從文字發展規律來看,總由繁到簡是一個演進過程,決不會改簡從繁的,何況灅字爲上聲,耒爲入聲,亦還有四聲之異呢? 可以釋灅爲耒,這顯然有誤。"灅水"究竟應該是指湘江水系中的哪條水呢? 我們認爲"灅水"應是指今之洣水。洣水發源於桂東縣風流山,至衡東縣雷溪市向西流入湘江,全長三百二十公里,由於洣水古名雷溪,亦即灅溪,所以在灅水入湘江之處叫雷溪口,口邊有一個集鎮便叫雷溪市。

這條水名爲灅,因它爲湘江一大支流,發源於羅霄山西麓,水源非常豐富,它匯集了三十八條支溪,流域面積達 12050 平方公里,當洣水洪水暴發時,自灣頭洲以下,沿岸有四峰山、觀音山、象形山、相山逼岸危峙約束了洣水的下泄,使水流洶涌澎湃,水浪撞在岩石山,轟隆如雷響,灅水的名稱,由此而來,據當地方言,"灅"與"洣",僅一音之轉,且因🔲字筆畫過多,後來便簡成洣字,從此洣代替了灅字的名稱,我們在上述中提到的雷溪、雷溪口、雷溪市等,正由於雷與灅音同,而且雷又與耒音也有相同處,因而往往混誤,加之洣水與耒水之間相隔僅四十多公里,都是由東南向西北並行地流入湘江,更容易被人們混淆一談。

○**張中一**(1989) "内灅",據熊傳新、何光岳先生考證,"灅"當爲"洣",即横渡洣水前行,其地在今衡東縣洣河鎮,是洣水入湘處,此説令人信服。

《求索》1989-3,頁 128

△按　　澫,湘水支流耒水。

郭店・語四 10　　　 上博二・容成 26　　　 上博五・鮑叔 5　　　 上博五・弟子 16

璽彙 3014　　　 侯馬 92:19　　　 上博六・用曰 6　　　 上博六・用曰 19　　　 上博二・魯邦 5

璽彙 2354

陶彙 3・1041

集粹　　 秦印

○强運開(1935)　　古陶从橫水,與益字同。

《説文古籀三補》頁 55,1986

○張光裕(2005)　　(編按:上博五・鮑叔5)募聞則沽,募見則豹。多聞則覬,多見則:“沽”,讀爲“孤”。《禮記・學記》:“獨學而無友,則孤陋而寡聞。”義與此同。“多聞、多見”語見《論語・爲政》:“子張學干禄。子曰:‘多聞闕疑,慎言其餘,則寡尤。多見闕殆,慎行其餘,則寡悔。言寡尤,行寡悔,禄在其中矣。’”又《述而》:“子曰:‘蓋有不知而作之者,我無是也。多聞擇其善者而從之,多見而識之,知之次也。’”簡云“多聞則惑”,義與“多聞闕疑”相若。

《上海博物館藏戰國楚竹書》(五)頁 277

○李守奎(2007)　　(編按:上博五・鮑叔5)疑“沽”讀爲“固”,義爲固執或固陋閉塞。《論語・子罕》“子絶四:毋意、毋必、毋固、毋我”,朱熹《集注》:“固,執滯也。”《論語・學而》:“學則不固。”何晏《集解》引孔安國“固者,敝也”。劉寶楠正義謂其爲“蔽塞之義”。當以“蔽塞”義爲長。

《楚地簡帛思想研究》3,頁 40

○李學勤(2007)　　(編按:上博五・鮑叔5)“寡聞則沽”的“沽”,書中考釋引《禮記・學記》“獨學而無友,則孤陋而寡聞”,讀“孤”,其實也可以讀爲“固”,《禮記・曲禮下》“君子謂之固”,鄭玄注:“陋也。”“固”還有一種訓詁,便是蔽,如《論語・學而》“學則不固”,何晏《集解》引孔安國注云:“蔽也。”孤陋閉塞,涵義相同,正是寡聞造成的弊病。

《出土文獻研究》8,頁 2

△按　《説文》:"沽,水。出漁陽塞外,東入海。从水,古聲。"又:"湖,大陂也。从水,胡聲。揚州浸有五湖。浸,川澤所仰以灌溉也。"戰國文字"沽"即江湖之"湖"的本字,如郭店《語叢》四簡 10"江沽(湖)之水",上博二《容成氏》簡 26"三江五沽(湖)"等;又或讀爲"涸"(上博二《魯邦大旱》簡 5"水將沽(涸)")、"固"(上博五《弟子問》簡 16"寡聞則沽(固)")等。

瀤 瀤

新蔡甲三 268

○**賈連敏**(2003)　瀤。

《新蔡葛陵楚墓》頁 197

○**何琳儀**(2004)　"瀤",《釋文》隸定爲从"水"从"目"从"米",顯然不能釋讀。按,此字所謂"米"旁實乃"水"旁之誤認。中閒短橫筆爲飾筆,古文字中習見,例不贅舉。《説文》"霸"之古文(7 上 9)所从"雨"旁的"水"形,亦作"米"形,應屬同類。然則此字無疑應隸定爲"瀤"。《説文》:"瀤,北方水也。从水,裏聲。"

簡文"瀤"應讀"夔"。首先,"裏"是"懷"之異文。司夜鼎(《集成》2108)之"裏"作"裏"。雲夢秦簡《爲吏之道》"以此爲人君則鬼"之"鬼"讀"懷"。《隸釋》三公山碑"咸裏人心",洪适曰:"裏即懷字。"《漢書・外戚傳》"裏誠秉忠",注:"裏,古懷字。"《玄應音義》"懷孕"作"裏孕"。至於《詩・小雅・小弁》"譬彼壞木",《説文》引"壞"作"瘣"。亦可資旁證。其次,"裏"與"夔"聲系相通。《左傳・僖公二十六年》"楚人以夔子歸",《穀梁傳》"夔"作"隗"。是其佐證。另外地名"夔"亦作"歸",見《左傳・宣公八年》疏、《史記・楚世家》索隱、《水經注・江水》等。而《禮記・緇衣》"私惠不歸德",注"歸或爲懷"(上海簡《緇衣》21 作"裏")。凡此可證,"裏、裏、歸、夔"皆可通,然則"瀤"自可讀"夔"或"歸"。

"夔",本周方國名,與楚同姓,後被楚所滅。《春秋・僖公二十六年》:"秋,楚人滅夔,以夔子歸。"注:"夔,楚同姓國。今建平秭歸縣。"在今湖北秭歸。簡文出自戰國楚人手筆,又與《春秋》記載吻合。結合甲三:11、24"昔我先出自均,遣宅兹沮、漳"來看,楚都"先丹淅後秭歸説"亦並非空穴來風。

《安徽大學學報》2004-3,頁 8

○**袁國華**(2006)　　其中"延至於澴"的"澴",《新蔡葛陵楚墓出土竹簡釋文》將右旁衣内字形釋作"頮",隸定爲从"水"从"衣"从"頮"的"澴"字,字形作:

原釋似有誤。其實右旁衣内字形作"夊",上爲"目"而非"頁",下亦非"米",應隸定作从衣的"裛"。拙見認爲該字乃左从"水"右从"裛"聲的"澴"。楚簡"壤"字,郭店楚墓竹簡字形作:

"裛"字,見《上海博物館藏戰國楚竹書》,字形作:

以上字形,可證原釋作"澴"的字,應爲"澴"字。"澴"上古音屬匣母歌部,簡文中音義同"淮",河川名,即"淮河"。這是"澴"(淮)字首次於楚國出土文物中被發現。楚簡"澴"字从"裛"得聲與常見的"淮"字从"隹"得聲,可能是國屬或方言用字不同所造成的。楚簡"澴"字可能是"淮河"的楚方言用字,是值得注意的現象。但是如果細審簡文,則發現"澴"字之下似有重文符,故疑該字亦有可能爲"澴水"(淮水)二字合文。"淮河",春秋時代以前又稱"淮水",中國大河之一;爲黄河和長江間的大河,發源於河南省南部的桐柏山,全長約一千公里;向東流,經安徽、江蘇二省,原有入海河道,後因黄河南竄,入海河道被奪,從此多流入長江。

《康樂集》頁 125

△按　澴,當即指淮水。字或省作"深",如𣼦(清華二《繫年》80)、𣼦(同上 99),《繫年》"南深",《左傳·昭公五年》作"南懷",董珊(《讀清華簡〈繫年〉》,復旦大學出土文獻與古文字研究中心網 2011 年 12 月 26 日,收入氏著《簡帛文獻考釋論集》,上海古籍出版社 2014 年)認爲"南澴/懷"皆當讀爲"南淮",即淮水之南。

淶 㴸 溓

璽彙 1915

○**何琳儀**（1998）　滐，从水，垐聲。疑淶之繁文。《說文》：“淶，水起北地廣昌，東入海。从水，來聲。并州浸。”

　　晉璽滐，人名。

《戰國古文字典》頁 81

○**徐寶貴**（2005）　“垐”爲“往來”之“來”的本字，則𣲷可釋爲“淶”。《說文》：“淶，水。起北地廣昌，東入河。从水，來聲。并州浸。”《周禮·夏官·職方氏》：“正北曰并州……其浸淶、易。”鄭玄注：“淶出廣昌。”《水經注·巨馬水》：“巨馬河出代郡廣昌縣淶山，即淶水也……一水東南流，即督亢溝也，一水西南出，即淶水之故瀆矣。”顧祖禹《讀史方輿紀要·直隸三·保定府》：“淶水，縣東北三十里，縣以此名，源出保定州之矕山，東南流入定興縣境，亦曰巨馬河。”“淶”本爲水名，字在璽印中則爲人名。

《考古與文物》2005-1，頁 96

△**按**　戰國文字來去之“來”多纍增形旁止作“垐”，故此當爲“淶”字異體。

泥 𣲷

考古與文物 2000-1，頁 9　　　集成 11460 泥陽戈

【泥陽】泥陽戈

○**何琳儀**（1996）　《集成》11460 著錄戈銘二字“△陽”，其中“△”原篆作：

　　《集成》編者隸定“泝”。按“△”右下非“斤”旁，疑反向“人”旁（豎筆上短橫可能是劃痕），故“△”可釋“泥”，戰國文字“尼”字參見：

慶尼節　　陶彙 5·48

　　“泥陽”，見《史記·樊酈滕灌列傳》“蘇馹軍於泥陽”，《正義》：“故城在寧州羅州縣北三十一里，泥谷水源出羅川縣東北泥陽。”《讀史方輿紀要》陝西慶陽府寧州“泥陽城在州東南五十里，本秦邑”。在今甘肅寧縣東，戈銘呈秦國晚期風格。

《考古與文物》1996-6，頁 72

○**王望生**（2000）　“泥陽”。在今甘肅寧縣東南，此條省去了職名和人名。

《考古與文物》2000-1，頁 8

汈 汈

曾侯乙 177　　郭店·成之 35

△按　實爲“汈”字異體,與《説文》“汈”字形混,詳見本部“汈”字條下。

湎 湎

信陽 1·48　　上博三·周易 24　　新蔡乙一 18　　新蔡零 103

○**中大楚簡整理小組**(1977)　(編按:信陽 1·48)湎下有一句讀符號作“乚”,與其他諸簡僅作“━”者不同。湎,《説文》謂“水也”。《詩·召南·江有汜》或作“江有湎”,是湎汜可通。汜,“水別復入江也”,義即水之歧流復還本水。此簡云若湎,疑爲復還本源之義。

《戰國楚簡研究》2,頁 13

○**李運富**(1997)　信陽簡 1-48 有字作,劉雨及中山大學整理小組皆釋爲“湎”。今按,原字雖然不甚清晰,但細辨筆畫,右邊實與同位,略有變化而已,故其字當从水从𢺵,亦應改釋爲“淵”。

《楚國簡帛文字構形系統研究》頁 107

○**李守奎**(2003)　(編按:信陽 1·48)㴥。

《楚文字編》頁 648

○**濮茅左**(2003)　(編按:上博三·周易 24)“湎”,讀爲“頤”。

《上海博物館藏戰國楚竹書》(三)頁 170

○**陳偉武**(2004)　(編按:上博三·周易 24)《説文》:“湎,水也。从水,𦣞聲。《詩》曰:‘江有湎。’”許氏以“湎”爲水名,今本《詩經》作“汜”。頗疑“湎”當讀爲“涘”,指水邊。《説文》:“涘,水厓也。”《莊子·秋水》:“秋水時至,百川灌河,涇流之大,兩涘渚涯之閒,不辨牛馬。”“北湎(涘)”猶言“北渚”,《楚辭·九歌·湘君》:“朝(朝)騁騖兮江皋,夕弭節兮北渚。”王逸注:“渚,水涯也。”簡文“𢃺(拂)經於北湎(涘)”似指在北面水邊開闢路徑。今本作“丘頤”,“丘”爲“北”之形訛,“頤”爲“涘”之聲借。若依濮注,“頤”既用本義,又假“湎”爲“頤”,本字借字同見一句恐不可信,故“湎”不宜讀爲“頤”。

《華學》7,頁 174—175

△按　新蔡簡"洰"用作人名;信陽簡辭殘,未詳其讀。

海 洖

 官印 0021

 郭店·窮達 10　　 上博三·中弓 18　　 包山 147　　 郭店·老甲 2　　 郭店·性自 9

 上博二·容成 5　　 上博二·容成 25

 璽彙 0362　　 吉大 43

 上博二·民之 7　　 上博二·民之 12

○吳大澂(1884)　　古海字。古鈢文。

《説文古籀補》頁 44,1988

○劉釗(1998)　(編按:包山)簡 147 有字作"",字表釋爲"泯"。按字從水從母,應隸作"洖",釋爲"海",每字乃母字的分化字,音近可通,故海可從母作。海字古璽作""(《古璽彙編》0362,李家浩先生釋)、""(《吉林大學藏古璽印選》43),結構與簡文同。簡文"煮盧於洖"即"煮鹽於海"。

《東方文化》1998-1、2,頁 62

○何琳儀(1998)　洖,從水,毋聲。疑海之省文。《搜真玉鏡》:"洖,音母。"
　　　燕璽"洖澤",讀"海澤",地名。
　　　包山簡洖,讀海。參帛書《老子》"海內四邦"之海作(甲後三五五),"仁腹四海"之海作(甲後三〇八)。

《戰國古文字典》頁 563

○廖名春(2003)　《説文·水部》:"海,天池也,以納百川者。從水,每聲。"而"每"字原"從中母聲",據徐灝注箋,是後隸變作"每"。"海"從每得聲實質即從母得聲,故"海"能寫作"洖"。

《郭店楚簡老子校釋》頁 26

△按　《説文》從"每"得聲之字,楚簡多從"母",如"晦"作"畮"(上博六《慎子曰恭儉》簡 5、上博二《子羔》簡 8),"海"作"洖"(郭店《老子》甲簡 2,馬王堆帛書《九主》亦同),"晦"作"畮"(上博五《融師有成氏》簡 8),"敏"作"勄"(上博三《彭祖》8)等。"每"從"母"分化,每、母作爲偏旁時有混用,故有包山

簡 147 等"海"字之作。

【海鹽】

○**周偉洲**(1997)　　35.海鹽□□　按此封泥"海鹽"二字在印上方,下二字殘,推測應爲"海鹽丞印"或"海曲鹽丞"。前者可能性更大。《漢書・地理志》會稽郡本注"秦置",下屬縣有海鹽,本注云:"故武原鄉,有鹽官。"《史記・秦始皇本紀》二十五年,"王翦遂定荆州南地;降越君,置會稽郡"。海鹽原爲越地,自此屬會稽郡。地在今江蘇海鹽。

《西北大學學報》1997-1,頁 36

溥

信陽 1・5

○**中大楚簡整理小組**(1977)　　溥,《説文》:"大也。"此簡大意謂:君子之道,像五種浴德那樣的高尚偉大。

《戰國楚簡研究》2,頁 4

○**劉雨**(1986)　　1-05:"君子之道,亦若五浴之淖。"

　　此字或釋"專、溥",與字形不類;當釋"淖"爲是。《説文》:"淖,泥也。"此簡內容似爲論説君子修身養性的道理。大意是:作爲君子之道,應該是時時檢查自己身上的污點,就好像人"五浴"之後,猶恐身上有泥淖一樣。也就是孔子所謂的"吾日三省吾身",《荀子・修身》:"行而供(恭)冀(翼),非漬淖也。"也是講的這個意思。

《信陽楚墓》頁 132

○**何琳儀**(1993)　　"竹書"1-05 號簡云:

　　君子之道必若五浴之△。

　　"五浴",中山大學以爲"即儒家所謂浴德","五浴殆指五種美德,疑即《書・洪範》之貌、言、視、聽、思"。湯餘惠則引謝靈運《山居賦》"九澗別泉五谷異巘",讀"五浴"爲"五谷"。按,"五浴"乃卜筮術語。《博物志》:"龜三千歲游於卷耳之上,蓍千歲而三百莖同本,以老故知吉凶。""筮必沐浴齋潔燒香,每朔望浴蓍,必五浴之,浴龜亦然。"《廣博物志》:"蓍一千歲而三百莖,其本以老,故知吉凶,浴蓍必五浴之。"蓍草需經浸浴,先秦文獻也有記載,《詩・曹風・下泉》:"浸彼苞蓍。"傳:"苞,本也。"按,"苞"通"葆",《説文》訓"草盛兒"。

　　"△",原篆作:

　　　　　　　　　　（篆字圖形）

舊多隸定爲"溥",非是。古璽（《古璽彙編》5573）舊不識,黃錫全引《汗簡》人部華岳碑"傳"作（字形）爲證釋"剸",可信。戰國文字"專"及从"專"字習見:

專	（字形）《璽彙》1837	鄟	（字形）《璽彙》1870	剸	（字形）《陶彙》4.11
榑	（字形）《璽彙》0254	傳	（字形）《璽彙》0583	簿	（字形）《中山》76
瘇	（字形）《璽彙》1782	溥	（字形）《陶彙》3.513		

"△"左从"水"（稍殘）,右从"專",自應釋"溥"。《説文新附》:"溥,露皃。从水,專聲。"

　　簡文"溥"應讀"簿"。《楚辭·離騷》:"索藑茅以筳篿兮。"注:"索,取也。藑茅,靈草也。筳,小折竹也。楚人名結草折竹以卜曰篿。"朱琦曰:"案方氏《通雅》云,《後漢書·方術傳·序》有逢占梃專須臾之術。注曰,梃專,即筳篿……《説文》別有簿字云,以判竹圜以爲穀器。尚與專通,則篿亦判竹也。又專字云,六寸簿。段氏以簿爲手板,當亦可剖竹爲之。觀此,筳篿直相似破竹以卜,宜如今之杯珓。《廣韻》云,杯珓古以玉爲之。《演繁露》云,或用竹根,珓一作筊。《石林燕語》云,高辛廟有竹杯筊,正所以問卜。"朱説可信。在《離騷》"索藑茅以筳篿兮"中"以"爲連詞。"藑茅"與"筳篿"對文見義,前者均从"艸",即所謂"結草";後者均从"竹",即所謂"折竹"。《太平御覽》卷七二六方術部引《楚辭》"索藑茅以筳篿",注:"楚人折竹結草以卜,謂爲籌也。"可以參證。"專"爲"簿"之省,"溥"从"水"應緣上文"五浴"之"浴"从"水"而類化。本應作"簿",指破竹製成的筳篿。

　　簡文"君子之道必若五浴之溥（簿）"中"必若五浴之簿",相當上引《博物志》《廣博物志》"浴蓍必五浴之"。簡文似以"五浴之簿"喻"君子之道"老成可用,隱含"君子務本,本立而道生"（《論語·學而》）之意。

　　　　　　　　　　　　　　　　　　《文物研究》8,頁 169—170

○李零（2002）　　"溥"是博大之義。

　　　　　　　　　　　　　　　　　　　　　　　《揖芬集》頁 311

△按　此字左半水旁稍殘。《説文》:"溥,大也。从水,專聲。"簡文云"五浴（谷）之溥",正用本義。

衍

十鐘　　璽彙 1979　　集成 11404 十二年上郡守壽戈

△按　《説文》:"衍,水朝宗于海也。从水从行。"璽文作人名,上郡守壽戈"廣衍"爲地名。

淖

集成 4649 陳侯因資敦　　陶彙 3·419　　陶録 2·567·1　　近出 4 莒公孫淖子鎛

○吳大澂(1884)　　淖　古文朝潮爲一字。陳侯因資敦。

《説文古籀補》頁 44,1988

○徐中舒(1933)　(編按:陳侯因資敦)淖,《太平御覽》引《説文》云:淖,朝也;魏三字石經《無逸篇》"朝"古文作"淖"。

《徐中舒歷史論文選輯》頁 411,1998;原載《史語所集刊》3 本 4 分

○郭沫若(1936)　(編按:陳侯因資敦)淖當是潮之省,讀爲朝聘之朝。

《郭沫若全集·考古編》8,頁 465,2002

○王襄(1947)　　淖,古文朝,从𣲘从卓,今本之朝,盂鼎作朝,乖伯簋作䢃,矢敦作䢃,趞鼎䢃,陳侯因資鐏作淖,所從之川、𣲘、水、𣲘、𣲘爲川或水,川與水同義,意初民見早潮以製潮字,故从卓,象日初出尚在草中之形,猶莫象日將落在林中也。潮爲水,故此或从𣲘、川、𣲘、𣲘、𣲘皆水之異形,爲古文川。潮水爲初義,朝會朝莫皆後起之義。許氏舟聲之説,或未見。有从𣲘、𣲘、𣲘之朝,誤以川爲舟。舟之古文作𣲘、𣲘、𣲘諸形,不作川,又以淖隸於水部,由古文證之,朝、淖實一字。近隸作潮,从水,从古文川,於形義爲複。

《王襄著作選集》頁 1090,2005;原載《古陶今釋》

○孫敬明、李劍、張龍海(1988)　　朝,从水从卓,作"淖"形。陶文"淖"與石鼓文"淖"形體相若。通常認爲石鼓文作於春秋,而此"淖"所在豆柄的時代則爲春秋戰國之際。

《文物》1988-2,頁 87—88

○**高明、葛英會**(1991) 《説文》云:淖,从水,朝省。三體石經以淖爲朝之古文。《汗簡》以淖爲潮。

《古陶文字徵》頁 144

○**李零**(1995) 與上例(1)有關,值得注意的是陳侯因資敦是把"朝聞(問)諸侯"的"朝"字寫成。此字,《説文解字》卷十一上水部用爲潮水的潮字,解釋爲"水朝宗於海,从水朝省",徐鉉説"隸書不省"。此字也見於《正始石經》,並被《汗簡》61 頁正和《古文四聲韻》卷二 10 頁正引用(按,前者脱出處,後者注出《石[經]》)。可見是古文寫法。隸書作潮,大概是沿襲秦系文字常見的"疊牀架屋"之法。《太平御覽》卷六八引《説文》"潮,朝也。从水、朝"。其實此字从水與从川同。與朝實爲一字。也就是説朝字本來就是潮水的潮字,用爲朝見之朝和表示平旦之義,反而是假借字。

《國學研究》3,頁 273

○**王恩田**(1998) (編按:近出 4 莒公孫淖子鎛)潮,銘文作淖,淖與潮爲古今字。《説文》:"淖,水朝宗于海。从水,朝省。"公孫,姓氏。潮子爲私名。

《遠望集》頁 314—315

○**徐在國**(2001) 鄒滕出土的單字陶文中有如下一字:

J 陶彙 3·995

《陶彙》缺釋。《陶徵》釋爲"潙"(145 頁)。《陶字》從之(449 頁),又放入附録中(645 頁)。李零先生釋"滅"。

按:諸釋可疑。因爲此字是單字陶文,我們懷疑原拓被倒置。J 應作,从"水"从"卓",釋爲"淖"。齊陶文中"淖"字或作:

陶彙 3·418 陶彙 3·419

並从"水"从"卓",與 J 形近。

如此,J 應釋爲"淖"。《説文》:"淖,水朝宗于海。从水,朝省。"淖爲朝之初文。

《古文字研究》23,頁 113

△**按** 楚簡文字有旁,陳斯鵬以爲即"潮水"之"潮"本字,可從。或增水旁而爲"淍"(詳見"淍"字條)。表平旦之"朝"當是从日从月,艸聲。朝、潮音近,故"潮"或借"朝"之部分爲聲旁,又略去象形初文而僅保留義符"水",遂有"淖"之作。今之"潮"字,確乎是"疊牀架屋"之作。

滔 滔

石鼓文·而師　璽彙 1009　璽彙 1775　上博五·三德 7

○**强運開**（1935）　薛、趙、楊俱釋作滔，《説文》：“水漫漫大皃。从水，舀聲。”

《石鼓釋文》戌鼓，頁 2

【滔皇】上博五·三德 7

○**李零**（2005）　“滔皇”，疑讀“饕皇”。

《上海博物館藏戰國楚竹書》（五）頁 293

○**曹峰**（2006）　古人稱飲食貪婪者爲“饕餮”。如《史記·五帝本紀》：“縉雲氏有不才子，貪于飲食，冒于貨賄，天下謂之饕餮。天下惡之，比之三凶。”而且貪婪的“饕餮”是作爲必有惡報的形象來形容的。如《吕氏春秋·先識》云“周鼎著饕餮，有首無身，食人未咽，害及其身，以言報更也，爲不善亦然”。常與“貪”連用，如“饕貪而無饜，近利而好得者，可亡也”（《韓非子·亡徵》），“貪饕多欲之人”（《淮南子·原道》），“貪昧饕餮之人”（《淮南子·兵略》）。或用“饕”來指代“貪”，如“不仁之人，決性命之情而饕貴富”（《莊子·駢拇》）。《三德》用“饕”字正切合前面“凡食飲無量計”，“皇”也不必借爲“荒”，“饕皇”即“貪饕”到極點的人，文獻中不見此用例，是《三德》爲前後押韻而創作出來的吧。

《上博楚簡思想研究》頁 198—199

△**按**　簡文曰：“凡食飲無量詍，是謂滔皇。”楊澤生（《上博五零釋十二則》，簡帛網 2006 年 3 月 19 日）疑讀爲“淫荒”，范常喜（《上博五〈三德〉新釋兩則》，《中山大學學報》2012 年第 2 期）如字讀，訓爲“怠慢皇天”，從用字習慣和上下文意看，范説較爲合理。

【滔 =】石鼓文·而師

○**張政烺**（1934）　《詩·江漢》：“武夫滔滔。”《傳》：“廣大皃。”

《張政烺文史論集》頁 29，2004；原載《史學論叢》1

○**何琳儀**（1998）　石鼓“滔滔”，見《楚辭·七諫·謬諫》“年滔滔而自遠兮”。注：“滔滔，行皃。”

《戰國古文字典》頁 177

涓

陶彙 5·304

○**何琳儀**（1998）　秦陶涓，讀埍。

《戰國古文字典》頁 974

潒

新蔡甲三 15、60

【潒栗恐懼】

○**何琳儀**（2004）　惟潙栗恐懼（甲三:15）

　　"潙"，原篆左從"水"，右從"象"。這類省"爪"的"潙"，在西周金文中即已出現，參《金文編》176 頁。然則"潙"所從"爲"以"象"代替，不足爲奇。《韻會》:"潙，《説文》水名，出河東虞鄉縣，歷山西，西流蒲阪。通作媯。"

　　"爲"與"危"聲系相通。例如:《莊子·漁父》"以危其真"，釋文:"危或作僞。"《莊子·齊物論》"道惡乎隱而有真僞"，釋文:"真僞一本作真詭。"均其佐證。"危"與"畏"聲系亦相通。《書·湯誥》"慄慄危懼"，《初學記·帝王部》引作"栗栗畏懼"。是其佐證。

　　簡文"潙栗"可讀"危栗"。《易林》:"鳥鳴葭端，一呼三顛。動搖東西，危栗不安。"亦可讀"畏慄"。《後漢書·左雄傳》:"濟陰太守胡廣等皆坐謬舉孝廉免黜，自是牧守畏慄莫敢輕舉。"

《安徽大學學報》2004-3，頁 5

○**徐在國**（2004）　"栗"當讀爲"慄"。《爾雅·釋詁下》:"慄，懼也。"《詩·秦風·黃鳥》:"臨其穴，惴惴其慄。""慄"與"恐、懼"均爲同義詞。《説文》:"潒，水潒瀁也。"《玉篇》:"潒，今作蕩。""蕩"有震動義。《史記·龜策列傳》:"以破族滅門者，不可勝數，百僚恐蕩。""蕩"與"恐"連用，與簡文"蕩"與"栗、恐、懼"連用同。

《中國文字研究》5，頁 155

汭 㳌

㳌集成 2390 余子汭鼎

㳌集成 132 者汈鐘"汭涇"合文

○**强運開**（1935）　（編按：者汈鐘）按即古汭字。《説文》："汭,水相入貌,从水、内,内亦聲。"又按《説文》："涇,水,出安定涇陽开頭山,東南入渭。"《禹貢》涇屬渭汭,《周禮·職方氏》雝州"其川涇汭"。凡二水相入處皆曰"汭",涇濁渭清,其相入處尤顯易見,此篆从涇从内會意,蓋即"汭"之古文。《左傳》閔二年："虢公敗犬戎於渭隊。"服虔曰："隊謂汭也。"杜預本作"渭汭",汭、隊同音,古相通假,是不濿即不隊也。"虔秉不濿"者,謂恭敬秉持不敢失墜也。

《説文古籀三補》頁 56,1986

○**郭沫若**（1958）　（編按：者汈鐘）濿（涇）。

《考古學報》1958-1,頁 3

○**何琳儀**（1989）　（編按：者汈鐘）"濿",原篆作"㳌",郭與容庚等釋"涇",饒引强運開説釋"汭"。按,晚周文字中複音地名和複姓往往合文。如《盟書》（三五五）"邯鄲"作"㘎"形,《彙編》（三九一八）"公孫"作"㝩"形。前者借用偏旁"邑",後者借用偏旁"口"。本銘"濿"亦當釋"汭涇"合文,借用偏旁"水"。《周禮·夏官·職方氏》"其川涇汭",疏云"涇、汭"均爲水名。比較特殊的是本銘"汭"應屬上讀,"涇"則屬下讀。即讀作"女亦虔秉不汭——涇惪"。"不汭",應依强説讀"不墜"。强引《左傳》閔公二年"虢敗犬戎於渭隊",服虔曰"隊謂汭也",杜預本作"渭汭",謂"汭、隊同音,古相通假",甚確。然則"不汭"可讀"不隊"。"隊、墜"本一字之孳乳,金文多以"㒸"爲之。"不㒸",金文習見。《國語·晉語》"敬不墜命",注："墜,失也。""涇惪",讀"經德"。陳曼簠"肇勤經德"。《書·酒誥》"經德秉哲",傳："常德持智。""秉……德"之辭例亦見《詩·周頌·清廟》"秉文之德"。本句"經德"是"虔秉"和"不墜"的共同賓語。正反爲言,益見"經德"之重要。

《古文字研究》17,頁 149

○**何琳儀**（1994）　（編按：余子汭鼎）"余子汭"。"汭"原篆作"㳌"形,舊多釋"汆"。檢《字林》"人在水上爲汆,人在水下爲溺"。鼎銘此字右不从"人",且不在

“水”之上,當然不能釋“汆”。

　　𣲌形左從“水”,右上從“入”(“入”上加一短橫爲飾,已有學者詳説)。在古文字中“入”“内”相通,《古文四聲韻》五·二二“入”或作“内”。準是,𣲌應釋“汭”。《説文》:“汭,相入兒。從水、内,内亦聲。”鼎銘“汭”爲人名。

《中國文字》新 19,頁 141

○**何琳儀**(1998)　　(編按:者汈鐘)汭涇,汭從上讀,涇從下讀。“不汭涇德”,讀“不墜經德”。《左·閔元》:“虢公敗犬戎於渭汭。”《水經注·渭水》引服虔本汭作隊,是其佐證。《國語·晉語》“敬不墜命”,注:“墜,失也。”《書·酒誥》:“經德秉哲。”

《戰國古文字典》頁 1497

○**董珊**(2008)　　(編按:者汈鐘)分析字形,“水”旁若視作“内”與“𡈼”所共享,該字可離析爲“汭、涇”兩個偏旁。從文義理解來看,“瀅”在者汈鐘銘應讀“汭”音,則“涇”是“瀅”字的表意偏旁。所以“瀅”字結構可分析爲從“涇”、“汭”聲的形聲字,而非强運開所説“從涇從内會意”。“涇”是依靠本身的字義來表意的,這類表意偏旁,裘錫圭先生稱爲“義符”。

　　“瀅”字既如上分析,也可以視作“汭”字增加義符的繁體,或爲“涇水之汭”所造的專字。“汭”通假爲“隊(墜)”的例證,除强運開舉出《左傳》的一例之外,近出上海簡(二)《容成氏》第 44 號簡:“(紂)作爲九成之臺,實盂炭其下,加圜木於其上,思(使)民道之,能遂者遂,不能遂者内(墜)而死。”簡文“内”讀爲“墜”,也可爲證。

　　上述意見,與何琳儀先生所持的看法不同。何琳儀先生也從上述强運開之舊説出發,但改釋“瀅”爲“汭、涇”二字的合文,將“不瀅德”讀爲“不汭(墜)𡈼(經)德”四字,並引《書·酒誥》“經德秉哲”偽孔《傳》“常德持智”,謂“經德”即“常德”,做“虔秉”和“不墜”的共同賓語。此説看似可通,因而《集釋》《彙編》都相信,例如董楚平先生引述何先生之説,又謂:“經德,猶常德,指社會公德。”

　　但是考察此説,有兩個疑點:1.“瀅”没有合文符號,不好解釋成合文;2.照何、董二位先生理解,“經”訓爲“常”,“經德”是個偏正結構的名詞作賓語。但是文獻所見之“經德”都是動賓結構,其“經”字皆訓爲“行”。例如《孟子·盡心下》“經德不回”,趙岐注“經,行也”;《左傳》哀公二年“二三子順天明,從君命,經德義,除詬恥”,杜預注:“經,行也。”而《書·酒誥》“經德秉哲”以“經、秉”對文,因此“經”亦當理解爲動詞“行”,偽孔《傳》誤。由此可見,文獻中的"經德",没有一例可解釋爲活用作名詞"常德"的。據上述,"不墜常德"之説恐怕是靠不住的。

　　"虔秉"跟"不瀏"的賓語都是"德","秉"跟"汭(墜)"對文。"虔秉"謂恭持,"不墜"謂不失。此句是越王贊揚者汈能夠恭持而不失德。

《東南文化》2008-2,頁 50—51

△按　《説文》:"汭,水相入也。从水从内,内亦聲。"

涣　

津藝 80

△按　《説文》:"涣,流散也。从水,奂聲。"秦印"涣",人名。

泫

璽彙 1777

○劉釗(2006)　古璽文有下揭一字:

　　　　　　　1777

　　字从水从"". 按""乃"玄"字,馬王堆漢墓帛書《老子》甲本玄字作
"",與古璽""字形同。故古璽""可釋爲"泫"。泫字見於《説文》,在璽文中用爲人名。

《古文字構形學》頁 316

△按　《説文》:"泫,湝流也。从水,玄聲。上黨有泫氏縣。"璽文用爲人名。

滹

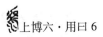上博六·用曰 6

△按　《説文》:"滹,水流皃。从水,彪省聲。《詩》曰:滹池北流。"辭云:"繼原流滹,其自能不沾(涸)。"或釋此字爲"濾",然細審簡影,字實从虎。

滂 

石鼓文・霝雨

○**張政烺**（1934） 涌，碣文作""。从水，聲。""即"甬"字，下部之""乃繁飾。

《張政烺文史論集》頁24，2004；原載《史學論叢》1

○**强運開**（1935） 湧，《説文》作"涌"，"滕也，从水，甬聲"。"滕"篆下云："水超踊也。"涌爲小篆，是湧爲古文籀文可知。

《石鼓釋文》戊鼓，頁2

○**郭沫若**（1936） **參本卷魚部"魴"字條。**

【滂$_{=}$】

○**鄭剛**（1996） 在動詞謂語没有賓語的時候，補語就緊跟在動詞後。石鼓文・霝雨："流迄滂滂。"滂字从水从，與睡虎地秦簡16・120的、馬王堆《老子》乙本231下的正同，《廣雅・釋訓》："滂滂，流也。"是動詞重疊，滂本訓注見三蒼。

《中山大學學報》1996-3，頁112

汪  泩

集粹 璽彙0091 集成11354三年汪陶令戈 秦代印風87

○**何琳儀**（1998） 《説文》："泩，深廣也。从水，生聲。"

趙璽"泩宕"，讀"泩陶"，地名。見《漢書・地理志》鴈門郡。在今山西山陰東北應縣東。

《戰國古文字典》頁633

○**施謝捷**（2002） "令"前地名，黄文釋爲"□匋（陶）"，並説："戰國以至秦漢間地名最後爲陶字，如汪陶、定陶、平陶、安陶等，皆與此'陶'上一字不類，僅館陶差近，館陶因趙置館於此而得名。銘此字左旁似'館'，但右旁尚待證確。"因此將這件戈歸在"地名未能確定的三晉兵器"類。《集成》編者也未識

出“匋”上一字。“匋”上一字的筆畫尚能分辨,作下揭之形:

右旁所從顯然就是“水”,左旁所從與“館”全不相似,黄文所説不確。現在看來,左半所從實乃“𡎱”之殘,也即“坒”字。戰國璽印文中“汪”字作:

《古璽彙編》0091,汪匋右司工

金文中或易“水”爲“邑”,作:

《金文編》鄂君啓舟節

若與戈銘比較,“令”上地名實際上就是被黄文排除在外的“汪匋(陶)”,古璽“汪匋右司工”的寫法尤爲相近,可證。

　　《漢書·地理志》汪陶縣隸屬并州雁門郡。《續漢書·郡國志》同。汪陶,戰國時期屬趙,然則此戈可歸入趙國兵器。

《南京師大學報》2002-3,頁156—157

況　況

　　　　集成 2304 長信侯鼎

△按　《説文》:“況,寒水也。從水,兄聲。”鼎銘“厶官西況”,“況”用爲人名。

沖　沖

　　　　集成 2229 沖子鼎　　　璽彙 2591　　　璽彙 2593

△按　《説文》:“沖,涌摇也。從水、中。讀若動。”璽文用爲姓氏。

沄　沄

　　　　璽彙 2745

○羅福頤等(1981)　沄。

《古璽文編》頁 274

○陳漢平(1989)　古璽文有字作 (3002)、 (1010)、 (1011)、 (1632)諸形,《文編》釋爲沄,未確。中山王鼎銘有字作 ,銘文曰:“叟其△于人施,寧△

于朋。”張守中《中山王嚳器文字編》釋爲汋,亦未確。《大戴禮記·武王踐阼》載盥盤之銘曰:“與其溺於人也,寧溺於淵。溺於淵猶可游也,溺於人不可救也。”知此字當釋爲溺。中山王鼎銘文此字與上列古璽文形同,字象水流中之漩渦,漩渦中或有小點指示沉溺之處,此爲溺字本字,與汨、汋字形、音、義俱不同,須注意區別之。溺字本字爲象形兼指事字,後世假从水、弱聲之溺字爲之,變爲形聲字。

　　古璽文有字作𤣩(2745:星△),《文編》釋爲汩字,未確。按此字右文从云,與古璽文圅字下部从云字形相同,故此字當釋爲沄字。又云字後世增繁从雨作雲,故沄即澐本字。《説文》:“澐,江水大波謂之澐。从水,雲聲。”

《屠龍絶緒》頁 284、285

△按　《説文》:“沄,轉流也。从水,云聲。讀若混。”璽文用爲人名。

浩

 包山 67　　　璽彙 1537　　　璽彙 1559

○丁佛言(1924)　　古鉢“孫浩”。“浩”字易橫豎。

《説文古籀補補》頁 49,1988

△按　《説文》:“浩,澆也。从水,告聲。《虞書》曰:洪水浩浩。”簡、璽皆用爲人名。

濞

 十鐘

△按　《説文》:“濞,水暴至聲。从水,鼻聲。”

滕

 秦陶 488

△按　《説文》:“滕,水超涌也。从水,朕聲。”陶文用爲人名。滕國之“滕”古

文字皆寫作"騰",參卷十火部"騰"字條。

潏　潏

陶彙 5·384

───────────

【潏水】
○袁仲一（1987）　潏水,亦名沈水,關中的八川之一。發源於長安縣南秦嶺,
西北流歧分爲二,一北流會滈水注入渭河,一西南流合澇水注入灃河。因潏
水河道變遷較大,今日潏水的位置已不是秦時潏水的位置。根據《瓦書》的内
容分析,秦代潏水的位置似在今日滈水位置。這樣才能形成與鄠邱南北相
對,即鄠邱在南,潏水在北。

《秦代陶文》頁 80

○黃盛璋（1991）　（三）潏水:即《水經注》沈水,亦謂是水爲潏水,亦曰高都
水,高都即鎬都,疑此水原即流逕鎬京區之滈水,後經人工改造,向西折南注
入交水,這一段崖岸高懸,河流深切,顯出人工改造,下游今爲皂河,亦即潐
河,亦經人工不斷改造,漢時尚爲潏水主流,引以供給建章宮區與漢長安城西
部水源,後又引入唐長安城内,《寰宇記》還説"潐水即沈（沈）水也"可證,而
今已細微,變爲潏水支流,而以向西折南會交水爲潏水主流,漢尚不如是,我
在《西安城市發展中的給水與今後水源的利用開發》一文中已略發其覆。潏
水主流古本在東,故自鄠邱至潏水,潏水應爲封地東限。

如此封地東西大限皆有,所缺唯南北限與具體之封界。由"取杜"云云,
則必在杜縣境内,自杜以南,大範圍與東西及北限基本已有,故顜以十一月癸
酉封之,實在此大界限確定界址。

《考古與文物》1991-3,頁 86

波　潏

包山 110　　天星觀　　集成 11701 十五年守相鈹
上博二·容成 24　　璽彙 1431　　陶録 3·273·1

青川木牘　睡虎地・日甲 142 背

○**丁佛言**(1924)　　古鈢。鹿攼波鈢。从廾。皮,《説文》古作,籀作,《汗簡》作,此从皮从水,當爲古波字,與陂字通用。許氏説"水涌流也"。

《説文古籀補補》頁 49,1988

○**李昭和**(1982)　(編按:青川木牘)陂隄:陂當釋爲"波"。《説文・水部》:"波,水涌流也。"《土部》:"坡,阪也。"《廣韻》波、坡皆入戈韻,下平聲,故假波爲坡。按義近形符互用規律,"土"多通"阜",坡又與陂通。文獻材料也有以波假陂者,《漢書・西域傳》:"自玉門陽關出西域有兩道:從鄯善傍南山北波(陂)河西行至莎車爲南道;自車師前王庭隨北山波(陂)河西行至疏勒爲北道。"《禮記・月令》云"毋漉陂池",鄭注:"畜(蓄)水曰陂,穿地通水曰池。尚書傳云,澤漳曰陂,停水曰池。"(中略)可見陂隄即水利隄防工程,也就是今天的陂堰隄壩。

《文物》1982-1,頁 26—27

○**張守中**(1994)　(編按:睡虎地・日甲 142 背)通破　勿以築室及波地。

《睡虎地秦簡文字編》頁 170

○**劉樂賢**(1994)　(編按:睡虎地・日甲 142 背)破地,即破土動工的意思。

《睡虎地秦簡日書研究》頁 294

○**李零**(2002)　(編按:上博二・容成 24)波明者之澤　即"陂明都之澤"。《書・禹貢》作"被孟豬",《史記・夏本紀》作"被明都","被"當讀爲"陂",即《禹貢》"九澤既陂"之"陂",是築隄障塞之義。"明都之澤",即古書常見的孟諸澤,"明都""孟豬"皆"孟諸"之異文。方位在今河南商丘東北,單縣西南,元代以後堙廢。

《上海博物館藏戰國楚竹書》(二)頁 269

△**按**　《説文》:"波,水涌流也。从水,皮聲。"又:"陂,阪也。一曰:沱也。从𨸏,皮聲。"《尚書・禹貢》:"九川滌源,九澤既陂。"孔傳:"九州之澤已陂障無決溢也。"上博二《容成氏》及青川木牘"修波隄"之"波",皆讀爲"陂"。包山簡 110"波尹"之"波",疑亦讀爲"陂",地名。楚簡地名之"陂",多寫作"波",如新出清華一《楚居》"宅處爰波(陂)"(簡 2)、"疆涅之波(陂)"(簡 8)等。

【波尹】包山 110

△**按**　讀"陂尹"。

浮 涪

乎 睡虎地·日甲 81 背　　䧹 上博五·鮑叔 3　　浮 新蔡甲三 317　　羽 璽彙 1006

○**彭浩**（2007）　（編按:上博五·鮑叔 3）浮, 訓爲“罰”。此類文例甚多。《禮記·投壺》:“魯令弟子辭曰:‘毋憮, 毋敖, 毋偝立, 毋踰言。偝立、踰言有常爵。’薛令弟子辭曰:‘毋憮, 毋敖, 毋偝立, 毋踰言。若是者浮。’”鄭玄注:“常爵, 常所以罰人之爵也。浮亦謂是也……浮引縛謀反, 罰也。”《淮南子·道應》“請浮君”, 高誘注:“浮, 猶罰也。”《晏子春秋集釋》卷六:“景公飲酒, 田桓子侍, 望見晏子, 而復于公曰:‘請浮晏子。’”孫星衍云:“高誘注《淮南》:‘浮, 猶罰也。’”《小爾雅·廣言》:“浮, 罰也。”罰是比作刑要輕的處罰。上引《奏讞書》中還有:“異時魯法:盜一錢到廿, 罰金一兩;過廿到百, 罰金二兩;過百到二百, 爲白徒;過二百到千, 完爲倡。”其中的“罰金”就是罰刑的一種。管仲制定的法律中有罰金,《小匡》:“小罪入以金鈞;分宥薄罪, 入以半鈞。”還有贖刑, 如《管子·中匡》:“死罪以犀甲一戟, 刑罰以協盾一戟, 過罰以金, 軍無所計而訟者, 成以束矢。”《國語·齊語》也有相似的記載。

《楚地簡帛思想研究》3, 頁 7

△按　上博五《鮑叔牙與隰朋之諫》簡 3:“乃命有司箸䇷, 浮, 老弱不刑。”“浮”讀爲“罰”。《尚書·高宗肜日》“天既孚命正厥德”, 曾運乾《尚書正讀》:“孚讀爲罰。《禮·投壺》:‘毋憮毋傲……若是者浮。’注:浮, 罰也。是孚、罰聲近義通之證。”

濫 溋

 信陽 2·9

○**中大楚簡整理小組**（1977）　濫字从水, 與第九簡“二方監、二圓監”的監當有別。濫从水, 說明是用於盥洗之器,“屯彤裏”意謂裏面有彩繪紋飾。另一種説法以爲濫即鑑,“二方濫”是指二個方鏡。

《戰國楚簡研究》2, 頁 25—26

○**郭若愚**（1994）　鑒通鑑。《説文》:“鑑, 大盆也。”此字从水, 指盛水器。此謂兩枚盛水之方形大盆。

《戰國楚簡文字編》頁 76

湍

郭店·老甲 38

○**崔仁義**（1998）　湍與揣通，古韻同在元部。

《荆門郭店楚簡〈老子〉研究》頁 67

○**李零**（1999）　"揣而群之"，其第三字，馬甲本殘，馬乙本作"允"，王弼本作"銳"，舊讀"揣"爲"捶"（"捶"是禪母歌部字，"揣"是初母歌部字，《説文》："度高曰揣，一曰捶之。"），以"銳"爲"尖銳"之"銳"。按此句可能有兩種讀法，一種是以"揣"爲控持之義，如《漢書·賈誼傳》"忽然爲人，何足控揣"，顔師古注引孟康説訓"揣"爲"持"，"群"有聚會之義，含義與"持而盈之"相似，是"藏而聚之"的意思；另一種是以"揣"爲揣度之義，"群"讀"捃"，是拾取之義。疑漢以來古本作"允"乃"群"之誤讀，而"允、兑"形近易混（如《書·顧命》"銳"字，《説文》從允），又訛爲"銳"（參看高明《帛書老子校釋》，中華書局 1996 年，258—262 頁），皆非原貌。

《道家文化研究》17，頁 467—468

○**魏啟鵬**（1999）　湍（tuān），讀爲摶（tuán），二字古音同隸元部，其聲透定旁紐。《史記·屈原賈生列傳》："何足控摶。"索隱："控摶本作控揣。"是爲佐證。摶：本義爲捏聚成團。《説文》："摶，圜也。"段注："以手圜之者，此篆之本義。因而凡物之圜者曰摶。俗字作團。"引申爲聚集之義。《商君書·農戰》："凡治國者，患民之散而不摶也。"簡文"殖而盈之"言斂財，"摶而群之"言聚衆。春秋後期，隨着分封制、世卿世禄制、等級制的解體，親戚的離心離德，臣僚的犯上作亂，民人的潰逃，成了當權者大爲頭痛的問題。《左傳·隱公四年》："阻兵無衆，安忍無親。衆叛親離，難以濟矣。"已經不是偶然的現象。帛書本作"掜而允之"，今本作"揣而銳（王弼本作'悦'）之"。

《道家文化研究》17，頁 235—236

○**趙建偉**（1999）　"湍而群之"，帛書乙本作"掜而允之"，今本作"揣而銳之"。按：疑湍、掜、揣皆當讀爲"摶"（二章"長短相形"簡本"短"作"耑"、《史記·屈原賈生傳》索隱"摶本作揣"），訓爲收聚（《管子·内業》注"摶，結聚也"）。

《道家文化研究》17，頁 263

○**劉釗**（2005） “湍”讀爲“揣”，“揣”義爲“持”。

《郭店竹簡校釋》頁 26

○**陳錫勇**（2005） 簡文作“湍”者，乃“揣”之借，非“湍流”之義，彭君説者非也；“揣”者謂“捶鍛”也，借指“武力”，不作“摶”，趙君説亦非也。而廖名春以爲故書爲“揣而鋭之”，説者並誤也。《集韻》：“揣，冶（編按：“冶”爲“治”之誤）擊也。”孫詒讓《札迻》：“揣字當讀爲捶。”言鍛冶兵器。凡兵器當求其鋭，若兵器長鈍，而曰“長保之”使“鋭”，焉有是理？ 既爲兵器，必鋭，通行本“鋭”字訛誤也。老子以一“揣”字，指涉武力，是言“用兵”，“群”，是指群之而爲“君”，《荀子・君道》：“君者，何也？ 曰：‘能群也。’”《王制》：“君者，善群也。”能群所以爲君，若以武力强之，而爲之君，非正道也。第七十一章曰：“用兵有言曰：‘吾不敢爲主，而爲客。’”此則云：“以武力擊之，而群之，爲之主，爲之君，不可長保也。”是就“以奇用兵”而言者也。治邦者不能尚德以正，治邦而自滿之，則邦不治矣。用兵爲客而不爲主，善勝敵者不與也，故能爲之主。若以武力而群聚之，捨後且先，爲之君而臨之，殆矣，是不可長保也。

《郭店楚簡老子論證》頁 207—208

洞 洞

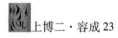
上博二・容成 23

○**李零**（2002） （編按：上博二・容成 23）水滎不淔 “滎”，疑是從水從糸（同勞）省，這裏讀爲“潦”。“淔”《廣韻・平・皆》以爲“水流皃”。簡文似指積水不能瀉導。

《上海博物館藏戰國楚竹書》（二）頁 268

○**陳劍**（2003） （編按：上博二・容成 23）“洞”字圖版有模糊之處，原釋爲“淔”，諦審字形不類，且文意難通。今改釋爲“洞”讀爲“通”，“水潦不通”正承上山陵崩解而言。

《戰國竹書論集》頁 64,2013；
原載《“中研院”成立 75 周年紀念論文集——中國南方文明學術研討會》

○**陳秉新**（2005） 第 23 簡“水潦不淔”，亦當讀敊，訓治。

《湖南博物館館刊》2,頁 288

△**按** 該字圖版稍有模糊，但右下從口，較爲確定，而楚簡“皆”字下均爲“甘”形，

故整理者釋"㳑"不確。單育辰(《〈容成氏〉雜談》[三則],《簡帛研究二〇〇七》37—39頁,廣西師範大學出版社2010年)釋"浴(谷)",並引《淮南子・修務訓》"夫地勢,水東流,人必事焉,然後水潦得谷行"爲證。"洞(通)、浴(谷)"之釋於文義皆可講通,但細審字形,釋"洞"更爲合適,同篇"浴"和"迵"字寫法如下:

浴: 簡27　簡28　簡31

迵: 簡5　簡25　簡26　簡27

"浴"從"谷",口上作仌形,而此字水旁之外作,殘存筆畫近於"八",當是"同"上部中閒兩橫殘去。

汋

侯馬88:9　溫縣WT4K6:211　璽彙3002　璽彙1011　集成2840 中山王鼎

○**張政烺**(1979)　(編按:中山王鼎)汋字見於《説文》,與溺字音近通假,《禮記・緇衣》"小人溺於水,君子溺於口,大人溺於民",鄭玄注:"溺,謂覆没不能自理出也。"

《古文字研究》1,頁222

○**趙誠**(1979)　(編按:中山王鼎)第一個汋字爲名詞,指挹取之水。第二個汋字爲動詞,意爲對於水的挹取。

《古文字研究》1,頁254

○**朱德熙、裘錫圭**(1979)　(編按:中山王鼎)"汋"當讀爲"溺","汋"與"弱"古音相近可通。(《左氏・昭公十一年》"國弱",《公羊》作"國酌"。)

《朱德熙古文字論集》頁93,1995;原載《文物》1979-1

○**于豪亮**(1979)　(編按:中山王鼎)溺則讀爲汋。古從勺與從弱得聲之字常相通假,《管子・水地》:"夫水綽弱以清。"《荀子・宥坐》:"夫水淖約微達。"《淮南子・原道》:"天下之物,莫柔弱於水,淖溺流遁,錯繆糾紛,而不可靡散。"《文子・道原》:"水爲道也,綽約流行,而不可靡散。"約亦與弱、溺通假。

《考古學報》1979-2,頁171

○**羅福頤**(1979)　(編按:中山王鼎)字殆是没字省文。今篆書没從,殆是之僞,其下半省又字。

《故宮博物院院刊》1979-2,頁81

○**李學勤、李零**（1979）　（編按：中山王鼎）汋和溺古音同部。

《考古學報》1979-2，頁 155

○**徐中舒、伍仕謙**（1979）　（編按：中山王鼎）汋同斟。《國語・周語》：“故天子聽政，使公卿至於列士獻詩……而後王斟酌焉。”俞樾謂：“斟酌乃古時常語，蓋斟酌本雙聲字。《廣雅・釋詁》曰：‘斟，酌也。’是二字同義。”此言王聽取群臣意見之後，最後決斷當出於己，而不徇人。

《中國史研究》1979-4，頁 89

○**商承祚**（1982）　（編按：中山王鼎）𢪠，各家皆釋爲汋（我鼎衳作𦥑𦥑），義同溺。我以爲就是溺字的省變《古璽文字徵》附錄 12 頁有𦥑字。《玉篇》狁，“獸豹文”，狁與此皆从勹。《莊子・田子方》：“夫水之於汋也。”釋文引李注：“汋，取也。”非此義。《大戴記・武王踐阼》：“盥盤之銘曰：‘與其溺於人也，寧溺於淵。溺於淵猶可游也，溺於人不可救也。’”（見張政烺《中山王𨮎壺及鼎銘考》引李學勤説。）

《古文字研究》7，頁 46

○**容庚**（1985）　（編按：中山王鼎）从水从昜省。

《金文編》頁 737

○**陳漢平**（1989）　盟書有人名字作𢯲，字表未釋。按中山王鼎銘“蔓其溺於人也，寧溺於淵”，溺字作𢯲，與此形同，故此字當釋爲溺。

《屠龍絶緒》頁 356

○**湯餘惠**（1993）　（編按：中山王鼎）汋，通溺。意思是，與其沉溺於人事，毋寧沉溺於淵水。比喻人事險惡。此語見於《大戴禮記・武王踐阼》篇：“盥盤之銘曰：與其溺於人也，寧溺於淵。溺於淵，猶可游也；溺於人，不可救也。”

《戰國銘文選》頁 33

○**張亞初**（1999）　第 340 頁尿字條，所引甲骨文的二字或釋㕓，是㕓是尿待酌。中山王鼎有溺作汋，第 3 欄應補。

《中國古文字研究》1，頁 307

○**張桂光**（2002）　（編按：中山王鼎）𣲲从水从𠃏省，釋“没”不誤，《校補》釋汋，實不辨𠃌、𠃊之别所致。

《古文字研究》24，頁 300

○**趙誠**（2003）　《中山王鼎》有一句箴言式的話：“蔓其汋於人施（也），寧汋於淵。”李學勤在發表於《考古學報》1979 年第二期的《平山三器與中山國史的若干問題》一文中云:"此語見於《大戴禮記·武王踐阼》:'盥槃之銘曰:與其溺於人也,寧溺於淵。溺於淵猶可游也,溺於人不可救也。'汋和溺古音同部,蓑和與古陰入對轉。戴禮《大戴禮記集注》解釋這一段話説:'溺於深淵者猶可以浮游而出,一爲奸邪小人所惑,則陷於危亡而不自知,故不可救。'可以幫助我們對鼎銘的理解。"所言極是。由李氏所論可以推知,他是在探索鼎銘此語某些字所表示的詞的用義而發現文獻的這一記載並用來解釋鼎銘這一句話的,可以説是非常成功的一例。由於弄通了鼎銘這一句話的真實用義,進而就可以論定某些字的假借關係,在一定意義上發展了實用文字學。如銘文中的汋字,根據構形即可確認,故學者無異議。按照文獻,此字約有四個音讀九種用義(中略)。以這些用義去讀銘文中有汋字的這一句話,可以説不知所云。這就使學者們不約而同地想到通假。查《古字通假會典》,汋可作酌(806頁),酌可作弱(同上),弱可作溺(814頁),則汋可通溺。以溺來讀銘文,如讀"汋於淵"爲"溺於淵",文意通暢,則汋通溺之説可以成立。朱德熙、裘錫圭以爲"汋當讀爲溺",張政烺指出"汋字與溺字音近通假",均極是。但文獻未見汋通溺之實例,則《中山王鼎》這一句銘文爲這一通假關係提供了最直接的一例,可收入實用文字學。

《二十世紀金文研究述要》頁 351—352

△按　《説文》:"汋,激水聲也。从水,勺聲。井一有水,一無水,謂之瀱汋。"侯馬盟書汋,用爲人名。清華簡《繫年》簡 103"弱"記作"弔","弔"可分析爲从"弓","勺"聲,是爲"弱"另造的形聲字。與中山王鼎"汋"讀爲⟨溺⟩同理。中山王鼎"汋"或是⟨溺⟩之專字,與《説文》"汋"未必相涉。

瀨　瀨　𣹹

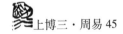

上博三·周易 45

○濮茅左(2003)　九五:苆𣹹,寒滰飤　"𣹹",从水,劂聲,疑"劂"爲"劂"之或體,或釋"劂"爲"剜",籀文"鋭"。《説文·金部》:"鋭,芒也,从金,兑聲。""劂,籀文鋭,从厂、剡。"《類篇》:"劂,此芮切,小傷也;又去例切,傷也;又俞芮切,芒也。"讀爲"冽",《説文·水部》:"冽,水清也,从水,列聲。《易》曰:'井冽,寒泉食。'""滰",與"泉"同,《漢隸字源》:"《叔孫敖碑》:'波障源滰。'蓋泉字添水。"水清深涼潔,可食。喻保井功德無量。《象》曰:"'寒泉之食',

中正也。”

《上海博物館藏戰國楚竹書》（三）頁 198

○**季旭昇**（2005）　從“㐱”或“�”形所構字，舊見包山楚簡，如《縢編》頁 351 隸爲“剾”的字形有□（《包》2.77）、□（《包》2.82）、□（《包》2.42）、□（《包》2.42）；頁 871 隸爲“戡”的字形有：□（《包》2.3）、□（《包》2.10）等。舊多據《説文》“湛”之古文作□、《古文四聲韻》“湛”字作□（古老子）、□（崔希裕纂古）、《説文》“銳”之籀文作“□”來思考此字。但《上博二·容成氏》簡 16 有“□役”，李零考釋隸“癘役”，謂：“上字，楚簡或用爲‘列’，疑是古‘烈’字。”《上博三·周易》簡 45“□”字，馬王堆本作“戾”，今本作“洌”；簡四十九亦有類似字形作“□”，馬王堆本作“戾”，今本作“列”。綜合以上資料，疑此字應從“㐱”，“㐱”從乚從二火，會烈火燒乚（乚，區之初文，象一個區域、或隱蔽之地，戰國文字“或（域）、區”多從此形）之意，爲“烈”之象意本字。“剾、剾”則讀爲“列”；《説文》訛爲“劂”，又誤以爲“銳”之籀文。“烈、列”（來/月），“銳”（喻/月），韻同，聲母同爲舌音，音近可通。至於《説文》“湛”之作“□”，可能是另一個不同來源的字形，“湛”（定/侵）、“淡”（定/談）、“剡”（定/談）音近可通。據此，《上博三·周易》簡 45“□”應即“洌”字，與今本同字。

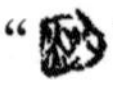

《〈上海博物館藏戰國楚竹書（三）〉讀本》頁 129—130

○**黄錫全**（2006）　包山楚簡 3、10、170 等簡有此字，右從戈作□。戈、刃義近，當爲同字異體。如同侯馬盟書“則”，或體從刃，或從戈作□。我們曾疑包山楚簡的這個字爲“戡”字，如同《説文》湛字古文作□。《周易》簡 45 從“水”，同“洌”，指水潔、水清，很可能就是“湛”字古文或體增從刀作，或者“戡”字增從水作。指“分列”的□，當同包山楚簡，爲“戡”字。其與洌、列的關係，當是義近。《説文》：“洌，水清也。從水，列聲。《易》曰‘井洌寒泉食’。”《廣雅·釋詁一》洌，清也。《易·井》：“井洌寒泉食。”王弼注：“洌，潔也。”崔注：“洌，清潔也。”《文選·東京賦》：“玄泉洌清。”薛綜注：“洌，清澄貌。”《文選》晉謝叔源《游西池》詩：“景昃鳴禽集，水木湛清華。”湛亦爲“澄清”之意。《淮南·覽冥》：“故東風至而湛溢。”高誘注：“東風，木風也。酒湛，清酒也。米物下湛故曰湛。”是洌、湛有某些義近之處。《説文》戡，“刺也”。列，“分解也”。分裂與刺殺義近。

上列諸形似從“炎”。湛、淡音近。湛，定母侵部。炎，匣母談部。淡，定母談部。剡，定母談部。但是，似乎又不能直接將這些字釋爲“淡”或者從“炎”，更不能直接釋爲“列”。因爲其與目前見到的淡、列畢竟有別。因此，我

們還是堅持原來的意見,主張其構形與"湛"字古文有關。然最終如何確定,可能還需要更多的材料。

　　作爲地名或姓氏,當爲"湛",或者"沈"。《説文》:"湛,没也。从水,甚聲。"段注:"古書浮沈字多作湛。湛、沈古今字。"其地位於河南南部。《左傳・襄公十六年》:"楚公子格帥師,及晉師戰於湛阪。"杜注:"襄城昆陽縣北有湛水,東入汝。"楊伯峻注:"湛水源出今河南寶豐縣東南,東經葉縣,至襄城縣境入於北汝河。湛水之北山有長阪,即此湛阪,在今平頂山市北。"

《康樂集》頁 43

△按　《説文》:"灄,井一有水,一無水,謂之灄汋。从水,闋聲。"簡文"闋"不从网,對應馬王堆帛書本作"戾",今本作"冽"。

清

珍秦 107　　睡虎地・日甲 35 背壹

璽彙 0215　　郭店・五行 12　　上博一・詩論 21　　上博六・競公 6

郭店・老甲 10　　郭店・尊德 13　　璽彙 0156

郭店・老乙 15"清青"合文

○丁佛言(1924)　　　洞。

《説文古籀補補》頁 49,1988

○羅福頤等(1981)　(編按:璽彙 0215)長沙楚帛書青作，與此所从偏旁同,是知此爲清字。

《古璽文編》頁 272

○張守中(1994)　通青　其生清　日甲九八。

《睡虎地秦簡文字編》頁 170

【清₌】郭店・老乙 15

○裘錫圭(1998)　簡文"清₌"似當讀爲"清青(靜)"或"青(清)清(靜)"。

《郭店楚墓竹簡》頁 120

○劉信芳(1999)　《禮記・内則》:"狗赤股而躁。"疏:"躁謂舉動急躁。"躁、靜,滄、然相對爲文,"躁"謂肢體之運動狀態,運動可以禦寒。"靜"謂心境之靜守狀態,酷暑之時,心靜可以減輕人的煩熱感受。"清清爲天下定"乃是由上文"躁勝蒼,靜勝然"二句歸納出來的道理。"清清"或作"清觀",或作"清靜",似不如"清清",蓋"清清"非謂清靜也。從竹簡行文的結構分析,"靜"屬於"清清"的範疇,"躁"亦屬於"清清"的範疇。"躁"(運動)、"靜"(靜處)的共性在於,人在寒熱面前,不外求他物,而依靠自身的修養與調節,竹簡《老子》將這樣一種處世方法概括爲"清清"。若寒而就火衣裘,熱而飲冰扇風,則非爲"清清"矣。《招魂》:"朕幼清以廉潔兮。"王逸注:"不求曰清。""清清爲天下定"者,人無所求,天下自定也("定"字優於諸本之"正")。反之,人若企圖亂興亂作,則天下擾擾,不得安定也。《荀子·解蔽》:"中心不定則外物不清。"而《老子》意,則是"中心不清,則外物不定"。《解蔽》又云:"故人心譬如槃水,正錯而勿動,則湛濁在下,而清明在上,則足以見鬚眉而察理矣。微風過之,湛濁動乎下,清明亂於上,則不可以得大形之正也。"用此譬喻理解竹簡之"清清",亦通。要之,《老子》最古之本應爲"清清爲天下定",後世易爲"清靜爲天下正","清靜"雖然明白易懂,然而已失卻"清清"所具有的概括性。王弼注:"清則全物之真,躁則犯物之性,故惟清靜乃得如上諸大也。"很明顯,王弼將"躁"排除在"清靜"之外。若王弼所見之本作"清清",恐不致有此誤注。

《荊門郭店竹簡老子解詁》頁 65

○**聶中慶**(2004)　簡本"靜"字讀作"爭",如簡甲本 1 組"以其不靜也,故天下莫能與之靜"。今之"靜"字簡本作"青",如簡甲本 1 組"我好青而民自樸"及此句"青勝然"。如此"清靜"簡本當寫作"清青",故"清清"不可輕易讀作"清靜"。"清"乃老子之哲學範疇,今本三十九章"天得一以清,地得一以寧……天無以清將恐裂",清乃自然和諧之謂也。清清爲天下定,言自然無爲乃是天下安定之本,或言自然無爲方可勝(定)天下矣。

《郭店楚簡〈老子〉研究》頁 286

【清左】璽彙 0215
△**按**　楚官名。

【清酒】睡虎地·日甲 157 背
○**饒宗頤**(1982)　清酒猶如清酤。《淮南子·說林訓》:"清酤之美。"高誘注:"清酤,酒也。"

《雲夢秦簡日書研究》頁 44

○**劉信芳**(1991)　(十一)清酒,《禮記·曲禮》:"凡祭祀宗廟之禮,酒曰清酌。"是知《日書·馬》篇於供品之稱呼,多依祭祀用語。饒宗頤先生謂:"清酒

猶如清醁。"引《淮南子·説林》"清醁之類"（編按："類"爲"美"之誤）爲證,似與
《馬》篇無涉。

《文博》1991-4,頁 67

○**劉樂賢**（1994）　饒宗頤先生云:"清酒猶如清醁。《淮南子·説林訓》:'清
醁之美。'高誘注:'清醁,酒也。'"劉信芳曰:"清酒,《禮記·曲禮》:'凡祭祀
宗廟之禮,酒曰清酌。'是知《日書·馬》篇於供品之稱呼,多依祭祀用語。（中
略）"按:上述兩種説法皆有可商之處。其實清酒是古代專作祭祀用的一種酒,
它與事酒、昔酒合稱三酒。《詩·小雅·信南山》:"祭以清酒,從以騂牡,享於
祖考。"《周禮·天官·酒正》:"辨三酒之物,一曰事酒,二曰昔酒,三曰清
酒。"注引鄭司農云:"清酒,祭祀之酒。"

《睡虎地秦簡日書研究》頁 311;又《文物》1994-10

【清陵】璽彙 0156

○**何琳儀**（1998）　齊璽"清陵",地名,疑與清有關。《左·哀十一》:"國書高
無丕帥師伐我,及清。"在今山東長清。《左·成十七》:"齊侯使國勝告難于
晉,待命于清。"在今山東堂邑。

《戰國古文字典》頁 821

【清宙】上博一·詩論 5

○**馬承源**（2001）　清宙:即今本《清廟》。"宙"即"廟",西周金文多作"廟"或
"宆",個別作"朝",戰國《中山王𦉜方壺》作"庿",此詩鄭玄箋云:"廟,本又作
庿,古今字也。"《説文》古文與此相同。此字據金文例从广與从宀相通,則
"宙"亦爲古文。

《上海博物館藏戰國楚竹書》(一)頁 132

【清熯】上博三·亙先 4

△按　簡文云"濁熯生地,清熯生天","清熯"即"清氣"。

淵 ꛓ 朋 困 涵

石鼓文·汧𣪏

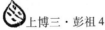集成 2840 中山王鼎　　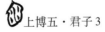楚帛書

郭店·性自 62　　上博三·彭祖 4　　上博五·君子 1　　上博五·君子 3

集成 11105 子泉聯戠　　璽彙 2599　　璽彙 3651　　集成 10980 淵谷縣戈

○强運開(1935)　　(編按:石鼓文)張德容云:"此籀文也。《説文》姻籀文作嫗可證。"張燕昌云:"《水經注》云:《汧水篇》'其水東流歷澗注以成淵',正合丕彼淖淵之文。"

《石鼓釋文》乙鼓,頁4

○商承祚(1964)　　(編按:楚帛書)囝爲泉,其字亦見七行"黃泉"。甲骨文泉作㞊,金文"原"字偏旁作㞊,《説文》淵之古文作田,我據以釋甲骨文之囵爲淵。此形與上二者相接近。泉、淵,音近義屬,故相通用。

《文物》1964-9,頁12

○嚴一萍(1967)　　(編按:楚帛書)商氏釋泉。按繒書別有泉字作𤽽,沈子簋有淵字作𤽽。此囝字,即《説文》所謂"囷或省水"也。囷字中閒之"艹"本由橫沝所變,今繒書所寫川尚不橫。朱駿聲《説文通訓定聲》謂"囷亦古文"是也。《管子·度地篇》:"出地而不流者,命曰淵水。"正是此處淵字之義。

《甲骨古文字研究》3,頁244,1990;原載《中國文字》26

○趙誠(1979)　　(編按:中山王鼎)淵,《説文》:"回水也,从水囷象形。左右岸也,中象水皃。"此作𦊆,正象兩岸之閒回水之形。

《古文字研究》1,頁254

○徐中舒、伍仕謙(1979)　　(編按:中山王鼎)𦊆乃己之繁文,甲骨文有弓字(粹203),吳其昌釋雍己。此處加沝,仍當釋己。

《中國史研究》1979-4,頁89

○商承祚(1982)　　(編按:中山王鼎)淵,沈子它簋作𤽽,此作𦊆省水,从屮、弖皆象水形回旋。《説文》淵,訓回水,或體作㞊,古文作田。

《古文字研究》7,頁47

○曾憲通(1985)　　諸家釋囷或淵,錫永先生釋泉而讀爲淵。按囝象左右兩岸中有水之形,中山王鼎作𦊆與此最近。《説文》淵,古文作田,則岸周爲環形,篆文州囷中閒之艹乃由橫沝所變,後人又增益水旁而變爲淵。

《楚帛書》頁288;又《長沙楚帛書文字編》頁84

○何琳儀(1986)　　(編按:楚帛書)淵,原篆作"囝",與中山王鼎"𦊆",《古文四聲韻》引《古老子》"囝"形同,《説文》古文作"田",稍有訛變。

《江漢考古》1986-1,頁53

○**湯餘惠**(1986)　長沙帛書甲篇有下面兩句話：

又⦿乎⦿　（二行）

黄⦿土身,亡□出内　（七行）

每句的第二個字寫法略同,以往有人釋"泉",還有人釋"淵",其説不一。今按齊侯鎛銘文𣹟字从𣹟作⦿,戰國文字省變,中山王鼎"寧汋於𣹟"字作⦿,與帛書寫法極近,當以釋"𣹟(淵)"爲是。

《説文》訓"𣹟"爲"回水",又:"回,轉也。"《釋名・釋兵》:"蕭弣之閒曰淵。淵,宛也,言宛曲也。"看淵字古文,正像水流回旋宛轉的樣子,形、義相合,首句末字商承祚先生釋"洄",可從;"有淵厥洄"文義曉暢。次句"黄淵"似爲名詞。

《古文字研究》15,頁 56—57

○**吳振武**(1996)　有一件燕國三字戈,銘曰:

𣹟厹還(縣)　《三代》19.32 上

"𣹟"即"淵"之初文。頗疑此縣乃因泉水山而得名。理由是"𣹟(淵)、泉"古義近,當有換讀的可能。我們看:"蕭"字本从"𣹟",包山楚簡改从"泉"。唐避高祖李淵諱,"淵"多改作"泉"。如"陶淵明"改"陶泉明","子淵"氏改"子泉"氏。須要特別提出的是,古書中習見的"黄泉"一詞,子彈庫楚帛書作"黄𣹟"。這正是"淵"可換讀爲"泉"的一個顯例。至於以山名縣,則古今皆不乏其例,無需贅舉。

《華學》2,頁 49

○**何琳儀**(1998)　淵,从水,𣹟聲。𣹟之繁文。《説文》𣹟或作淵。

石鼓淵,見《説文》"淵,回水也"。

《戰國古文字典》頁 1108

齊璽"𣹟",讀淵,姓氏。高陽氏才子八人,其一曰蒼舒,諡淵,後以諡爲氏。見《古今姓氏辨證》。

《戰國古文字典》頁 1107

帛書"𣹟",讀"淵"。《小爾雅・廣詁》:"淵,深也。""又淵"讀"有淵",即"淵淵然"。《廣雅・釋訓》:"淵淵,深也。"《禮記・中庸》:"淵淵其淵。"帛書"黄淵",猶"黄泉"。

《戰國古文字典》頁 1108

○**李零**(2000)　"黄𣹟",疑指黄泉。《淮南子・地形》有黄、青、赤、白、玄五色之泉。各相應於"正土之氣、偏土之氣、壯土之氣、弱土之氣、牝土之氣"。

《古文字研究》20,頁 168

△按　《説文》:"淵,回水也。从水,象形,左右岸也,中象水皃。𠜳,淵或省水。困,古文从囗、水。""淵"本是表意字,作𠜳,後增表意偏旁水,作淵。楚簡多寫作困,與《説文》古文同,可能是楚帛書"淵"字作者之變。

澹　譫

陶彙3·1140　　郭店·語一107

○葛英會(1992)　戰國陶文中,有些字的偏旁位置游移未定,圖七·1 所録即是一例。此字所从水旁橫置於下,與一般置於左旁者不同。其上部所从,亦因偏旁位置互易而久未解其構形。古文字中,不僅合文往往采用合用之筆,而且在同一字的不同偏旁亦有借筆之例。於此陶文,因知其偏旁位置互易且有借用之筆,方悟其所从乃敝字。此敝字所从㡀與攴左右易位,且筆畫相連互借,很容易使人對其構形惑而不解。《説文》水部:"澂,於水中擊絮也。从水,敝聲。"

1、2、3.《古陶文彙編》3.1140、3.442、3.446　4.史免匡　5.免簋　6.復簋

7、9、10.《秦代陶文》1197、788、729　8.《説文解字》水部

圖七

《文物季刊》1992-3,頁 50—51

○裘錫圭(1998)　(編按:郭店·語一107)疑"以"下一字聲旁从"炎"省聲,或即"澹"之別體,在此讀爲"詹",後起字作"譫",意爲多言、妄言。

《郭店楚墓竹簡》頁 200

○徐在國(2002)　古陶文中有如下一字:

C　陶彙3·1140

《陶彙》缺釋。《陶徵》放入附録中(310 頁),《陶字》從之(666 頁)。

按:新出郭店楚簡《語叢一》107 簡"各以澹詀毀之"之"澹"字作,C 與此形體基本相同。我們認爲 C 應釋爲"澹"。字形似應分析爲"詹"省聲,"淡"省聲,"詹、淡"均爲聲符。古文字中"詹"或从"詹"之字作:

鱄:國差鱄　　詹:璽彙5456　　儋:包山147

檐:鄂君車節　　𦎡:包山186　　𢹂:包山174

C 從“八”與上引諸“詹”從“八”同，从“厂”與“罎”从“厂”同，下省“言”。
“淡”本从“水”，“炎”聲，C 所從的𤴓，當是“淡”省。古音“詹、淡”均爲舌音談
部，故“澹”字可以“詹、淡”爲聲符。

　　如此，C 當釋爲“澹”。《説文》：“澹，水搖也。从水，詹聲。”《陶彙》3·1140
是一方單字陶文。

《古文字研究》23，頁 109

△按　裘錫圭釋可從。

滿 𣶒 圅

集粹　陶彙 9·79　陶録 2·643·3

○**何琳儀**（1998）　秦陶滿，姓氏。胡公之後。又荆蠻有瞞氏，音舛，變爲滿
氏。見《尚友録》。

《戰國古文字典》頁 1076

△按　《説文》：“滿，盈溢也。从水，㒼聲。”陶文“圅”，“滿”字古文，又見於
《璽彙》3223，清華叁《説命中》簡 5，《芮良夫毖》簡 4、簡 9 等。

滑 𣺰

集成 1947 滑孝子鼎　　　　十鐘

○**黄盛璋**（1989）　此滑孝子鼎國別可以肯定屬於東周。滑在春秋亦爲東周
附近之地，後入於晉，《左傳》成十三年所謂“殄滅我費滑”，杜注：“滑國都
費，今爲緱氏縣，後爲周緱氏邑。”《左傳》昭二十二年“子朝作亂，晉荀躒帥
師軍于緱氏”，是也，東周亡時僅有七縣，最後一縣就是緱氏，滑孝子可能古
滑國之後裔，地最後入周，所以滑姓成爲周之世族。今偃師境内尚存滑故
址，即滑國都。

《文博》1989-2，頁 31

○**何琳儀**（1998）　滑子斿鼎滑，姓氏。滑氏，周同姓。舊云河南緱氏縣是，緱
氏今廢爲鎮，隸偃師，其國爲晉滅，子孫以國爲氏。見《通志·氏族略》。

《戰國古文字典》頁 1194

澤 𤀎 溑

秦代印風 234　　郭店·性自 23　　上博二·容成 24　　上博四·曹沫 2 正

璽彙 1619　　璽彙 2090

璽彙 0362　　考古 1989-4,頁 378

上博二·容成 3

包山 100　　郭店·語四 7　　上博三·彭祖 6

○**劉釗**（1998）　（編按:包山）簡 100 有字作"溑",字表隸作"溑"。按字从"水"从"厺","厺"即"罜"字（參見[36（編按:"36"應爲"35"之誤植）]釋懌）,字應釋爲"澤"。

《東方文化》1998-1、2,頁 57—58

○**陳偉武**（2003）　郭店簡《性自命出》22—23:"笑,禮之淺澤（釋）也;樂,禮之深澤（釋）也。"

"禮",上博簡均作"喜"。"淺澤"二字合文,由裘錫圭先生按語釋出。今按,兩"澤"字學者多如字讀,或以爲用此比喻義,恐非是,當讀爲"釋",指釋放、抒發。《管子·法禁》:"順惡而澤者。"尹知章注以"澤"爲光澤,于省吾先生指出:"《荀子·宥坐》'順非而澤',與此句例同,澤、釋古字通,釋謂自得也。"馬王堆帛書《老子》乙本:"渙呵其若凌澤,沌呵其苦樸。"首句王弼本《老子》第十五章作"渙兮其若冰之將釋"。《集韻·昔韻》:"釋,《説文》:'解也。從釆。釆,取其分別物也。'或作澤。"上揭楚簡意謂笑是禮之淺層抒發;樂是禮之深層抒發。即如上博簡二"禮"字作"喜","澤"字讀爲"釋"訓釋放,亦甚允恰。

《第四屆國際中國古文字學研討會論文集》頁 200

○**李零**（2003）　（編按:上博三·彭祖 6"遠慮用素,心白身澤"）澤（釋）。

《上海博物館藏戰國楚竹書》（三）頁 307

○**陳斯鵬**（2007）　（編按:上博三·彭祖 6"遠慮用素,心白身澤"）索,《李釋》徑作"素",陳偉武師指出字當釋"索"而讀爲"素",甚是。"遠慮用素",類似的説法多見於道家文獻,如郭店《老子》甲簡 1:"絕愿（化）弃慮。"又如《文子·九守·守平》:"委心不慮,棄聰明,返太素。""白"與"素"意近。《文子·九守·守樸》:

“明白太素,无爲而復樸。”“身釋”謂無所牽繫,即《文子・道德》所謂“身無與事”也。“遠慮用素,心白身釋”與上面的“忽忽之謀不可行,怵惕之心不可長”,恰好一正一反,語意互足。

《簡帛文獻與文學考論》頁 88

淫

詛楚文　　睡虎地・語書 3　　　集成 11287 三年上郡高戈　　上博一・緇衣 4

○**强運開**(1935)　　　秦詛楚文。淫失甚亂。

《説文古籀三補》頁 55,1986

○**李鋭**(2004)　《緇衣》簡四“淫”字,郭店簡作“涇”,以爲“淫”之誤。按:《汗簡》《古文四聲韻》卷二所收《古孝經》“經”字從糸從坙,《集韻》青韻所録古“經”字當即從坙,後世傳抄稍有訛變,變爲從宀、刀、土形。則“涇”“淫”之訛,由來已久。《廣韻》侵韻收有從糸從㸒之字,意爲“久緩皃”,與《汗簡》《古文四聲韻》“經”字下所從者當不同。

《上博館藏戰國楚竹書研究續編》頁 538

【淫失】睡虎地・語書 3

○**睡簡整理小組**(1990)　淫泆,也見於《史記・秦始皇本紀》會稽刻石:“防隔内外,禁止淫泆,男女絜誠。”《左傳》隱公三年正義:“淫謂嗜欲過度,泆謂放恣無藝。”

《睡虎地秦墓竹簡》頁 14

【淫避】睡虎地・語書 3

△**按**　即“淫僻”。

潰

睡虎地・封診 54

△**按**　《説文》:“潰,漏也。從水,貴聲。”

淺　潛滰潹

十鐘　　珍秦・秦 305

信陽 2 · 14　　楚帛書

集成 11621 越王句踐劍

郭店 · 五行 46　　郭店 · 五行 46　　上博六 · 用曰 20　　璽彙 3982

郭店 · 性自 22 "淺澤" 合文

○**商承祚**（1964）　　四淺（踐）。

《文物》1964-9，彩色插頁

○**中大楚簡整理小組**（1977）　（編按：信陽 2 · 14）淺缶，見《信陽》圖版一六三，誤爲陶盤。共二器，出墓椁後左室，與簡文所記相同。

《戰國楚簡研究》2，頁 31

○**彭浩**（1984）　（編按：信陽 2 · 14）"淺缶"。淺字所從的水旁橫置於字的下部。缶的基本形狀類似甕和壺，並不是指腹淺如盤的器物。"淺"在此似借作"醆"，是一種酒名。《禮記·郊特牲》："醆酒涗于清。"醆酒也就是五齊中的"盎齊"。《周禮·春官·司尊彝》："凡六彝六尊之酌，鬱齊獻酌，醴齊縮酌，盎齊涗酌，凡酒修酌。"鄭玄注："《禮運》曰：'玄酒在室，醴醆在户，粢醍在堂，澄酒在下。'以五齊次之，則醆酒盎齊也。"五齊三酒是先秦貴族的祭祀活動中必備的。《周禮·天官·酒正》："……凡祭祀，以法供五齊、三酒，以實八尊。""醆缶"則是用於盛裝醆齊的缶。此簡記"二醆缶"，與楚墓出土的禮器多是成雙的情況是相合的。

《江漢考古》1984-2，頁 65—66

○**饒宗頤**（1985）　（編按：楚帛書）"淺"或訓履，讀爲踐。《詩》："有踐家室。"毛傳："踐，淺也。"淺、踐古通。《逸周書·程典》："固有四援，明其五候。"《左·昭二十三年傳》："觀其民人，明其五候。"賈侍中注："五候，五方之候也。敬授民時，四方中央之候。"此文言民（人）必履四踐之常，下文言五正乃明。四踐、五正並列，與四援、五候相輔，意義相近。

《楚帛書》頁 54

○**李零**（1985）　　四踐，踐與躔音義相通。《説文》："躔，踐也。"指四時日月星辰的躔度，即下篇所説"天踐"和"天步"。

《長沙子彈庫戰國楚帛書研究》頁 58

○**曾憲通**（1993）　　淺讀爲"踐"，《詩·東門之墠》"有踐家室"，毛傳："踐，淺也。"淺、踐古通。"四淺"與下文"五正"爲對。李零謂踐與躔音義相通,"四踐"指四時星辰之躔度。

《長沙楚帛書文字編》頁 69

○**郭若愚**(1994)　(編按:信陽 2・14)淺,《説文》:"水不深也。"此以深淺形容器物。此簡下有"一深盤"。二-○八簡有"二深盤"。此謂一淺的盆。

《戰國楚簡文字編》頁 83

○**劉信芳**(1996)　(編按:楚帛書)"淺"讀如"殘",泛指殃咎。《逸周書・文傳》:"天有四殃,水旱饑荒。"殃、殘義近。《山海經・西山經》:"是司天之厲及五殘。"郭璞注:"主知災厲五刑殘殺之氣也。"

《中國文字》新 21,頁 91

○**劉信芳**(1997)　信二・一四:"二淺缶。""淺"亦讀如"盞"。該墓出土三足敦一件(標本一:九),"蓋、身兩者分置,則成兩器"。此所以稱作"二淺缶"歟?

《中國文字》新 22,頁 201

○**裘錫圭**(1998)　(編按:郭店・五行 46)此句首尾各有一从"水"的相同之字,似當讀爲"淺"。它們的右旁據帛書本當讀爲"察"(參看本篇注七)。"察""竊"古通。"竊""淺"音近義通。《爾雅・釋獸》:"虎竊毛謂之虥猫。"郭注:"竊,淺也。"參看《語叢四》篇注七。

《郭店楚墓竹簡》頁 154

○**何琳儀**(1998)　帛書"四淺",讀"四踐",猶"四履"。《文選・任昉〈宣德皇后令〉》"地狹乎四履,勢卑乎九伯。"注:"《左氏傳》管仲曰,昔召康公賜我先君履,東至于海,西至于河,南至于無棣。杜預曰,履,踐履也。"越王欱淺劍"欱淺",讀"句踐",見《史記・越世家》。

《戰國古文字典》頁 1043

○**黃錫全**(2001)　簡 46 的"𣲪"字,右旁與前列仰天湖楚簡的"帶"字基本類同,亦即"滯"字。帶與竊通(詳下)。竊、淺音義相近,其例如上舉裘注。簡 22 裘先生釋讀爲"淺澤"無疑是正確的。如依上面所述,此字當釋爲"滯澤",義爲"淺澤"。滯屬定母月部,淺屬清母元部。月、元二部亦可對轉。滯與淺義也近似。滯有水淺、止留不暢之義。《楚辭・九章・涉江》:"船容與而不進兮,淹回水以疑滯。"王逸注:"滯,留也。"《淮南子・時則訓》:"流而不滯。"注:"滯,止也。"《釋名・釋水》:"沚,止也。"《説文》沚,"小渚曰沚"。《詩・召南・采蘩》:"于沼于沚。"毛傳:"沼,池。沚,渚也。"義爲水池、水塘。儲光義《采蓮詞》：“淺渚荇花繁，深潭菱葉疎。”“淺渚”與“深潭”對舉，與楚簡“淺澤”與“深澤”對舉類同。“滯澤”當即“淺澤”。

《簡帛研究二〇〇一》頁 12

○**劉信芳**（2001）　“四殘”，應指四時殘賊之氣，與四時之風相對而言。《逸周書·時則》：“立春之日，東風解凍……風不解凍，號令不行，蟄蟲不振，陰奸陽。”“小暑之日，温風至……温風不至，國無寬教。”“立秋之日，涼風至……涼風不至，無嚴政。”《淮南子·本經》：“天地之合和，陰陽之陶化萬物，皆乘人氣者也。是故上下離心，氣乃上蒸。君臣不和，五穀不爲。距日冬至四十六日，天含和而未降，地懷氣而未揚，陰陽儲與，呼吸侵潭，包裹風俗，斟酌萬殊，旁薄衆宜，以相嘔咐醞釀，而成育衆生。是故春肅，秋榮，冬雷，夏霜。皆賊氣之所生。”《説文》：“殘，賊也。”是“四殘”猶四時孛逆之賊氣也。

《華學》5，頁 132

○**許學仁**（2002）　又簡本《五行》云：

　　　心曰唯，莫敢不唯；如（諾），莫敢不如（諾）（45）；進，莫敢不進；後，莫敢不後；深，莫敢不深；𣸯，莫敢不𣸯。和則同，同則善（46）。（第45—46簡，摹本參閲圖2-2）

　　裘錫圭謂从水之“𣸯”字，“似當讀爲‘淺’”，並指出“𣸯”字右旁，“據帛書本當讀爲‘察’，‘察’‘竊’古通。‘竊’‘淺’音近義通。《爾雅·釋獸》：‘虎竊毛謂之虥貓。’郭注：‘竊，淺也。’”且夫“唯”之與“如（諾）”、“進”之與“後”（帛書作“退”）、“深”之與“淺”，三組均兩兩相對成文，釋爲“淺”字，自無疑義。郭店楚簡从“戔”之字，如《性自命出》：“戔（賤）而民貴之，又（有）惪（德）者也；貧而民聚安（焉），又（有）衍（道）者也。”（第53簡）“戔”（賤）字作“𢧵”，二戈左右並列，與《信陽楚簡》第2-104“二淺缶”作“𢧵”，所从之“戔”字形同構，又楚帛書《天象》“已成四淺（踐）之尚（常）”（第5行），深淺之“淺”作“𢧵”，讀爲“踐”，所从之“戔”，二戈上下重疊（參表2），並與郭店楚簡“𣸯”字所从之“𢆶”迥異。由“竊”轉釋爲“淺”，義固可通，於形終覺未安，頗疑其構形，从“水”“辛”聲，古音“戔、辛”均屬元部，从“辛”之“𣸯”，宜爲从“戔”之“淺”字異構。

表2

戔	郭店楚簡 淺字	郭店楚簡 賤字偏旁	信陽楚簡 淺字	楚帛書 淺（踐）字
	𣸯	𢧵	𢧵	𢧵

《古文字研究》23，頁 124

○**孟蓬生**(2002) 《五行》:"心曰唯,莫敢不唯;如(諾),莫敢不如(諾);進,莫敢不進;後,莫敢不後;深,莫敢不深;𣻏,莫敢不𣻏。"(中略)

　　生按:裘先生讀𣻏爲淺,甚是。帛書《五行》:"心曰唯,莫敢不唯。心曰諾,莫敢不諾。心曰進,莫敢不進。心曰淺,莫敢不淺。"需要補充的是,"淺"古音在元部,"察"古音在月部,爲陽入對轉,不勞假道於質部之"竊"而後相通。

　　古音祭聲與殺聲相通。《玉篇·米部》:"糳粆,散也。《書》作'蔡'。"《左傳·昭公元年》:"周公殺管叔而蔡蔡叔,夫豈不愛? 王室故也。"《釋文》:"上蔡字音素葛反,《説文》作粆,从殺下米。"《尚書·禹貢》:"二百里蔡。"《正義》引鄭注云:"蔡之言殺,減殺其賦。"《廣韻·黠韻》魆亦作𩱦。古音戔聲亦與殺聲、祭聲相通。《説文·巾部》:"幧,裙也。从巾,戔聲。讀若末殺之殺。"大徐本"所八切"。又同部:"幓,殘帛也。从巾,祭聲。"《廣雅·釋詁》:"幓,餘也。"《吕氏春秋·權勳》:"達子又率其殘卒。"注:"殘,餘也。"《禮記·鄉飲酒義》:"秋之爲言愁也。愁之以時察,守義者也。"鄭注:"察猶察察,嚴殺之貌也。察或爲殺。"《吕氏春秋·季秋紀》:"豺則祭獸戮禽。"高注:"於是月殺獸四圍陳之,世所謂祭獸。戮,殺也。"實際祭就是殺。《説文·歺部》:"殘,賊也。从歺,戋(戔)聲。"《國語·晉語》:"使鉏麑賊之。"韋注:"賊,殺也。"《周禮·夏官·大司馬》:"放弑其君,則殘之。"鄭注:"殘,殺也。"郭店簡《老子》甲:"其幾也,易後也。"王弼本"後"作"散"。《方言》卷三:"虔、散,殺也。"《説文·米部》:"粆,糳粆,散之也。"《集韻·曷韻》:"糳蔡撒擦,《説文》:糳粆,散之也。或作蔡撒擦,通作殺。"又:"籭,篇籭,竹名。"與"粆"在同一小韻,並"桑葛切"。《説文·水部》:"沙,水散石也。从水,少聲。"《水經注·渠水》:"新溝又東北注渠,即沙水也。音蔡,許慎正作沙音,言水散石也。"然則淺之於察,猶殘之於殺,散之於粆也。

《古文字研究》24,頁 405—406

○**張光裕**(2007)　(編按:上博六·用曰20)"𣻏",字形與郭店楚簡《五行》簡四十六"深莫敢不深,淺莫敢不淺"之"淺"字近同,疑亦讀爲"淺",與上文"深"對言。

《上海博物館藏戰國楚竹書》(六)頁 306

△**按**　《璽彙》3982 之字,《戰國文字編》釋爲"濮",當亦是"淺"字異體。此類"淺"字所从聲旁之構形尚待研究,在出土文獻中可作"察、竊"等字的聲旁。李零先生(《讀清華簡筆記:髃與竊》,《清華簡研究》1 輯 330—332 頁,中西書局

2012 年）認爲楚簡“竊、察”的用字所从的🗙、🗙，即🗙（禼）之變，可備一説。

淖 🗙

🗙 石鼓文·汧殹

○ **吴大澂**（1884）　🗙　淖，小篆作🗙。石鼓。

《説文古籀補》頁 44，1988

○ **强運開**（1935）　趙古則、吴玉搢均釋作淖。楊升庵釋作潮。張德容云：“《説文》水朝宗于海也，从水，朝省，此古文也，隸變作潮，不省。”運開按：此篆作🗙，當是淖字。《説文》：“淖，泥也，从水，卓聲。”篆作🗙，與此篆之右首作🗙同，惟下从甲異，考金文古甲字作十，是仍从甲也。潮，小篆作🗙，右首作🗙，與此篆絶不相類，釋作潮者誤也。

《石鼓釋文》乙鼓，頁 3—4

○ **徐寶貴**（2008）　淖字作🗙。金文“卓”字及从“卓”的字作如下等形體：🗙（九年衛鼎）、🗙（卓林父簋）、🗙（趞鼎）、🗙（蔡姑簋）。石鼓文此字所从的“卓”跟上舉金文“卓”及所从的“卓”形體相近。林義光説：“《説文》云：‘🗙，高也。早匕爲卓，匕卩爲卬，皆同意。’按🗙即人之反文，从人早聲。早（幽韻）卓（宵韻）雙聲旁轉。古作🗙（趞鼏‘趞’字偏旁），作🗙（龙姑删彝‘綽’字偏旁）。”淖淵，章樵説：“水之深處也。”張燕昌説：“《水經注·汧水篇》‘其水東流，歷澗，注以成淵’，正合‘忞叕淖淵’之文。又云‘潭漲不測，出五色魚’正合下‘鰋鯉處之，帛魚㿝㿝，黄帛其鯰，又鱒（引者按：當釋鯣）又鯩’之文。”章、張二説可從。

《石鼓文整理研究》頁 767—768

涅 🗙

🗙 貨系 1905　🗙 三晉 97　🗙 貨系 1903

○ **鄭家相**（1959）　文曰涅。《竹書紀年》：“梁惠成王十二年，鄭取屯留尚子涅。”云鄭取者，韓哀侯二年滅鄭，自平陽遷都之，亦稱鄭也。《漢志》：“涅屬上黨郡，涅縣有涅城，故址，今山西沁州武鄉縣西五十里。”按此布涅字係紀地，與涅金布涅字取義不同。

《中國古代貨幣發展史》頁 99

○**黃錫全**(1998)　涅布主屬韓,屬趙或魏,屬趙,屬魏諸説,但主張屬韓者居多。復旦大學歷史地理研究所編《中國歷史地名辭典》認爲涅地戰國屬魏。

今按,涅地戰國早期屬趙。尖足布及尖足空首布中的"日"即"涅"(涅從日聲),尖足布屬趙。上引《水經注・濁漳水》引《竹書紀年》"梁惠成王十二年(前 359 年),鄭取屯留、尚子、涅"。是戰國中期涅曾屬韓。但涅屬韓有多久,史無明文,估計時期並不很長。理由之一是涅南至銅鞮,學術界多以爲戰國中期後當屬趙。二是《史記・趙世家》趙惠文王十六年(前 283 年)蘇屬爲齊遺趙王書曰"秦以三郡攻王之上黨"下《正義》云:"秦上黨郡今澤、潞、儀、沁等四州之地,兼相州之半,韓總有之。至七國時,趙得儀、沁二州之地,韓猶有潞州及澤州之半,半屬趙、魏。沁州在羊場坡之西,儀、並、代三州在句注山之南。秦以三郡攻趙之澤、潞,則句注之南趙無地。"銅鞮屬沁州,是前 283 年前已爲趙有,其北部之"涅"地當已屬趙。估計當時上黨郡可能以屯留爲界,其北部當已屬趙,東南部部分屬魏。屯留以南諸地,後曾一度降趙,説見上屯留,最後均屬秦。小方足布爲戰國中期後貨幣,故將涅布定爲趙幣比較合適。

《先秦貨幣研究》頁 127,2001;原載《中國錢幣論文集》3

○**何琳儀**(1998)　韓方足布涅,地名。《水經注・濁漳水》引《紀年》"梁惠成王十二年,鄭取屯留、尚子、涅"。在今山西武鄉西北。亦一度屬趙。

《戰國古文字典》頁 1092

○**何琳儀**(2002)　三、"涅"(1887)。《水經注・濁漳水》引《竹書紀年》:"梁惠成王十二年,鄭取屯留、尚子、涅。"即《地理志》上黨郡之"涅氏",在今山西武鄉西北。地亦一度屬趙,趙尖足布"日"(1209)即讀"涅"。

《古幣叢考》(增訂本)頁 202

滋 灂

睡虎地・日甲 34 正

△按　辭例云:"正陽,是謂滋昌,小事果成,大事有慶,它毋小大盡吉。"《説文》:"滋,益也。从水,兹聲。一曰:滋水,出牛飲山白陘谷,東入呼沱。"簡文

用前一義。

浥

郭店·語二36

○**裘錫圭**（1998）　“浟”爲“休”之訛體。

《郭店楚墓竹簡》頁206

△**按**　裘説可從，此字與《説文》訓爲“涇也”之“浥”僅同形而已。參本卷“休”字條。

沙

陶彙5·12　陶彙5·121　陶録6·3·4　睡虎地·日甲41背叄

【沙人】睡虎地·日甲45背壹

○**睡簡整理小組**（1990）　沙人，即砂仁，陳藏器《本草拾遺》、李珣《海藥本草》及《藥性論》諸書稱爲縮砂蜜。《海藥本草》云：“縮砂蜜生西海及西戎波斯諸國，多從安東道來。”蘇頌《本草圖經》云：“縮沙蜜生南地，今惟嶺南澤閒有之。”以其藥用部位爲果仁，故亦可稱縮沙仁，簡稱沙仁。

《睡虎地秦墓竹簡》頁216—217

○**王子今**（2003）　《廣東通志》卷五二引《羅浮志》：“縮砂仁，隨地有之，羅浮爲佳。”《博濟方》卷四：“乳香丸，治小兒霍亂，吐瀉不定。半夏、乳香、砂仁，右三味爲末，麪糊爲丸，如菉豆大，每服五丸，米飲下，日三服。方：治小兒未及周歲吐瀉不止。此乳母氣血動榮或熱奶傷胃，致有痰涎。”（中略）值得注意的是，砂仁常用作兒科用藥或婦科用藥，而且往往需要搗作細末，頗與睡虎地的有關內容相合。關於詰鬼的禮俗迷信內容中有切合於實用科學醫學的形式，是應當重視的現象。不過，傳統醫學藥用砂仁，往往以兩、錢、分計，而這裏“沙人”作爲巫術道具，竟然多至“一升”。

《睡虎地秦簡〈日書〉甲種書證》頁370—371

濆 灒

灒 睡虎地・日甲 62 背壹

○**睡簡整理小組**（1990）　濆，疑爲"漬"字之誤。

《睡虎地秦墓竹簡》頁 217

○**劉樂賢**（1994）　鄭剛云："本篇濆字有施、布、敷之義，讀爲班、布。"鄭説可從。

《睡虎地秦簡日書研究》頁 239

○**劉釗**（1995）　睡虎地秦墓竹簡中的《詰咎》篇，記載了許多"鬼"與驅鬼的方術。其中在幾條談到以"灰"驅鬼的方術中用到"濆"字（簡文中的通用字和假借字直接釋出）：

1.殺蟲豸，斷而能屬者，濆以灰，則不屬矣。

2.鬼恆裸入人宮，是幼殤死不葬，以灰濆之，則不來矣。

3.人生子未能行而死，恆然，是不辜鬼處之。以庚日日始出時濆門以灰，卒，有祭，十日收祭，裹以白茅，埋野，則無殃矣。

4.鬼嬰兒恆爲人號曰："予我食。"是哀乳之鬼。其骨在外者，以黃土濆之，則已矣。

《藝文類聚・果部》引《莊子》有"插桃枝於户，連灰其下，童子入不畏，而鬼畏之"的記載，秦簡中另有"揚灰擊箕"以驅鬼的方術，結合上列有"濆"字的材料，可知鬼懼怕"灰"，以灰驅鬼是早期的一種宗教巫術。在上引四條材料中"濆以灰""以灰濆之""濆門以灰""以黃土濆之"的"濆"字頗費解，需要進行一些考證。

《説文・水部》："濆，水厓也。"以此義按之上引四條材料顯然不通。《集韻》平聲魂韻："濆，潠水也，通作噴。"《説文・水部》："潠，含水噴也。"用嘴噴水是一種宗教巫術，似可同秦簡的"濆"字相聯繫，可是細想亦不妥。因爲"潠"字只指噴水，可秦簡"濆以灰""以黃土濆之"的"濆"，其所"濆"之對象卻是"灰"和"黃土"，而"灰"和"黃土"是無法用口"含以噴"的。

《睡虎地秦墓竹簡》（文物出版社 1990 年）一書《詰咎》篇部分注釋［二六］謂："濆，疑爲'漬'字之誤。"按此説失於武斷，濆字在秦簡中多次出現，豈能皆以誤字視之？劉樂賢先生《睡虎地秦簡日書〈詰咎篇〉研究》（載《考古學報》1993 年 4 期）一文,引中山大學鄭剛先生碩士論文中的觀點認爲“潰”字應讀作“班”或“布”,訓爲“施”“布”“敷”一類意思。按讀“潰”爲“班”“布”雖然不妥,但指出“潰”字用爲“施”“布”“敷”一類意思則較接近事實。

《搜神記》一書中的“坌”字,可爲“潰”的義訓提供線索。《搜神記》(據中華書局 1979 年汪紹楹校注本)卷十八“怒特祠”條記載了下面一則故事:“秦時,武都故道,有怒特祠,祠上生梓樹。秦文公二十七年,使人伐之,輒有大風雨。樹創隨合,經日不斷。文公乃益發卒,持斧者至四十人,猶不斷。士疲還息,其一人傷足,不能行,臥樹下,聞鬼語樹神曰:‘勞乎攻戰?’其一人曰:‘何足爲勞。’又曰:‘秦公將必不休,如之何?’答曰:‘秦公其如予何?’又曰:‘秦若使三百人被髮,以朱絲繞樹,赭衣灰坌伐汝,汝得不困耶?’神寂無言。明日,病人語所聞。公於是令人皆衣赭,隨斫創,坌以灰。樹斷,中有一青牛出,走入豐水中。其後青牛出豐水中,使騎擊之,不勝。有騎墮地復上,髻解被髮,牛畏之,乃入水,不敢出。故秦自是置旄頭騎。”

文中“灰坌”和“坌以灰”,也就是秦簡中的“灰潰”和“潰以灰”,秦簡中的“潰”應該讀作“坌”。古“分”“賁”皆爲並紐文部,典籍中從“分”得聲的字與從“賁”得聲的字屢屢相通,其例多見,如頒與賁、紛與潰等。“潰”字讀作“坌”毫無問題。

下面羅列“坌”字在字書中的義訓,以考察其用法:

《説文・土部》:“坋,塵也,从土分聲。”慧琳《一切經音義》卷四“坌我”條:“盆悶反,《韻英》云:坌,塵污也。《考聲》:塵猥至也。”又卷九“來坌”條:“蒲頓反,《通俗文》:埲土曰坌。”又卷五五“坌者”條:“上盆悶反,《通俗文》云:塵遊曰坌也。”綜合字書所載“坌”字義訓,可知“坌”字本爲名詞,其義爲“塵土”,又名動相因而用爲動詞,其義爲“塵污”“塵遊”“塵猥(猥義爲盛、多)至”。《漢書・五行志》:“秦連相坐之法,棄灰於道者黥。”孟康注云:“商鞅爲政,以棄灰於道必坋人,坋人必鬥,故設黥刑以絶其原也。”按“坋人”謂灰覆蒙於人身也,即“塵污”“塵猥至”之意。《左傳・昭公二十五年》:“季郈之雞鬥,季氏介其雞。”孔疏引賈逵云:“搗芥子爲末,播其雞翼,可以坌郈氏雞目。”“坌郈氏雞目”,意爲用芥子末蒙蔽坌郈氏雞的眼睛。《史記・貨殖列傳》:“胃脯,簡微耳,濁氏連騎。”索隱引晉灼曰:“太常官以十月作沸湯燖羊胃,以末椒姜粉之訖,暴使燥,則謂之脯,故易售而致富。”段玉裁認爲“粉之訖”之“粉”應作“坋”,云:“凡爲細末糝物若被物者皆曰坋。”這個解釋應該説是正確的。

江藍生先生《魏晉南北朝小説詞語匯釋》(語文出版社 1988 年)一書的附

録待質詞語部分,將上引《搜神記》的材料列在"坌跋"條下,推測《搜神記》中的"灰坌"意爲"撒灰",又分別引《新書·勸學篇》的"坌冒楚荆"、《淮南子·修務訓》的"冒蒙荆棘"和《佛本行集經》卷四十九的"塵土坌身"諸句,指出"坌"可訓爲"冒蒙",《搜神記》之"坌以灰"即蒙以灰、蓋以灰之義。按江先生對"坌"字的這一解釋同段玉裁的分析相同,可謂得之。

　　回頭再看秦簡中的"漬以灰""以灰漬之""漬門以灰""以黃土漬之"等句中"漬"字,無疑應讀作"坌",用作"蒙蓋""覆被"之義。"漬以灰""以灰漬之"即"蒙蓋或撒上灰"之意,"漬門以灰"是説把門蒙上或撒上灰,"以黃土漬之"也即"用黃土蓋上"的意思。

《古漢語研究》1995-3,頁 55—56

○**王子今**(2003)　殺蟲豸,斷而能屬者,漬以灰,則不屬矣。(**中略**)關於"漬",仍然有必要討論。吳小强《集釋》説:"漬,疑爲'漬'字,或爲'噴'字。"其譯文寫到:"向斬斷身子的蟲蛇噴灑土灰,它就再也不能相連起來。""漬"字"或爲'噴'字"之説值得注意。今以爲"漬"或許通"燌"。《論衡·雷虚》有"皮膚灼燌"語,袁宏《後漢紀·光武帝紀上》也可見"室家燒燌"。《齊民要術·造神麴並酒》説道"殺熱火燌,以烈以猛"。於是有釋"漬"爲"焚"之説。而睡虎地秦簡《日書》"漬以灰"的"漬",依鄭剛"漬字有施、布、敷之義"的解釋,或許最爲切近原義。

《睡虎地秦簡〈日書〉甲種書證》頁 382—383

浦 㴥

秦代印風 33　　秦文字集證 154·336

△按　《説文》:"浦,瀕也。从水,甫聲。"

【浦反】秦文字集證 154·336

○**王輝、程學華**(1999)　"浦反"見《秦代陶文》拓本 1261 瓦文。又睡虎地秦簡《編年紀》昭王"五年,歸蒲反","十八年,攻蒲反"。蒲反原爲魏地,其入秦當在昭王十八年。

　　《漢書·地理志》河東郡有"蒲反"縣,班氏云:"有堯山首山祠。雷首山在南。故曰蒲,秦更名,莽曰蒲城。"蒲反是否原名蒲,入秦後改名,應劭、孟康、臣瓚、全祖望諸説不一,但從《編年紀》看,至少在秦昭王時已稱蒲反。《清一統志》:"故城今永濟縣東南。"

《秦文字集證》頁 229

△按　地名"浦反",又作"莆反、蒲反",皆見於戰國出土文獻,參卷一艸部【莆反】【蒲反】條。

祭 祭 祭 祭

秦印　　陶彙 5·18　　陶彙 6·108

上博二·容成 23

○**李零**(2002)　(編按:上博二·容成 23)水祭不湝　"祭",疑是從水從祭(同勞)省,這裏讀爲"潦"。"湝",《廣韻·平·皆》以爲"水流皃"。簡文似指積水不能瀉導。

《上海博物館藏戰國楚竹書》(二)頁 268

△按　"祭"讀"潦"可從,然"祭"(勞)本從"祭"之初文"燚"得聲,故"祭"實從"燚"省,爲"祭"之異構。

【祭陽】陶彙 6·108

○**牛濟普**(1984)　滎陽古城在今鄭州市西北 20 多公里的古滎鎮。據《史記·韓世家》記載:"(桓惠王)二十四年,秦拔我成皋、滎陽。"可知戰國時滎陽爲韓所轄的城邑名。近年在故城遺址東北角發現一批印陶,秦文生同志在《滎陽故城新考》一文中,已經作了報導(見《中原文物》"河南省考古學會論文選集"1983 年特刊 197 頁)。這批印陶,作爲古鈢的印樣,具有較高的藝術價值,而且印文中有的字未見前人著録。所以考釋這些新發現的字,對於研究這批古鈢印陶的内容,和瞭解中州地域東周古文字,都具有一定的意義。

1　　　　　　2　　　3

一、"稟"字印陶

在這批印陶中,單字"稟"方形小印陶,數量較多。稟字的篆法在印陶中所見有三種:稟、稟、稟。我釋爲"稟"字,稟與廩同。《説文解字》:"稟,賜穀也,从㐭、禾。"金文寫作:稟、稟。皆從倉廩之基本形㐭,加米或禾。晚周又有加手以示操作的寫作🉑。古滎所出廩字印陶文字,是由稟字的基本形𠦝(象形字)演變而來的。古鉨中與"稟"有關的曾見"左稟之鉨、右稟、君子稟"及"番陵左稟鉨"等。這裏的單字古鉨"稟",可能是"滎年稟陶"的簡稱。

二、"滎陽稟陶"

此印陶爲圓形,與今滎陽縣所出的"格氏"印陶相類。此地圓形印陶數量較少,印文的安排頗具匠心,滎字與廩字均根據印的形制作了一些變化,使印面顯得穩中有動,繁而不亂,是難得的一件古代篆刻藝術品。"滎陽稟陶"四字,除"陽"字外,其餘三字均爲初見。廩字已如上述。滎字篆作"𤇾",據段氏《説文解字注》説:"……然則熒澤、熒陽古無作滎者。《尚書·禹貢》釋文,經宋開寶中妄改熒爲滎,而經典《史記》《漢書》《水經注》皆爲淺人任意竄易,以爲水名當作滎,不知沛水名熒自有本意,於絕小水之義無涉也。"古滎"滎陽稟陶"的發現,證明段注《説文》是錯誤的。早在東周時期,滎陽之滎字上從火,下從水。從小篆來看,滎字是寫作從火的"熒"。陶字篆作:"𠂤",同出的其它印陶,還有寫作"𠂤"。這兩種寫法皆爲陶字的異體,匋(古陶工之陶)字已知的古文字中有作"𠤏、𠤏"等形的,象人持工具製陶器之狀,又有演變成"𠤏、𠤏、𠤏"等形的。

三、"滎陽稟"印陶

爲三字小型長方形印陶,朱文豎行。這種形制的印陶在中州地域還是第一次發現,因而爲中州的古鉨印製增添了新的樣式。

《中原文物》1984-2,頁 46

○**李先登**(1989) 滎陽故城在中國古代歷史上占有重要的地位,1975 年鄭州市博物館曾對城外西面漢代冶鐵遺址進行發掘,1982 年秦文生同志對城址進行了調查,並采集到一批戰國陶文,1983 年我在鄭州市博物館趙清同志陪同下,前往故城察看,在故城東北角當地群衆稱爲釣魚臺的地方觀察,其西南部地勢較高,遍地皆是戰國繩紋筒瓦及陶豆、盆、甕等殘片,從地層斷面觀察,文化層厚達一米五以上,此處當係戰國時期大型建築遺址。我們在這裏采集了一些帶銘的戰國灰陶淺盤豆殘片,現擇其中文字較爲清晰者簡述如下:

一、"滎陽廩"

係鈐印在陶豆柄上之陰文印,長方形邊框,長 2 釐米,寬 0.8 釐米。印文"滎陽廩"三字,直行,單行,自上而下。

"滎"字作"㳙",下從水,不從火,即滎字。陽字從𠂤(阜)昜聲,與登封告成陽城遺址出土的戰國陶文相同。據此可知,這裏是戰國時期滎陽之所在,並且,㷱字乃滎陽之滎之本字。由此可知,《尚書・禹貢》"滎波既豬"以及"導沇水,東流爲濟,入於河,溢爲滎"的滎字是正確的。爾後,《史記》《漢書》《水經注》等文獻亦作"滎"。但《左傳・閔公二年》:"冬十二月,狄人伐衞……戰于熒澤。"又《周禮・職方氏》:"其川熒雒。"均已歧作"熒"。漢代碑刻如韓勅後碑、劉寬碑陰及鄭烈碑等均作"熒陽",登封告成鎮西近年發現之"魏故河□熒陽陽城□□□柱"殘石亦作"熒"。以上説明當時"熒"與"滎"已歧出並用。究其原因,據《説文解字》十下:"熒……户扃切。"又十一上:"滎……从水熒省聲,户扃切。"即"熒"與"滎"讀音相同,故可作"熒"爲"滎"。而清人段玉裁在《説文解字》十一上滎字注中所説的:"若熒澤、熒陽,古皆作熒,不作滎。"及十下熒字注中所説的:"然則熒澤、熒陽,古無作滎者。《尚書・禹貢》釋文,經宋開寶中妄改熒爲滎。而經典《史記》《漢書》《水經注》,皆爲淺人任意竄易。"顯然是不對的。

此"廩"字作"📷",與登封告成陽城遺址出土戰國"廩"陶量文字字體相似。上从木,十與亠通,即亠,兩點係附加,爲變體;下从📷,即回,故可隸定爲亩。《説文解字》五下:"亩,穀所振入,宗廟粢盛,倉黄亩而取之,故謂之亩……廩,或从广从禾。"後來,禾訛變而爲示,即成今之廩字。

此陶豆自銘爲"滎陽廩",當爲戰國滎陽官府倉廩之産品或其用器。按此陶豆出土地點——釣魚臺西南部,地勢較高,並遍布大量戰國繩紋筒瓦等。説明此處遺址可能是戰國滎陽城倉廩之所在。

《古文字研究》19,頁 350—351

沼 𣸒 溮

包山 179　　上博二・容成 24

○白於藍(1999)　(編按:包山 179)即《説文》"沼"字。邵从召聲,故沼亦可以邵爲聲符。

《中國文字》新 25,頁 197

○黄錫全(2003)　《説文》:"溮,水流溮溮也。"段注:"《小雅》'淮水溮溮'。毛曰'溮溮'猶上文'湯湯'也。《廣雅》曰'溮溮,流也'。"《書・堯典》:"湯湯洪水方割。"

《第四屆國際中國古文字學研討會論文集》頁 239

○陳秉新（2005） 潲，《説文》：“潲，水流潲潲也。”徐鍇繫傳：“潲，衆流之貌。”本簡當讀爲數。《説文》：“數，有所治也。”流，指河流，河道。《史記·河渠書》：“延道弛兮離長流，蛟龍騁兮方遠游。”數流，義爲治理河道，與疏九河義近。第 23 簡“水澇不潲”，亦當讀數，訓治。

《湖南博物館館刊》2，頁 288

△按 字從水，卲聲。典籍“昭”，出土文獻通作“卲”，屬羌鐘或作𢎥。潲即沼字異體，包山簡中用爲人名。《容成氏》“潲”字，整理者釋爲“潲”，然該字右下從口，與楚簡“皆”下均從“甘”形不合。孫飛燕（《上博簡〈容成氏〉文本整理及研究》64 頁，中國社會科學出版社 2014 年）疑右旁爲“卲”之訛，陳劍（《〈容成氏〉補釋三則》，《出土文獻與古文字研究》6 輯 371—375 頁，上海古籍出版社 2015 年）則認爲右部爲“卲”之“𢎥”（包山 125）、“𢎥”（上博四·昭王 5）兩類寫法的“糅合”，全字可隷定作“潲”，即“沼”之繁體，讀爲“激”，“激流”猶“激水”。

溝 潎

𤃭 睡虎地·爲吏 16 叁

【溝渠】睡虎地·爲吏 16

△按 《説文》：“溝，水瀆，廣四尺，深四尺。從水，冓聲。”簡文云“溝渠水道”，用爲本義，指爲防守或灌溉、排水而挖的水道。

瀆 潎 潷

𤃭 新蔡甲三 403 𤂖 璽彙 2594

○曹錦炎（1983） （編按：璽彙 2594）潷：

𤂖 足 彙 2594

這個字應該釋爲“瀆”。《文》入於附録。《説文》：“瀆，溝也，從水賣聲，一曰邑中溝。”《爾雅·釋水》：“注澮曰瀆。”此印“瀆”字，疑也爲姓氏，漢印有此例，如“瀆弘之印”，見《徵》11·9。

《史學集刊》1983-3，頁 88—89

○朱德熙（1983） 見卷二牛部“犢”字條。

△**按**　《説文》："瀆，溝也。从水，賣聲。一曰：邑中溝。"此字右半所从爲戰國文字之"犢"，从牛，𧶠聲，參卷二牛部"犢"字條。"瀆"當是"瀆"之異構。

【瀆溪】新蔡甲三 403

△**按**　簡文云"瀆溪一豬"，瀆溪，即"瀆溪"，地名。

渠 

集粹 秦陶 1214 睡虎地・爲吏 16 叁

△**按**　《説文》："渠，水所居。从水，渠省聲。"簡文云"溝渠水道"，用爲本義。

澗 　

包山 10 上博三・周易 50 上博五・三德 12

陶彙 3・1021 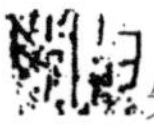先秦貨幣文字編，頁 170 青川木牘

○**顧廷龍**（1936）　（**編按**：陶彙 3・1021）䲭，《説文》所無。

《古匋文孴録》卷 11，頁 2，2004

○**于豪亮**（1982）　（**編按**：青川木牘）梁（梁）。

《文物》1982-1，頁 22

○**黄盛璋**（1982）　（**編按**：青川木牘）"十月爲橋，修陂隄，利津"下一字，牘文左右从兩（自）相對立，下从水，其上結構不清。按《説文》"隘"字，篆文作，其下又收一個籀文，即後來關隘字。牘文此字可能从从"益"，即"隘"字。"利津隘"，津當水路，隘則當陸路。

《文物》1982-9，頁 75

○**李學勤**（1982）　（**編按**：青川木牘）"梁"字，牘文原从二"阜"从"水"，"刅"聲。

《文物》1982-10，頁 69

○**陳世輝、湯餘惠**（1988）　（**編按**：青川木牘）澗，原篆作，舊釋爲梁，誤。今按當是澗字，《説文》："澗，山夾水也。"篆文澗字从二阜从水，與《説文》合，當是澗的原始會意字。侯馬盟書人名有偘字，異文或作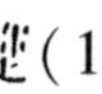（156：26），易侃聲爲澗省聲。其中澗旁作"陎"，省略右邊的阜旁。

《古文字學概要》頁 255

○**李零**(1989)　　(編按:青川木牘)1979 年四川青川縣郝家坪戰國秦墓出土了一件記秦《爲田律》的木牘。牘文提到:十月,爲橋,修波(陂)隄,利津█,鮮(删)草離(蘺)。(中略)

不久前,我們在一篇討論青川木牘的短文中曾涉及到這個字。文章把有關線索提供給讀者,但未做任何結論。因爲直到定稿,我們仍認不出這個字。

在該文中,我們所提供的線索是:

1.戰國邾、滕單字陶文(邾、滕陶文多作一字)有此字,寫法全同青川木牘。

2.朱家集楚銅器群有一組鼎,共五件,一件大鼎,銘文作"█":四件小鼎,銘文作"客██"(有一件蓋銘,末字省體作█)。

3.《古璽文編》419 頁第三字作█。(中略)

對於認識上面提到的這兩個字,現在看來,最重要的線索還是《侯馬盟書》。

《侯馬盟書》"委質類","被盟詛人名"中有不少是屬於"𤕻"氏(先氏)。"𤕻"氏諸名中,有一名"詻"(亦作:詉、謜、愻、憖),他的名字有時也寫成█或█,把亻旁或彳旁換成阜旁,兄換成水。

詻字,過去曾見於蔡侯申墓出土的一件編鎛,文作"不詻不貣(忒)",陳夢家先生已指出,此字同於《説文》愻字的籀文,應釋愻,新出《金文編》721 頁亦隸於愻字下,這都非常正確。

既然《侯馬盟書》中的詻字就是愻字,而詻字又同於█或█字,可見後者也就是愻字,而例 1 不從心,則應直接釋爲衍字,青川木牘的中間一句讀爲"利津衍"。從𨑩與從行,在這裏是一樣的。

《出土文獻研究續集》頁 120—121

○**湯餘惠**(1993)　　█10　　鮪·澗　此字又見於青川木牘及陶文,我們曾釋爲《説文》訓爲"山夾水"之澗字(參看《古文字學概要》255 頁注 12)。高明《古陶文字徵》疑爲"阤",從字形上説不無道理,但《字彙》謂即"俗陰字",在青川木牘"利津~"一語中難以講通,釋阤恐欠妥。

《考古與文物》1993-2,頁 69

○**劉釗**(1998)　　(編按:包山)簡 10 有字作"█",字表釋作"鮪"。按字從兩阜從水,應釋爲"澗"。《説文》:"澗,山夾水也。"説解與此字形正合。字亦見於秦青川木牘,作"█",謂"利津鮪"即"利津澗"。字又見於楚鑄客鼎,與心字組合成"█"(《金文編》345 頁),在字中用爲聲符。字應釋爲"愻",讀爲"盥"。

《東方文化》1998-1、2，頁 49

○**黃錫全**(1998)　　此布屬小型平襠尖足空首布。通高 11.6、肩距 4.5、祖距
5.1、肩尖與足尖相距 8 釐米。正面中部有 1 字，清晰可辨(此布現藏西安金泉
錢幣有限責任公司)。

此字之釋，如不細辨，僅據左形，則似金文盥字所从之𣃟，即从二手从水。
如據右形，則从二𨸏从水。經仔細觀察拓片，左形豎筆直下，略帶弧意，作**𠨷**，
與右形**𩠐**對稱。因此，可以肯定此字是从二𨸏从水。與此字構形類同者，還見
於下列材料：

1.古陶文中有單字**𩠐**，高明、葛英會編著《古陶文字徵》隸作𨸏𨸏，云："《説
文》所無，疑爲阤字。"

2.《包山楚簡》第 10 簡有**𩠐**字，似爲人名，釋文隸定作𨸏𨸏。

3.四川青川木櫝"利津**𩠐**"第三字即𨸏𨸏字。

4.壽縣朱家集出土楚銅器，有一組鼎共五件，一件大鼎銘文作**𩠐**；四件
小鼎銘文作"客豐**𩠐**"，其中一件蓋銘末字省體作**𩠐**。客即"鑄客"之省，"豐
𨸏𨸏"爲人名。

侯馬盟書"梵"氏諸名中，有一名"譽"者，或體作譺或**𩠐**，有學者根據陳夢
家先生主張蔡侯申編鐘"不愆不貳(忒)"的"譽"爲《説文》愆字籀文的意見，
認爲盟書的"譽"就是"愆"字，則或體愻也當釋爲"愆"，由此進一步論證青川
木牘的"利津𨸏𨸏"爲"利津衍"。"津"是津渡，"衍"爲大澤(《小爾雅·廣器》
"澤之廣者謂之衍")，"利津衍"就是"使津渡和川澤暢通無阻"。

根據字形，我們傾向於將此字釋爲"澗"，當爲《説文》澗之古文，義爲水在
兩𨸏之閒。《説文》澗："山夾水也。从水，閒聲。"青川木牘"十月，爲橋，修坡
隄，利津澗"，講的正是興修農田水利，架設橋梁，修築坡阪隄壩，使河津澗渠
暢通。作者家鄉湖北荊州，至今謂修小型水渠爲"修水澗"，其"澗"形正是築
兩𨸏使水流其閒。

尖足空首布的"𨸏𨸏(澗)"爲地名。根據文獻，"澗水"有二。一在今山西
洪洞縣汾河支流澗河，見《水經注·汾水》："閒(澗)水東出谷遠縣西山，西南
經楊縣霍山南……其水西流入於汾水。"二見《書·洛誥》："我乃卜澗水東、瀍
水西。"《書·禹貢》："伊、洛、瀍、澗，既入于河。"所指下游即今洛陽市西洛水
支流澗河的一段。上游各家則解釋不一：一説指今源出新安縣南東北至洛陽
市西注入澗河的王祥河；一説即今源出澠池縣的澗河；一説即離山水，源出今

新安縣東北,下游入於今澗河。幣名"澗"當與澗水有關。後一澗水,春秋晚期屬周。前一澗水,南離晉都新田不遠,屬晉。因此,布文"澗"應在山西洪洞汾河支流"澗水"一帶。這一"澗水",於先秦文獻中未見,但來源當較久遠。尖足空首布文"䏄(澗)"的發現,可彌補文獻之不足。

山西平陸縣西 50 里有地名"閒田",今名"閒原",乃虞芮之君相與所爭之田,後因此而名,與布文之"澗"應無關係。

《先秦貨幣研究》頁 32—33,2001;原載《内蒙古金融研究》1998 增刊 1

○濮茅左(2003) (編按:上博三・周易 50)初六:鴻漸于䏄,小子礪,又言,亡咎:"鴻",同"鴻",《玉篇》:"鴻,鳥肥大也,或作鴻。""䏄",从兩㠯从水。"㠯",大陸其山無石;兩㠯夾水,會意,亦"澗"字。《説文・水部》:"澗,山夾水也。""澗",通"干"。《詩・衛風・考槃》"考槃在澗",《經典釋文》:"澗,《韓詩》作干。"又《詩・小雅・斯干》"秩秩斯干",毛亨傳:"干,澗也。"鄭玄箋:"喻宣王之德,如澗水之源,秩秩流出,無極已也。"簡文作"䏄(澗)",與今本作"干"也相印證。"礪",讀爲"厲"。《象》曰:"'小子之厲',義無咎也。"

本句馬王堆漢墓帛書《周易》作"初六:鴻漸于淵,小子癘,有言,无咎";今本《周易》作"初六:鴻漸于干,小子厲,有言,無咎"。

《上海博物館藏戰國楚竹書》(三)頁 204

○李零(2005) (編按:上博五・三德 12)第二字,見於上博楚竹書《周易・漸卦》初六,今本作"干",即古書"衍"或"岸"字。

《上海博物館藏戰國楚竹書》(五)頁 296

○季旭昇(2005) 以字形而言,"䏄"字釋爲"兩山夾水"之"澗"(見/元)似乎最合理。今本作"干"(見/元),二字音義俱近。馬王堆本作"淵"(影/真),聲韻亦近。李零以"⿰"("⿰")或作"愆"(溪/元),因謂"䏄"當即"衍"(喻/元),當視爲"澗"假借爲"衍"。"衍"與"澗"聲紐雖不同,但"愆"(溪/元)从"衍"(喻/元)聲,與"澗"音近。

《〈上海博物館藏戰國楚竹書(三)〉讀本》頁 142

○李零(2006) 岸,簡文从雙㠯,中閒有水,字象兩岸夾河;馬王堆本作淵,是換用其義,別爲一字;今本作干,干同岸。這個字,曾見於青川木牘,辭例作"利津~",過去有不同釋法,現在看來應釋"利津岸"。岸、阪、陸互文,濮注讀澗,不妥。

《中國歷史文物》2006-4,頁 64

○禤健聰(2006) "䏄"字象水在兩㠯之閒,也見於青川木牘《爲田律》和朱家集幾件鑄客器（集成 1803—1806、1250）。李零先生根據侯馬盟書與“霤”換用的關係及傳世文獻從“衍”的字常與出土文獻從“侃”的字對應，而將字釋爲“衍”。

現據上博簡與帛書本《周易》的對讀，此字當釋爲“淵”。首先，簡文中“𣲝”對應帛書本作“淵”，更重要的是，同一簡中有“𤃴（侃）”，對應帛書本作“衍”，這種區別對應關係足以證明“𣲝”並非“衍”；其次，從字形上看，“𣲝”字符合《説文》“淵，從水象形，左右岸也，中象水貌”的説解，而與“衍”字所從的行完全不同。因此，侯馬盟書從淵之字與從侃之字的通用，楚簡與傳世文獻的侃、衍對應（如郭店簡《緇衣》“不侃於義”，《詩·大雅·抑》作“不愆於儀”），以及《説文》的“愆”及其籀文“𠎝”，都是通假關係，𣲝是“淵”而不是“衍”，是古文字常見的“淵”字的另一異體。

讀“𣲝”爲“淵”，於青川木牘《爲田律》的“利津淵”也文從字順。

《康樂集》頁 219—220

○**何有祖**（2007）　（編按：上博五·三德 12）澗，原釋文隸作𣲝，字亦見上博三《周易》簡 50“初六，鴻鳴於澗”。與之對應，今本《周易》作“干”，帛書本《周易》作“淵”。禤健聰先生即改釋作“淵”。但楚簡另有“淵”字，不繁舉例，構形與之實不類。今按：字其實亦見包山 10 號簡 ，劉信芳先生在《包山楚簡解詁》中釋文作“澗”，但無説。兹試作説解。其字可分析作水夾在兩𨸏之間，正是“澗”字。《説文》：“澗，山夾水也。”《詩·召南·采蘩》“於澗之中”毛傳：“山夾水曰澗。”《釋名·釋水》：“山夾水曰澗。澗，間也，言在兩山之間也。”“寰澗之邑”與“臨川之都”對文。古代都邑建設多憑依天險。“川、澗”皆屬險地。《逸周書·武紀解》：“國有三守：卑辭重幣以服之，弱國之守也；修備以待戰，敵國之守也；循山川之險而國之，僻國之守也。”《後漢書·耿弇傳》“恭以疏勒城傍有澗水可固”，又“匈奴遂於城下擁絶澗水”。字當釋作“澗”。

《出土文獻研究》8，頁 16

△**按**　《説文》：“澗，山夾水也。從水，間聲。一曰：澗水，出弘農新安，東南入洛。”“𣲝”爲澗之表意初文，與“淵”字初文構形方式類似，清華二《繫年》簡 133 作“澗”，則爲形聲結構，與《説文》同。青川木牘“澗”字，周波（《青川木牘“𨸏”字補議》，《古籍研究》2008 卷上，安徽大學出版社 2008 年）據新公布的彩色照片（《出土文獻研究》8 輯，上海古籍出版社 2007 年），從李學勤（1982）説摹作 ，隸作“𨸏”，釋爲“梁”。古書及出土簡帛中有與牘文相似的内容，如張家山漢簡《二年律令·田律》（簡 246—247）：“恆以秋七月，除

阡陌之大草。九月大除道[及]阪險。十月爲橋,修陂隄,利津梁。雖非除
道之時而有陷敗不可行,輒爲之。"與木牘相對的字正作"梁",故釋"梁"有
一定道理,但該字水形上之部分是否"亦"形,圖版模糊,難以遽定,故暫依
舊説置於"澗"字下。

灘 灘

集成 12113 鄂君啟舟節　　上博二·容成 27　　上博一·詩論 10　　上博一·詩論 11

新蔡甲三 268

△按　《説文》:"灘,水濡而乾也。从水,鸛聲。《詩》曰:灘其乾矣。灘,俗灘
从隹。"楚簡"灘"實爲漢水之"漢",與"灘"字俗體"灘"恰同形而已。詳參本
卷"漢"字條。

決

上博二·容成 24　　集粹　　睡虎地·雜抄 6

○睡簡整理小組(1990)　(編按:睡虎地·雜抄 6)決革,破傷皮膚。

《睡虎地秦墓竹簡》頁 81

○李零(2002)　(編按:上博二·容成 24)"決",《説文·水部》:"決,行流也。"是疏
通水道的意思。

《上海博物館藏戰國楚竹書》(二)頁 269

滴 渧

左冢漆桐

△按　漆桐"汱滴",董珊(《楚簡中从"大"聲之字的讀法》[二],簡帛網 2007
年 7 月 8 日,收入《簡帛文獻考釋論叢》,上海古籍出版社 2014 年)讀爲"汰
侈"。

注 泩

睡虎地·日甲 31 背叁　珍秦·秦 81

────────────────────────────

△**按**　《説文》:"注,灌也。从水,主聲。"秦印"注",姓氏。"注"楚文字記寫作"敖",參卷三攴部"敖"字條。

渼 㳿 沃

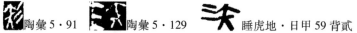陶彙 5·91　　　陶彙 5·129　　　　睡虎地·日甲 59 背貳

────────────────────────────

○**高明、葛英會**(1991)　沃。

《古陶文字徵》頁 146

○**何琳儀**(1998)　渼,从水,実聲。沃之繁文。(中略)秦陶渼,地名。

《戰國古文字典》頁 281

○**施謝捷**(1998)　秦都咸陽遺址出土陶器印文中有字作下揭二形:

A 咸平 A 寅。(《秦陶》拓本 1399,又《陶彙》5·129、5·130)

B 咸 B 里辰。(《陶彙》5·91)

A,袁仲一摹錄作 A1,釋爲"沃"(《秦陶》字錄 84 頁);高明等也釋"沃"(《陶徵》146 頁取 5·129 形,出處誤作 5·90)。B,袁仲一摹錄作 B1,釋爲"矦"(《秦陶》字錄 62 頁),高明等則把 B 釋爲"彤矢"合文(《陶徵》277 頁)。

按原把 A、B 摹作 A1、B1,均失真。我們認爲 A 右半所从(A 右)與 B 左半所从(B 左)爲同一字,且 A 左半所从(A 左)與 B 右半所从(B 右)亦爲同一字,A、B 無疑應是同一字的不同寫法,原來把它們看作兩個不同的字是不妥當的。A 字原釋爲"从水从矢"的字雖不可信,但將"A 左"看成"水旁",則非常正確,同理"B 右"亦應是"水旁",古文字中合體字偏旁左右互易是很常見的(參上文"釋扞"),A 可寫作 B,猶陶文中的"沽"字作 C 也可寫作 D(《陶徵》141 頁),所从"水"與"A 左""B 右"相同,可證。至於"A 右"與"B 左"原釋爲"矢",實際上是錯誤的,因爲"沃"不見於後世字書,而且它們與古文字中"矢"的通常寫法並不相同。檢古璽文字中有一字作下列諸形:

沃 A	彡 B	沃 A1	彡 B1	沽 C	告 D
夫 E	夫 F	夫 G	夫 H	宎 I	沃 J
禾 K	禾 L	沃 M	鎣 N		

圖八

E　《璽彙》0911　　　F　同上 1965　　　G　同上 3774　　　H　同上 1071

過去亦被誤釋爲"矢"字(《璽文》115 頁)。楚帛書中有一個用作"妖"的字寫作：I　《楚帛書》33 頁

過去習慣上隸釋作"宎"，以爲"从宀从夭"。從形構看，I 與 E 完全相同。吳九龍先生根據雲夢睡虎地秦簡《日書》(甲種)中的"沃"字寫作 J 形，把上引 E—I 諸字並釋爲"夭"字(見《簡牘帛書中的"夭"字》，刊《出土文獻研究》，文物出版社 1985 年)，顯然是正確的。在秦漢簡帛文字中"夭"或"从夭"字還作下列諸形：

K　老子甲後 346,《篆隸》727 頁　　　L　天文雜占末、下，同上

M　居延簡乙 203·29,同上 815 頁"沃"　　　N　睡虎地簡 38·110,同上 996 頁"鎣"

據此，則"A 右""B 左"亦可釋爲"夭"，上引 H、K、L 及 J 所从"夭"與其形構最爲相可證。至此，我們知道 A、B 是一"从水从夭"的字，顯然應該釋爲"沃"。袁仲一在"龠"欄引戳印釋文時將 A 釋"沃"(《秦陶》字録 90 頁)，極是，在 A 字則釋"洮"未説其故。

《考古與文物》1998-2，頁 71—72

○楊澤生(2006)　(編按:《古陶文字徵》)146 頁"洮"字引 5·129(原誤作 5·90)洮應改釋作"沃"，其右旁是"夭"而非"矢"；277 頁引 5·91 彡、5·92 彡把這個从"夭"的字釋作"彤矢"，非是。

《論衡》4，頁 116

△按　《説文》："渓，溉灌也。从水，芺聲。"段注謂："渓隸作沃。"戰國文字"夭"首筆形變而近於宀，然並非从宀从夭，故不必隸定作宎。秦陶文"沃"爲地名，睡虎地《日書》甲 59 背"以潃糅，待其來也，沃之"，"沃"用爲本義。

渋 椛 灘

㿝包山 96　　㿞包山 139 反　　㿝包山 137 反

○劉彬徽、彭浩、胡雅麗、劉祖信（1991）　灊。

○劉信芳（1996）　溮　楚律又稱議罪爲"溮"，與"詳"義近。

　　見日命一執事人至命，以行古（故）溮上恆，僕徛之，以至命。（簡一三七反）

　　左尹以王命告子郞公：命溮上之戠獄爲鄀人舒俎累，其所命於此箸之中，以爲諆。（簡一三九反）

　按"溮"从言从次，讀如"讞"，《説文》："讞，議罪也。"字或作"讞"，《漢書·景帝紀》："諸獄疑，若雖文致於法而於人心不厭者，輒讞之。"師古注："讞，平議也。""上恆"據文義應是議罪之所。

　就楚簡與漢代典籍"讞"之用例分析，作爲程序法之"讞"是指復審議案：此所以與"詳"有別。簡一三七反諸簡記左尹命湯公景軍迅速結案，但由於該案情複雜，案犯屢次翻供上訴，所以湯公景軍未能結案，並陳述未能結案的理由："以行古溮上恆，僕徛之，以致命。"意思是：按故例應議案於上恆，在下據此以復命。這説明對於翻案上訴之類的複雜案件，楚律有議案的規定。

○張守中（1996）　溮。

○史傑鵬（1998）　包山司法文書簡裏有一個从"水"之字，凡五見。根據它們的寫法，大致可以歸納爲以下三種：

A：1. 96

B：1. 96　　2. 137 反

C：1. 98　　2. 139 反

　這三種寫法的主要區別是，A 从"臼"，B、C 不从"臼"。A、B1 和 C 所从的 "" 是"臼"的簡寫。因這種簡寫的"臼"與"口"形近，所以 B2 把"臼"訛誤作 "口"，C1 和 C2 的區別僅在上部右旁一個从"次"，一個从"欠"，李家浩先生説：

　　在古文字裏，"次""欠"二字作爲偏旁時往往混用，如"欼"字，古印文字寫作从"次"；長沙戰國帛書月名"欼"字，越王句踐劍寫作从"次"。

　所以 C1 可以寫作 C2。C2 與 B2 是在内容相關的簡中出現的。文例相同，應該是同一個字的不同寫法。也就是説，B 即 C 的簡體。關於這一點還可以從下録包山竹簡文字得到證明：

　　D：151

　　按此字與A“水”之上面所從當是一字，A“臼”之上面所從與B1“水”之上部所從相同，而D“臼”之上部所從與C1“水”之上部所從相近。

　　滕壬生先生曾把簡文A、B、C皆釋寫作“瀻”，D釋寫作“餡”。按滕釋大致是對的，只是對B、C的釋寫略嫌不夠嚴格。C是從“次（欠）”，而不是從“臽”。不過更需要指出的是，滕氏的釋寫，顯然是參考了裘錫圭、李家浩二先生對曾侯乙墓鐘磬銘文裏的一個音階名的前綴詞之字的考釋而得來的。

　　我們所説的曾侯乙墓鐘磬銘文裏那個音階的前綴詞之字有不同的寫法，裘、李二先生歸納爲下列三種：

　　（1）下.1.1等　　　（2）中.1.11等　　　（3）磬下.7等

裘、李二先生還對這三種寫法作過很好的分析，他們説：

　　　　甲骨文和西周金文的“書”字都作“㫇”，上引（2）的左旁與（3）的上部左旁應是“喿”的異體。“丆”即《説文》“讀若愆”的“辛”字省體。“愆”“遣”讀音極近，所以，“書”字加注“辛”……（1）的左旁與此顯然是一個字，它省去了“書”所從的“曰”而加注“辛”聲。（1）應該是一個從“水”“書”聲的字。（3）的上部的右旁是“臽”。“臽”應是“臽”的變體。《説文·白部》：“臽，小阱也，從人在臼上。”“臽”“欠”古音極近（“㘩”“坎”爲一字），磬銘將“臽”所從的“人”旁寫作“欠”，是有意使其聲符化。戰國古時有“餡”字（《古璽彙編》112頁），當釋爲“餡”，即“脂”或“啗”的異體，可以與此互證……（2）的右旁是卩。古文字“欠”“卩”二字形近，疑（2）的“卩”旁即“欠”之訛。也可能本從“卩”從“書”聲。總之，（1）（2）（3）諸字的讀音應該和遣相近……

　　包山簡文D與曾侯乙墓鐘磬銘文（3）十分相似，它們的主要區別是上部右旁D從“次”，（3）從“欠”，這與C2把“次”作“欠”的情況相同。上引李家浩先生語指出，“在古文字裏，‘次’‘欠’二字作偏旁時往往混用”。據此，包山簡文D應當釋寫作“餡”，A應當釋寫作“瀻”，B、C應當釋寫作“㵸”。

　　以上討論的是簡文A、B、C等的字形，現在討論它們在簡文裏的意思。先把有關簡文抄寫在下面：

　　（一）十月辛巳之日，㵸宭人軷臣訟㵸宭之南陽里人陽緩、臧，謂殺其兄。正定昪識之，但捽爲。　96

（二）以致命于子左尹　仆軍造言之：見日以陰人豁（舒）慶之告諲僕，命速爲之斷。陰之正既爲之盟證。慶逃，垣连苟，其余執，將至時而斷之。見日命一執事人至命，以行古淒上恆。僕徛之以至命。　137反

（三）左尹以王命告子郎公：命淒上之識獄爲陰人舒垣盟，其所命於此箸之中以爲證。　139反。

（四）十月辛丑之日，許黷以訟邸陽君之人郏公番申以責。瀶公朔，宵吳　98

（五）左馭番戍畝田於邲城貉邑城田……151

首先討論簡文（一）的"瀶宔"或"淒宔"。

"宔"字原文作""，《包山楚簡》釋爲"安"，滕壬生、陳偉二先生釋爲"宔"。按當以釋爲"宔"爲是。

從簡文（一）看："瀶宔"或"淒宔"顯然是一個地名。《左傳·襄公二十六年》（編按："二十六年"應爲"十六年"之誤）有一個地名叫"湛阪"。我們懷疑簡文的"瀶宔"或"淒宔"即"湛阪"。上引裴、李二先生對曾侯乙墓鐘磬銘文"貉"字的結構分析時指出：其"臽"旁所從的"人"寫作"欠"，是有意使其聲符化。而簡文"瀶"字的異體"淒"，徑寫作從"欠"聲。我們這裏就討論"欠"和"湛"的字音關係，上古音"欠"爲溪母談部字，"湛"爲定母侵部字。按談部字和侵部字的主要元音相近，收尾元音相同，關係密切。例如《周易》坎卦之"坎"，馬王堆漢墓帛書《周易》作"贛"；《説文》云："歁……讀若貪。""坎、歁"屬談部，"贛、貪"屬侵部。定、溪二母在形聲字中有通諧的情況。例如跟"湛"所從聲旁相同的"欺、諶、勘、栽"等皆屬溪母。《説文》欠部説"歁……讀若坎"。"歁"從"甚"得聲，"坎"從"欠"得聲，此是"甚"聲之字與"欠"聲之字音近可通的佳證。"宔"和"阪"均從"反"得聲。所以，我們懷疑簡文（一）的"瀶宔"或"淒宔"即《左傳》中的"湛阪"。

《左傳·襄公十六年》説："楚公子格帥師，及晉師戰于湛阪。"杜預注："襄城昆陽縣北有湛水，東入汝。"

《水經注》卷二十一《汝水注》也有關於"湛阪"的記載：湛水出雛縣北魚齒山西北，東南流，歷魚齒山下，爲湛浦，方五十餘步。《春秋·襄公十六年》：'晉伐楚，報揚梁之役。楚公子極及晉師戰于湛阪，楚師敗績，遂侵方城之外。'今水北悉枕翼山阜，于父城東南，湛水之北，山有長阪，蓋即湛水以名阪，故有湛阪之名也。湛水又東南逕蒲城北，京相璠曰'昆陽縣北有蒲城，蒲城北有湛水'者是也。湛水又東，于汝水九曲北，東入汝。杜預亦以是水爲湛

水矣。

據此，"湛阪"是因其位於湛水之北，父城東南的長阪而得名。包山簡（一）的地名中的"灊、澹"二字皆从水旁，和湛阪得名之由相合。父城在今河南平頂山市北。據《漢書·地理志》，父城屬潁川郡，鄰縣有舞陽（包山簡中"鄦陽"）、襄城（班固原注"有西不羹"，按西不羹爲楚國名縣，古書中常有提及），戰國時期舞陽、襄城均在楚國疆域之內。那麽，跟舞陽、襄城相鄰的"湛阪"，在戰國時期也應當屬於楚國無疑。

其次討論簡文（二）（三）的"澹上"。

"澹上"之"澹"與"澹宐"之"澹"寫法相同。既然"澹宐"之"澹"應該讀爲"湛"，那麽，"澹上"之"澹"也應該讀爲"湛"。《詩經·鄭風·清人》"二矛重英，河上乎翱翔"；《左傳·襄公十九年》"遂次于泗上"；《漢書·高帝紀》"沛公至霸上"。《史記·孔子世家》"唯子贛廬於冢上"，司馬貞《索隱》："蓋'上'者，亦是邊側之意。""河上、泗上、霸上"之"上"與"冢上"之"上"同義，指河邊之地、泗邊之地、霸邊之地。簡文"湛上"與"河上、泗上、霸上"文例相同，應指在湛水邊上之地而言。

包山 131 至 139 號簡記錄的是一個關於陰地人殺人案件的處理過程，（二）（三）即屬於這個案件記錄之中的二簡。這二簡的文字不大好懂。"見日"是指當時的楚王。（二）的意思大概是説：楚王命令把陰人舒慶的案子交給名叫"軍"的這個官員審理；並且還命令"軍"派一個辦事的官吏把審理的結果向他報告，以便根據審理結果來"行故湛上恆"。"軍"倚照楚王之命向他報告。我們推測"行故湛上恆"之"恆"是常法的意思。《周禮·春官·司巫》"國有大災，則帥巫而造巫恆"，鄭注："玄謂恆，久也，巫久者，先巫之故事，造之，當案視所施爲。"賈疏："後鄭之意，以恆爲先世之巫久故所行之事，今司巫見國大災，則帥領女巫等往造所行之事，案視舊所施爲而法之。"簡文"行故湛上恆"與此"造巫恆"句式相似，疑"行故湛上恆"的意思是説按照過去"湛上"的制度行事。（三）所説的"命湛上之識獄爲陰人舒㮰盟……"很可能就是楚王所行的"故湛上恆"。這大概是因爲楚國"湛上"之地多善"識獄"之人，國家倚其行事，定爲常法。

再其次討論簡（四）的"澹公"。

（一）（二）（三）"澹"都讀爲"湛"，那麽此處的"澹"不應該例外，也應該讀爲"湛"。不過這裏的"湛"不是水名，而是縣邑名。楚國縣的長官稱爲"公"，"湛公"是指"湛"縣的縣公。

關於“湛”縣之“湛”的得名,有兩種可能性:

1.古代有以水名爲邑名的情況。例如韓國的地名“澮”,即因爲澮水而得名。《史記·韓世家》“懿侯二年,魏敗我馬陵……九年,魏敗我澮”,張守節《正義》:“澮,古外反,在陵州澮水之上也。”簡文“湛公”之“湛”可能是因湛水而得名,與此“澮”因澮水而得名的情況相同。

2.古代兩個字的地名可以省稱爲一字。《漢書·地理志》河東郡“蒲反(阪)”下班固自注:“故曰蒲,秦更名。”顏師古注引應劭曰:“秦始皇東巡見長坂(阪),故加‘反’云。”顧觀光説:“按古字反與阪通。應説近是,但謂始皇更名則不然也……據《漢志》,則蒲阪可名蒲。”簡文“湛公”之“湛”可能是“湛阪”之省稱,與此蒲阪可稱“蒲”的情況相同。

不論是屬於第一種情況還是屬於第二種情況,“湛公”之“湛”都應該位於湛水邊上。但是,簡文所展示的文書格式表明,“湛公朔”這個人應當是左尹府的屬官,不可能去出任“湛”縣縣公。那麼“朔”被稱爲“湛公”,我們認爲有二種可能:

1.楚國的期思公復遂是期思縣的縣公,他當上右司馬後,《左傳》仍把他稱爲期思公。簡文的“湛公朔”可能跟期思公的情況一樣,“朔”雖然調到中央左尹府任職,但仍舊稱爲“湛公”。

2.葉公子高在平定白公勝之亂後,兼任令尹、司馬之職,不久他把令尹、司馬分別讓給公子寧和公孫寬,而自己仍回到葉縣。簡文的“湛公朔”可能跟葉公子高的情況有相似之處,他在中央左尹府兼職,仍遙領湛縣。

最後討論簡文(五)的“舀邑”。

這個“舀”字不從“水”,説明“舀邑”和上述的湛水無關,據簡文,“舀”是邔域下屬的一個邑。“邔”字見於鄂君啟節,指涓水。那麼,舀邑應該是位於涓水流域,至於確切位置,還有待進一步研究。

《陝西歷史博物館館刊》5,頁 132—135

○**何琳儀**(1998)　灦,從水,韜聲。疑瀬之異文。《廣韻》:“瀬,水名。”

包山簡“灦安”,地名。

《戰國古文字典》頁 1454

○**劉釗**(1998)　（編按:包山）簡 96 有字作“＊、＊”,字表隸作“灊”。按此字又見於簡 151,作“＊”,不從“水”。這個字見於曾侯乙墓鐘磬銘文,作“＊”,裴錫圭和李家浩先生認爲字從“昔”(加注辛聲),從“舀(臽)”,其説極是。故此字隸作“灊”是錯誤的,應隸作“舀”或“瀟”,具體相當於後世的什麼字待考。

《東方文化》1998-1、2,頁 57

○白於藍（1999）　171 頁"㳡"字條，"🦊"（137 反）、"🦊"（139 反）、"🦊"（96）、"🦊"（96）、"🦊"（98），此字水旁左上所从多數是昔，不是言，故當隸定作㳡（或灨）。包山簡中又有字作"🦊"（151）（是編入存疑字第一一二條），應隸定作䀼。隨縣曾侯乙墓鐘磬銘文中有字作"🦊、🦊、🦊"，此三字與上舉包山簡諸字當是一字，只是各有省簡，裘錫圭、李家浩二位先生將此三字釋讀爲衍，其說可信。衍字从水，上舉包山簡諸字亦从水，當即衍字異構。所从昔（或言）、欠（臽）均起注音作用。

《中國文字》新 25，頁 197

○孟蓬生（2002）　"鹽"既讀爲噬，則"灨"也許就是《説文》"濨"字的異體。《説文・水部》："濨，埤增水邊土，人所止者。从水，筮聲。《夏書》曰：過三濨。"但由於《老子》甲中借爲"逝"字，所以"灨"是否就是"濨"字的異體，有待於進一步證實。

《古文字研究》24，頁 406—407

○劉信芳（2003）　灨，字又作"㳡"，簡 151 作"䀼"，字即《集韻》之"㳡"字，讀苦感切，音坎。

《包山楚簡解詁》頁 91

△按　孟蓬生（2002）説可從。"灨"即"濨"之異體，字又見於上博九，作🦊（《靈王遂申》簡 4"殼㳡（濨）"）、🦊（《邦人不稱》簡 2"戰於㳡（濨）"）。《説文》："濨，埤增水邊土，人所止者。从水，筮聲。《夏書》曰：過三濨。"本義爲水邊高臺。《左傳・宣公四年》："師于漳濨。"杜預注："漳濨，漳水邊。"《左傳・成公十五年》："登丘而望之，則馳。騁而從之，則決睢濨，閉門登陴矣。"楊伯峻注："睢濨，睢水隄防。"楚國地名常見"某濨"，如句濨（《左傳・文公十六年》）、薳濨（《左傳・昭公二十三年》）、雍濨（《左傳・定公四年》）。此字所从，參卷二齒部"鹽"字條。

津 𣲵 瀳

🦊官印 0032　🦊璽彙 2408　🦊集成 2766 徐贅尹鼎

🦊郭店・窮達 4　🦊上博二・容成 51

○丁佛言（1924）　🦊 古鉩𣲵津。🦊 古鉩津陽宜印。

《説文古籀補補》頁 49，1988

○吳振武（1983）　　2408□𤃱·□津。

《古文字學論集》（初編）頁 506

○吳振武（1984）　　［五二二］419 頁第四欄，𤃱

　　今按：此字從水從𦘔，丁佛言在《説文古籀補補》中釋爲𤃱（津），甚是。侯馬盟書𦘔字作𦘔、𦘔、𦘔、𦘔，中山王𰀋方壺盡（盡）字所從之𦘔作𦘔（《中》69 頁），兆窆圖逮字所從之𦘔作𦘔（《中》44 頁），皆與此字𦘔旁相同或相近。𤃱（津）字見於《説文·水部》。

《〈古璽文編〉校訂》頁 207，2011

○曹錦炎（1984）　　（編按：徐𧶽尹鼎）𤃱，器蓋作𤃱，肩部作𤃱，疑爲律字或體，訓爲約束。

《文物》1984-1，頁 27

○劉廣和（1985）　　（編按：徐𧶽尹鼎）第二十六字肩銘寫作𤃱，蓋銘未見右半下部一橫，疑爲畫字變體。畫字上官登作𦘔，中閒的𠬛如果分裂出來，訛變爲止而寫作𠃌，就可以訛爲𦘔，鼎銘此字從水不從田，或取以水劃界意。畫，整齊畫一，《漢書·曹參傳》“講若畫一”。

《考古與文物》1985-1，頁 101

○董楚平（1987）　　（編按：徐𧶽尹鼎）“丩”下一字，肩銘寫作“𤃱”，蓋銘未見底部一橫。曹文“疑爲律字或體”，劉文“疑爲畫字變體”。既稱“疑”，又稱“或體、變體”，可知尚未研究定奪。無論讀爲“律”，還是讀爲“畫”，不但水字偏旁完全落空，“𦘔”下的那部分也難以解釋。其實，此字與“津”字的篆體、古或體都極爲相似。津字篆書作𤃱；《説文》：“津，水渡也。從水，𦘔聲。”《集韻》：“津，古作𤃱。”津是“水渡”，即把被水隔開的兩地聯繫起來，有引渡、連續之意。

《杭州大學學報》1987-1，頁 123—124

○黃盛璋（1989）　　（編按：青川木牘）“利津衍”，“津”是津渡，“衍”則是大澤。《小爾雅·廣器》云：“澤之廣者謂之衍。”《廣雅·釋地》亦云：“湖、藪、陂、塘、都、沆、斥、澤、埏、衍、皋、沼，池也。”這三個字的意思應當是説“使津渡和川澤暢通無阻”。

《出土文獻研究續集》頁 121

○陳秉新（1991）　　（編按：徐𧶽尹鼎）第二字從水從止，𦘔（聿）聲，疑是津字古文。《説文》：“津，水渡也。”篆作𤃱。《汗簡》卷下之一第五津作𤃱。《古璽

彙編》1616 🈳字,2408 🈳字,均是津字,前者从水,聿聲,後者从水,聿聲,並
疊加土符。增置有義或無義偏旁,春秋戰國文字習見。此津字疊加止,蓋取
津渡源於徒涉之義。《釋名》:"津,進也。"津、進古音均屬精紐真韻。故津
可讀爲進。進有勉進義,《禮記・樂記》:"禮火而進。"鄭注:"進,自勉
强也。"

《東南文化》1991-2,頁 149

○**裴錫圭**(1998)　(編按:郭店・窮達4)呂望傳説中提到地名"棘津",馬王堆帛書
《老子》甲本以"朸"爲"棘"。"力""來"古音極近,疑簡文之"坴"與"棘"通。
"鳶"字古有"薦"音(《朱德熙古文字論集》55 頁),"薦""津"古音相近。"坴
澫"很可能就是"棘津"。

《郭店楚墓竹簡》頁 146

○**王輝、程學華**(1999)　(編按:官印 0032"宜陽津印")津本指渡口,津關。秦漢時常
於縣内渡口置吏管理。《後漢書・王莽傳》:"吏民出入,持布錢以别符傳……
不持者,廚、傳勿舍,關津苛留。"《後漢書・段熲傳》:"(段熲)嘗告守津吏曰:
某日當有諸生二人,荷擔問熲舍處者,幸爲告知。後竟如其言。"

《秦文字集證》頁 213

○**李零**(2002)　(編按:上博二・容成51)涉於孟澫 "澫"即"津"。《書・泰誓》説
"惟十有三年春,大會于孟津","惟戊午,王次于河朔"。

《上海博物館藏戰國楚竹書》(二)頁 291

○**劉釗**(2003)　(編按:郭店・窮達4)"鳶"(編按:"鳶"爲"澫"之誤)从"鳶"聲,而"鳶"
古有"薦"音,"鳶""津"古音相近,簡文"澫"即讀爲"津"。"棘津"爲地名。

《郭店楚簡校釋》頁 171

△**按**　《説文》:"津,水渡也。从水,聿聲。艃,古文津从舟从淮。""津"楚文
字寫作"澫",从水,鳶聲。郭店《成之聞之》簡 35"艃梁爭舟",艃字从鳶,亦讀
爲津。徐贅尹鼎"津"字,廣瀨薰雄(《釋卜鼎——〈釋卜缶〉補説》,《古文字研
究》29 輯,中華書局 2012 年)讀爲"洗",可從。

渡 澢

渡睡虎地・日甲 83 背

△**按**　《説文》:"渡,濟也。从水,度聲。"簡文曰:"其咎在渡術。"劉樂賢(《釋

睡虎地秦簡〈日書〉的"渡術"》,《日書類文獻綜合研究》48—52 頁,2014 年)
據孔家坡漢簡中相應文句作"其咎在里中",讀"渡術"爲"宅巷"。趙平安
(《睡虎地秦簡〈日書〉"渡術"新解》,《出土文獻》5 輯 259—261 頁,中西書局
2014 年)讀爲"閭巷"。

潛 潛 潛

㪍璽彙 2585　　**㤦**璽彙 2584

○**何琳儀**(1998)　　晉璽潛,姓氏。古潛地在楚地,以地爲氏。見《姓氏考略》。

《戰國古文字典》頁 1415

△**按**　《璽彙》2584 之字省一宄旁。

淦 淦

淦上博六·用曰 4　　**淦**上博六·用曰 4　　**淦**錢典 242

○**黃錫全**(1995)　　戰國貨幣中有一種面文如下的平首方足布,過去多釋爲
涅。這個字與所謂的涅寫法不同。現根據張頷先生《古幣文編》涅下所録字
形,比較如下:

(1) **㪍 淦** (2) **㥀 㱠 㥀 㱠** (3) **湼 湼 湼 湼**

(1)形即上列布文,水形或左或右。(3)形見於銳角布,如"盧氏百涅",
何琳儀先生釋爲涅,讀爲盈,不是地名。(3)與(2)的區別在於其右形上方,所
從的**日**是"口",作**日**、**日**者,中閒一小橫爲飾筆。而(2)形上部所從的**▽**,即
日,象倒三角形,爲地名涅(《説文》從水土,日聲),其地屬韓,在今山西武鄉縣
西北。(1)所從的**全**與(2)所從的**呈**並不相同,儘管▽形或可倒書作△,但目前
還難以證明**全**就是**呈**,故我們懷疑**㪍**是另一字,其形與幣文中的鈝、隂(陰)作
釿、**淦**、**陉**、**鈝**者類同,應釋爲淦。水形在右,還如洍字或作**洍**等。

先秦地名中不見有地名淦,所謂江西清江縣東南的"淦水",與我們討論
的布文無關。因此,淦應是一個假借字。

《説文》淦,"水入船中也,從水,金聲"。或體從今作**汵**。古幣文和古璽文
中的"陰"字多從金作陉,是古從金與從今之字每可互作。

金文"陰陽洛"之句,見於西周銅器敔簋和永盂。前者之陰从阜,而後者从水,作下列形:

敔簋　　永盂

郭沫若先生釋爲"陰"是正確的。陳邦壞先生認爲"陰陽"作"淦易"是"同聲假借字"。淦字見《集韻·覃韻》,爲"浍"字或體。中山王鼎中的三見"含"字,其義均爲"今"。汾、浍、淦古當一字之分化。因此,布文淦即汾,亦即銅器銘文之淦,在此借爲陰。其實,古人用字或造字有一定意義。山南水北爲陽,山北水南爲陰。陰與陽與山水有關,故其字既可从阜,又可从水。淦、陰也有可能均爲陰陽之陰字的或體。字書中不見有"隘"字。

三晉地名中與"陰"有關係者,有"陰地、陰戎、陰阪、陰晉、陰"等。

"陰地",春秋晉地,河南陝縣至嵩縣一帶均其地,在終南山北,黃河以南,故名。今河南盧氏縣東北有陰地城。《左傳》哀公四年:"蠻子赤奔晉陰地。"杜注:"河南山北,自上洛以東至陸渾。"又見宣公二年,"夏,趙盾救焦,遂自陰地"。廣義的"陰地"範圍較大,狹義的"陰地"當指盧氏東北的陰地城。

"陰戎",見《左傳》昭公九年:"晉梁丙,張趯率陰戎以伐穎。"杜注:"陰戎,陸渾之戎。"《後漢書·西羌傳》:"齊桓公徵諸侯戍周。後九年,陸渾戎自瓜州遷於伊川,允姓戎遷於渭汭,東及轘轅。在河南山北者號曰陰戎。"江永《春秋地理考實》謂陸渾近陰地,故曰陰戎。

"陰阪",見《左傳》襄公九年,晉人以諸侯伐鄭,"閏月戊寅,濟于陰阪,侵鄭,次于陰口而還"。杜注:"陰阪,洧津。"其地在河南新鄭縣西。

"陰晉",戰國魏邑,見《史記·魏世家》文侯三十六年及《秦本紀》惠文君六年。其地在山西華陰東南,已見魏國橋形布。

"陰",見《左傳》僖公十五年:"十月,晉陰飴甥會秦伯,盟于王城。"杜注:"陰飴甥即呂甥也,食采於陰,故曰陰飴甥。"其地在今山西霍縣南。趙尖足布有"大隆(陰)",或主張即此"陰"。

陰地、陰戎,可能是指同一地帶的不同地點,與"陰阪"均屬戰國韓境。"陰晉"屬魏。陰屬趙。考慮到以上"陰"有前後綴詞以區分不同地點,布文"淦(陰)"最有可能的就是典籍只稱"陰"者。至於尖足布稱陰爲"大陰",當如梁之稱"大梁"。大陰之陰从阜,作陰、斜,與布文从水作鐺、隆,當如以上所舉"陰陽洛"之陰,一从水,一从阜。看來,趙之"陰"地確似大梁,是個經濟發達的重要地區。此地不僅鑄有方足布,還有尖足布、類方足布、類圓足布,品類齊全。

故本文暫將"淦(陰)"定爲山西霍縣之南的"陰",屬戰國趙幣。

《先秦貨幣研究》頁 96—97,2001;原載《華夏考古》1995-2

○**張光裕**(2007)　淦則或淦　"易(陽)則或易(陽)"。《鬼谷子·揣闔》:"或陰或陽,或柔或剛,或開或閉,或馳或張。"又《本經陰符》:"智略計謀,各有形容,或圓或方,或陰或陽,或吉或凶,事類不同。"郭店楚簡《太一生水》簡二:"神明復相輔也,是以成陰陽,陰陽復相輔也,是以成四時。""陰則或陰,陽則或陽"亦蓋言四時代易,并然有序也。

《上海博物館藏戰國楚竹書》(六)頁 290

△**按**　《説文》:"淦,水入船中也。一曰:泥也。从水,金聲。汵,淦或从今。"陰晴之陰本字作佥,从今得聲;陰陽之陰齊系金文作"陰",从金得聲。故"淦"可用爲陰陽之"陰",山北水南爲陰,从"水"與从"𨸏"義近,參卷十四𨸏部"陰"字條。

泛　(图)

(图)睡虎地·雜抄 25

【泛蘇】

○**睡簡整理小組**(1990)　泛,疑讀爲㢮,《廣雅·釋詁一》:"棄也。"蘇,疑讀爲鮮,《淮南子·泰族》注:"生肉。"(**中略**)一說,泛蘇爲聯綿詞,與蹁躚、盤姍、跰蹮等同。

《睡虎地秦墓竹簡》頁 85

○**裘錫圭**(1992)　《秦律雜抄》:

　　射虎車二乘爲曹。虎未越泛蘇,從之,虎環(還),貲一甲。

注釋解釋"虎未越泛蘇"句説:"越,跑開,《小爾雅·廣言》:'越,遠也。'泛,疑讀爲㢮,《廣雅·釋詁一》:'棄也。'蘇,疑讀爲鮮,《淮南子·泰族》注:'生肉。'此句的意思可能是説老虎還沒有棄掉作爲誘餌的生肉而跑開。"(140頁)

　　今按:注釋之説似稍迂曲。"泛蘇"疑爲一雙音詞。《一切經音義》十:"《廣雅》曰:'蹁躚,盤姍也。'"王念孫《廣雅疏證》卷六上:"《廣韻》:'蹁跚,跛行貌.'蹣跚與盤姗同。《莊子·大宗師》篇'跰𨇮而鑒於井',《釋文》:'跰𨇮,崔本作邊鮮。司馬云:病不能行,故跰𨇮之.'並與蹁躚同……又《玉篇》:'蹣跚,旋行貌.'《廣韻》云:'蹁躚,旋行貌.'張衡《南都賦》說舞貌云'蹠躃蹁躚',亦行不正之貌也。"疑律文"泛𧄔"猶言"跰𨇮、邊鮮"(古輕重脣不別,"泛"與"跰、邊"音近),與"蹣跚、蹁躚",以至"盤旋、盤桓",皆爲音近義通之詞。此類聯綿詞本無定字,銀雀山竹書《十陣》有"軵山而退"語(《孫臏兵法》84頁),"軵山"亦當與"蹣跚、盤旋"等詞義近。律文"虎未越泛𧄔",疑是虎未遠越而蹣跚旋行之意。

《古文字論集》頁 538

○**陳偉武**(1998)　《秦律雜抄·公車司馬獵律》:"射虎車二乘爲曹。虎未越泛𧄔,從之,虎環(還),貲一甲。"整理小組注:"越,跑開,《小爾雅·廣言》:'越,遠也.'泛,疑讀爲𠏥,《廣雅·釋詁一》:'棄也.'𧄔,疑讀爲鮮,《淮南子·泰族》注:'生肉.'此句意思可能是說老虎還没有棄掉作爲誘餌的生肉而跑開。一說,泛𧄔爲聯綿詞,與蹁躚、盤姗、跰𨇮等同。"

今按,簡文"越"用常義,指跨越。整理小組讀爲"𠏥"可從,不過非用棄置義,實用翻覆義。《史記·吕太后本紀》:"太后乃恐,自起泛孝惠后。"《漢書·武帝紀》元封五年詔:"夫泛駕之馬,跅弛之士,亦在御之而已。"顏師古注:"泛,覆也……本作𠏥,後通用耳。覆駕者,言馬有逸氣而不循軌轍也。"秦簡"越"與"泛(𠏥)"近義連文,義即翻越、跨越。𧄔從鮮得聲,屬心紐元部字,正與本文說釋"斬(塹)垣離(籬)散"之"散"相同,均讀爲柵,指苑囿的籬落、柵欄。"虎未越泛𧄔"謂老虎未跨越柵欄。此與馬有逸氣而不循軌轍謂之"泛駕"可相觀照。整理小組所引或說出自裘錫圭先生,裘先生認爲:"'泛𧄔'猶言'跰𨇮、邊鮮'……與'蹣跚、蹁躚',以至'盤旋、盤桓'皆爲音近義通之詞……律文'虎未越泛𧄔',疑是虎未遠越而蹣跚旋行之意。"筆者以爲,與其將"泛𧄔"作爲一個語法切分單位,還不如以"越泛"連讀更合理。睡虎地秦簡甲種《日書·秦除篇》:"閉日可以劈決池。""越泛(𠏥)+𧄔"同"劈(辟)決+池"在結構上正相仿佛。

《胡厚宣先生紀念文集》頁 206;又《中國語文》1998-2

砅 𣲎 漍

陶彙 3·1076　　　楚帛書

石鼓文·汧殹　　　楚帛書　　　上博四·昭王5　　　上博四·逸詩·交交3

上博五·競建6

包山256“灣丘”合文

○**吳東發**（1926）　灣，瀨也。灣、瀨古音通。《左傳》:“楚滅賴。”《公》《穀》作
“厲”。漢劉楨《魯都賦》“文魚游踊於清瀨”,《韻補》:“音厲。”《楚辭》“石瀨
兮淺淺”,《説文》:“瀨,水流沙上。”《水經注》:“汧水出汧縣之蒲谷鄉弦中
谷。”故始出谷中爲瀨。惟有小魚游泳其閒也。

《石鼓讀》卷2,頁8

○**馬敘倫**（1935）　倫按昔人謂此即《説文》之“灣”,是也。“灣”借爲“瀨”,
《説文》曰“瀨,水流沙上也”,辭義正合。《左》昭四年,傳“滅瀨”,《公》《穀》
皆作“滅厲”。《史記·南越傳》“爲戈船下厲將軍”,徐廣曰:“厲,一作瀨。”
《淮南子·精神訓》“冉伯牛爲厲”,《論語》正義引作“癩”,皆其例證。“厲”
“賴”雙聲。

《石鼓文疏記》頁8

○**强運開**（1935）　　石鼓。灣有小魚。《説文》粗糲與蚌屬之蠣皆从萬,不
从厲可證“灣”即古“灣”字也。

《説文古籀三補》頁55,1986

○**强運開**（1935）　（編按:石鼓文）薛尚功、趙古則均釋作灣,鄭漁仲、楊升庵以爲
即漫字。張德容云:“砅或作灣,此當即灣字。《説文》粗糲蚌屬之蠣,皆从萬
可證。鄭云即漫者非,趙烈文亦以爲即砅字。”

《石鼓釋文》乙鼓,頁5

○**金祥恆**（1964）　（編按:陶彙3·1076）原。

《匋文編》頁76

○**饒宗頤**（1968）　（編按:楚帛書）灣浴當讀萬谷。

《史語所集刊》40上,頁19

○**唐健垣**（1968）　甲篇十一行:山川灣浴。

　　嚴先生云灣即《説文》砅字或文之灣,引《楚辭·九歎》注:“灣,渡也。”爲
説。浴字則引《夏小正》“黑鳥浴”,傳:“浴也者,飛乍高乍下也。”爲説。並
云:“山川灣浴,是說百神之飛渡山川也。”

　　余疑山川漸浴當讀爲山川萬谷，猶今言群山萬壑、千山萬水。萬字乃形容詞，言其多也。古文字加水旁常見，如虘鐘用濼好賓，濼即樂字，若謂借用從水之同音字亦可。此處當如此斷句："百神山川萬谷，不欽□行，民祀不莊，帝牆（將）臱以亂日月之行"（日月二字新補，合文占一格），是言"百神及山神川神谷神不欽□行，故而人民對其祭祀亦不莊重，上帝有鑒於此，將臱以亂日月之行，以降禍於世人"，故下文云"是則荒至"，言饑荒來臨也。亂日月之行即日月亂紀，必有災禍。繒書甲篇云："日月星辰，亂逆其行……卉木亡常……天地作羕，天根將作蕩……山陵其發（地震也），有淵其涅（塞也）……日月既亂，乃有荒災。"可見日月亂主災，上帝亂日月之行，乃所以懲罰世人之手段。宗周鐘："唯皇上帝百神，保余小子。"上帝與百神分明不同，故繒書之百神亦與上帝有異。山川萬谷之神，猶卜辭中之嶽神、河神，乃地祇。

　　甲篇四行已有"四月五月，是謂亂紀，亡尿"之語，即亡砅。猶《易經》"不利涉大川"。《說文》云砅又作濿，如以此處漸同濿，則亡尿之尿乃不可解矣。故余謂漸浴即萬谷。非濿浴。

　　補：饒師新釋亦讀漸浴爲萬谷，此實不易之說也。茲補新證如後：

　　一、《淮南·時則》仲夏"命有司爲民祈祀山川百源，大雩帝，用盛樂"（莊逵吉本）。宋本作"百原"，《呂覽·仲夏紀》亦作"百原"。《禮記·月令》作"百源"。其從水旁或不從，猶繒書以漸浴爲萬谷也。百、萬皆極言其多。《時則訓》又云"天子乃命有司祀四海大川名澤"，百源、萬谷、名澤，皆能興云致雨，故祀之。

　　二、古代多以山、川、谷連文爲單位，如《淮南·本經訓》"山川谿谷"，《老子》三十二章"猶川谷之與江海"，《墨子·明鬼下》"山林深谷鬼神之明"，是也。然則繒書"山川漸浴"，亦當讀山川萬谷，可無疑。

　　三、古語皆百神、山神、川神連文，如《淮南·時則訓》季夏"以供皇天上帝，名山大川，四方之神，宗廟社稷，爲民祈福"。《史記·封禪書》"行禮祠名山大川及八神"。故知繒書"百神山川漸浴"乃百神、山神、川神、谷神並列，嚴先生以漸浴讀濿浴爲動詞，並云："山川漸浴，是說百神之飛渡山川也。"則山川作名詞，指天然之山川，非山神川神，不合於古訓也。

　　有此三證，漸浴讀爲萬谷，不容否認。

　　　　　　　　　　　　　　　　　　　　《中國文字》30，頁12

○**李學勤**（1982）　"山川漫谷"，"漫"字原從"萬"，從陳邦懷先生釋。"漫谷”,川水漫溢山谷。

〇**李零**(1985)　(編按:楚帛書)潚浴,下字應讀爲谷,馬王堆帛書《老子》乙本“上德若浴”,“江海所以能爲百浴〔王者〕”假浴爲谷;上字,字書所無,唯見於《石鼓·汧沔》,作“潚又(有)小魚,其斿(游)趣趣”,這裏潚字與谷字連讀,下文“瀧汌凼(淵)潚”,則與淵字連讀,推測可能是個表示溪流或淵穴一類意思的字。我曾嘗試把它讀爲㵎,《爾雅·釋山》:“夏有水冬無水,㵎。”郭璞注:“有停潦。”邢昺疏:“潦,雨水也,言山上污下。夏有停泉,至冬竭涸者,名㵎。”是山閒積水的地方。但這樣解釋現在尚無堅強證據。

〇**饒宗頤**(1985)　(編按:楚帛書)“厈”即砅,爲瀝別體,見《説文》。此讀爲癘或痢,亦即沴。《尚書大傳》:“凡六氣相傷謂之沴。”紀、瀝協韻。

　　(編按:楚帛書)潚即瀝之省。《石鼓文》:“潚潚又(有)鯊。”鄭樵注:“潚即漫。”漫爲水廣大皃。此二句謂未有日月以前,雨水泛濫漫没之象。

〇**何琳儀**(1986)　(編按:楚帛書)“厈”,原篆作“厬”,饒釋“砅”讀“厲”,嚴引三體石經《僖公》“厬”釋“泉”。按《六書略》:“厈,古貨字。”“貨”,歌部,“砅”(厲),月部;“泉”,元部,三字陰、入、陽對轉。“厲”“戾”音近可通。《詩·小雅·小宛》“翰飛戾天”,《文選·西都賦》注引韓詩作“厲”,是其證。“亡厈”應讀“無戾”。《列子·力命》“窮年不相謫發,自以行無戾也”,釋文:“無戾,無違戾也。”

　　(編按:楚帛書)潚,亦見石鼓文“潚有小魚”。“潚”同“砅”。《説文》:“砅,履石渡水也。从水从石。《詩》曰:深則砅。瀝,砅或从厲。”字亦通“瀨”。《史記·南越傳》“下厲將軍”,《漢書·武帝紀》作“下瀨將軍”,是其證。《説文》:“瀨,水流沙上也。”

〇**李零**(1989)　古文字中有一個潚字,這個字曾見於甲骨卜辭,是作地名用。除甲骨卜辭外,它還見於秦石鼓文和楚帛書,其例如下:

　　　(1)~又鯊(小魚),其斿(游)遬=(汕汕)。(秦石鼓文《汧殹》篇)

　　　(2)山川~浴(谷),不欽(敬)行。(長沙子彈庫戰國楚帛書)

　　　(3)以涉山陵瀧汌凼~。(同上)

在上述各例中,該字顯然都是作名詞,例(1)是小魚游動的地方,例(2)(3)與山川陵谷有關,並與瀧、汧、汹等與水有關的名詞並列。

過去宋鄭樵曾把這個字讀爲漫,與上述文例作名詞不符。前幾年筆者寫作《長沙子彈庫戰國楚帛書研究》,也没有認出此字。實際上宋以來不少石鼓研究者早已正確指出此字應釋爲瀱,讀爲瀨。由於此字的釋出理由知者較少,前人解釋也比較簡略,這裏做一點解釋。

按瀱字从萬得聲,萬在上古音系統中屬明母元韻,似與瀱字讀音相隔,但是現在我們已經知道,古聲旁从萬之字大多應歸入與元韻可以對轉的緝韻(或祭韻),其中半屬明母(如邁、講),半屬來母(如糲、蠣)。這種半屬明母半屬來母的現象是值得注意的。許多研究上古音的專家都指出,上古來母字的諧聲很複雜,可能有 bl-、pl-、ml- 等複聲母的情況存在。明母來母相諧,古文字材料中“命”“令”不分就是一個明顯的例子,如盂鼎“文王受天有大令(命)”,曾侯乙墓遣册“命(令)尹”。

古聲旁从萬之字,往往亦从厲作。例如糲,《説文》:“粟重一柘,爲十六斗大半斗,舂爲米一斛曰糲,从米萬聲。”蠣(牡蠣的蠣字),《説文》:“蚌屬,似蟶微大,出海中,今民食之。从虫萬聲,讀若賴。”這兩個字唐代切音與賴同,後世均从厲作。這是來母字。我們再舉一個明母字。《説文》:“勱,勉力也。《周書》曰‘用勱相我邦家’(出《書·立政》)。讀若萬(小徐本作‘讀與厲同’)。”勱字的讀音,唐代切音與邁同,《左傳·莊公八年》“皋陶邁種德”,即假邁字爲之。但正如許多研究者所指出,勱與勉勵的勵字其實是同一字。此字《説文》大、小徐本歧讀,段注:“厲亦萬聲,漢時如此讀。”這些都説明古聲旁从萬之字分屬明、來二母並無劃然界限。从萬與从厲之字本來是相通的。

根據這一線索,我們不難明白,瀱字雖不見於古書,但卻是古書中原來就有的,它就是瀱字。

瀱字在《説文》中是砅字的或體。《説文》:“砅,履石渡水也。从水从石。《詩》曰‘深則砅’(出《詩·邶風·匏有苦葉》,字作‘厲’)。瀱,砅或从厲。”作涉水講的砅或瀱字,古書多作厲。厲字和从厲得聲的字,上面已説往往也从萬,而讀音與賴相同。這裏還可以舉兩個例子。一是古人把麻風病叫做癘,古書往往把癘書爲厲,《莊子·齊物論》“厲與西施”,《釋文》:“如字,惡也。李(軌)音賴。司馬(彪)云:病癩。”癘與癩可以相通。二是《史記·南越列傳》:“下厲將軍。”《集解》徐廣引别本作“瀨”,《史記·東越列傳》和《漢書·武帝紀》作“下瀨將軍”,厲破讀爲瀨。

據此,上述三例中的潩字均讀爲瀨。

瀨是什麼?《説文》釋爲"水流沙上也",《漢書·武帝紀》注引臣瓚曰:"瀨,湍也,吳越謂之瀨,中國謂之磧。《伍子胥書》有下瀨船。"《論衡·書虛》:"溪谷之深,流者安洋;淺多沙石,激揚成瀨。夫濤、瀨一也。謂子胥爲濤,誰居溪谷爲瀨者乎?"《楚辭·九歌·湘君》"石瀨兮淺淺",洪興祖《補注》:"石瀨,水激石閒,則怒成湍。"由這些解釋,我們對瀨字的含義可得如下認識:

(1)瀨是溪谷中常見的一種河灘淺水;

(2)這種淺水是從底部布滿沙石(即磧)、高低不平的河牀之上流過;

(3)由於水淺流急,河底不平,往往激揚而成濤狀。

漢代的下瀨將軍是指揮下瀨船的將軍。下瀨船就是專門行於"瀨"這種淺水急流上的一種平底船。

《古文字研究》17,頁 287—288

○**高明、葛英會**(1991)　(編按:陶彙3·1076)《説文》:"砅,履石渡水也。从水、石。"或从厲作濿。砅與礪石之礪爲一字。《汗簡》礪寫作𣲪,與此匋文同。

《古陶文字徵》頁 171

○**滕壬生**(1995)　(編按:包山256)潩昱。

《楚系簡帛文字編》頁 1114

○**劉信芳**(1996)　(編按:楚帛書)厎字从石从水,饒宗頤先生釋爲"濿"之別體,其説是也。按字讀如"厲",《方言》卷十二:"羞、厲,熟也。"《招魂》:"露雞臛蠵,厲而不爽些。"王逸章句:"厲,烈也。"《詩·大雅·生民》:"取羝以軷,載燔載烈。"鄭箋:"取羝羊之體以祭神,又燔烈其肉爲尸羞焉。"《月令》謂季春"食麥與羊",知帛書之"亡厲",謂夏曆正月、二月置閏,妨於燔烈羊牲以祀神也。

　　(編按:楚帛書)潩浴讀如"漫谷",泛指河谷,與前"山川四晦"乃錯綜爲文。

《中國文字》新 21,頁 89、96

○**何琳儀**(1998)　帛書"潩浴",讀"濿谷"。濿亦作瀨。《史記·南越傳》"下厲將軍",《漢書·武帝紀》厲作瀨,是其佐證。《説文》:"瀨,水流沙上也。"帛書乙潩,讀厲,水名。《水經注·漻水》:"有神農社,賜水西南流入于漻,即厲水也。賜、厲聲相近。"

　　石鼓潩,讀瀨。

《戰國古文字典》頁 960

○**馬承源**（2004） "澫"，《説文》所無，吾丘衍《周秦刻石釋音・石鼓文五》："君子漁之澫澫。"讀爲"漫"。《楚地釋名・春秋分記》:樠木之下（莊四年），"郡國志云，武陵山亦曰樠木山，傳謂楚武王卒於樠木之下，即此今郢州。"

《上海博物館藏戰國楚竹書》（四）頁 176—177

○**陳佩芬**（2004） "澫"，從水，萬聲，見於石鼓文，諸家皆讀爲"漫"，以此，"坪澫"可讀作"平漫"。《廣雅・釋訓》:"漫漫，平也。"《玉篇》:"漫，水漫漫平遠貌。"

《上海博物館藏戰國楚竹書》（四）頁 186

○**陳佩芬**（2005） "澫"，讀爲"漫"，謂放縱。《史記・李斯傳》:"流漫之志詘矣。"

《上海博物館藏戰國楚竹書》（五）頁 173

○**王輝**（2006） 澫影本讀爲漫，解爲放縱，似乎也不順，疑應讀爲厲。《玉篇》:"厲，虐也。"《論語・子張》:"君子信而勞其民;未信，則以爲厲己也。"何晏集解引王肅曰:"厲，猶病也。"

《中國文字》新 32，頁 23

○**孟蓬生**（2006） 按《石鼓》原文，"澫澫有鯊"連讀，前人皆讀爲"漫"，並無實據，亦聊備一説而已。細繹詩意，"澫"字與第一簡之"汅"及第 2 簡之"渚"字一樣，均與水相關，而且皆係泛指，似與樠木山無關。"萬"古音可讀入月部，"勱邁"等字從萬聲而讀入月部可證。萬聲與賴聲相通。《史記・范雎傳》:"漆身爲厲。"司馬貞《索隱》云:"厲音賴。言以漆塗身而生瘡爲病癩。"《漢書・地理志》:"厲鄉，故厲國也。"師古注:"厲讀曰賴。"以音求之，此簡"澫"字當讀爲"瀨"，義爲淺水。《説文・水部》:"瀨，水流沙上也。從水，賴聲。"《楚辭・九歌》:"石瀨兮淺淺，飛龍兮翩翩。"

此文初稿既成，秦樺林先生發表《楚簡逸詩〈交交鳴鷇〉札記》一文，不以余説爲然，而承《經義述聞》之説，訓"澫"爲"水涯"。其實《衛風・有狐》的"厲"亦當以"淺水"爲解。古人行文之法往往互相照應，其法有反復，如《魏風・伐檀》之"河之干、河之側、河之漘"是也;亦有遞進，如《王風・采葛》之"三月、三秋、三歲"是也。清人胡承珙《毛詩後箋》讀"厲"爲"瀨"，他説:"是瀨爲水流砂石間，當在由深而淺之處。上章言石絶水曰梁，爲水深之所，次章言厲，爲水淺之所，三章言側，則在岸矣，立言次序如此。"

《簡帛研究二〇〇四》頁 69—70

○**陳偉武**（2006） 《逸詩》簡 3:"交交鳴鷇（烏），集于中澫。"整理者馬承源先生原注先讀"澫"爲"漫"，復以"漫"爲春秋楚國地名"樠木山"之"樠"。

廖名春先生"疑'澫'當讀爲'隈',字亦作'渦'……'渦'當爲水濱、水邊"。李零先生讀"澫"爲"瀨";孟蓬生先生亦讀爲"瀨",訓爲淺水。秦樺林先生認爲"簡文'澫'即'厲'之加旁字……《廣雅·釋詁》:'厲,方也。'王念孫疏證:'厲謂水匡也。'馬瑞辰《毛詩傳箋通釋》:'淇厲謂淇水之旁,正與河側同義耳。'"

　　今按,當以秦説近是,"澫"字不必讀破。第一簡簡端有一"冽"字,馬先生注:"'冽',讀爲'梁'。按第二、第三簡句'交交鳴鶩(烏),集于中渚''交交鳴鶩(烏),集于中澫',首句所缺之文補足應爲'交交鳴鶩(烏),集于中梁',本簡端僅存'梁'字。《詩·邶風·谷風》'毋逝我梁',《詩經集傳》:'梁,堰石障水而空其中,以通魚之往來也。'"此注甚是。簡3之"澫"應是"砅"字異構。與"渚、梁"當屬類義詞,均是水中鳥類可以駐足休息之處,《説文》:"砅,履石渡水也。从水从石。《詩》曰:'深則砅。'濿,砅或从厲。""濿"爲"澫"之繁體,均爲形聲結構,"砅"爲會意字。"澫"已見於甲骨文,羅振玉指出:"澫,从水从萬。石鼓文:'澫有小魚。'殆即許書之'砅'字,砅或作澫。考勉勵之勵、粗糲之糲、蚌蠣之蠣,許書皆从萬作勱、糳、蠇。以此例之,知澫即濿矣。"羅引石鼓文見於《汧沔》篇。"澫"作動詞用,指履石渡水;作名詞用,則指可以踐履渡水之石磴。戴震説:"《説文》'砅(字又作濿,省作厲)履石渡水也'……《水經注》云:段國《沙州記》:'吐谷渾於河上作橋,謂之河厲。'此可證橋有厲之名。《衛詩》'淇梁''淇厲'並舉,厲固梁之屬也。"《昭王毀室·昭王與龔之脽》簡5:"王遷(徙)尻(處)於坪(平)澫。"整理者陳佩芬先生亦讀"澫"爲"漫"。"澫"似仍以如字讀爲宜。

《古文字研究》26,頁275—276

○ **季旭昇**(2007)　　(編按:上博五·競建6)原考釋作"尚(當)才(在)虖(吾),不澫二品(三)子,不諦忞(怒)募(寡)人,至於叟(辯)日飤(食)",拙作《芻議上》釋"澫"爲"賴";何有祖《競五則》改"尚才"爲"甚哉",全句讀爲"甚哉,吾不賴二三子"。陳劍《上博五編聯》讀爲"甚〈尚—當〉才(在)吾,不澫(賴)二三子。不諦忞(?〈安—焉?〉),寡人至於使日食",其意當以"甚"爲"尚(當)"之訛字;陳偉《競鮑零釋》讀爲"甚哉,吾不賴。二三子不責怒寡人,至於使日食","不賴"謂原隸"從",何有祖《競五則》改隸"近"。"缺乏才能","責怒"爲"嚴責"之意,"二三子"之下有一勾形標識,不一定要斷讀。林志鵬《競建重編》讀爲"當在吾,不賴二三子不諦焉,寡人至於使日食"。唐洪志《上博五札記兩則》引白於藍師説,謂"澫"當讀爲"勵","吾不

勵”即“我自己不勉勵”。又以爲“叟日食”當讀爲“變日食”，即“使日食
變”，“變”爲使動用法。季按：陳偉讀可從。賴，善也，《孟子・告子上》“富
歲弟子多賴”注。

《楚地簡帛思想研究》3，頁 15

○李守奎（2007）　（編按：上博五・競建6）“漢”字見於石鼓文，“漢漢”用來描寫水
貌，大概是其本義。簡文中疑讀爲“勘”或“勵”。“勘”與“勵”本是一字異寫，
都有“奮勉、勵精圖治”之類的意義。

《楚地簡帛思想研究》3，頁 32

○徐寶貴（2008）　漢字見殷甲骨文與戰國楚帛書：𤃭（《合集》四二二二）、𤃭
（《合集》一〇九四八正）、𤃭（《合集》二〇七六八）、𤃭（《京都》二〇九九）、𤃭
（楚帛書）。羅振玉説：“从水从萬。石鼓文‘漢有小魚’，殆即許書之‘砅’字。
‘砅’或作‘濿’。考勉勵之勵、粗糲之糲、蚌蠣之蠣，許書皆从萬作勘、糩、蠣。
以此例之，知‘漢’即‘濿’矣。（《説文》‘勘’，《注》讀與‘厲’同。段先生曰
‘厲亦萬聲，漢時如此讀’，亦其證也）。‘漢’爲淺水，故有小魚。許訓‘履石
渡水’亦謂淺水矣。”（中略）按羅振玉對此字形體的分析最爲精審。在此再給
羅氏補充兩個實例：金文散伯簋“其萬年永寶”之“萬”字作𤃭、𤃭，即作“厲”形。
“贖”字，《集韻》或作“購”。李零説：“按漢字从萬得聲，萬在上古音系統中屬
明母元韻，似與濿字讀音相隔，但是現在我們已經知道，古聲旁从萬之字大多
應歸入與元韻可以對轉的緝韻（或祭韻），其中半屬明母（如邁、�），半屬來母
（如糲、蠣）。這種半屬明母半屬來母的現象是值得注意的。許多研究上古音
的專家都指出，上古來母字的諧聲很複雜，可能有 bl-、pl-、ml- 等複聲母的情況
存在。明母來母相諧，古文字材料中‘命’‘令’不分就是一個明顯的例子，如
盂鼎‘文王受天有大令（命）’，曾侯乙墓遣册‘命（令）尹’。”所論非常正確。
吳東發、馬敘倫的訓讀也是正確的。

《石鼓文整理研究》頁 768—769

○張振林（2010）　《上海博物館藏戰國楚竹書》（四）之《逸詩・交交鳴鳥》中
第 3 簡，有“交交鳴鳥，集于中漢”句，與第 1 簡“［交交鳴鳥，集于中］梁”、第 2
簡之“交交鳴鳥，集于中渚”相應。原書考釋讀漢爲漫，以爲即楚地“楠木之
下”。廖名春《鳴烏補釋》讀爲隈，意爲水濱、水邊。秦樺林《鳴鳥札記》引《衛
風・有狐》“在彼淇厲”釋爲水厓。季旭昇《逸詩補釋》譯爲水邊。本文認爲，
漢，从水萬聲，古音□ban（編按：疑當作ʰban，下同），與“泮、濱”上古同音。《衛風・
氓》“淇則有岸，隰則有泮”，毛傳：泮，坡也。鄭箋云，泮讀爲畔，畔涯也。（按：

泮、畔皆形聲字,半聲。其義爲半陸岸半潛水的斜坡。在晉、豫、陝、蒙、寧仍有稱截面爲梯形的河隄爲“泮”者,其音聲母不透氣。)厲,从厂萬聲,有散伯簋“其厲年永用”可證,詩“在彼其厲”厲假作泮。《衛風·有狐》之“有狐綏綏,在彼淇厲”“在彼淇梁”“在彼淇側”,同“交交鳴鶯,集于中梁”“集于中渚”“集于中灡”相似,分別以狐或鶯停站在水邊隄岸上爲詩起興。泮、濱、灡、厲在上述例句中可以看作是讀音相同(□ ban)、意義相同(半水半陸的坡岸)的異體字。

　　《石鼓文·汧殹》:“灡有小魚,其游散散。”灡字通泮。這是説汧河岸邊淺水處有許多小魚自由地游着。

《中國文字學報》3,頁 69

△按　《説文》:“砅,履石渡水也。从水从石。《詩》曰:深則砅。濿,砅或从厲。”出土文獻未見“濿”字,通寫作“灡”。上博四《逸詩·交交鳴鶯》“[中]梁”(簡 1)、“中渚”(簡 2)、“中灡”(簡 3)並列,秦樺林(《楚簡逸詩〈交交鳴鶯〉札記》,簡帛研究網 2005 年 2 月 20 日)指出可與《衛風·有狐》“在彼淇梁、在彼淇厲”對讀,厲爲水厓。上博四《昭王毀室》記昭王從“死滑之滸”“徙處於坪灡”(簡 5),“灡”亦當指水厓。

湛 濕

包山 169

○**劉彬徽、彭浩、胡雅麗、劉祖信**(1991)　湛,簡文作,《説文》甚字古文作,與簡文右部相似。

《包山楚簡》頁 52

【湛母】

○**劉信芳**(2003)　湛母:疑讀爲“沈鹿”,湛即古沈字。《左傳》桓公八年:“楚子合諸侯于沈鹿。”杜預《注》:“沈鹿,楚地。”《春秋大事表》卷六:“湖廣安陸府治鍾祥縣東六十里有鹿湖池,深不可測,楚之沈鹿地。桓公八年楚子合諸侯于沈鹿,即此。”或者魯國史官以爲“湛母”不雅馴,改書爲“沈鹿”歟?

《包山楚簡解詁》頁 196

△按　湛母,地名,地望待考。

伮 㳡

㳡 郭店·語二 36   㳡 陶彙 6·81

○**裘錫圭**（1998）　"㳡"爲"伮"之訛體。《説文·水部》："伮，没也。从水从人。"即"溺"字。簡文此字讀爲"弱"。上條从"心""彊"聲之字，當讀爲"强"，"强""弱"相對。"北"讀爲敗北之"北"。

《郭店楚墓竹簡》頁 206

○**陳松長**（2000）　《語叢二》簡 36—37 釋文云：

　　㳡生於眚（性），悆（疑）生於伮，北生於悆（疑）。

　　從字形上看，第一字與第八字確實不同，釋文隸定自可成立。但與同篇的其他文例相比較，如：

　　　　子生於眚（性），易生於子。

　　　　㪥生於易，容生於㪥。

　　　　惡生於眚（性），忎（怒）生於惡。

　　　　憙（喜）生於眚（性），樂生於憙（喜）。

　　這樣的文句還很多，無一例外的都是第一字與第八字爲同一個字，據此類推，本簡的第一字"㳡"也應與第八字的"伮"屬同一字，只是其所从偏旁不同而已。"㳡"不見於字書，"伮"則見於《説文》："伮，没也，从水从人。讀與溺同。"究其文意，簡上所用的"伮"，亦應讀爲"溺"。《詩經·大雅·桑柔》"載胥及溺"，傳云"陷溺於禍難"。《禮記·樂記》"溺而不止"，《正字通》云："凡人情沉湎不反，亦曰溺。"可見"溺"字从"没"的本義自可引申爲"沉湎不反"之義，由此而可構成"溺音、溺志、溺苦"之類的語詞，如：

　　　　文侯曰：敢問溺音何從而出也，子夏對曰：鄭音好濫淫志。　　《禮記·樂記》

　　　　王曰：寡人以王子爲子任，欲子之厚愛之，無所見丑，御之道以行義，勿令溺苦於學。　　《戰國策·趙策》

　　　　宋音燕女溺志。　　《史記》

　　據此核讀簡文，亦文通字順，即：

　　　　㳡（溺）生於眚（性），悆（疑）生於伮（溺），北（應讀爲背）生於悆（疑）。

《古文字研究》22，頁 258

○劉釗（2003）　毆（弱）生於眚（性），恄（疑）生於休（弱），北（敗）生於恄（疑）。

　　“毆”爲“休”之訛變。《説文·水部》：“休，没也，从水从人。”“休”即今之“溺”字，故可讀爲“弱”。“恄”从心矣聲，讀爲“疑”。

《郭店楚簡校釋》頁 203

△按　郭店《語叢二》“休”當從裘錫圭讀，“休、溺”與“弱”通假之例文獻多見。

没 𣸏

秦印　睡虎地·秦律 103

△按　《説文》：“没，沈也。从水从𣸏。”楚簡常以“𣸏”爲“没”，如郭店《唐虞之道》簡 2“𣸏（没）而弗利”，上博四《曹沫之陳》簡 9“𣸏（没）身就蔑（世）”等，詳見卷三又部“𣸏”字條。

渨 𣸏

陶録 3·547·6

○顧廷龍（1936）　渨，《説文》所無。

《古匋文香録》卷 11，頁 2，2004

○高明、葛英會（1991）　渭。

《古陶文字徵》頁 144

△按　《説文》：“渨，没也。从水，畏聲。”單字陶文“渨”，《古匋文香録》十一·二摹作；《陶彙》9·3 拓本作，右下部不甚清晰；今據《陶録》5·547·6 清晰拓本，知顧廷龍釋“渨”可從。

泱 𣸏

秦印

△按　《説文》：“泱，滃也。从水，央聲。”

淒 潊

潊 郭店·成之 25   潊 郭店·六德 16   潊 九店 56·39   潊 上博二·容成 31

潊 上博四·曹沫 43

潊 上博三·周易 58

○饒宗頤（1997）　　（編按：九店 56·39）此處淒字動詞，讀爲齎，借作齎，《説文》：
"齎，持遺也。"謂伯益齎（持）禹之火。

《文物》1997-6，頁 36

○裘錫圭（1998）　　（編按：郭店·成之 25）"淒"似當讀爲"濟"。濟，成也。下"淒"
字同。

《郭店楚墓竹簡》頁 170

○袁國華（1998）　　（編按：郭店·六德 16）濟。

《中國文字》新 24，頁 145

○李零（1999）　　（編按：九店 56·39）"濟"原從水從妻，應即"水火即濟"之"濟"。

《考古學報》1999-2，頁 145

○李家浩（2000）　　（編按：九店 56·39）"淒"疑讀爲"齎"。《廣雅·釋詁》："齎，
送也。"

《九店楚簡》頁 102

○李零（2002）　　（編按：上博二·容成 31）淒　即"濟"，簡文"濟"字多從水從妻。

《上海博物館藏戰國楚竹書》（二）頁 275

○濮茅左（2003）　　（編按：上博三·周易 58）"淒"讀爲"濟"，同韻部。

《上海博物館藏戰國楚竹書》（三）頁 215

△按　《説文》："淒，雲雨起也。从水，妻聲。《詩》曰：有渰淒淒。"楚文字
"淒"則是記録"濟"這個詞的專字。郭店《成之聞之》簡 25"允師淒德"、郭店
《六德》16"苟淒夫人之善也"、上博二《容成氏》簡 31"淒於廣川"、上博四《曹
沫之陳》簡 43"行阪淒障"等皆是。上博三《周易》簡 58"未淒"，即今本《周
易》"未濟"；九店簡 56·39"益淒禹之火"，"淒"亦應讀爲"濟"。

澍

睡虎地 · 日甲 124 正叄

○睡簡整理小組（1990）　澍（樹）。

《睡虎地秦墓竹簡》頁 200

○張守中（1994）　通樹　澍木。

《睡虎地秦簡文字編》頁 172

△按　睡虎地簡辭云：“未不可以澍木，木長，澍者死。”“澍”讀爲樹。《説文》：“澍，時雨，澍生萬物。从水，尌聲。”

潦

秦文字集證150 · 284　　睡虎地 · 秦律 2

△按　《説文》：“潦，雨水大皃。从水，尞聲。”睡虎地《秦律十八種》2“水潦”，“潦”用爲本義。楚簡“潦”或記寫作“滎”，見本卷“滎”字條。

濡

印典　　夕陽坡 1　　郭店 · 尊德 1

○楊啟乾（1987）　（編按：夕陽坡 1）《集韻》：“涌”同“湧”。《説文》：“涌，滕也。从水，甬聲。一曰涌水在楚國。”段注：“《左傳》莊公十八年閻敖游涌而逸，楚子殺之，杜曰：涌水在南郡華容縣。華容今湖北荆州府監利縣地，涌水在今江陵府東南，自監利縣流入夏水支流也。《水經》曰：江水，又東南當華容縣南，涌水入焉。酈云：水自夏水南通於江，謂之涌口。”此涌君當是楚國封於涌水地區的封君。

《楚史與楚文化研究》頁 337

○何浩（1991）　湖南常德夕陽陂二號楚墓所出的竹簡，寫有“越涌君”統領“其衆歸楚之歲”的文句。楊啟乾在《常德市德山夕陽陂二號楚墓竹簡初探》中，據《經傳釋詞》和《爾雅》，釋“越”爲“惟、于”，認爲這句簡文可釋爲：“于涌君帶領他的士衆歸回楚國的這一年。”如果“越”字不屬國名、族名，而是語首助詞,正如楊文所指,此"涌君"應是"楚國涌地的封君"。楊文還指出:"德山夕陽陂竹簡的書法風格,與江陵望山一號墓竹簡、天星觀一號墓竹簡都極相似",再結合"與竹簡同出的陪葬器物來看",屬戰國中晚期。紀年文句中的涌君,顯然與二號墓主同時而又稍早。楚境有涌水。《左傳》莊公十八年載:"巴人叛楚而伐那處,取之,遂門于楚。閻敖游涌而逸。"杜注:"那處,楚地,南郡編縣東南有那口城。"又注:"涌水在南郡華容縣。"流行看法斷定華容、涌水在今湖北監利縣東,或認爲華容在今湖北潛江西南,涌水在今沙市以東。然巴人伐那處,那處主管官員"閻敖游涌而逸",説明那處距涌水、華容都相去不遠。如認定古華容在今監利或潛江一帶,古編縣、那處也得隨之更向東移。漢、晉時的編縣,歷來公認在今鍾祥西北,北鄰宜城南境;那處則在今鍾祥胡集東南的漢水西岸。晉宋齊梁時的華容縣,實際上是在古編縣西南的今鍾祥西北端,西鄰荊門北境。巴人由南而北地伐那處,隨後北上圍攻楚郢(今宜城楚皇城);閻敖則在巴人伐那處時棄城"游涌"北逃。可見,涌水位於華容東、編縣南至那處西北一線;楚郢更在涌水以北。華容、涌水"監利"説或"潛、沙"説,都與《左傳》所記、杜預所注有關地名的方位不合。據此看來,涌君的封地應在今鍾祥西北的古涌水一帶。

《江漢考古》1991-4,頁 68

○**滕壬生**(1995)　　(編按:夕陽坡1)㳆。

《楚系簡帛文字編》頁 812

○**荊門市博物館**(1998)　　(編按:郭店·尊德1)濉。

《郭店楚墓竹簡》頁 173

○**李零**(1999)　　(編按:郭店·尊德1)"去忿戾",第一字,原釋"濉",從照片看似是"濩"字的省體,這裏讀爲"去"("去"是溪母魚部字,"濩"是匣母鐸部字,讀音相近)。

《道家文化研究》17,頁 523

○**顏世鉉**(1999)　　(編按:郭店·尊德1)濉,讀作摧或推,《説文》:"推,排也。"《易·晉卦初六》:"晉如摧如,貞吉。"孔穎達《疏》引何氏(妥)云:"摧,退也。"繠,讀作"瀗"。《性自命出》簡三○:"繠繠如也,戚然以終。"簡六七:"居喪必有夫繠繠之哀。"周師鳳五將此二簡之"繠"讀作"瀗",《説文》:"瀗,煩也。"段《注》:"煩者,熱頭痛也。引申之,凡心悶皆爲煩。"《説文》:"憤,瀗也。""悶,瀗也。"簡文"推忿瀗"就是説:排除内心忿瀗的情緒。

《張以仁先生七秩壽慶論文集》頁 393

○**何琳儀**(2000)　(編按:郭店·尊德 1)"艖"原篆作,《釋文》誤釋"灘"。《説文》"津"古文作"艖"。本簡"津"疑讀"盡"(均从"聿"聲)。《小爾雅·廣言》:"盡,止也。""忿繺"應讀"憤懣"。"忿"與"憤"音義均同(《集韻》),"繺"與"㒼"聲系亦通(《説文》"㒼讀若蠻")。《文選·報任少卿書》:"僕終不得舒憤懣以曉左右。"簡文意謂"抑止憤怒,改正忌勝,此人主所應留意"。

《文物研究》12,頁 202

○**何琳儀**(2000)　(編按:夕陽坡 1)"湧",楊文讀"涌",即《水經注·江水》載流入夏水之"涌水",認爲"此涌君當是楚國封於涌水地區的封君"。劉文則引《史記·越王句踐世家》"楚威王興兵而伐之,大敗越,殺王無疆,盡取故吳地至浙江,北破齊於徐州,而越以此散。諸族子爭立,或爲王,或爲君,濱於江南海上,服朝於楚",認爲"這個涌君有可能就是這類或爲王或爲君的越地某個小郡長"。揆以戰國楚、越二國形勢,劉説頗有理緻,惜未能確指其地望。今按,"涌"應讀"甬"。《左傳·哀公二十二年》:"越滅吳,請使吳王居甬東。"注:"甬東,越地。會稽句章縣東海中洲也。"《史記·吳太伯世家》:"句踐欲遷吳王於甬東。"集解:"賈逵曰,甬東,越東鄙甬江東也。韋昭曰,句章東海口外洲也。"江永曰:"《彙纂》句章,今浙江寧波府慈溪、鎮海二縣地。海中洲即舟山,今之定海縣也。縣東三十里有翁山,一名翁洲,即《春秋》之甬東。"錢穆曰:"甬江在鄞縣東北二里,東入鎮海縣界爲大浹江,至縣東入海曰大浹口……《春秋》所謂甬東當指今鄞、鎮海二縣境海中洲,即舟山。"總之,楚簡中"涌"應讀"甬",即甬江之東的"甬東",在今浙江定海東之翁山。"越湧君"即楚國越地甬東之封君。其率衆歸順楚國的年代,應如劉文所云"在楚威王於公元前 333 年大敗越之後"。

《安徽史學》1999-4,頁 15—16

○**劉彬徽**(2001)　(編按:夕陽坡 1)涌。

《早期文明與楚文化研究》頁 215

○**陳偉**(2003)　(編按:郭店·尊德 1)沮,原釋爲"灘",似可釋爲"灘",爲"雎水"之名本字;讀爲"沮",爲終止、阻遏之意。《詩·小雅·小旻》:"謀猶回遹,何曰斯沮。"毛傳:"沮,壞也。"鄭箋:"沮,止也。"沮多用於對消極現象的阻止。如《左傳》襄公二十七年記子鮮説:"逐我者出,納我者死。賞罰無章,何以沮勸。"《荀子·君子》也説:"是以爲善者勸,爲不善者沮。"戾,從李零先生讀。《論語·陽貨》:"古之矜也廉,今之矜也忿戾。"何晏注引孔安國説:"惡理多怒。"

《郭店竹書別釋》頁 136

○**李守奎**（2003） （編按:郭店・尊德1）津。

《楚文字編》頁 639

○**顧史考**（2003） （編按:郭店・尊德1）按，"瀘"一字，顏氏初説讀爲"推"，李氏釋爲"濩"、讀爲"去"，雖皆可通，但不好解釋此"推"或"去"何必寫得那麼複雜。陳氏以"雎水"之字借爲"沮"之説則較能説明此問題，但該字是否從"且"卻無法成爲定論（而至於從舟抑是從肉，楚系文字中亦有"肉""舟"相混之例）。顏氏後説頗有鋭見，因爲該字與《説文》"津"字古文確實十分相似，只是雖然與"盡"字聲近，而將"盡"字解爲"去除"之意稍嫌未當。吾意爲該字從舟、隹、水並不誤，然而在此不一定該釋爲"津"字，而可能應釋爲"濟"字才是。"濟"字從水，齊聲，本爲水名，但後亦借爲"渡口"及"渡河"之意，而渡河則須用船，故其字可加"舟"字旁，與"津"字（亦即渡口）古文之道理一樣。"濟"字爲精母脂部，在此若換了個聲符爲"隹"，即章母微部，乃是鄰紐旁轉，聲音可通假（且不像"津"字［精母真部］以"隹"爲"進"省聲，而可直接以"隹"爲聲符）。其實"濟""津"二字亦本可相通，若《尚書・説命上》云"若濟巨川用汝作舟楫"，《國語・楚語上》則引武丁曰"若津水用女作舟"，是其證。

《第四屆國際中國古文字學研討會論文集》頁 322

○**劉釗**（2003） （編按:郭店・尊德1）"瀘"讀爲"推"，推意爲排除。

《郭店楚簡校釋》頁 125

○**李學勤**（2004） （編按:夕陽坡1）簡中的"涌君"，"涌"字原增從"又"。楊文已釋爲"涌"，提出是《左傳》莊公十八年及《水經注・江水》的涌水，在今湖北沙市南。楊文認爲"此涌君當是楚國封於涌水地區的封君"。劉文反駁其説，指出:"若爲楚國封君，似無須再有'歸楚'之舉，可考慮另作解釋。此處之'越'字，當指越國。據《史記・句踐世家》載:'楚威王興兵而伐之，大敗越，殺王無疆，盡取故吳地至浙江，北破齊於徐州，而越以此散。諸族子爭立，或爲王，或爲君，濱於江南海上，服朝於楚。'這個越涌君有可能就是這類'或爲王，或爲君'的越地某個小君長，在楚國威逼之下，只得歸附楚國。如此説可信，則其年代應在楚威王於公元前333年大敗越之後，下限當不會晚於前300年。"這又估計出了簡文紀年相當時代的上限，進一步劃出可能的年代範圍。

越涌君之"涌"，我認爲是可考的，即文獻中的越地甬。

《左傳》哀公二十二年:"冬十一月丁卯，越滅吳，請使吳王居甬東。"杜預注:"甬東，會稽句章縣東海中洲也。"

《國語・吳語》敍此事，記句踐告夫差云"寡人其達王於甬、句東"，韋昭

注：“達，致也。甬、句東，今句章東浹口外州也。”《越語上》則作“吳請達王甬、句東”，韋注：“甬，甬江。句，句章。達王出之東境也。”徐元誥《國語集解》引《元和郡縣志》：“翁州入海二百里，即《春秋》所謂甬東地，其州周環五百里。”並云：“蓋即今浙江定海縣東北海中舟山也。”

關於甬江，錢穆《史記地名考》稱：“甬江在鄞縣東北二里，東入鎮海縣界，爲大浹江，至縣東入海，曰大浹口；晉時置浹口戍，孫恩自此竄入海。《春秋》所謂甬東，當指今鄞、鎮海二縣境。‘海中洲’，即舟山，今定海縣；縣東三十里有翁山，舊説即《春秋》甬東。”

關於句章，王先謙《漢書補注》會稽郡句章下云：“《國語》句踐之地，南至句無，《十三洲志》：‘句踐滅吳，大城之，章霸功以示子孫，故曰句章，秦置縣。’……句踐欲遷吳於甬東，韋昭云縣東洲。《一統志》：‘今慈溪縣西南三十五里城山渡東。’慈溪、定海，並漢句章地。”

從這些材料可知，越國之地有甬，因有涌江，故簡文从“水”作“涌”。甬與句章相連，可能當時句章即屬於甬，故《左傳》稱“甬東”，《國語》稱“甬、句東”。

《古文字研究》25，頁 311—312

○陳劍（2007）　（編按：郭店·尊德1）淮（綏？）。

《簡帛》2，頁 216

○范麗梅（2007）　（編按：郭店·尊德1）“灘”从水雎聲，古音在端母脂部。“懲”，古音在定母蒸部。端、定二聲皆爲舌頭音，脂、蒸二韻相近可通，因此“灘”可讀作“懲”。（中略）《楚辭·九章·懷沙》“懲連改忿兮，抑心而自强”，王逸《注》：“懲，止也。”懲與改爲前後文動詞，與簡文“懲、改”前後句兩個動詞相同。

《臺大中文學報》26，頁 79

△按　《説文》：“濩，雨流霤下。从水，蒦聲。”秦印“濩”，姓氏，見《姓苑》。夕陽坡1“濩”字，過去多據摹本，從楊啟乾釋“涌”，張新俊（《夕陽坡竹簡中的“越濩君”新釋》，《吉林大學古籍研究所建所三十周年紀念論文集》，上海古籍出版社2014年）據新公布竹簡照片改釋爲“濩”，可從，圖版見日本每日新聞社、每日書道會《古代中國の文字と至寶（湖南省出土古代文物展）》（2004年9月7日—10月24日サントリ美術館展覽圖録）、《沅水下游楚墓》（湖南省常德市文物局等編著，文物出版社2010年）等書，其中以前者圖版最爲清晰。張文並改釋郭店簡《尊德》簡1之字爲“濩”，似亦可從。

涿

秦代印風 222

△按 《説文》:"涿,流下滴也。从水,豕聲。上谷有涿縣。冡,奇字涿从日、乙。"秦印"涿",姓氏。

瀧

楚帛書

○饒宗頤(1968) 瀧,《廣雅・釋詁》"潰也(盧東切)"。"汩,急流也"。《方言》注。《楚辭・懷沙》:"分流汩兮。"汩下一字形殘,莫能辨認。漫,石鼓文:"漫漫又鲞。"鄭注:"漫即漫。"漫爲水廣大皃(《集韻》)。此兩句謂未有日月以前,洪水氾濫之象。禹治水施工之法,先秦書中,如《墨子・兼愛中》《孟子・滕文公》及上舉《周語》,紀之最悉,今得繒書,可添一新資料。治水最要之方爲汩。《説文》:"汩,治水也。"故云:"決汩九川,汩越九原。"汩即將壅塞之川流決通,以導其氣,使不復滯。繒書所謂以爲其斌(疏)者也。

《史語所集刊》40 上,頁 6

○陳邦懷(1981) "瀧、汩",皆楚國之水名。《水經注》:"武溪水又南入重山,山名藍豪,廣五百里,悉曲江縣界,嚴嶺干天,交柯雲蔚,霾天晦景,謂之瀧中。懸湍回注,崩浪震山,名之瀧水。"《水經注》:"湘水又北,汩水注之。水東去豫章艾縣桓山西南,逕吳昌縣北與純水合……汩水又西逕羅縣北,本羅子國也,故在襄陽宜城縣西,楚文王移之於此,秦立長沙郡,因以爲縣,水亦謂之羅水。"以是知瀧在南楚之南,汩在南楚之北,二水遥相對應。"益",帛書原作 🏺,从水从皿省,殷虚甲骨文从𢆉之字或省作凵者數見。此字讀爲溢,通作泆,《一切經音義》:"溢,古文泆同。"《尚書・禹貢》"溢爲榮",《史記・夏本紀》作"泆爲榮"。《説文解字》:"泆,水所蕩泆也。"段注:"蕩泆者,動盪奔突而出。""漫",又見於帛書甲篇十一行"山川漫浴",舊釋石鼓文之"漫"爲"漫"。帛書"泆漫"與"森漫"(《文選・吳都賦》)、"淡漫"(《文選・海賦》)、"澶漫"(《文選・西京賦》)之構詞法相同。帛書此句意爲,瀧、汩蕩泆遠漫。

《古文字研究》5,頁 240

○**饒宗頤**（1985）　《説文》：“瀧，雨瀧瀧也。”《方言》：“瀧涿謂之霑漬。”《廣雅·釋詁》：“瀧，漬也。”（盧東切）

《楚帛書》頁 19

○**何琳儀**（1986）　“汨”，原篆作“🐛”。“口”上尚存殘筆。陳謂“瀧、汨皆楚國之水名”，釋“🐛”爲“益”，均可從。按“瀧汨益厲”皆楚國水名，詳《水經注》。“瀧”見溱水“武水南出重山……名之瀧水”。“汨”見湘水“純水之右會汨水，汨水西逕羅縣北”。“益”見資水“茱萸江又東逕益陽縣北，又謂之資水。應劭曰，縣在益水之陽。今無益水，亦或資水之殊目矣”。“厲”見瀏水“瀏水北出大義山，南至厲鄉西，賜水入焉。水源東出大紫山，分爲二水。一水西逕厲鄉南，水南有重山，即烈山也……亦云賴鄉故賴國也。有神農社，賜水西南流入于瀏，即厲水也。賜、厲聲相近”。如果以湘水爲南北中軸線，“瀧汨益厲”四水洽在其東南西北四方。這或許與帛書出地——長沙處於南楚中心有關。

《江漢考古》1986-2，頁 80

○**劉信芳**（1996）　陳邦懷先生謂“瀧、汨皆楚國之水名”。按上文“山陵”乃泛稱，則“瀧汨凼灡”不宜實指。“瀧”字疊韻訓爲漬水，《説文》：“瀧，雨瀧瀧也。”《荀子·議兵》：“案角鹿埵隴種東籠而退耳。”楊倞注：“東籠與涷瀧同，沾溼貌。”《論衡·自紀篇》：“筆瀧漉而雨集。”典籍絶少見“瀧”單用之例，知“瀧汨”應合讀爲訓，讀如“瀧漉”，汨、漉疊韻之故也。

《中國文字》新 21，頁 77

○**何琳儀**（1998）　《説文》：“瀧，雨瀧瀧皃。从水，龍聲。”帛書瀧，水名。《水經注·溱水》：“武水南出重山……名之瀧水。”

《戰國古文字典》頁 428

○**馮時**（2001）　以涉山陵瀧汨凼灡。瀧，急流也。唐元結《元次山集》四《欸乃曲》：“下瀧船似入深淵，上瀧船似欲升天。”《全唐詩》卷四八〇李紳《逾嶺嶠止荒陂抵高要》：“萬壑奔傷溢作瀧，湍飛浪激如繩直……瀧夫擬槵劈高浪，瞥忽浮沈如電隨。”注：“南人謂水爲瀧，如原瀑流。自郴南至韶北有八瀧，其名神瀧、傷瀧、雞附等瀧，皆急險不可上。南中輕舟迅即可入此水者，因名瀧船，善游者爲瀧夫。”是瀧爲急流乃楚之方言。汨，即《説文》之㵤，水流急也。《楚辭·離騷》：“汨余若將不及兮。”王逸章句：“汨，去貌，疾若水流也。”《方言》六：“汨，疾行也。南楚之外曰汨。”郭璞注：“汨汨，急貌也。”《廣雅·釋詁一》：“汨，疾也。”《列子·湯問》：“汨流之中。”陸德明《釋文》：“汨，疾也。”《漢書·司馬相如傳上》：“汨乎混流，順阿而下……涖漼鼎沸，馳波跳沫，汩溰漂疾,悠遠長懷。"師古注:"汩,疾貌也。言水波急馳而白沫跳起,汩溰然也。"故帛書"瀧汩"即言急流。

《中國天文考古學》頁22

○**陳斯鵬**(2006)　帛書"瀧汩凼漣"一句,歷來頗多異説。陳邦懷先生以"瀧、汩"爲楚國之水名;釋"凼"爲"益",讀"溢",通作"泆";讀"漣"爲"漫"。何琳儀先生更進而論證"益、漣(厲)"也是水名。董楚平先生從其説,並連上句讀爲"以涉山陵、瀧、汩、益、厲"。這種釋讀在邏輯上是很有問題的,誠如劉信芳先生所指出:"上文'山陵'乃泛稱,則'瀧汩凼漣'不宜實指。"

而更多的研究者則是從"雨水氾濫漫没之象"的角度來理解這句話的。但聯繫上下文考察,這種理解也不無可疑。因爲若此句講大水的泛漫,則下文理當有相應的治水内容,但其實並無。而且上文已述禹、卨的"司堵壞""涉山陵",都與治水有關(説詳另文),所以這裏也不應該仍寫洪水氾濫。

按"瀧",《説文》訓"雨瀧瀧也",《廣韻·釋詁》訓"漬也",蓋指雨水過量造成地面漬水。其實,從音義推求之,"瀧"很可能是與"洪"相通的。古"龍"聲與"共"聲通。例如"龔"字,按《説文》的分析是"從共,龍聲",而在古書中它常常與"共、恭"等字相通。又如"龏",《説文》説:"慤也。從収,龍聲。"段玉裁注云:"此與心部恭音義同。"金文"龏"字習見,也多讀爲"恭"或"共"。所以説"瀧"通"洪"在語音上應無問題。而洪水的發生常常和大雨過多造成的淹漬有關,因此"瀧"與"洪"義亦相涉。二者甚至有可能是一詞之分化。"汩",《説文》:"治水也。"《廣韻·没韻》:"治也。"《楚辭·天問》:"不任汩鴻,師何以尚之?"王逸注:"汩,治也;鴻,大水也。"《國語·周語下》:"决汩九川,陂障九澤,豐殖九藪,汩越九原。"韋昭注:"汩,通也。"帛書"瀧汩"實即《天問》"汩鴻"之倒文,乃洪水通治之意。

"凼",或釋"凬",或釋"洺",目前尚難定於一是。然字從"水"從"凵",會積水之意,則是相當明確的。"漣",諸家多讀爲"漫",唯李零先生讀爲"瀨"。按讀"瀨"是。《説文》:"瀨,水流沙上也。"水流沙上蓋取其清淺之意。故《楚辭·九歌·湘君》云:"石瀨兮淺淺,飛龍兮翩翩。"《石鼓文·汧沔》:"漣(瀨)又(有)小魚,其斿(游)趚(汕)趚(汕)。"即描寫水流清淺,游魚畢見之景。唐代張繼《題嚴陵釣臺》有"鳥向喬枝聚,魚依淺瀨游"之句,實與《汧沔》同一意趣,"瀨"字之義亦於兹可明。"瀨"既爲水之流於沙上,則因流水與沙石相激,引申而有湍急之義。《淮南子·本經訓》:"抑滅怒瀨,以揚激波。"高誘注:

"瀨,急流也。"無論是清淺抑或是湍急流動,都是與大水淹積相對立的。所以,"凼潚(瀨)"實即淹積之水得以疏泄流通而變得清淺之意。

　　要之,"瀧汨、凼潚"結構和含義均相一致,説的是洪水之得到疏治。這是禹、离"司堵壤""涉山陵"的結果。帛書至此,關於洪水的神話故事已畢,接言"未有日月",則是洪水既治以後新問題的提出。

《古文字研究》26,頁 346—347

沈 淋 渚 湆

　　[圖]陶彙 5·326

　　[圖]郭店·窮達 9　　　[圖]上博五·鬼神 7　　　[圖]沈前玉圭

　　[圖]陶彙 3·645　　　[圖]陶彙 3·646

○**顧廷龍**(1936)　　(編按:陶彙 3·645)湆,《説文》所無。陶左向湆鈢。

《古匋文香錄》卷 11,頁 2,2004

○**李先登**(1978)　　(編按:陶彙 3·645)三、左湆敓坅(封 3:4)

[圖]　　　泥質灰陶,表面略黑。殘高 8.4 釐米,寬 5.6 釐米。斜向捺印銘文,印文外框高 4 釐米,寬 3.7 釐米,内框高 3.4 釐米,寬 3.2 釐米。《陶璽文字合證》五·1 著錄一片,與此同文。

　　敓,即廩字。戰國璽印與陶文中常見左廩及右廩之名,例"墜固右廩亳釜"(《綴遺齋彝器考釋》》二十八·19·1)、"□醫左廩釜"(《季木藏匋》七十九·10)等。左廩係齊國倉廩的名稱,在此乃爲職官名。湆即浦字,從月(肉)。浦是左廩倉官的名字。坅,或從金作鈢,即璽。這方印記是倉庫官吏的印,而附有私名。由此可知,此陶器係田齊倉官所用的器物。

《天津師院學報》1978-2,頁 93

○**陳邦懷**(1981)　　(編按:沈前玉圭)《雙劍誃古器物圖錄》下卷 30 頁著錄"列國楚□肯玉佩"。按,此玉佩文曰"[圖]肯"。[圖]字從水,以甬爲聲;而又從舀,當是"涌"字繁體。《説文解字》水部:"涌,滕也,從水,甬聲。一曰,涌水,在楚國。"段注:"涌水在今江陵縣東南,自監利縣流入夏水支流也。"以上説明涌水在楚國及其流域之歷史。再釋滔從舀之字義:《説文解字》水部:"滔,水漫漫大貌。"水漫漫大貌與涌訓滕義相合,謂涌水大也。"涌肯":肯是楚王之名,傳

世有楚王酓肯鼎及簠可證。此玉佩文不稱王肯而曰涌肯者,蓋肯製玉佩時尚
爲太子,食采於涌水地區,故銘涌肯也。此玉佩雖僅二字,然對於研究古文字
及楚國歷史則頗爲重要也。

《一得集》頁 127,1989;原載《楚文化新探》

○**高明、葛英會**(1991)　(編按:陶彙 3・645)濬。

《古陶文字徵》頁 147

○**黃德寬、徐在國**(1998)　(編按:郭店・窮達 9)窮 9 有字作🔣,原書疑爲"洰"
字。我們認爲此字應釋爲"沈"。信陽楚簡 2-023 枕字作🔣(從李家浩先生
釋,《信陽楚簡中的"柿枳"》,《簡帛研究》2,法律出版社 1996 年版)。包山
楚簡邟(沈)字作🔣,酖字作🔣(《簡帛編》539、1100 頁,詳見拙作《讀〈楚系
簡帛文字編〉札記》,《安徽大學學報》[待刊])。凡此均可證🔣字應釋爲
"沈"。簡文"初沈(沉)酓,後名揚",與《吳越春秋・句踐入臣外傳第七》
"大夫文種前爲祝,其詞曰:'皇天祐助,前沉後揚。禍爲德根,憂爲福堂。
威人者滅。服從者昌。'……"相比較,很明顯"初沈(沉)酓,後名揚"與"前
沉後揚"語義相仿。

《吉林大學古籍整理研究所建所十五周年紀念文集》頁 104

○**何琳儀**(1998)　(編按:陶彙 3・645)湏,從涌,肉疑爲疊加音符。

《戰國古文字典》頁 424

《說文》:"沈,陵上滈水也。從水,尢聲。一曰,濁黕也。"或作🔣,與《汗
簡》下之一・六一🔣吻合。

詛楚文"大沈乑湫",水神。

《戰國古文字典》頁 1406

(編按:沈前玉圭)🔣,從𠬝,洰聲。疑洰之繁文。

《戰國古文字典》頁 1444

○**周寶宏**(2002)　(編按:陶彙)3.1263 號陶文🔣形偶與《汗簡》🔣同形,但此形🔣
是已訛之形,不可爲據。3.1263 號陶文與古文字沈作🔣(金文)、🔣(秦陶文,
《古陶文匯編》5.326)形體差別很大,沒有承襲演變之痕迹,故釋爲沈字不可
從。當存疑而入附錄。

《古陶文形體研究》頁 102

○**曹錦炎**(2005)　"溚",楚文字"沈"字繁構。"沈",義同"沉",本一字分化,
訓爲沉沒、低下,此處引申爲低頭沉默。

《上海博物館藏戰國楚竹書》(五)頁 326

【㴫㞙】上博五・融師 7

○李守奎、曲冰、孫偉龍（2007）　　沉抑。

《上海博物館藏戰國楚竹書（一—五）文字編》頁 940

△按　楚系“沈”字皆作“㴫”。上博五《融師有成氏》簡 7“㴫㞙”，劉釗（《〈上博五・融師有成氏〉“耽淫念惟”解》，簡帛網 2007 年 7 月 25 日）根據秦兵器銘文中地名“徒淫”的“淫”字寫法，認爲“㞙”“乃‘㞙’字，即‘淫’字初文”，並讀“沈㞙”爲“耽淫”，意爲“沉湎”，“簡文‘耽淫念惟’是‘沉湎於思念’的意思”。“㞙”應分析爲“㞕”和“土”兩部分，“㞕”上從“爪”下從“卩”，即“印、抑”二字的初文。“㞙”應該就是“抑”字異體，故簡文“㴫㞙”即“沈抑”。李守奎等（《上海博物館藏戰國楚竹書（一—五）文字編》，前説見 142 頁，後釋見 940 頁）既疑“㞙”爲“挫”字，又讀之爲“抑”，未知所據。近裘錫圭（《説從“㞕”的從“貝”與從“辵”之字》，《文史》2012 年 3 期 26 頁）、禤健聰（《釋“㞙”並論“印”“卬”“色”諸字》，《中山大學學報》2014 年 1 期 74—76 頁）皆讀“㞙”爲“抑”。

【㴫酶】郭店・窮達 9

○周鳳五（1999）　　“㴫”從水，臽聲，古音匣母談部；“酶”從酉，有聲，匣母之部。以聲韻求之，當讀作顑頷。“顑”，古音溪母談部，“頷”，匣母侯部，可以通假。《楚辭・離騷》：“苟余情其信姱以練要兮，長顑頷亦何傷。”王逸《章句》：“顑頷，不飽貌。”二字爲聯綿詞，書寫形式不一，見於《楚辭》，如“坎傺、坎廩”（《九辯》），“埳軻”（《七諫》），“欿憾”（《哀時命》），“坎壈”（《九歌》）等，蓋楚國方言。本篇既有楚國方言特色。作者可能爲楚人，即郭店一號楚墓的墓主，其人身爲楚懷王時“東宮之師”，或以爲即陳良，《孟子・滕文公上》：“陳良，楚産也，悦周公、仲尼之道，北學於中國。北方之學者，未能或之先也。”楚人寫作夾雜雅言與楚國方言，屈原作品往往如此，不足爲奇。然亦可能是外國學者遊歷楚國，或其作品流傳楚地，傳寫之際，浸染楚風，襲用楚語所致，如荀子嘗西入秦，故其書偶亦出現秦國方言辭彙。茲事體大，姑發端於此，以俟詳考。

《張以仁先生七秩壽慶論文集》頁 355

○李零（1999）　　“韜晦”，原作“㴫酶”，疑讀“韜晦”（“韜”所從的“舀”字與“㴫”字形近易混，“晦”是曉母之部字，“酶”同“醢”，也是曉母之部字），或讀“澹晦”（“㴫”讀“澹”，二字都是定母談部字），都是默默無聞的意思。

《道家文化研究》17，頁 495—496

○**黃人二**（1999）　“淊醢”讀爲“顄頷”，周鳳五師有詳考。《説文・頁部》：“顄，顄頷，食不飽，面黃起行也。从頁，咸聲，讀若戇。”又：“頷，顄頷也。从頁，含聲。”

《古文字與古文獻》（試刊號），頁 130

○**劉釗**（2000）　《窮達以時》説：

初🔲醢，後名揚，非其德加。

“🔲”字《郭店楚墓竹簡》一書疑爲“淊”字，黃德寬、徐在國兩先生釋作“沈（沉）”，並引《吳越春秋・句踐人臣外傳第七》“皇天佑助，前沉後揚”句比較，十分正確。但黃徐兩位先生對“沉醢”一詞未作分析，故在此稍加解釋。

“沈醢”之“醢”應讀作“鬱”。“醢”從“有”聲。古從“有”聲的字或在影紐職部，或在影紐之部。“鬱”“有”聲母相同可通，職、物二部元音相同可以通轉。典籍“郁”“鬱”相通，如《春秋》昭公二十四年“杞伯郁釐卒”，《公羊傳》“郁釐”作“鬱釐”。而“郁”即從“有”聲。可證“醢”可以通“鬱”。“沉鬱”即“沉滯”。《左傳》昭公二十九年：“若泯棄之，物乃坻伏，鬱湮不育。”杜注：“鬱，滯也。”唐慧琳《一切經音義》卷十三：“鬱，《考聲》：‘滯也。’”“沉滯”本義爲“伏積、伏止”，引申爲“不遇”之意。《楚辭・七諫・怨世》：“年既已過太半兮，然垺軻而留滯。”注：“垺軻不遇也。言己年已過五十，而垺軻沉滯，卒無所逢遇也。”《楚辭・九辯》“原沈滯而不見兮”，注：“思欲潛匿，自屏棄也。”《後漢書・崔駰傳》：“胡爲嘿嘿而久沈滯也。”又：“子笑我之沈滯，吾亦病子屑屑而不已也。”《後漢書・儒林・尹敏傳》：“帝深非之，雖意不罪，而亦以此沈滯。”以上皆“沈滯”用爲“不遇”意之證。簡文“初沈醢（鬱），后名揚”即“開始沈滯不遇，後來聲名遠揚”之意。

《郭店楚簡國際學術研討會論文集》頁 82—83

○**趙平安**（2002）　《窮達以時》中的“淊醢”應讀爲“醓醢”。古書注家對醓醢理解不一，孫詒讓辨之甚詳，現移錄如下：

注云“醓，肉汁也”者，《説文・肉部》云：“肗，肉汁滓也。”又《血部》云：“䘓，血醢也。《禮》有䘓醢，以牛乾脯粱麴鹽酒也。”無醓字。《聘禮》注云：“醓，醢汁也。”又《公食大夫禮》注云：“醓醢，醢有醓。”畢沅校本《釋名・釋飲食》云：“醢多汁者曰醓。醓，沈也。宋魯人皆謂汁爲沈。”《毛詩・小雅・行葦》傳云：“以肉曰醓醢。”案：《説文》云“禮有䘓醢”者，許所見《儀禮》《周禮》經文，並作䘓醢也。二徐本作《禮記》，非。今從段玉裁校刪。依許説，則肗爲肉汁滓，䘓爲血醢，二義不同。然《禮經》無血醢,而鄭説䤈醢,正與許書肬字説解同。竊謂正字當本作肬,䤈乃後來孳生字。二《禮》及《毛詩》並作醢,此經別本又作㳠,皆䤈之變體。漢時禮家説,蓋有以醢爲血醢者,許遂別以䤈隸《血部》,實則與肬是一字也。凡《禮經》單言醢,不著牲獸者,並即三牲之醓醢,是肉非血,許説未確。段玉裁云:"許云汁滓者,謂醢不同滀也。凡醢醬皆有汁,而牛乾脯獨得䤈名者,六畜不言牲名,他醢醬不言䤈,立文錯見之法。汁即鹽酒所成,言皆勝物,非有熟汁也。毛傳云'以肉曰醓醢',大鄭云'醓醢肉醬也',皆言肉以包汁。不言何肉者,蓋謂《周禮》六牲之肉,下文醢醬麋鹿麕兔雁,在六獸六禽内可證也。許但言牛乾脯者,舉六牲之一以包其餘也。"案段説是也。凡醢皆有汁,故實於豆。《行葦》孔疏謂"肉醢特有多汁,故以醓名。其無汁者,自以所用之肉魚雁之屬爲名",非也。又《内則》,記大夫庶羞二十,牛炙、牛胾、羊胾、豕炙之下,並有醢。孔疏引熊氏云:"此經承牛羊之下,則是牛肉羊肉之醢。以其庶羞,故得用三牲爲醢。若其正羞,則不得用牲,故《醢人職》無云牲之醢也。"今案:熊説亦非也。此經醓醢,即是三牲之醢,安得謂《醢人職》無牲醢乎?

根據孫氏考證,醢又作肬醢䤈,它和"醓"都是牲肉做成的肉醬,並無有汁無汁、肉醢血醢之別。"醓醢"則爲同義連用。

《楚辭·九章·涉江》:"接輿髡首兮,桑扈臝行。忠不必用兮,賢不必以。伍子逢殃兮,比干菹醢。"汪瑗《楚辭集解》:"比干,紂之諸父,一曰紂之庶兄,聖人也。紂惑妲己,作糟丘酒池,長夜之飲,斮朝涉,刳孕婦。比干正諫,紂怒曰:'吾聞聖人之心有七竅。'於是乃殺比干,剖其心而觀之,故曰菹醢。菹,淹菜。醢,肉醬也。"《楚辭今注》:"菹醢:肉醬。指紂殺比干,將其剁成肉醬。""醓醢"和"菹醢"同義,本義爲肉醬,引申爲把人剁成肉醬的酷刑。

在先秦兩漢文獻中,比干與伍子胥的故事往往連稱。（中略）

由於醓醢和菹醢同義,古書中比干、伍子胥的故事又往往連稱,所以我們認爲"初滔酭,後名易(揚),非其惪(德)加"講的應是王子比干的故事。

《楚辭·天問》有"比干何逆,而抑沉之"句,《楚辭今注》:"抑沉:壓抑。"如果把它和前引《涉江》"伍子逢殃兮,比干菹醢"聯繫起來考慮,那麽"滔酭"也有讀爲"沉醢"的可能性。

而如果參照下文"子疋(胥)前多玌(功),後翏(戮)死,非其智悳(衰)也",知"初滔酭"前應補入主語"比干"。這樣句式和句意才可謂完整。

爲什麽第九簡"初滔酭"前不見"比干"二字? 從常理推測有三種可能:一

是抄漏；二是本來有，因簡首損毀沒去；三是在上一支上，而這支已不復存在。
讓我們來一一分析。

　　看《窮達以時》書法嚴謹，通篇絕少漏字現象。如果真的漏落“比干”二字，從上下的排比句式看，是很容易檢查出來補上去的。因此第一種可能性雖然不能完全排除，但即使有，也不大。

　　第九簡簡首尖銳，形制與其他簡不同，頗令人懷疑削去了一部分。但這支簡的長度與其它簡基本相當，即使簡首削去了一部分，削去部分也不可能有兩個字的空間。況且這支簡上已有 21 個字，而《窮達以時》整簡都在 18 至 23 字之間，其中 18 字 1 支，19 字 2 支，20 字 3 支，21 字 3 支，22 字 2 支，23 字 1 支，這支簡容字已屬中等偏上，應該就是原來的樣子。因此第二種可能性也很小。

　　日本學者池田知久、河井義樹曾指出第八至第九簡之間可能有脫簡，可謂慧眼獨具。結合上面的分析看，我們認爲脫簡的可能性確實是很大的。

　　　　　　　　　　　　　　　　　《古籍整理研究學刊》2002-2，頁 19—20

○**趙平安**（2002）　　我們曾討論《窮達以時》第 9 號簡，在吸收已有成果的基礎上，指出“初 H 醢，後名揚，非其德加”的 H 應隸作湝，理解爲醢。並引《楚辭·九章·涉江》“伍子逢殃兮，比干菹醢”來論證此句講述王子比干的故事。此句下接“子疋（胥）前多杠（功），後廖（戮）死，非其智悵（衰）也”，和文獻中比干、子胥故事往往連稱若合符節。H 的右邊部分和 D、E、F、G 相同。

　　《雙劍誃古器物圖録》卷下 30 頁著録一件楚玉佩，上寬下尖，一端有孔，正、背、側三面有字。正面“𡉚𡸫”，黃錫全先生釋作玉圭。楚文字玉豎筆兩側往往有點畫，佩名此字無點畫，與王字相同，宜釋爲王。“𡸫”通圭。“王𡸫”或爲王室之圭，也可能是工匠的名稱。背銘“𡊁”爲玉佩編號可能是十三的合文。後世器物銘文此類編號多見，可與此參照。側面第二字屢見於戰國銅器，爲楚王私名。這個字有多種隸釋，目前多數人傾向於隸作前，認爲就是考烈王熊元。前元古音相近。前上一字 I 主體部分和《窮達以時》第九簡醢上一字 H 相同。𠂊爲飾筆。楚文字常加爪爲飾，爪又可演變爲𠂊。因此 I 可能是湝的繁化，也可以讀爲醢，官名。“湝前”結構和王人甚輔鬳的“甚輔”相當，都是官名後面綴以人名。大約考烈王繼位以前曾負責過醢的工作。這樣看來，把此玉佩斷在考烈王繼位以前是很合適的。

　　《古陶文彙編》3·645、3·646 爲兩枚齊璽，第二行第一字 J 寫法相同，或釋爲濬。按齊陶中盧旁與此所從不同，字不當釋濬。此字左部所從爲水，右邊下部爲肉,右邊上部與戰國時代旮字所从相似,人上加上一筆可與曶字合觀。鑒於醯字異體作肶、䚅、盗,或从水,或从肉,而基本聲符又相同,推測此字很可能是醯的異體,也用爲官名。分别爲"左斁"和"左𡥈"的屬官。斁讀若廩,《説文》:"靣,穀所振入。宗廟粢盛,倉黄而取之,故謂之靣……廩,靣或从广从禾。"《周禮·司徒》有廩人,掌管糧食的出入。"大祭祀,則共其粢盛。"從陶文看,廩人屬下設醯。西漢左馮翊屬官有廩犧,職掌祭祀用品。顔師古注:"廩主藏穀,犧主養牲。"大約歷史上廩和醯的職務或分立或隸屬,或並於一署,因時閒地域不同而異。𡥈字又見於《璽彙》0259,在《璽彙》0209 和2196、《陶彙》3·282 中用作偏旁,與《説文》邦之古文相近,大概是邦的古文變體。左邦醯,是國家管理相關事務的最高機構之一。

A　　B　　C　　D　　E　　F　　G　　H　　I　　J

《古文字研究》24,頁 284

漬 𤃵

中國古文字研究 1,頁 146　　　睡虎地·日甲 113 正貳

△按　《説文》:"漬,漚也。从水,責聲。"睡虎地《日書》甲 113"可以漬米爲酒",用爲本義。

溓 𤃵

十鐘

△按　《説文》:"溓,薄水也。一曰:中絶小水。从水,兼聲。"

渴 𤀶

集成 9735 中山王方壺　　　璽彙 1303　　　璽彙 0816

○丁佛言(1924)　　　古鉢。孫渴。𣣸,古曷字。

《説文古籀補補》頁 49,1988

○**張政烺**（1979）　(編按：中山方壺)渴,《説文》:"盡也。"古書多以竭爲之。

《古文字研究》1,頁214

○**羅福頤等**（1981）　(編按：璽彙0816)汗簡渴作🔲與璽文形近。

《古璽文編》頁272

○**商承祚**（1982）　(編按：中山方壺)渴,《汗簡》載華岳碑作🔲,謁字烟蘿頌作🔲,羯字石經作🔲,古詩揭字作🔲,而曷字《林罕集字》作🔲,葛字作🔲。《説文》碣之古文作🔲,與此銘文所从之曷字偏旁大同小異,唯魏三體石經葛作🔲,獨異。此假渴爲竭。

《古文字研究》7,頁65

【渴志盡忠】集成9735中山方壺

△**按**　即竭志盡忠。

淫 🔲

🔲 石鼓文・鑾車　　🔲 郭店・太一3　　🔲 郭店・太一4

○**强運開**（1935）　(編按：石鼓文・鑾車)薛尚功、趙古則均作淫,楊升庵作隰。《説文》:"淫,幽淫也,从一覆土而有水,故淫也,从㬥省聲。"又按㬥部:"隰,阪下淫也,从㬥,㬥聲。"張德容云:"《爾雅》:'高平曰陸,下淫曰隰。'隰訓下淫,淫本从㬥省聲,二字爲轉注,此蓋以淫爲隰。"運開按:散氏盤"🔲田",吳窒齋云:"當讀作隰田,古文淫隰爲一字,史懋壺隰宮作🔲宮,皆可證。"

《石鼓釋文》丁鼓,頁7—8

○**徐寶貴**（2008）　淫,原作🔲形。其他古文字作如下等形體:🔲(《合集》八三五五"才[在]淫")、🔲(《甲骨文編》附錄上一〇七)、🔲(同上)、🔲(《合集》三〇一八〇)、🔲(《小屯南地甲骨》七一五"叀淫田")、🔲(同上三〇〇四"淫田")、🔲(史懋壺"淫宮")、🔲(散氏盤"淫田")。金文史懋壺的"淫"字是在甲骨文🔲形的基礎上增加了"土"旁。散氏盤此字跟甲骨文未加"止"旁者形體十分相近。"淫田",《小屯南地甲骨釋文》説:"《周禮・地官・大司徒》將天下土地分爲山、林、川、澤、丘、陵、墳、衍、原、隰十等,《爾雅・釋地》:'下淫曰隰','下者曰隰'。此處之淫田,所處之地可能地勢較低。"所論極是。"淫、隰"二字意義俱近。"淫"爲審紐緝部字,"隰"爲邪紐緝部字。二者爲審、邪鄰紐,緝部疊韻關係。“溼”,《説文》:“幽溼也。”《爾雅・釋地》:“下者曰溼。”“隰”,《説文》:“阪下溼也。”因爲二者音義俱近,故在出土古文獻與傳世古文獻中有很多借“溼”爲“隰”的例子。如上舉的甲骨文與散氏盤的“隰田”寫作“溼田”,史懋壺“隰宫”寫作“溼宫”。《詩・邶風・簡兮》“隰有苓”,阜陽漢簡作“濕有苓”(《玉篇》“濕”同“溼”。“溼”漢多作“濕”,後來通用無別)。漢官印“濕成丞印、濕成左尉”之“濕成”(古貨幣文作“至城”)即《漢書・地理志》“西河郡”之“隰成”。“濕陰丞印”之“濕陰”即“隰陰”。漢私印“濕延年印、濕望”之“濕”即姓氏之“隰”。《姓氏詞典》:“隰,以封地爲姓氏,源於姜姓。齊莊公子廖封於隰陰爲大夫,以爲氏。”春秋時齊國有“隰朋、隰鉏、隰黨”。《左傳・桓公三年》“逐翼侯于汾隰”,“《詩・唐風・鴇羽》正義引隰作溼”。以上實例可以證明,石鼓文“邍(原)溼陰陽”之“溼”當是“隰”的假借字。“原隰”習見於傳世古文獻,如《書・禹貢》“原隰厎績”,《詩・小雅・常棣》“原隰裒矣”,《信南山》“畇畇原隰”,《黍苗》“原隰既平”。金文晉侯對盨“甚樂于邍迎”即“甚(湛)樂于原隰”。“原隰陰陽”,與《詩・大雅・公劉》“相其陰陽,度其隰原”意近。

《石鼓文整理研究》頁 840

【溼澡】郭店・太一 3

○**陳偉**(1999)　燥,原作“澡”,下同。溼燥,古書中常作“燥溼”。如《左傳》襄公十七年:“吾儕小人皆有闔廬以辟燥溼寒暑”;《吕氏春秋・盡數》:“天生陰陽寒暑燥溼,四時之化,萬物之變,莫不爲利,莫不爲害。”

《古文字與古文獻》(試刊號),頁 68

汙 冷

[上博五・三德 12]　[九店 56・47]　[睡虎地・封診 59]

○**李家浩**(2000)　(編按:九店 56・47)“汙安”,當讀爲“窊洝”。“窊”從“汙”得聲,“洝”從“安”得聲,故可通假。“窊洝”,低下潮溼貌。《文選》卷一八馬融《長笛賦》“運襄窊洝,岡連嶺屬”,李善注:“窊洝,卑曲不平也。”吕向注:“窊洝,潤溼貌也。”

《九店楚簡》頁 114

【汙池】上博五·三德 12

○**李零**(2005)　《孟子·滕文公下》:"壞宫室以爲汙池。"

《上海博物館藏戰國楚竹書》(五)頁 296

△**按**　《説文》:"汙,薉也。一曰:小池爲汙。一曰:涂也。从水,亏聲。"睡虎地《封診式》59"汙血",用第一義,上博五《三德》簡 12"汙池",用第二義。

湫

詛楚文

○**何琳儀**(1998)　詛楚文"湫",淵名。《史記·封禪書》:"湫淵祠朝那。"《漢書·地理志》:朝那縣有"湫淵祠"。即《説文》之"湫泉"。在今甘肅平涼。

《戰國古文字典》頁 228—229

△**按**　《説文》:"湫,隘,下也。一曰:有湫水,在周地。《春秋傳》曰:晏子之宅湫隘。安定朝那有湫泉。从水,秌聲。"

瀞

集成 10361 國差繪　　秦公大墓石磬　　秦公大墓石磬

○**吴大澂**(1884)　　古清字,从水从静。許氏分清、瀞爲二字,非。齊侯匜曰:"俾旨俾清。"

《説文古籀補》頁 44,1988

○**張政烺**(1934)　《説文》:"瀞,無垢薉也。从水,静聲。"烺按:《詩·黍苗》:"原隰既平,泉流既清。召伯有成,王心則寧。"《傳》:"土治曰平,水治曰清。"碣文之義與之相同。

《張政烺文史論集》頁 33,2004;原載《史學論叢》1

○**强運開**(1935)　　石鼓。遄水既瀞,遄道既平。與"平"爲韻,當讀如"清"字也。

《説文古籀三補》頁 55,1986

○**郭沫若**(1936)　"瀞",古清字,國差繪"卑旨卑瀞"同此。

《郭沫若全集·考古編 9》頁 75,1982

△**按**　《説文》:"瀞,無垢薉也。从水,静聲。"國差繪"俾旨俾瀞",用爲本義。

洎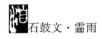

石鼓文・霝雨

○**強運開**（1935）　《説文》：“洎，灌釜也，从水，自聲。”《周禮・士師》“洎鑊水”，注云：“謂增其沃汁。”《吕覽》：“多洎之少洎之。”《左傳》：“去其肉而以洎饋。”《正義》云：“洎添釜之名，添釜爲肉汁，遂名肉汁爲洎。”鼓言“汧殹洎洎”者，蓋謂汧水涌盈如水，在釜中沸騰之狀也。

《石鼓釋文》戊鼓，頁 5

○**何琳儀**（1998）　石鼓“洎洎”，讀“濞濞”，或“淠淠”。《玉篇》：“淠，清也。”

《戰國古文字典》頁 1273

○**徐寶貴**（2008）　洎作。甲骨文也有此字：（《存》下二八）、（《中大》三六）。《説文》：“洎，灌釜也。从水，自聲。”洎洎，重言形況字。吳東發説：“洎洎，水流貌。”強運開説：“蓋謂汧水涌盈，如水在釜中沸騰之狀也。”吳、強之説可從。

《石鼓文整理研究》頁 777

【洎＝】

△**按**　見“洎”字條。

湯

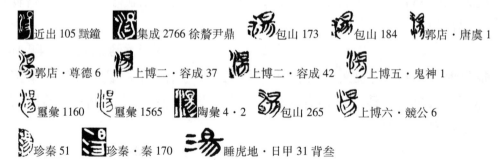

近出 105 黝鐘　　集成 2766 徐謲尹鼎　　包山 173　　包山 184　　郭店・唐虞 1

郭店・尊德 6　　上博二・容成 37　　上博二・容成 42　　上博五・鬼神 1

璽彙 1160　　璽彙 1565　　陶彙 4・2　　包山 265　　上博六・競公 6

珍秦 51　　珍秦・秦 170　　睡虎地・日甲 31 背叁

【湯之水】上博一・詩論 17

○**馬承源**（2001）　湯之水：篇名。今本《詩・國風》之《王風》《鄭風》《唐風》各有一篇《揚之水》，本篇《湯之水》當爲其中的一篇。“揚”從易（編按：“易”爲“易”之誤排）得聲，與“湯”音相通。

《上海博物館藏戰國楚竹書》（一）頁 147

【湯鼎】望山 2 · 54、包山 265

○**中大楚簡整理小組**（1977）　　（編按：信陽 2 · 14）從出土銅陶鼎來看,皆爲直口,
與器身等,但有一種小口陶鼎(《信圖》圖版一五八),當是湯鼎。

《戰國楚簡研究》2, 頁 31

○**彭浩**（1984）　　（編按：信陽 2 · 14）"湯鼎"是指一種口特別小的附耳鼎,一般器
形較小(《信圖》圖版一六三)。過去一般把(編按：此處疑漏"它"之類字樣)歸入食器
類,其實不然。河南淅川下寺春秋食器的楚墓中出土的同類銅小口鼎自銘爲
"盥鼎"酌"鹽鼎",即分別爲"浴鼎、盥"。湯鼎與汲瓶、醆缶同爲一組水器。

《江漢考古》1984-2, 頁 65

○**劉彬徽、彭浩、胡雅麗、劉祖信**（1991）　　湯,熱水。湯鼎即用作燒熱水的鼎。
楚墓中多出小口鼎,屬此類。

《包山楚簡》頁 63

○**郭若愚**（1994）　　湯,《説文》:"熱水也。从水易聲。"《孟子·告子》:"冬日
則飲湯。"鼎,《急就篇》:"銅鍾鼎鋞銷鉇銚。"注:"鼎,三足兩耳,爨器也。"

《戰國楚簡文字編》頁 83

○**朱德熙、裘錫圭、李家浩**（1995）　　（編按：望山 2 · 54）此墓出小口有蓋陶鼎(頭
一二四號),當即湯鼎。鼎口小,不易散熱,搬動時所盛液體不易晃出,用來盛
熱水比較適宜。

《望山楚簡》頁 129

○**王人聰**（1996）　　1981 年 11 月紹興 306 號戰國墓出土徐國銅器湯鼎,鼎銘
云:"唯正月吉日初庚,郤賵尹自作湯鼎……"鼎銘湯字或讀爲盥,謂"以良銅
鑄鼎,則稱爲湯鼎"。今按此説非是,鼎銘湯字不煩改讀,應讀如字。信陽楚
簡亦記有湯鼎,編號 2-04 簡文云:"一湯鼎,純有蓋。"《廣雅·釋詁》:"湯,爚
也。"王念孫疏證:"湯者,沈肉於湯謂爚,故又謂爚爲湯……爚者,《説文》:
'鬻,内肉及菜湯中薄出之。'《士喪禮記》'菅筲三,其實皆淪',鄭注云:'米麥
皆潛之湯也。'爚、淪、鬻並通。"段玉裁於《説文》鬻字下注云:"内,今之納字。
薄音博,迫也。納肉及菜於鬻湯中而迫出之,今俗所謂煤也。鬻,今字作淪,
《通俗文》以湯煮物曰淪。"據此可知鼎銘之湯字係指用沸水燙熟食物之意。
鼎爲食器,其功用除盛食之外,亦用於烹煮,此鼎銘自名爲湯鼎,説明它是作
烹煮用的炊器。

《南方文物》1996-1, 頁 111

○**唐鈺明**（1998）　　《包山楚簡》(文物出版社 1991 年版,下稱《包山》)第 38

頁：“二迅缶，一湯鼎。”第 63 頁注爲：“湯，熱水。湯鼎即用作燒熱水的鼎。”照這種理解，多友鼎“易女圭鬲一、湯鐘一”的“湯鐘”可就麻煩了，總不能把“湯鐘”也解釋成“用作燒熱水的鐘”吧？ 實際上簡文的“湯鼎”應與徐臘尹鐇鼎的“自作湯鼎”同例，“湯”字宜破讀爲“鐺”。《説文》：“鐺，金之美者，與玉同色，从玉湯聲。”所謂“湯鼎、湯鐘”，就是用精美的銅所製造的鼎和樂鐘。

《容庚先生百年誕辰紀念文集》頁 487—488

【湯＝】石鼓文·霝雨

○**張政烺**（1934）　《詩·沔水》箋：“湯湯，波流盛皃。”碣文蓋狀徒馭衆多進行之盛。

《張政烺文史論集》頁 25，2004；原載《史學論叢》1

○**强運開**（1935）　此篆各本均已磨滅，即薛尚功橅本亦無之，今據安氏十鼓齋所藏北宋拓弟一橅拓如上，真可寶也。《説文》：“湯，熱水也。”是其正義。《集韻》《正韻》並音商。湯湯，流皃，一曰波動之狀，此言“徒馭湯湯”，蓋言徒馭衆多之皃，與下文行陽韻亦叶也。

《石鼓釋文》戊鼓，頁 6

○**鄭剛**（1996）　《石鼓文·霝雨》：“□□自廓，徒馭湯湯。”“徒馭湯湯”是主謂結構的疊詞，修飾來的樣子，湯湯，盛也。《詩經·氓》：“流水湯湯。”箋釋盛貌，按與洋洋音義同，古常通用，見《詩經·閟宮》、《碩人》，傳皆訓爲盛大貌。《石鼓文·田車》：“四介既閒，左驂旛旛，右驂騝騝。”這三個句子可以理解爲三個主謂句並列，但似乎理解爲後兩個句子修飾前面的“四介既閒”更貼切些，後兩句是補充説明前一句的，所以都用了疊詞。《石鼓文·汧沔》：“帛（白）魚鱳鱳，其滐氏鮮。”無論從語法還是從文義上看，後一句都應是主體，前一句用疊詞來修飾。

《中山大學學報》1996-3，頁 115

○**徐寶貴**（2008）　“湯”字作𥇡形。其他古文字作如下等形體：𣱾（師湯父鼎）、𣱾（中柟父簋）、𥇡（湯弔盤）、𥇡（曾伯簠）、𥇡（秦公磬）、𥇡（《珍秦齋古印展》三六）、𥇡、𥇡、𥇡（《古璽文編》一一·二）。石鼓文“湯”字跟曾伯簠形體相近。秦公磬、秦印的“湯”字是以“觴”爲聲符。“湯湯”爲重言形況字。《詩·衛風·氓》“淇水湯湯”，毛傳：“湯湯，水盛貌。”《小雅·沔水》“其流湯湯”，鄭箋：“湯湯，波流盛貌。”在《詩》中描寫水盛貌。在秦公磬“湯湯厥商”，《吕氏春秋·本味》“鍾子期又曰‘善哉乎鼓琴，湯湯乎若流水’”等文中狀樂器發出的樂音悠揚、洪亮。在石鼓文"徒馭湯湯"句中,描寫徒馭衆多,其勢盛大貌。

《石鼓文整理研究》頁 780

△按 "湯"在楚簡中多用爲商湯之"湯"。

澳 澺

睡虎地・日甲 2 正壹

○**睡簡整理小組**(1990) 濡。

《睡虎地秦墓竹簡》頁 180

○**李家浩**(1999) (1)《睡虎地》180 頁《日書》甲種"楚除"二正壹釋文"濡"。

按:此字是建除名,《日書》乙種"楚除"作"愻、恣"。"愻",《説文》以爲"宛"字的異體,《玉篇》以爲冤枉之"冤"的本字,《集韻》以爲"怨"字的異體。"恣"不見於字書,當是"愻"字的異體。上古音"宛、安"都是影母元部字,故從"宛"聲的"愻"可以寫作從"安"聲的"恣"。"濡"的古音屬日母侯部,與"愻"的讀音相隔甚遠。有人説:"由恣、濡互文,知濡讀如'奭'。"此説是有問題的。上古音"奭"屬日母元部,與"濡"字雖然聲母相同,但韻部不同。不過"需、奭"二字字形十分相似,作爲偏旁在古書中有互訛的情況。這裏以從"奭"聲的"澳",訛作從"需"聲的"濡"爲例。《儀禮・士喪禮》:"澳濯棄於坎。"此語見於《禮記・喪大禮》,"澳"作"濡"。《漢書・地理志下》遼西郡屬縣"肥如"下班固自注和《水經注》所説的"濡水",王念孫、段玉裁等人認爲即"澳水"之誤。從圖版竹簡照片看,疑此建除名之字本是"澳",因形近《睡虎地》誤釋爲"濡"。"澳、愻"二字古音都屬元部,故可通用。

《著名中年語言學家自選集・李家浩卷》頁 374,2002;
原載《史語所集刊》70 本 4 分

涗 濻

珍秦 92

○**王輝、程學華**(1999) "涗"字水旁作三短橫,有明顯的隸書意味,秦陶文、簡帛多見,參看《秦文字類編》472—482 頁。

《秦文字集證》頁 267

△按　《説文》:"涗,財温水也。从水,兑聲。《周禮》曰:以涗漚其絲。"

涫 洦

璽彙 2586

○吳振武(1983)　　2586 洦果・涫果。

　　　　　　　　　　　　　　　　　　　《古文字學論集》(初編)頁 508

○吳振武(1984)　　[三〇二]275 頁,洦,璽文作 ,《説文》所無。

　　今按:此字从水从官省,應釋爲涫,參本文[〇五五]條。涫字見於《説文・水部》。

　　　　　　　　　　　　　　　　《〈古璽文編〉校訂》頁 135,2011

○何琳儀(1998)　　洦,从水,白聲。堆之異文。(中略)古璽洦,姓氏,疑讀追。

　　　　　　　　　　　　　　　　　　　《戰國古文字典》頁 1214

○湯餘惠(2001)　　从官省。

　　　　　　　　　　　　　　　　　　　《戰國文字編》頁 749

汰 㳵 汰

左冢漆桮

【汰浠】

△按　《説文》:"汰,淅灡也。从水,大聲。"漆桮"汰滴",董珊(《楚簡中从"大"聲之字的讀法》[二],簡帛網 2007 年 7 月 8 日,後收入董珊《簡帛文獻考釋論叢》,上海古籍出版社 2014 年)讀爲"汰侈",可從。"汰"从"犬",董珊認爲从"大"分化,"犬"很可能是"太"的楚系用字。

潘 潘

十鐘　　璽彙 1470　　珍秦・秦 246

○何琳儀(1998)　　趙陶潘,姓氏。周文王後,畢公之子季孫,食采於潘,因氏

焉。見《元和姓纂》。

《戰國古文字典》頁 1062

滫 𤂕

睡虎地·日甲 26 背貳

○**睡簡整理小組**（1990）　滫，米泔水。

《睡虎地秦墓竹簡》頁 217

△**按**　《説文》：“滫，久泔也。从水，脩聲。”睡虎地簡辭云“入人醯、醬、滫、漿中”，用爲本義。

淡 𣸷

淡郭店·老丙 5

△**按**　《説文》：“淡，薄味也。从水，炎聲。”簡文“淡可其無味也”，用爲本義。

溢 𣽈

溢左冢漆桐

△**按**　《説文》：“溢，器滿也。从水，益聲。”

洒 𤃷

睡虎地·日甲 58 背壹　　洒上博二·從甲 8

○**張光裕**（2002）　“洒”字，从水，其右旁有異於“西”，釋暫闕。

《上海博物館藏戰國楚竹書》（二）頁 222

○**何琳儀**（2004）　（編按：上博二·從甲 8）“灑”（編按：“灑”爲“洒”之誤，下同），原篆作洒，整理者云“其右旁有異於‘西’，釋暫闕”。其實此字右旁爲西字無疑。《禮記·內則》“屑桂與薑，以灑諸上而鹽之”，“灑”當訓散或播（《説文通訓定聲》屯部），又《文選·陸機〈演連珠〉》“時風夕灑”，注：“瀚曰，灑猶散也。”

《上博館藏戰國楚竹書研究續編》頁 448

○**周鳳五**（2004）　（編按：上博二·從甲 8）按，此字右旁从“舟”聲，見《包山楚簡》簡二七六“受”字所从，可以讀爲“輈張、譸張”的“輈”或“譸”，訓誑，見《尚書·無逸》。簡文是説，爲政者如果欺誑不實，就會喪失民心。

《上博館藏戰國楚竹書研究續編》頁 185

○**黄錫全**（2004）　（6）🐾則遊（失）衆（《從政》甲簡八）

整理者認爲“則”上一字从水，其右旁有異於西，釋暫缺。周鳳五認爲右旁从舟，可以讀爲輈張、譸張（編按：參上），訓誑也，爲政者如果欺誑不實，就會失去民心。王中江據《左傳》襄公十八年“社稷之主不可以輕，輕則失衆”，釋此字爲“輕”。何琳儀認爲此字右旁爲西無疑，“灑”當訓散或播。全按：戰國文字“西”與“鹵”每每混同，不易區分。如包山楚簡的“鹽、鹽”等字，所从的“鹵”有的就與“西”寫法一模一樣。因此，此字就是“滷”字，見於《玉篇》《集韻》。滷即鹵，《爾雅·釋言》“滷，苦也”，《漢書·溝洫志》注蘇林引作“鹵”。“鹵”字已見於金文。《莊子·則陽》記長梧封人問子牢曰“君爲政焉勿鹵莽，治民焉勿滅裂”，疏：“鹵莽，不用心也。滅裂，輕薄也。夫民爲邦本，本固則邦寧，唯當用意養人，亦不可輕爾搔擾。封人有道，故戒子牢。”這段文字可以與簡文相互印證。此字釋爲“滷”，即“鹵”，可以無疑。

《上博館藏戰國楚竹書研究續編》頁 460

○**陳秉新**（2004）　《從政》（甲篇）第 8 簡：“悁（威）則民不道🐾，則遊（失）衆。”

原考釋謂第 6 字“从水，其右旁有異於‘西’，釋暫缺。惟從政者宜用心勤政，不可有散佚之心，否則易失民心，故該字有‘疏泄’義，故得云‘🐾則失衆’”。

今按：此字右旁作🐾，確當隸西，散盤西字作🐾，不嬰簋西字作🐾，可資比較。🐾，即洒字。《説文》：“洒，滌也。从水，西聲。古文爲灑掃字。”《集韻·賄韻》：“洒，高峻貌。”《詩·邶風·新臺》：“新臺有洒，河水浼浼。”毛傳：“洒，高峻也。”陸德明釋文：“洒，七罪反，《韓詩》作漼，音同。”簡文洒則失衆，謂以高峻自持，則失民心。

《江漢考古》2004-2，頁 90

○**陳劍**（2008）　《上海博物館藏戰國楚竹書（二）·從政》簡甲 8—甲 9：

聞之曰：從政有七幾：獄則興，威則民不道，滷則失衆，悁（猛）則無

親,罰則民逃,好[刑]【甲8】□則民作亂。凡此七者,政之所怡(殆)也……【甲9】

其中"滷則失衆"的"滷"字原作如下之形:📷。原考釋云:"从水,其右旁有異於'西',釋暫缺。"何琳儀先生釋爲"洒",謂"洒當訓'散'或'播',亦作'灑'"。陳秉新先生亦釋爲"洒",訓爲"高峻"。按不論是訓"散"或"播"或"高峻",其實都是無法講通簡文的。周鳳五先生釋右旁爲从"舟",謂"此字从水,舟聲,可以讀爲輈張、譸張,訓'詤也',見《尚書・無逸》。簡文是説,爲政者如果欺詤不實,就會失去民心"。周先生所引字形上的證據,即《包山楚簡》簡276"受"字所从的"舟"形,蘇建洲先生已經指出跟簡文"滷"字右半所从並不相同。

黃錫全先生指出:"戰國文字'西'與'鹵'每每混同,不易區分。如包山楚簡的'塩(鹽)、鹽'等字,所从的'鹵'有的就與'西'字寫法一模一樣。"他據此釋此字右半爲"鹵",此可從。但他認爲"📷"就是見於《玉篇》《集韻》的"滷"字,同"鹵",訓爲"鹵莽",卻不可信。其所引以爲説的《莊子・則陽》的"君爲政焉勿鹵莽,治民焉勿滅裂","鹵莽、滅裂"都應該是疊韻聯綿詞,我們在古書中,實際上是找不到"鹵"字單用就有"鹵莽"義的例子的。

我們認爲,簡文"滷"字與字書中音"郎古切"、訓爲"苦"的"滷"字其實無關,兩字僅是同形字的關係。簡文"滷"其實應是"鹽"字異體。

戰國文字中"鹽"字多作"鹵"形,見於包山簡147、上博竹書《容成氏》簡3等。或上半增从"水"作如下之形:

可隸定作"滷"。此字見於齊"亡滷右"戈(《殷周金文集成》17.10975),黃盛璋先生釋爲"鹽","亡鹽"即齊地"無鹽",其説久已得到公認。"滷"字"从水从鹵或从滷从皿,是鹵的繁構"。

衆所周知,戰國文字中省略偏旁的現象非常多見,"滷(鹽)"形省略"皿"旁,就成爲簡文"滷"字了。"滷"既可釋爲"鹽",則在簡文中顯然當讀爲"嚴"。從讀音來看,兩字古音韻母相同(韻部都是談部,中古都是開口三等字),其聲母"嚴"爲疑母,"鹽"爲余母,也有密切關係。諧聲系統中不少余母字跟舌根音有關,如"穎、潁"爲余母字,其聲符"頃"及同聲符的"傾"等則是溪母字;"姬"(見母)从"臣"(余母)聲,"君"(見母)从"尹(余母)"聲,"愆"(溪母)从"衍"(余母)聲,等等。見於秦文字並爲後世所延用的"鹽"字,應即在“盧”形基礎上加注聲旁“監”而成（“監”跟“盧”可以看作共用“皿”旁），“監”字本身也就是舌根音見紐字。此外如“與”（余母）字本從“牙”（疑母）聲，其聲旁後來寫作“与”的就是“牙”之變形，更是説明“鹽”“嚴”相通的聲母關係之佳證。

古書中“嚴”常用爲“威嚴”義，引申爲“嚴厲、嚴急”（《説文·吅部》：“嚴，教命急也。”），可跟“寬”相對爲言。如睡虎地秦簡《爲吏之道》：“敬而起之，惠以聚之，寬以治之，有嚴不治。”《鹽鐵論·周秦》：“故政寬則下親其上，政嚴則民謀其主。”而在《論語》中，“寬則得衆”之語兩次出現（《陽貨》《堯曰》），正跟簡文“嚴則失衆”之語相反相成。

《簡帛研究二〇〇五》頁 30—32

最近出版的《上海博物館藏戰國楚竹書（五）》（上海古籍出版社 2006 年 1 月）中，有一些資料可對本文有所補正。

一、《季康子問於孔子》篇簡 9—簡 10：

丘聞之：臧文仲有言曰：君子强則遺，威則民不（以上文字在簡 9）道，盧則失衆，盅則無親，好刑則不祥，好殺則作亂。（中略）

上引簡文中“盧則失衆”句跟《從政》的“滷則失衆”對應，“盧”和“滷”表示的顯然是同一個詞。“盧”字原作🔲，整理者原釋讀爲“俞（逾）”，前引禤健聰先生文釋讀爲“訊”。楊澤生先生《〈上博五〉零釋十二則》（“簡帛網”2006 年 3 月 20 日，http://www.bsm.org.cn/show_article.php?id＝296#_ftnref28）隸定作“盧”釋爲“鹽”字異體，讀爲“嚴”。楊澤生先生此文也將本文所論《從政》篇甲 8 的“滷則失衆”釋讀爲“鹽（嚴）則失衆”，請參看。

按此形下所從就是“盧”字，其較爲特別之處在於比一般的“盧”字下面多出一長橫筆。同樣寫法的“盧”字和“盧”旁曾侯乙墓竹簡中多見（看白於藍《曾侯乙墓竹簡中的“盧”和“櫨”》，《中國文字》新廿九期，第 193—208 頁，臺北藝文印書館 2003 年 12 月）。至於其長橫筆之下又再加一短橫爲飾筆，與楚文字中常見的“至”和“室”等字情況相同。

將《從政》的“滷”字跟“盧”字結合起來考慮，如它們釋讀爲“鹽（嚴）”符合事實，則“盧”字似可分析爲從“宀”從“盧（鹽）”或“滷（鹽）”省聲。

《簡帛研究二〇〇五》頁 42—43

△按 《説文》：“洒，滌也。从水，西聲。古文爲灑埽字。”睡虎地簡辭云“洒以沙”，讀爲“灑”，與《説文》古文用法同。上博二《從政》甲篇“洒則失衆”，在上博五《季庚子問于孔子》簡 10 中作“🔲則失衆”，與之相關的另有上博四《相

邦之道》簡 4 的"𤳯"字,此字孟蓬生(《上博竹書［四］閒詁》,簡帛研究網 2005年 2 月 15 日)指出即"訊"字《説文》古文"訒"。《從政》甲篇"洒",沈培(《上博簡〈姑成家父〉一個編聯組位置的調整》,簡帛網 2006 年 2 月 22 日)認爲是"迅",與"强"對。似可讀爲訊問之"訊",與《從政》篇的"獄"或相關。睡虎地秦簡《封診式》:"凡訊獄,必先盡聽其言而書之,各展其辭。"

滄 𣶒

𤂅上博四・柬大 1

𣴲上博二・從甲 19　　𣶩天星觀　　𣴧郭店・緇衣 10

○李零(2002)　　簡文"寒"多作"倉"或"蒼",楚文字"寒""倉"字形相近(參看楚帛書"寒氣熱氣"句"寒"字的寫法),疑屬形近混用。

《郭店楚簡校讀記》(增訂本)頁 23

○裘錫圭(2003)　　(編按:郭店・緇衣 10)郭 10"晉冬旨𣴧",上 6 作"晉冬耆𧖸(寒)",今本作"資冬祁寒"。《郭簡》釋"旨"下一字爲"滄",訓爲"寒"。此字上部雖然很像"倉"的古文,但寫法較怪,而且缺少應有的在下的長橫,此字下部橫置的"水"也缺少左上方的一筆,頗爲可疑。如果跟上博簡的"寒"字對照一下,就可以斷定此字乃是那種寫法的"寒"字的誤摹。李零《郭店楚簡校讀記》已將此字釋爲"寒"(《道家文化研究》第十七輯,第 482 頁,三聯書店 1999年),但無説。

《華學》6,頁 50

○安徽大學古文字研究室(2004)　　(編按:上博二・從政 19)甲十九簡第二行六字,徐認爲即飢餓的"飢"。本書作者認爲是形近而訛,在《容成氏》中李零先生也這樣認爲,徐認爲寒是寒,滄是滄,二字是同義詞,絶不是形近而訛。黄同意此説,並舉郭店簡《老子》甲二十二簡爲例證。

《上博館藏戰國楚竹書研究續編》頁 430

○濮茅左(2004)　　(編按:上博四・柬大 1)"滄",《説文・水部》:"滄,寒也。"段玉裁注:"《周書・周祝解》曰:'天地之閒有滄熱。'"王憂病心寒。或讀爲"蹌",行有節奏貌。《詩・齊風・猗嗟》:"巧趨蹌兮。"

《上海博物館藏戰國楚竹書》(四)頁 196

○**孟蓬生**（2006）　（編按：上博四·柬大 1）滄，當讀爲"創"，指創傷。

《簡帛研究二〇〇四》頁 76

△**按**　從目前所看到的楚文字材料，明確無疑的"寒"字只在上博一《緇衣》中出現一例，而上博一《緇衣》體現了較多的"非楚"的特徵。《説文》："滄，寒也。""倉（或滄）"或即楚文字表示寒冷義的字（記録符號），《説文》另有訓爲"寒也"的"滄"，从仌，倉聲，不排除是由"倉（或滄）"改造而來。若是，則"寒"與"倉"屬義同換用關係。近郭永秉（《從戰國文字所見的類"倉"形"寒"字論古文獻中表"寒"義的"滄/滄"是轉寫誤釋的産物》，《出土文獻與古文字研究》6 輯，上海古籍出版社 2015 年）將用爲"寒"的"倉（滄）"徑釋作"寒"，值得重視，有關問題尚待繼續研究。上博四《柬大王泊旱》簡 1"王向日而立，王滄至帶"，陳劍（《上博竹書〈昭王與龔之脽〉和〈柬大王泊旱〉讀後》，簡帛研究網 2005 年 2 月 15 日，收入《戰國竹書論集》，上海古籍出版社 2013 年）指出此"滄"當讀爲"汗"。

【滄燹】楚帛書

○**周鳳五**（1997）　見"滄"字條。

○**曾憲通**（1999）　見"滄"字條。

【滄然】天星觀

△**按**　又作"倉然"（郭店《太一生水》簡 3），義同於寒熱。楚簡無"熱"字，多以"然"表示寒熱之"熱"，"然""熱"音義皆近。望山簡 1-43"既□然"，"然"上一字不識，疑是"滄"（或"倉"）字寫訛，簡文本亦以"滄然"爲詞。

沐 沭

睡虎地·日甲 104 正貳

△**按**　《説文》："沐，濯髮也。从水，木聲。"

【沐浴】睡虎地·日甲 104

△**按**　簡文云"毋以卯沐浴"，"沐浴"用爲本義。

沫 沬　湏 湏　頮 頮

集成 4643 王子申蓋　集成 261 王孫遺者鐘　集成 10008 欒書缶　集成 2811 王子午鼎

集成 9709 公孫窟壺　集成 2103 眉脒鼎

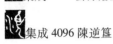集成 4096 陳逆簠

○**黄盛璋**(1989)　　(4)鼎第一字見於鄭韓故城出土兵器,乃是縣名,舊識爲
"眉"或"沫"(編按:"沫"爲"沬"之誤),不可信。按《説文》"賷"字篆文作"賷","从
貝,臾聲,臾古文賷"。"賷"下云:"艸器也……臾古文賷,象形。《論語》曰:
'有荷賷而過孔氏之門。'"此字上半,可能所表亦爲賷形,上多一蓋。該兵器
據銘例爲韓國地方所造,其地爲韓縣,故(4)鼎國別可定爲韓。

《古文字研究》17,頁 20

○**唐友波**(2002)　　"湏脒一斗半"

　　見於《簠齋吉金録》等著録的"眉脒鼎",與本銘文字完全相同,所不同的
是簠齋所藏的銘文刻於鼎身(無法確知其具體部位),而本銘刻於鼎蓋。另
外,比較兩者的書法和結構會發現,除了本銘的"斗"字寫法比較特異以外,其
他均相當接近。

　　"湏"字舊多釋作"眉"。其實此字應隸作賷,从𦥑从頁,頁乃湏之省。郭
沫若《兩周金文辭大系考釋・無叀鼎》曰"字本作盥,象奉匜沃盥之形"(《金文
叢考・釋賷》,又謂"字作盥,象傾盆浴灑之形",並指之爲"古文沫字"),省之
則爲賷、爲賷、爲溫、爲盈、爲煩(見《説文》),或从奴爲頮(見《尚書・顧命》),
彝銘眉字均假此字爲之。其實這些都是"湏"字的不同繁寫。有直接寫作
"湏"的,如陳逆簠"湏壽萬年";陳逆簠"羕令湏壽";公孫班鐘"其萬年湏壽"
等,均讀作"眉壽"之"眉"。所以陳介琪直接書其鼎作"眉脒鼎"。湏字从水
从頁,會意洗臉(據《説文》,"湏"是"沫"的古文,所謂"洒面也")。金文中當
然也有讀作本字的,囂伯盤銘"囂伯膡尹母靈盤"即是。所以我們認爲此字當
釋"湏"爲宜。

　　或讀"眉"爲"沬",地名。《詩經・桑中》"爰采唐矣,沬之鄉矣"之"沬",
在今河南淇縣,戰國屬魏,景湣王二年(前 241)入秦,此前似未有他屬。但是,
新鄭韓都故城出土的兵器上有此"湏"字,據銘例爲地名,且出土有"左脒、公
脒、脒"等刻文的陶器,其"脒"字的寫法相同。所以一般論述湏(眉)脒鼎,均
定之爲韓國器。自然,讀作爲淇縣的"沬"就不合適了。

　　有學者釋銘中之"湏"爲"賷","其地爲韓縣"。釋"賷"於字形不合,但
"湏(沫)"除與"眉、昧"音通相假以外,還與从"貴"得聲的字相通假。《禮

記・檀弓上》“瓦不成味”，鄭玄注：“味當作沫。沫，靧也。”《漢書・禮樂志》“沫流赭”，顔師古注引李奇曰“沫音靧面之靧”；引晉灼曰“沫，古靧字也”。雖然此“湏”具體對應的地望尚無確定的材料，但以聲音推求，其地可能就在新鄭附近的“大騩山”，又作“大隗山”。《國語・鄭語》載史伯爲桓公論興衰：“若前華後河，右洛左濟，主芣、騩而食溱、洧，修典刑以守之，是可以少固。”貴、鬼古音很相近，都是見紐，物微對轉，所從聲的字相通的很多，如饋與餽。又如《荀子・儒效》“衆人之媿”，楊倞注“媿或爲貴”，《説文》“蝰蛹也。從虫，鬼聲，讀若潰”等，其實從“鬼”聲之字還有徑直與“昧”相通假的，《莊子・齊物論》“大塊噫氣”，《釋文》“衆家或作‘大槐’，班固同，《淮南子》作‘大昧’”。

《上海博物館集刊》9，頁 56—57

【釁壽】

○ **徐中舒**（1936）　　古稱老壽爲眉壽。《毛詩・七月》傳“眉壽，毫眉也”，《南山有臺》傳“眉壽，秀眉也”，《正義》釋之云“老者必有毫毛秀出”，皆以眉爲眉目之眉。金文眉作釁，或從水作釁，或省作湏，從無作眉者。釁即《詩》“亹亹文王、亹亹申伯”之亹。《説文》釁從此，篆畫均小有訛異。《説文》“虋，赤苗，嘉穀也”，《爾雅・釋草》“虋，赤苗”，郭注：“今之赤粱粟。”舍人注“虋是伯夷叔齊所食首陽山草也”，舍人以虋爲薇。眉、虋、薇古同聲，同爲明母脂部字，故得相通。謂之赤苗者，字又作蘪，作穈。《詩・生民》“維穈維芑”，傳“穈，赤苗也”，《説文》禾之赤苗謂之穈，蘪穈並明母字，亦得相通（眉又作麋，《儀禮・士冠禮》“眉壽萬年”，鄭注“古文眉作麋”，《大戴記・王言》“孔子愀然揚麋曰”，《荀子・非相》“伊尹之狀而無須麋”，均以麋爲眉，麋眉亦同音字）。據此以《詩》之眉壽即金文之釁壽，自爲甚當之解釋。

　　　　《方言・一》：“眉，老也。東齊曰眉。”此當指眉壽之眉，訓老蓋其本義。《詩》“亹亹文王、亹亹申伯”，皆形容文王申伯之老。《爾雅・釋詁》以亹亹爲勉者，不免望文生訓矣。

《徐中舒歷史論文選輯》頁 522—523，1998；原載《史語所集刊》6 本 1 分

○ **馬國權**（1964）　　眉壽，長壽也，蓋謂人年老而眉有豪毛秀出。

《藝林叢録》4，頁 247

○ **夏渌**（1984）　　“眉壽”，《儀禮・士冠禮》作“麋壽”，《少牢饋食禮》古文作“微壽”，《漢禮器碑》“永享牟壽”又作“牟壽”，都同樣是同音假借。如果再上推到殷虚卜辭文例的“湄日”，（中略）也作“眉日”，（中略）楊樹達《卜辭求義》：“湄蓋假爲彌，彌日謂終日。”（中略）彌，《周禮・春官・大祝》：“彌祀社稷禱。”

注:"彌,猶徧也。"《玉篇》:"彌,徧也。"《詩・大雅・生民》:"誕彌厥月。"傳:"彌,終也。"《類篇》:"彌,終也。"金文"彌"也有類似文例:《蔡姞簋》:"用祈丐眉壽綽綰,永命彌厥生,霝終。"《齊鎛》:"用求考命彌生。"《叔便孫父簋》:"綰綽眉壽,永命彌厥生,萬年無疆。"以上"彌",訓終、徧、滿,均可,但是"彌"的本義,《説文解字》釋爲:"弛弓也。"轉義爲安息、定止,《周禮・小祝》:"彌裁兵。"所以,彌訓終、徧,也是通假的用法。

彌,《詩・邶風》:"有彌濟盈。"正義:"彌,深水也,盈滿也。"疏云:"今有人濟此盈滿之水……"彌漫周徧,由盈滿引申爲徧、全、終。所以彌、眉、湄、沬、麋、微、牟等訓終,皆爲彌的通假字。《集韻》作瀰,滿也。《説文》瀰,水滿也。同彌。所以"眉壽"即"彌壽",是"滿壽""全壽""終壽"的意思,和《詩經》"誕彌厥月"的"滿月""終月"用法一致,也和卜辭的"湄日"或"眉日"一致。把"眉壽"的"眉"釋作"豪眉"或"秀眉",以眉毛有長豪附會"眉壽"的説法,首先就講不通上舉的多種同音通假字。"眉日"和"湄日、誕彌厥月",訓滿、訓終,皆與眉毛無關。"眉壽"的"眉"用眉毛本義説不通的佐證,是金文《戔者鼎》"用綏眉录(禄)"的文例。"眉禄"的"禄"指福禄,也指《禮・王制》"位定然後禄之"的俸禄。"眉禄"是位極人世,享盡富貴榮華之意,也就是"滿禄""全禄"的意思。"眉禄"和"眉壽"一樣,其"眉"字都是"彌"的通假。

《中國語文》1984-4,頁 306—307

○**裘錫圭**(1999)　"眉壽"一詞見於《詩經》《儀禮》等書。《方言》一:"眉,老也。"金文用來表示"眉壽"之"眉"的字,一般從宋代太常博士楊南仲的晉姜鼎釋文寫作"釁"。這其實就是"釁"的別體。楊氏釋文見《考古圖》卷一晉姜鼎銘文後。他在釋文附注中疑此字當讀爲"眉",並根據"釁"字變體"釁"及從"釁"聲之字的讀音,推測"釁""眉"古同音。這在當時應該説是很高明的見解。到了近代,郭沫若在《兩周金文辭大系考釋》中指出,這個字其實就是當洗臉講的"沬"(今音 huì)的古字,以音近假借爲"眉壽"之"眉"(152 頁)。這是很正確的。不過楊説也不能算錯,因爲"釁"可以看作"沬"的古字的一個分化字,也可以説,"沬"的古字的本義"洗臉"改用"沬"來表示後,它本身就演變成了"釁"字("沬""釁"二字的讀音有陰陽對轉的關係)。我們在釋文中按一般習慣把這個字寫作"釁",其實也不是不可以把它寫作"釁"。

《保利藏金——保利藝術博物館精品選》頁 373

△**按**　金文"釁壽"一詞,《詩經》《儀禮》等傳世古書作"眉壽",舊多據毛傳、鄭箋讀"釁"爲"眉","眉壽"乃豪眉,爲壽徵,不可信。夏渌(1984)讀爲"彌",

訓爲"終、滿",是影響較大的一種説法,具有一定的合理性。諸家説法,可參沈培《釋甲骨文、金文與傳世典籍中跟"眉壽"的"眉"相關的字詞》(《出土文獻與傳世典籍的詮釋——紀念譚樸森先生逝世兩周年國際學術研討會論文集》,上海古籍出版社 2012 年)。

浴 𣸟 浴

楚帛書　　郭店·老乙 11　　上博二·容成 28　　上博三·周易 44

信陽 1·5　　上博五·弟子 2　　上博一·詩論 26　　官印 0009

睡虎地·爲吏 40 叄　　郭店·老甲 2　　郭店·老甲 3　　近出 1036 佣缶

○**饒宗頤**(1958)　　(編按:楚帛書)浴與信陽竹簡 1.05 號形同。浴殆谷也。《老子》谷神,河上本及後漢邊韶老子銘俱作浴神。繒書曷谷皆繁形,增益水旁。

《長沙出土戰國繒書新釋》頁 31

○**中大楚簡整理小組**(1977)　　(編按:信陽 1·5)浴,即儒家所謂浴德。《禮記·儒行》:"儒有澡身而浴德。"疏:"浴德,謂沐浴於德,以德自清也。"《魏志·管寧傳》:"澡身浴德,將以曷爲。"浴有潔治之意,五浴殆指五種美德,疑即《書·洪範》之"貌、言、視、聽、思";"貌曰恭,言曰從,視曰明,聽曰聰,思曰睿。恭作肅,從作乂,明作哲,聰作謀,睿作聖。"

《戰國楚簡研究》2,頁 4

○**許學仁**(1983)　　(編按:楚帛書)𣸟谷(繒書甲 11·29)

繒書甲篇第 11 行:"民勿用迊迊,百神山川滿浴,不欽□行,民祀不脂。帝牁(將)繇以亂□之行。"滿浴,新考釋"滿浴",云:"滿即《説文》之砅,或作瀰。"引《楚辭·九歎》"擢舟杭以橫瀰兮"注"瀰,渡也"爲説。並云:"山川滿浴,是説百神之渡山川也。"

按:"山川滿浴"當讀爲"山川萬谷"。浴蓋谷也。《老子》:"谷神不死。"(六章),河上公本及後漢邊韶老子銘、馬王堆帛書老子(甲 102 上)俱作"浴神"。又馬王堆漢墓帛書本老子假浴爲谷之例,屢見不鮮,如:"爲天下浴"(甲 148 上),"江海之所以能爲百浴王者"(乙 203 上),皆其例也。

《中國文字》新 7,頁 150—151

○**湯餘惠**(1983)　　(編按:信陽 1·5)有人認爲,"浴"就是《禮記·儒行》"儒有澡身而浴德”的浴德,即沐浴於德,以德自清之義。由於此簡“必”字的考明。可知此句是運用比喻的修辭方法來闡明君子之道的,因而用來作譬的一定是一個具體的而不會是抽象的事物。倘如前面那種意見,“五浴”是指五德而言,那豈不是拿了一個更爲抽象的道德觀念來作譬? 因此這種意見即使從修辭的角度上説也是難以成立的,更不消説簡文分明是“五浴”,並不存在“浴德”的字樣。

我們認爲,簡文“浴”可能是“谷”的借字,“五浴”應讀爲“五谷”。西周金文師詢簋“谷女弗以乃辟函于艱”,借“谷”爲“欲”;毛公鼎“俗我弗乍先王憂”,“俗”假爲“欲”,可見“谷”跟从谷得聲的字古來往往通用無別。關於這點于省吾師在《詩經新證》一書中已有論述。此外,《老子》“谷神不死,是謂玄牝。玄牝之門,是謂天地根”。漢老子碑銘及馬王堆三號墓帛書《老子》均作“浴神”,説明至少在漢代“谷”和“浴”也還是通用不別的。谷即山谷。《説文》謂“泉出通川曰谷”,谷是兩山之間水流的通道。據典籍記載,東方日出之處有“湯谷”,西方日落之處有“蒙谷”。此外,還有“槐谷、隆谷、斜谷”,等等。五谷究竟指何而言,尚無確鑿指證。疑心只是一種泛稱,與“九澗別泉,五谷異巘”(謝靈運《山居賦》)同例,未必實有所指。

《古文字論集》1,頁 66

○饒宗頤(1985)　(編按:楚帛書)馬王堆本《老子·德經》“浴得一盈、上德如浴”均借浴爲谷,可證帛書“山川萬浴”即以浴爲谷。

《楚帛書》頁 70

○何琳儀(1986)　(編按:楚帛書)“浴”應讀“谷”。《老子》六章“谷神不死”,馬王堆帛書作“浴神”。《詩·小雅·鹿鳴》“出自幽谷”,阜陽漢簡作“幼浴”,均其證。

《江漢考古》1986-1,頁 57

○劉雨(1986)　(編按:信陽1·5)此簡内容似爲論説君子修身養性的道理。大意是:作爲君子之道,應該是時時檢查自己身上的污點,就好像人“五浴”之後,猶恐身上有泥淖一樣,也就是孔子所謂的“吾日三省吾身”,《荀子·修身》:“行而供(恭)冀(翼),非漬淖也。”也是講的這個意思。

《信陽楚墓》頁 132

○張守中(1994)　(編按:睡虎地·爲吏40)通俗　習浴　爲四〇。

《睡虎地秦簡文字編》頁 172

○劉信芳(1999)　(編按:郭店·老甲)簡甲二:“江海所以爲百渦王,以其能爲百渦下,是以能爲百渦王。""渦"字原簡作𥁕、𥁕形,《郭店》釋爲"浴(谷)",誤。簡甲二〇"浴"字作𣲳,與"渦"字寫法不同。楚簡"骨"字作𩨨(仰一五、望一·三八、郭店《老子》甲三三),"骨"字从"冎",而"咼"字从口,冎聲。《説文》:"過,過水,受淮陽掘溝浪湯渠,東入淮,从水,過聲。"字或作"渦"。簡文"渦"乃河流之通稱,所以稱"渦"而不用其它河流之名者,應是"渦"乃老子故地河流之名,老子自幼耳聞目睹,成語言之習慣,故著書行文,引以爲水流通名。猶南方人稱河流爲"江",北方人稱河流爲"河",此鄉音所繫,不可更改者。老子爲"楚苦縣厲鄉曲仁里人"(《史記·老子列傳》),其地在今河南鹿邑,而渦水即今流經鹿邑之渦河。如是則老子爲漢代"苦縣"人,由竹簡《老子》又引出一確證。

《中國古文字研究》1,頁 103—104

○**李零**(2002)　（編按:信陽 1·5）君子之道,必若五谷之溥。三[□之□]……(X.1—05;S.8)

　　按:"之""道"閒爲第二道編繩所在。"谷"原作"浴"。"溥"是博大之義。"三"下的字似是表示山、川一類字眼。疑簡文是以山陵河谷喻君子之道的博大深厚。

《揖芬集》頁 311

○**陳偉武**(2003)　浴:字見郭店簡《老子》、上博簡《孔子詩論》26 等,馬承源先生云:"浴風,當讀作'谷風'。"今按,"浴"爲"谷"之專用字。林宏明認爲《老子》簡中的"浴"當讀作"谿","谿字本作'谿',這個字可以分析爲在'谷(谿)'上加注'奚'聲。从水奚聲的'溪'字當是後起的形聲字,作爲溪流的'谿'字按理也是後起的,而'溪'的早期字形當作'谷'……"其實,郭店簡《語叢》四已有"溪"字作"溪",義爲溪流;字亦見於包山簡,用作地名。"浴"字斷非"溪"字,"谷"更不應是"谿"之初文。《説文》謂"泉出通川爲谷",無水不成谷,故"浴"在古文字中屢用爲"谷"(如楚帛書等),疑與沐浴之"浴"爲同形字。

《華學》6,頁 100

○**廖名春**(2003)　（編按:郭店·老甲 2)"谷"爲兩山閒的水流,此"浴"字从谷从水,爲"谷"字的繁化。

《郭店楚簡老子校釋》頁 28

○**李守奎、曲冰、孫偉龍**(2007)　（編按:上博簡）皆讀爲"山谷"之"谷"。疑爲戰國楚"谷"字異體,與《説文》"浴"字同形。

《上海博物館藏戰國楚竹書(一—五)文字編》頁 517

【浴缶】

○**李零**（1987） 浴缶是從缶中分化出來專作水器用的一種缶,其形態也作小口鼓腹,但與壺明顯有別,一律比較短胖,有獸首耳,蓋頂有圓提手或列柱圈頂式提手,環蓋與器腹各有六個或八個圓渦形枚飾（或爲鑲嵌的圖案）,很容易與尊缶區別開來。它的前後形態變化較小,不像尊缶早期是大腹罐形,晚期表現出壺、鈁的趨勢。

這種器物,人們往往把它稱作罍,二者可能確有聯繫。但其自銘卻作"浴（浴）缶"（如下寺 M1 出土盂滕姬浴缶）或"盥缶"（如蔡侯申盥缶）。古人所説浴是指洗身,盥是指洗手,今人只有微別。這裏我們把它統一叫做浴缶。

浴缶在楚、蔡、曾墓中出土也較爲普遍,組合通常爲兩件或四件,其形態比較固定,但有些除獸首耳還有提鏈,如蔡侯申墓和曾侯乙墓所出。另外,楚幽王墓出土的浴缶,是作獸首耳銜環,沒有圓滿紋枚飾,通體飾粟紋。這些都是比較特殊的。

《江漢考古》1987-4,頁 76

△**按** 《説文》:"浴,洒身也。从水,谷聲。"楚文字以"浴"爲山谷之谷的專字,"浴"爲沐浴之浴的專字。信陽 1·5 之"浴"也應讀爲"谷"。郭店《老子》甲簡 2、3 之字,於谷旁上增一橫,然仍是"浴"。

澡 澡

郭店·太一 4

○**荆門市博物館**（1998） （**編按**:郭店《太一生水》4"倉然復相補也,是以成湮澡"）澡,讀作"燥"。《説文》:"燥,乾也。"

《郭店楚墓竹簡》頁 126

△**按** 《説文》:"澡,洒手也。从水,喿聲。"楚簡"澡"爲"燥"之用字,與"洒手"之"澡"或僅同形。陳偉武云:"燥則乏水,以'澡'爲'燥',猶如上博簡以'汗'爲'旱'。"

洗 洗

秦代印風 234

△**按** 《説文》:"洗,洒足也。从水,先聲。"

汲 㴛 㴛

上博五・競建 2　　上博五・競建 5　　璽彙 4113　　上博三・周易 45

集成 10407 鳥書箴銘帶鉤

信陽 2・14　　曹家崗 4

○**中大楚簡整理小組**(1977)　　(編按:信陽 2・14)㴛。

《戰國楚簡研究》)2,頁 31

○**裘錫圭**(1983)　《尊存三》1・32　(編按:即璽彙 4113)"衛加(?)汲"印。

《古文字論集》頁 480,1992;原載《古文字研究》10

○**吳振武**(1983)　　4113 率□汲・率□汲。

《古文字學論集》(初編) 頁 521

○**李零**(1983)　(編按:鳥書箴言帶鉤)(二)第三、四句。這是"不汲於利,無怍無悔"的倒文。不汲於利,猶《漢書・揚雄傳》"不汲汲於富貴",顏師古注解釋"汲"爲"速"的意思,其實也就是"不急於利"。挓,容文誤釋爲往,這裏應該讀爲怍。鉤字古有鉤取之義,作者認爲鉤取財利是不好的行爲,所以深以"不汲於利"爲戒,説是不追求財利,就不會有愧悔。

《古文字研究》8,頁 60

○**吳振武**(1984)　[三〇四]275 頁,汲,璽文作㶳,《説文》所無。

今按:此字隸定作汝誤,裘錫圭先生在《戰國璽印文字考釋三篇》一文中釋爲汲,甚是。古璽中又有𢺷(161 頁邲)、鈒(389 頁第二欄)、疲(423 頁第五欄)三字,裘先生在上引文中分別釋爲邲、鈒、疲。汲、鈒、疲均見於《説文》,邲是及氏之及的異體(參本文[一七七]條)。侯馬盟書及字作多,亦可證裘先生説可信。汲字見於《説文・水部》。

《〈古璽文編〉校訂》頁 135,2011

○**彭浩**(1984)　(編按:信陽 2・14)㴛即汲字。字的右上部分細審照片可確定爲及。

《江漢考古》1984-2,頁 65

○**劉雨**(1986)　(編按:信陽 2・14)㴛。

《信陽楚墓》頁 129

○**朱德熙**（1989） （編按：信陽2·14）汲。

　　　　《朱德熙古文字論集》頁174,1995；原載《古文字研究》17

○**郭若愚**（1994） （編按：信陽2·14）涉垪：涉，《説文》：“徒行厲水也。”垪，同缾，通作瓶。《玉篇》：“汲器也。”《儀禮·士喪禮》：“新盆、槃、瓶、廢敦重鬲。”注：“瓶以汲水也。”“涉瓶”謂汲水之瓶。

　　　　　　　　　　　　　　　　《戰國楚簡文字編》頁82

○**黃岡市博物館、黃州區博物館**（2000） （編按：曹家崗）淘。

　　　　　　　　　　　　　《考古學報》2000-2,頁269

○**劉國勝**（2004） （編按：曹家崗）“瓶”上一字，整理者釋“淘”，恐不確。原文不太清晰，左從“水”，右下從“止”甚明。長臺關1號墓遣册2-014號簡記“二滐瓶”，朱德熙先生釋“瓶”上一字爲“汲”，可從。2-014號簡“汲”寫作從“水”從“止、及”。比照起來，曹家崗簡“瓶”上之字似亦作從“水”從“止、及”，可釋爲“汲”。《玉篇》：“瓶，汲器也。”江陵鳳凰山8號漢墓遣册記有“汲甕二”。曹家崗5號墓邊箱出土的2件銅“高柄壺形器”似即簡文所記“二汲瓶”。

　　　　　　　　　　　　《古文字研究》25,頁,365

○**陳佩芬**（2005） （編按：上博五·競建1）級偗與鞄叔牙舀從：讀爲“隰朋與鮑叔牙從”。“級偗”，讀爲“隰朋”，春秋時齊人，以公族爲大夫，助管仲相桓公成霸業，嘗平戎於晉。《管子·戒》：“管仲對曰：‘隰朋可。朋之爲人，好上識而下問。臣聞之，以德予人者，謂之仁；以財予人者，謂之良；以善勝人者，未有能服人者也；以善養人者，未有不服人者也。於國有所不知政，於家有所不知事，必則朋乎。且朋之爲人也，居其家不忘公門，居公門不忘其家，事君不二其心，亦不忘其身。舉齊國之幣，握路家五十室，其人不知也。大仁也哉，其朋乎。’”據《史記·齊太公世家》：“四十一年……管仲、隰朋皆卒。”朋謚成子。“隰”字在本篇有三種不同寫法，第一簡作“級”，第二簡與第五簡作“汲”，第九簡作“伋”。《左傳·昭公十二年》“昔我先王熊繹與吕級”，杜預注：“齊太公之子丁公。級音急，本亦作伋。”《集韻》：“伋伋，或作汲。”三字皆從及得聲。“及”與“緜”同屬緝韻，可通。

　　　　　　　　　　《上海博物館藏戰國楚竹書》（五）頁166

△**按** 《説文》：“汲，引水於井也。从水从及，及亦聲。”上博三《周易》簡45“井冽不食，爲我心惻，可以汲”，“汲”字用爲本義，馬王堆帛書本及今本同。上博五《競建内之》“汲偑”，又作“級偑”，即傳世文獻之齊大夫“隰朋”。信陽

簡 2・14“汲”，爲“汲”之異體，戰國文字表動詞義之字多增止旁表意，此“𣳣”字可分析爲从水，㚖聲。

【𣳣瓶】信陽 2・14

○**彭浩**（1984） （編按：信陽 2・14）𣳣即汲字。字的右上部分細審照片可確定爲及。其餘各字易辨認。

簡文中的“汲瓶、審缶、湯鼎”是一套水器，這裏所説的“汲瓶”即是《信陽長臺關一號墓出土文物圖録》畫版一五三中的“高足陶壺”。此器有高柄，應是用來從大的儲水器中取出一部分水的器皿。

《江漢考古》1984-2，頁 65

○**朱德熙**（1989） （編按：信陽 2・14）汲瓶。

《朱德熙古文字論集》頁 174，1995；原載《古文字研究》17

○**劉國勝**（2004） 見“汲”字條。

淳 

郭店・成之 4 十鐘 睡虎地・日甲 39 背壹 秦代印風 211

○**睡簡整理小組**（1990） （編按：睡虎地・日甲 39 背“其上旱則淳，水則乾”）淳，溼潤。

《睡虎地秦墓竹簡》頁 216

○**裘錫圭**（1998） （編按：郭店・成之 4“其道民也不浸，則其淳也弗深矣”）其下一字或可釋“淳”。

《郭店楚墓竹簡》頁 168

○**劉釗**（2003） （編按：郭店・成之 4“其道民也不浸，則其淳也弗深矣”）“淳”有沃灌義，在此指教化對民衆之浸潤。

《郭店楚簡校釋》頁 139

【淳于】十鐘 3・61

○**何琳儀**（1998） 秦璽“淳于”，複姓。春秋時小國也，子孫以國爲氏。見《尚友録》。

《戰國古文字典》頁 1335

渫

睡虎地・日甲 122 正貳　　陶録 6・233・1　　陶録 6・233・2

○**袁仲一**（1987）　（編按：秦陶文）右渫。

《秦代陶文》頁 109

○**睡簡整理小組**（1990）　渫，讀爲世，金文常用枼爲世。

《睡虎地秦墓竹簡》頁 200

○**高明、葛英會**（1991）　此从水从桀，即渫字。渫，《説文》所無。《玉篇》：
"渫，水激回旋也。"

《古陶文字徵》頁 145

○**張守中**（1994）　（編按：睡虎地・日甲 122）通世　三渫。

《睡虎地秦簡文字編》頁 172

△**按**　《説文》："渫，除去也。从水，枼聲。"

澣 浣 洸

信陽 2・8　　曾侯乙 212

○**李家浩**（1983）　信陽長臺關一號楚墓竹簡 208 號、209 號、214 號三簡有以
下兩個从"水"旁的字：

a 　　 b

這兩個字在簡文裏都出現在指物的名詞前面，下面我們分別對這兩個字
進行討論。（中略）

現在我們來討論上舉的 b。1979 年 4 月江西省靖安縣出土了一批銅器，
其中徐王義楚盤銘文有如下一字：

g 　《文物》1980 年 8 期 13 頁圖一

上半部與 b 顯然是一個字，不同之處只是兩者偏旁左右位置互易。此字於銘
文中出現在"盤"字之前，有的同志釋爲"盥"，從文義來説，無疑是正確的，不
過就字形看，此字應隷定作"盜"。

《古文四聲韻》卷四襇韻下引《籀韻》"絭"字作

《汗簡》卷下之二引王存乂《切韻》"完"字作

據《籀韻》的"絭"字,可知王存乂《切韻》"完"字是一個從"土""关"聲的字,疑即見於《廣韻》《集韻》等書的"埢"字。古代"完""卷"二音極近。"完"和"卷"的韻母同屬元部。"完"的聲母屬匣母,"卷"的聲母屬見母,上古匣、見二母的字關係非常密切。"糙"字或體作"粽",是"完""卷"音通的明證。王存乂《切韻》蓋借"埢"爲"完"。上引 b、g 二字偏旁與古文"絭""完"二字"关"旁相近或相同,可見 b、g 二字應分別隸定作"洤""盨"。"洤"從"水""关"聲。"盨"應即"洤"之繁文,可以分析爲從"皿"從"水""关"聲或從"皿""洤"聲。以"糙"字或體作"粽"和王存乂《切韻》"完"字作"埢"例之。"洤""盨"二字當讀爲"浣"。"浣""盥"聲近義通。《儀禮·士冠禮》"贊者盥於洗西",鄭玄注:"古文盥皆作浣。"武威漢簡本《儀禮》"盥"亦多作"浣"。江陵鳳凰山八號漢墓遺册有"浣盤",是古代稱盥洗用的盤爲"浣盤"的確證。

在銅器銘文裏還有兩個從"关"旁的字出現在"盤"字之前的例子:

h　魯少司寇盤　《文物》1964 年 7 期 18 頁圖一一

i　中子化盤　《三代吉金文存》17.13.1

這兩個字當分別隸定作"䏁""盨",在此亦當讀爲"浣"。過去有人把這兩個字釋爲"朕"和"媵",讀爲"媵",是錯誤的。《金文編》卷八"朕"字下共收八十一字,除去上錄的 i 和一個與 h 同形用爲人名的字以及顯然與"朕"無關的"艜"字(見轉盤)以外,還剩七十八字,其中"关"旁上部從"八"者,中部都作"丨"或"亅",無一例作二橫畫的。再從文義説,中子化盤非媵器,i 不能讀爲"媵",舊説不足信。

現在我們把信陽 208 號、209 號、214 號三簡的文字釋寫如下:

(1)二滄盨。一洤盨。一鉈(匜)。　　(《文物參考資料》1957 年 9 期 31 頁 208 號)

(2)一筭,元(其)實:一洤帽、一滄帽、一裋臭之帽。　　(同上 209 號)

(3)一滄之餗鼎。二銄(鉶),屯又(有)盇(蓋)。二釪(盂)。一滄盨。一柔(承)爂(燭)之盨。　　(同上 214 號)

在討論簡文"滄""洣"二字的意義之前,我們要先研究一下"鎜"是一個什麼字。這個字原文作

跟下列諸字所從的"舟"旁比較:

  受　《金文編》217頁　　俞　《古璽文編》221.2108　　滕　隨縣曾侯乙墓竹簡

可知"鎜"字上部左半從"舟"。在文獻和銅器銘文裏,"盤"字的異體很多,《説文》篆文作"槃",古文作"鎜",籀文作"盤",《管子·小問》作"洀",蔡侯紳盤銘文作"醞"。轉盤銘文中的器名"舼"字,很可能也是"盤"字的異體。儘管"盤"字有這麼多不同的寫法,但是它們有一個共同之處,就是都從"舟"。簡文"鎜"也從"舟",有可能也是"鎜"字。上引銅器銘文"盨""朕""盤"等字之後都綴以"盤"字。簡文"洣鎜"之"鎜"綴於"洣"字之後,與銅器銘文同,可證"鎜"應當是"盤"。古代洗手時以盤承水,以匜注水,二者同用,所以在文獻或銅器銘文裏常見"盤匜"連言。簡文(1)以"鎜"與"匜"並列,也可以作爲"鎜"應該是"盤"的一個佐證。

因此,簡文(1)的"洣鎜"應該讀爲"浣盤","浣盤"與"盥盤"同意,是洗手用的盤。(**中略**)

上錄簡文(2)的"帕"字從"巾"從"首",信陽楚簡常見。據文義"帕"的意思與"巾"相當,可能是"巾"的別名,也有可能是"巾"的異文。巾多用於飾首或洗面,故字或從"首"。"滄帕""洣帕",猶言"沐巾""浣巾"。《儀禮·士喪禮》:"沐巾一,浴巾二,皆用綌於笲。"簡文"一笲,其實:浣巾一,沐巾一,裋臭之巾一",與《士喪禮》所記裝在笲中的巾數正合。鄭玄注:"巾所以拭汗垢也。浴巾二者,上下體異也。"簡文"沐巾"用於洗面,"浣巾"用於洗手,那麼"裋臭之巾"有可能相當於鄭注所説的用於下體的巾。

《中國語言學報》1,頁189—193

○**裘錫圭、李家浩**(1989)　(編按:曾侯乙212)拳。

《曾侯乙墓》頁500

○**袁國華**(1997)　"泰"字,從"水"從"关",疑與信陽楚簡"洣"字乃一字之異構。信陽楚簡"洣"字,凡二見,一作🀀2-08,一作🀀2-09,與曾侯乙墓簡的"泰"字部件的組合略有分別,"水"旁置於"关"字之左,與現在一般書寫習慣相同。然而楚系文字"水"旁的位置,並非完全固定擺設於字之左,如"淺"字,信陽楚簡2-014"二淺缶"作🀀,楚帛書乙5.23"以成四淺之尚"作🀀;"漸、湘"二字

包山楚簡分別作![]與![]，"水"旁位置的改變，並不影響文字的意義，同樣道理，則"粱""洪"亦當視爲一字。"粱"字見曾侯乙墓簡212，簡文云："俑所生豕六夫……羌甫四夫、咠一夫、逪二人、粱一夫、樊牛一夫、芹二夫……"此簡文所記可能是"俑或殉葬者"。"粱"字的意義尚不可確知，疑爲致送隨葬木俑者或殉葬者之名。

《中國文字》新 23，頁 243—244

○**李守奎**（2003）　楚文字中水旁在下多橫寫，但也有豎寫的，略舉幾例：

溺：![]王孫遺者鐘　　粱：![]九店 56 號墓 27 號簡　　深：![]郭店·五行 46

"拳"旁見於包山 123 號簡"倦"字，作：![]形。

包山簡的"拳"旁與曾侯乙墓 212 號簡的"![]"有明顯不同。"![]"字似可隸作"粱"。與信陽 2·8 和 2·9 號簡的"洪"當是一個字。信陽簡的"洪"李家浩先生讀爲"浣"。曾侯乙墓 212 號簡是記隨葬木俑的，其木俑的分類標準似乎並不一致，柏溪（奚）二夫、剎（漆）三夫、桐溪（奚）一夫等當是以製作原料和外形特徵爲標準。屖（徙）一夫、逪（傳）一夫、（浣）二夫等疑是以木俑的職司爲標準的分類。

《第四屆國際中國古文字學研討會論文集》頁 507—508

△**按**　楚簡"莞"作"芺"（信陽 2·23、包山 263），"管"作"笑"（上博五《季庚子問於孔子》簡 4），皆以"关"爲聲符，可與此參照。

濯 ![]

![]集成 10978 右濯戈　　![]鬱華閣金文 430 右濯戈

○**吳大澂**（1884）　![]戈文曰：右濯戈。濯所以刺船也，短曰楫，長曰濯。是戈當係水師所用。今俗作櫂又作棹。

《説文古籀補》頁 45，1988

○**何琳儀**（1998）　右濯戈濯，長。《漢書·劉屈氂傳》"發楫濯士"，注："短曰楫，長曰濯。"

《戰國古文字典》頁 313

涑

涑鄂戈涑，地名，應與涑水有關。《左・成十三年》："入我
河曲，伐我涑川。"注："涑水，出河東聞喜西南，至蒲坂縣入河。"

○何琳儀（1998）　涑鄂戈涑，地名，應與涑水有關。《左・成十三年》："入我
河曲，伐我涑川。"注："涑水，出河東聞喜西南，至蒲坂縣入河。"

《戰國古文字典》頁 362

染

關沮 315

△按　簡文曰："去黑子方：取藁本小弱者，劑，約大如小指，取東〈柬（楝）〉灰
一升，漬之。染藁本東〈柬（楝）〉灰中，以摩之，令血欲出。"整理者（《關沮秦
漢墓簡牘》127 頁，中華書局 2001 年）釋爲"沃（和）"，不確，陶安、陳劍（《〈奏
讞書〉校讀札記》，《出土文獻與古文字研究》4 輯 395 頁，上海古籍出版社
2011 年）改釋爲"染"，並分析結構爲从水，朵聲，可從。

泰

官印 0015　　秦文字集證 140・117　　秦代印風 33　　陶彙 5・326　　秦陶 1197
古陶文字徵，頁 65

○葛英會（1992）　據《秦代陶文》，其 1197 號拓本，是秦始皇陵園内城北部出
土板瓦殘件的印文。板瓦上有規整的繩紋，在陰刻菱形邊框内有五字款識"×
右東十八"（圖七・7），第一個字與該書 807、808 號拓本爲同一字（字稍殘，原
釋大水二字）。圖七・7 第一字，原釋秦，按此即泰字。《説文・水部》："泰，
滑也。从廾从水，大聲。"篆文作圖七・8 所録之形。此陶文篆法不佳，且部分
已經隸化，其所从偏旁皆明晰可辨。其上部所从大字，下部所从水字，皆與秦
陶文中習見的大、水二字一致（圖七・9、10）。字中部所从廾的筆勢已蘊隸
意，其爲雙手捧掬之形亦明白無誤。此陶文釋泰當無疑問。泰字本義，許慎
謂："滑也。"很費解。段玉裁謂："汰即泰之隸省"，"或寫作汏，多點者誤"。

汰，《玉篇》：“洗也。”《廣韻》：“濤汰也。”濤汰古亦作洮汰。《淮南子・要略》：“所以洮汰滌蕩至意。”注：“洮汰，潤也。”《後漢・陳元傳》：“洮汰學者之累惑。”注：“洮汰猶洗滌也，亦作淘汰。”由此種意義，可知泰字的構形殆非形聲，似應是从大从廾从水會意。大乃正面人形，廾原爲雙手抔掬之形，故此，泰字應是捧水洗浴之意。如將其視爲形聲，亦當是“亦聲”之類（即从水从廾从大，大亦聲）。故淘汰、洗滌即其本義。汰則潤，潤則滑，“滑也”當爲引申義。此外，泰字尚有多種引申義。此

圖七

陶文可能用爲“宗社”之義。蔡邕《獨斷》：“天子之宗社爲泰社。”《禮・祭法》：“王爲群姓立社爲大社。”大社即泰社。此“泰右東十八”板瓦當即秦宗社的建築構件，“右東十八”則標明該構件的所在位置。

1、2、3.《古陶文彙編》3.1140、3.442、3.446　4.史免匿　5.免簋　6.復簋　7、9、10.《秦代陶文》1197、788、729　8.《說文解字》水部

《文物季刊》1992-3，頁 51—52

○**王輝、程學華**（1999）　“泰”字原文作“𦈢”，簡報誤釋爲“大水”二字。此陶文亦見《秦代陶文》807、808，袁仲一亦釋“大水”。今按秦陶文“大水”作“𣲚”（同上書 798）、“𣲚”（同上書 836），與此磚文不同。秦篆“泰”字作“𦈢”（嶧山碑“自泰古始”），上“大”即陶文之“𠂇”。中“𡳿”即陶文之“廾”。此字又見秦始皇陵出土石板，作“𦈢”文爲“□右東十八”，《秦文字類編》287 頁又釋爲“秦”，然“秦右”無法講。泰與大、太通用，秦代有些工匠如“大匠”可省稱“大”或“匠”，省爲“大”者見《秦代陶文》786、788、804、842。又陶文“大匠”夢齋藏秦封泥作“泰匠”。可見“泰沈”即“大沈”亦即“大匠沈”，“沈”爲大匠名。大又訓極，《詩・魯頌・閟宫》：“奄有龜蒙，遂荒大東。”鄭玄《箋》：“大東，極東。”石板“泰右”即大右、極右。“大右東十八”是説此石板用在最東邊的右方，編號爲十八。

《秦文字集證》頁 318—319

△按　《説文》：“泰，滑也。从奴从水，大聲。𡗕，古文泰。”

【泰内】

○**周曉陸、陳曉捷**（2002）　泰内，半通。“泰内丞印”見《集》一・二・29。

《秦文化論叢》9，頁 263

【泰匠】

○**黃留珠**（1997）　新發現的封泥中還有一方“泰（大）匠丞印”（61），也是需

要進行討論的。

　　論者一般都把"大匠"解釋爲"將作大匠"的省稱。這種認識,對漢來講,基本上正確,但對秦來説,就不合適了。《漢書·百官表》載:"將作少府,秦官,掌治宮室,有兩丞、左右中侯。景帝中六年更名將作大匠。"很明顯,秦及西漢景帝中六年之前,二千石級中央掌治宮室之官,名爲"將作少府"而非"將作大匠"。1957 年 7 月,中國科學院考古研究所(現稱中國社科院考古研究所)在西安漢城遺址發現的"將作少府"封泥,陳直先生定爲"景帝中六年以前之物",足證《百官表》關於"將作少府"記載之不誤。這裏,必須解決的一個關鍵問題是,在阿房宮遺址發現的繩紋瓦片上的"大匠"戳記,究竟是什麼時代的。其實,這類陶文早在本世紀 40 年代,就已有過著録。陳直先生斷定係西漢中期之物,見所著《關中秦漢陶文録續録》。準此,則所有問題也就豁然貫通了。《封泥考略》卷一著録有"大匠丞印"封泥一方,與新發現封泥的内容完全相同。根據以上的討論,筆者頗疑"泰匠丞印"封泥是否屬於秦物。對此,希望開展進一步的研討。

　　　　　　　　　　　　　　　　　　《西北大學學報》1997-1,頁 28

△按　"泰匠"又作"大匠",參"大匠"條。

【泰行】

○**黄留珠**(1997)　　在新發現的秦封泥中,有一日字格"泰(大)行"(33)印,頗值得作些討論。

　　《秦會要》卷十四《職官上》有"大行"一官,云:"大行,秦置,主禮儀。"徐復《訂補》引《韓非子·説林上》"秦武王令甘茂擇所欲爲於僕與行事"後指出:"'行與僕'爲官名,大行之稱本於此。"《史記·禮書》索隱:"大行,秦官,主禮儀。漢景帝改曰大鴻臚。"同書《孝景本紀》索隱引韋昭説:"大行,官名,秦時云典客,景帝初改云大行,後更名大鴻臚,武帝因而不改。"《漢書·百官表》則曰:"典客,秦官,掌諸歸義蠻夷,有丞。景帝中六年更名大行令,武帝太初元年,更名大鴻臚。屬官有行人、譯官、別火三令丞及郡邸長丞。武帝太初元年更名行人爲大行令。"

　　以上各説多有抵牾之處,尤其《百官表》文,因明顯失誤頗爲學人所譏。不過通過它們,畢竟還是可以看出秦漢時一位卿級禮官由大行至典客再至大鴻臚的變化過程的。這裏關鍵處是大行改稱典客的時間。對此未見任何記載,估計當在秦統一後確立三公九卿制度之時。若此推測不致大謬,那麼,"泰行"封泥即存在或爲秦物或爲漢物兩種可能。如係前者,其時間當在戰國末至秦統一初之閒；如是後者，則應在西漢初改典客爲大行令之後。當然，這裏也存在第三種可能性：即完全斷定“泰行”封泥爲秦代之物。如是，上述文獻記載的大部分内容將被推翻，秦官典客應名爲泰行。不過對於秦代及漢初璽印來説，要作出絶對性判斷，誠非易事。所以“泰行”封泥的斷代，實屬一個哥德巴赫猜想式的難題，有待淹博之士攻克也。

《西北大學學報》1997-1，頁 28

○**王輝、程學華**（1999）　《漢書‧百官公卿表》：“典客，秦官……景帝中六年更名大行令……屬官有行人……武帝太初元年更名行人爲大行令。”依其説，則大行令既是典客的更名，也是其屬官行人的更名。不過“大行”之名古已有之。《漢書補注》沈欽韓曰：“《管子‧小匡篇》：‘請立隰朋爲大行。’其名尚矣！”早已指出此點。《周禮‧秋官》有大行人，云：“大行人掌大賓之禮及大客之儀，以親諸侯。”鄭玄注：“大賓，要服以内諸侯；大客，謂之孤卿。”《國語‧晉語四》：“秦景公使其弟鍼來求成，叔向命招行人子員。行人子朱曰：‘朱在此也。’”《左傳‧文公十二年》：“秦行人夜誡晉師曰……”由此印看，秦時有大行一職。

《秦文字集證》頁 172

【泰官】

○**周曉陸、陳曉捷**（2002）　泰官，半通，《風》165 頁。“泰官丞印”見《集》一‧二‧38。

《秦文化論叢》9，頁 264

【泰宰】

○**周曉陸、陳曉捷**（2002）　泰宰，半通，《風》165 頁。《漢表》記：“奉常，秦官，掌宗廟禮儀。”屬官有太宰，泰宰即太宰。

《秦文化論叢》9，頁 264

【泰醫】

○**周曉陸、陳曉捷**（2002）　泰醫左府、泰醫右府，均見《風》142 頁。“秦醫丞印”見《集》一‧二‧7。由是可見泰醫開左、右府。

《秦文化論叢》9，頁 264

【太守】

○**周偉洲**（1997）　11.□□太守　按上引《漢書‧百官表》郡長官稱爲“守”，漢景帝二年更名爲“太守”。此秦封泥出現“太守”，是否有誤？戰國時，包括秦、趙等國所置郡長官均稱守，而有時爲尊稱“守”也加“太”字，爲太守。雲夢睡虎地秦簡中即出現有"太守"之名（見《封診式·遷子》）。故封泥出現太守，是正常的。漢景帝時則將"守"一律改稱"太守"。

《西北大學學報》1997-1，頁 32

1.秦代所封之列侯，與漢代不同之處是其食封不限於縣（侯國），而且有食"郡"者，如蜀侯、上郡侯等。而"上郡侯"之封，可補史之闕。

2.西漢中央太僕、大司農等在郡、縣所設置的特種屬官，如鹽官、鐵官、工官、家馬官等，係承秦置。即是説，秦代已有中央在郡、縣設置此種特種屬官之制。封泥中的"上家馬丞、代馬丞印、邯鄲造工、邯鄲工丞、左雲夢丞、西鹽"等，即是明證。

3.漢代諸郡國於京師皆置邸，郡上計史至京師則居之。此制亦漢承秦制。封泥"郡左邸印、郡右邸印"，即是郡在京師所置邸之印。

4.秦封泥"□□太守"印的出土，再次證明《漢書·百官表》"郡守……景帝中二年更名太守"，不完全正確。因爲出土雲夢睡虎地秦簡《封診式·遷子》有"成都上恆郡太守處"句，僅此孤證。秦封泥"太守"印之發現，説明秦代"郡守"有時可尊稱爲"太守"，是確實的。景帝時郡守更名，不過是一律采用"太守"之名而已。

5.秦所置郡縣具體區劃、名稱等，由於史籍缺載，歷代史家考證頗多，成績斐然。然至今仍有各種説法。至於諸郡所屬之縣，則更不詳。封泥所見秦縣有 40 個，現以譚其驤先生主編之《中國歷史地圖集》第二册圖 5—12 秦代諸郡圖内繪出各郡之縣，作爲目前國内研究秦縣的最新成果；再對照封泥所見之 40 個縣名，則可考出封泥所出證之秦縣名。

《中國歷史地圖集》秦諸郡所繪出之縣與封泥所見之縣相合者有：咸陽、杜、雍、頻（瀕）陽、重泉、藍田、下邽、高陵、臨晉、懷德、雲陽、犛、美陽、廢丘、芷陽、鄜、商（以上屬内史）；安邑、蒲反、汾陰（河東郡）；南鄭（漢中郡）；襄城（潁川郡）；女陰、長平（陳郡）；葉（南陽郡）；薛（薛郡）；般（陽）（濟北郡）；海鹽（會稽郡）；卷（三川郡）；南武（琅邪郡）；西（隴西郡）。以上共計 31 個。

封泥所見縣名，《中國歷史地圖集》未繪出者有：陽陵、華陽、鄠（内史）；翟道（上郡）；西城（漢中郡）；蘭干（隴西郡）；洛都（上郡）；建陵（郯郡，即東海郡）；西共（北地郡）。以上共計 9 個。也就是説，封泥可補秦縣 9 個，一大收穫也。

6.歷代史家集傳世及出土漢代封泥甚多，内有不少關於郡縣之封泥，且多與劉寨出土秦封泥相印證和類似。如"太原守令（當爲景帝中二年改守爲太

守前物）、代郡太守、西成（城）令印"等;縣丞之印與秦封泥則多相合者,如
"臨晉丞印、槐里（秦曰'廢丘'）丞印、安邑丞印、高陵丞印、商丞之印、蒲反丞
印、頻陽丞印、美陽丞印、卷丞之印、葉丞之印、般陽丞印、犛丞之印"等（見吳
式芬、陳介祺輯《封泥考略》1990年中國書店版;吳幼潛編《封泥彙編》1984年
上海古籍出版社版）。如果將秦、漢有關郡縣封泥對照,漢承秦郡縣制的事實
更加醒目,且結合文獻可找出秦至漢郡縣發展、演變之軌迹。

《西北大學學報》1997-1,頁37

渲 瀊

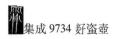璽彙0054　　璽彙0287　　湖南2

△按　《說文》:"渲,乳汁也。从水,重聲。"璽文"枆渲",地名。

潸 瀊 霖

集成9734 舒盉壺

○**容庚**（1985）　从雨从林,《說文》涕流皃,从水散省聲。

《金文編》頁739

○**張亞初**（1989）　林（棷）與散音近字通。這是从雨从林以林爲聲的霖字。
後來聲符林換成散作霰。中山王圓壺霖假爲潸（《中山王器文字編》73頁）。
《廣韻》上聲旱韻以散、棷、散爲同字。潸爲从散省聲,故霖字可假爲潸。

《古文字研究》17,頁238

△按　《說文》:"潸,涕流皃。从水,散省聲。《詩》曰:潸焉出涕。"字从雨,當
是"潸"字異體。

【霖霖流霖】

○**張政烺**（1979）　霖,从雨,散省聲,霰字異聲。《說文》"霰,稷雪也",今言
雪豆。字在此讀爲潸。《說文》:"潸,涕流貌,从水,散省聲。《詩》曰:潸然
出涕。"《史記・扁倉傳》"流涕長潸",索隱:"潸,音山。長潸者謂長垂
淚也。"

《古文字研究》1,頁244

○李學勤、李零(1979) "潛潛流涕",參《詩・大東》"潸焉出涕"。

《考古學報》1979-2,頁 161

○于豪亮(1979) "霈霈流霖",霈从雨刪省聲,以音近讀爲潛。霖即涕字。《詩・大東》:"潸焉出涕。"

《考古學報》1979-2,頁 183

○徐中舒、伍仕謙(1979) 霈,小篆作窕。《説文》段注:"窕,肆也,寬綽也。"窕窕流涕,謂流涕很多,不能止也。

《中國史研究》1979-4,頁 94

○陳邦懷(1983) 《詩・小雅・大東》"潸然出涕",毛傳:"潸,涕下貌。"《説文》水部:"潸,涕流貌,从水,散省聲。"此霈字从雨,其義即《詩・邶風・燕燕》"泣涕如雨"之雨。壺銘"霈霈流霖",霈霈,正是形容流涕貌。霈从秫,當是从耤省聲。

《天津社會科學》1983-1,頁 68

泣 泣

上博四・東大 14 璽彙 1417

○濮茅左(2004) (編按:上博四・東大 14)"洨",讀爲"詨",叫呼。《山海經・北山經》"其鳴自詨",郭璞注:"今吳人謂呼爲詨,音呼交反。"《集韻》:"吳人謂叫呼爲詨,或作譹、呼、謞、嚆、誵、嘮。"

《上海博物館藏戰國楚竹書》(四)頁 207

△按 《説文》:"泣,無聲出涕曰泣。从水,立聲。"上博四《東大王泊旱》簡 14"泣謂太宰",用爲本義。璽文"泣",人名。清華一《金縢》簡 11:"王捕(把)書以溼。"溼,今本作"泣"。

涕 涕 霖

郭店・五行 17 集成 9734 舒蚉壺

○張政烺(1979) (編按:中山圓壺)霖,从雨,稊聲。稊當是秭之異體,小米也。霖,讀爲涕,今言淚。潸和涕皆从水,壺銘从雨,有誇張之意。

《古文字研究》1,頁 244

○陳邦懷(1983) (編按:中山圓壺)按,此字从雨省,《詩・邶風・燕燕》:"泣涕如雨。"《小雅·小明》:"涕零如雨。"是其義也。从粞,當即稊字(从米、从禾,古可通用)。《庄子·秋水》:"稊米之在太倉。"可證粞、稊同爲一字。粞用爲涕,以聲近也。

《天津社會科學》1983-1,頁 68

○**容庚**(1985)　（編按:中山圓壺）从雨从米从弟。

《金文編》頁 739

○**荆門市博物館**(1998)　（編按:郭店·五行 17"深涕如雨"）簡文此處係引《詩·邶風·燕燕》之句。帛書本此處引詩作:"〔嬰〕嬰于蜚(飛),詖池其羽。子之于歸,袁(遠)送于野。瞻望弗及,汲(泣)沸如雨。"簡文所缺四字應爲"瞻望弗及"。末一缺字尚存殘畫,似本作"返",乃"及"字繁文。從下文看,此處引詩,本應如帛書本,將前面四句也引出來。

《郭店楚墓竹簡》頁 152

○**湯餘惠**(2001)　（編按:中山圓壺）同涕。

《戰國文字編》頁 769

△**按**　《説文》:"涕,泣也。从水,弟聲。"中山方壺"霜霜流霖","霖"从雨,雨部重見。

灝 灏

睡虎地·秦律 122

○**睡簡整理小組**(1990)　（編按:睡虎地·秦律 122"其有欲壞更殿,必灝之"）灝(音硯),即讞字,《後漢書·申屠蟠傳》注:"請也。"

《睡虎地秦墓竹簡》頁 48

○**張守中**(1994)　通獻　灝公　法一九〇。

《睡虎地秦簡文字編》頁 173

△**按**　《説文》:"灝,議辠也。从水、獻。與法同意。"睡虎地簡"灝",似用爲本義。

減 减

集成 201 者減鐘　　睡虎地·效律 46

○**張守中**(1994)　通咸　巫減　日甲二七。

《睡虎地秦簡文字編》頁 173

滅 㵯 㦽

㦽新收 1483 郾王職壺　　滅集粹

㦽郭店・唐虞 28　　㦽上博七・凡甲 20

○周亞（2000）　（編按：郾王職壺）威（滅）水。

《上海博物館集刊》8，頁 148

○董珊、陳劍（2002）　（編按：郾王職壺）本文初稿從周文把最後一句釋爲"威（滅）水齊之秩"，對所謂"水齊"引《左傳・昭公九年》"陳，水屬也"爲説，引出了一些很不可信的推論。裘錫圭先生看過後告訴我們，所謂"水"字當是"滅"字的偏旁。我們這裏完全同意並采用了裘先生的這個意見。

《北京大學中國古文獻研究中心集刊》3，頁 29

○曹錦炎（2008）　（編按：上博七・凡甲 20）"㦽"，從"水"，"戌"聲，讀爲"滅"。據《説文》"滅"從"威"得聲，而"威"字當從"戌"得聲。故"㦽""滅"可以相通。《説文》："滅，盡也。"引申爲隱没，消失。《莊子・應帝王》："列子追之不及，反，以報壺子曰：'已滅矣，已失矣，吾弗及已。'"《淮南子・原道訓》："草木注根，魚鱉湊淵。莫見其爲者，滅而無形。"

《上海博物館藏戰國楚竹書》（七）頁 259

△按　《説文》："滅，盡也。從水，威聲。"戰國文字或省火形作㦽。

漕 㵯

㵯璽彙 0501

△按　《説文》："漕，水轉轂也。一曰：人之所乘及船也。從水，曹聲。"璽文從曹省聲，用爲人名。

濊 濊

濊平庵 1・233

△按　《説文》："濊，水多兒。從水，歲聲。"

汩 沿

楚帛書

○**饒宗頤**（1968）　見本卷"瀧"字條。

○**李零**（1985）　汩，从水从㞑，㞑疑即《説文》𢁅字，很多研究《説文》的學者都指出古書中用來形容水流急的汩字就是這個字，《莊子·達生》"與汩偕出"，郭象注："回伏而涌出者，汩也。"與此正合。汩字，《説文》从曰聲，但其字與㲟字通假，《楚辭·懷沙》並與忽、慨、謂等叶韻，可見實際上是物部字。此字饒宗頤（1958）、李學勤（1960）釋潃，安志敏、陳公柔、商承祚、林巳奈夫（1965）釋洄。《説文》潃是青色的意思，與此文義不合，洄係摹寫錯誤。這裏山崩泉涌都是凶咎之象。

《長沙子彈庫戰國楚帛書研究》頁 54

○**饒宗頤**（1985）　汩从水曰聲，訓急流（見《方言》郭注）。《九章·懷沙》："分流汩兮。"

《楚帛書》頁 19

○**何琳儀**（1998）　帛書汩，讀汩。《廣韻》汩有"莫狄、古忽"兩讀，後者與汩讀"吉忽、胡骨"（《集韻》）音近。典籍汩、汩每相混。《説文》："汩，長沙汩羅淵也。"《史記·屈原傳》"自投汩羅以死"，注："應劭曰，汩水在羅，故曰汩羅。"在今湖南東北。

《戰國古文字典》頁 890—891

○**陳斯鵬**（2006）　見本卷"瀧"字條。

泯 沿

上博六·用曰 19

△**按**　《説文》新附："泯，滅也。从水，民聲。"辭云："有泯泯之不達。"

瀘  滹

集成 12113 鄂君啟舟節　集成 12113 鄂君啟舟節

【滹江】

○**郭沫若**（1958）　滄江殆即今之贛江。

《文物參考資料》1958-4，頁 4

○**于省吾**（1963）　"入滹江"，"滹"字舊釋爲"滄"，商承祚謂新發現的舟節，"滹"字清楚，並非"滄"字。滹借作"瀘"，从"膚"、从"盧"古字通。滹江當即《水經注》的瀘江水，在今江西省北部。

《考古》1963-8，頁 445

○**黃盛璋**（1964）　内（入）滄江，譚文依商承祚先生釋"滄"爲"瀘"，因訂爲與瀘江郡名稱有關之古瀘江，並以白兔河爲其古道之遺。郭文隸定爲"滄"，惟以滄江指今之贛江，則東西方位差遲，以地理及古聲類求之，滄江乃指邗江，即吳所開之邗溝，亦稱邗江，見《左傳》杜預注，《水經注》謂之韓江，即邗江音轉。沿江東下之航道不能僅至樅陽而止，瀘江即使確定爲白兔河，亦屬首尾不過百多里的小河，舟節所載路線皆屬重要航道與大地名，沒有理由要改沿此河北上，而樅陽以東將近千里之長江航道反捨而不載；依水理而論，沿江東下之航道應達於今揚州附近，自揚州往東即可出海，唐時日僧圓仁即在揚州揚子縣所屬海口登陸，先秦揚州去海面當更較後代爲近，廣陵之潮即其一證。而此處又有吳所開通之邗江可達於淮，故航路到此不復東出，即沿邗江北上。

《歷史地理論集》頁 274—275，1982；原載《中華文史論集》5

○**商承祚**（1965）　瀘（舟節第六行第七字）：

1957 年同時發現的四節，其中車節三，舟節一。舟節"瀘江"之瀘作，羅氏首釋之爲滄。1959 年我在北京歷史博物館摹此節時，懷疑此非滄字，以其上从人（殷誤爲人），似另一偏旁，不與人同。又會字所从之"曰"，金文非从曰則从ㄩ，無一作ㄕ形者，疑爲从膚的瀘字，但頭部"虍"形又不明顯，難以決定，嗣見 1960 年續發現的舟節作，知過去推測還是對的，曾在《節考》引用說明，黃氏未見拙文，故據譚說謂我釋此字爲瀘而已。黃氏既不瞭解早期古文膚、瀘同字，遂以"下並不从'皿'，其上亦不从'虍'頭……無論如何不能肯定爲'瀘'字"而堅持其爲"滄"字不誤，並一轉其音爲"邗"，定爲"邗江"，亦

即《水經注》之"韓江"(《五輯》155 頁)。

《中華文史論叢》6,頁 148—149

○**黃盛璋**(1982)　　1960 年壽縣又發現一舟節,"澮"字上從虎頭,確定爲濾字非澮,濾江即廬江,乃青弋江之古名,歷史地理上長期爭論不明之廬江問題,自此它全獲得解決。

《歷史地理論集》頁 288

○**劉和惠**(1982)　　廬江,"濾"字,殷摹本及商初摹本誤爲"澮",以致誤釋"澮",事出有因,所以青弋江和廬江之説就不必再討論了。至於在江北還是在江南,我認爲,節文"内(入)廬江"在"庚松陽"之後;"松陽"諸家一致意見爲今之安徽樅陽,可見,此水不在江南,該字商氏釋"廬",確切不易。廬江,當即廬江。譚其驤先生認爲,即今安徽廬江、桐城、樅陽三縣境内的白兔河,此説至當。節文用"内"字,根據節文體例,應是一條内河小水,這也符合白兔河的情況。"松陽"是入江和進河必經之地,所以在此設關。

《考古與文物》1982-5,頁 63

○**孫劍鳴**(1982)　　濾江　　1957 年收集到的舟節,"庚爰陵"前的江名寫作"澮江",殷、羅釋爲"澮江",郭從其説,曰:"澮江殆即今之贛江。"黃亦認作澮江,但以爲"乃指邗江,即吳所開之邗溝,亦稱邗江"。復旦大學史地教研室主編的《中國歷史地圖集》則以爲即青弋江,因青弋江古名澮水。《古文字類編》(北京大學高明編)收入此字,亦作爲"澮"字,注曰:"戰國、鄂君啟節。"商則持不同意見,他根據 1960 年續發現的一枚舟節中此字認爲"右旁爲'膚',早期古文膚、盧同字,應是'廬'字"。譚從其説,以爲廬江即今之白兔河。

　　看來此字寫法雖有兩種,但其右旁下俱從"ﾒ",古文"會"字下從"日"或"日",如春秋趞亥鼎文及戰國驫羌鐘的"會"字,未見下從"月"者,所以此字應從商説釋爲"廬"。但"廬江"究竟是哪一條水? 郭説"贛江",固是疑似之詞,如果"廬"字不誤,則説是青弋江也就失所依據。從今天的地圖上看起來,從樅陽到蕪湖這一段長江流域兩岸,通江的河流很多,其中是否有一條水古名"廬江"? 這一段沿江各地是否有一處古名"爰陵"? 在没有確證之前,是不能任意假設的。

　　《節銘》中對於江、頴、邔、湘、資、沅、澧……等都不加"江、河、水"等字樣,獨於此水稱"廬江",也是值得注意的。

《安徽省考古學會會刊》6,頁 30

○**黃盛璋**(1982)　　舟節東航最遠的一支水路爲"内(入)濾(廬)江,庚爰陵"。

當時我看到的舟節只有一節,其字明顯从"<u>入</u>"近於"澮"字所从,而遠於"濾"字所从,所以同意郭氏的釋"澮",而不同意商氏釋"瀘",1960 年壽縣繼續發現舟節一節,商氏摹之,其字明確从"<u>虍</u>"頭是"濾"無疑,前文誤考,應改從商釋。

譚文《再論》考爰陵爲漢丹陽郡治之宛陵,而以澮江當桑欽所謂淮水,即今青弋江,爰陵與宛陵古音宛合,"爰"riwǎn,"宛"·iwǎn 古音不僅同在元部,聲紐亦近。"澮"字譚氏原從商氏"瀘江",《再考》改從我釋"澮江","澮"(kwǎd 祭部)之與"淮"(rwad 微部)古音亦近,水道、城邑兩皆解決,鄂君啟節地名能像這樣落實還是不多的,原未想到"澮"字有問題,後見商文,確認是"濾"非"澮",而爰陵即宛陵又確無可疑,這究竟是怎麼一回事?先曾一度大惑不解,幾年來我多次反復考慮這個問題,最後才豁然大悟;青弋江名爲淮水,但它最早卻名爲瀘江,這一關係班固著《漢書·地理志》時仍然瞭解。《漢書·地理志》瀘江郡下:"瀘江出陵陽東南,北入大江。"

又丹陽郡陵陽下:"桑欽言淮水出東南,北入大江。"

漢陵陽東南,北入大江的淮水與今青弋江源流形勢宛合,青弋江西原舒溪上源有五溪、梅溪皆出陵陽之南,而青弋江有一段清光緒二十一年石印的《江南安徽全圖》上仍存小淮河之名,是青弋江漢名淮水確無可疑。但瀘江也"出陵陽東南,北入大江",與漢淮水今青弋源流形勢亦宛合,所以清代注釋《漢書地理志》者都以爲瀘江,如陳澧《漢書地理志水道圖説》卷五:"淮水蓋今安徽旌德縣梅溪河,下流曰青弋江,北流入江;瀘江亦青弋江也,既於陵陽下載桑欽説,復繫於瀘江郡下者,蓋以瀘江郡由此水得名也。"

錢坫(編按:"坫"爲"玷"之誤)《新注地理志》丹陽郡陵陽下:"(淮水)即今大通河也,原曰五溪河,出青陽縣南山,北流經縣城西南,西北至大鎮通鎮南入江,志於瀘江郡云:'淮水出。'又云'瀘江水出陵陽東南,北入江'、互注者,以桑氏以瀘江水爲淮水也。

按瀘江之名記載最早見於《山海經》:"瀘江出三天子都,入江彭澤西,一曰天子鄣。"

同書又記"浙江出三天子都",據郭璞注"三天子鄣山(即三天子都)"今在新安歙縣東,今謂:"三王山,浙江水出其邊也。"《漢書·地理志》丹陽郡黟縣下:"浙江水出南蠻夷中,東入海。"可見三天子都即今黟縣一帶的山,山北流之水即青弋江源,山東流之水即浙江之源,所以《山海經》之瀘江即青弋江也是明確無疑的。

《楚史研究專輯》頁 75—76

○**李零**（1986）　估計應即今青弋江。

《古文字研究》13,頁 370

○**張中一**（1989）　"松昜"東去,舟隊"庚瀘、江",諸家都把"庚瀘、江"誤作爲"庚廬江"。其實,先秦時代的楚地名只用一個單詞稱呼,"瀘江"在書面語中只能簡稱"瀘",或者簡稱"江",沒有連稱例證。"瀘"指水邊的"廬"舍,即水域的集鎮。"内瀘江"是指橫過長江水域的"瀘"進入另一條江,這條江被後人稱之爲陸水。"瀘"即今日的"陸口鎮",又名"蒲圻口",在今湖北嘉魚西南陸水入長江處,距"松昜"不過五六十公里。"蒲圻口"原作"瀘溪口",因"瀘"的筆法繁雜,讀音又通"陸",後代人將"瀘"訛化成"陸"了,"陸水"得名即緣於此。

《求索》1989-3,頁 127

○**湯餘惠**（1993）　瀘江,即瀘江,膚、盧聲同互作。從此水所經之地"爰陵"看,當即青弋江,爲長江南岸支流,在今安徽蕪湖附近流入長江。

《戰國銘文選》頁 48

○**何琳儀**（1998）　瀘,从水,膚聲。瀘之異文。《説文新附》:"瀘,水名。从水,盧聲。"

　　鄂君啟舟節"瀘江",讀"盧江"。《漢書・地理志》廬江郡:"瀘江出陵陽東南,北入大江。"即今安徽江南之青弋江。或以爲即今安徽江北廬江、桐城、樅陽三縣境内之白兔河。

《戰國古文字典》頁 450

潔 潔

秦嗣玉版

○**曾宪通、楊澤生、蕭毅**（2001）　"潔可以爲法"和"清可以爲正"互文,"清"和"潔"義近,"正"似乎也指法則、標準。李文説"正"指主宰,意義也相近。

《考古與文物》2001-1,頁 52

○**王輝**（2001）　睡地虎秦簡《爲吏之道》:"凡爲吏之道,必精（清）絜（潔）正

直,慎謹堅固,審息無私。"又《故宫博物館藏古璽印選》477 秦成語印:"中精(清)外誠。"潔清,即廉潔無私。

《説文》"絜"字段玉裁注:"又引申爲潔淨,俗作潔,經典作絜。"古人祭祀物求其潔淨。《詩·小雅·楚茨》:"絜爾牛羊,以往烝嘗。"孔穎達疏:"乃鮮絜爾王者所祀之牛羊,以往爲冬烝秋嘗之祭也。"《墨子·法儀》:"絜爲酒醴粢盛,以敬事天。"《禮記·郊特牲》:"帝牛必在滌三月。"鄭玄注:"滌,牢中可搜除處也。"孔穎達疏:"搜謂搜掃清除。"

《考古學報》2001-2,頁 149、151

汎

璽彙 1581 璽彙 2032

○**何琳儀**(1998) 汎,从水,几聲。《韻會》:"汎,水涯。"晉璽汎,人名。

《戰國古文字典》頁 1191

凼

楚帛書

○**饒宗頤**(1985) 凼从水从凵。凵者,《説文》:"凵,張口也。"口犯切。淊殆其後起字。《廣韻·五十八陷》:"淊,水没。"是其訓。

《楚帛書》頁 19

○**劉信芳**(1996) 凼字从水凵聲,饒宗頤先生以爲"淊"爲"凼"之後起字,其説是也。"潢"石鼓文:"潢潢又鯊。"鄭樵注:"潢即漫。"按"凼(淊)潢(漫)"亦連讀爲辭,有如"淊淊"(見《説文》)、"漫漫"(《離騷》曼曼又作漫漫)、"壇曼"(司馬相如《子虚賦》"案衍壇曼"),皆爲疊韻連語。"瀧汩凼潢"構詞如疊牀架屋,已開漢賦之先河,蓋帛書作者與屈宋同時而稍早,故有此文風。

《中國文字》新 21,頁 77

汈

集成 122 者汈鐘

○**吳大澂**（1884）　　汚，《説文》所無，疑即泓之省。者汚鐘，晚周之器。

《説文古籀補》頁 45，1988

○**容庚**（1941）　　沪。

《商周彝器通考》頁 500

○**饒宗頤**（1957）　　沪。

《金匱論古綜合刊》1，頁 73

○**郭沫若**（1958）　　越器有者汈鐘，汈字作 ，所從刀字與銘中剌（烈）字作 ，所從者全同，故知當爲汈字。汈者舠之異文，《詩·河廣》以刀字代之（“誰謂河廣？曾不容刀”）。舠行於水，故字從水。

《考古學報》1958-1，頁 3

○**何琳儀**（1989）　　“者（諸）汈（咎）”　“汈”，原篆作“ ”。舊釋“汚、沪、汲、澗”等。郭云：“所從刀字與銘中剌字作‘ ’，所從者全同，故知當爲汈字。汈者舠之異文，《詩·河廣》以刀字代之（“誰謂河廣？曾不容刀”）。舠行於水，故字從水。”又謂“者汈”即“諸咎”，“汈”“咎”音相近。按，郭説至確。今補充説明：“汈”屬宵部，“咎”屬幽部，幽、宵二韻最近，故“咎”可讀“汈”。典籍中雖不見“咎”“汈”直接相通的例證，但下列現象可資旁證：“咎繇”或作“皋陶”。“皋”音“羔”，《禮記·檀弓》“季子皋”即“子羔”（詳《論語·先進》“柴也愚”注疏），是其證。而“羔”據《説文》則從“照省聲”。“照”的基本聲符爲“刀”。然則從“刀”得聲的“汈”，自可讀若“咎”。據古本《竹書紀年》“翳王三十三年遷于吳，三十六年七月太子諸咎殺其君翳”，可知本銘乃越王翳十九年申訓太子諸咎之辭。

《古文字研究》17，頁 148

汉

新收 1167 齊城左戈

○**孫敬明**（2000）　　戈銘“洧”，金文首見，從水從又。甲骨文中有此字，可能爲

地名或人名。孫海波《甲骨文編》卷十一・一下説:"《説文》:'洧水出潁川陽城山東南入潁,从水有聲。'此从又即古文有字。"朱芳圃《文字編》十一卷第 5 頁上收作"汉",以爲《説文》所無字。李孝定《甲骨文字集釋》按:"《説文》:'洧水出潁川陽城山東南入潁,从水有聲。'古文又、有得通,孫説可從。"甲骨、金文中又、有得通之例證頗多;《汗簡》《古文四聲韻》中,亦收又、有相通諸種。此字應釋作"洧"。

《文物》2000-10,頁 74

△按　戈銘"汉",人名。

汈

陶彙 3・622　　陶録 3・520・3

△按　陶文"汈",人名。

㳐

九店 56・27　　上博三・周易 44

○李家浩(2000)　(編按:九店 56・27)"㳐"从"水"从"井"聲,《説文》以爲是"阱"字的古文。井是蓄水的,"㳐"可能是"井"字的異體,古文假借爲"阱"。

《九店楚簡》頁 82

○濮茅左(2003)　(編按:上博三・周易 44)"㳐",古文"阱"字。《説文・井部》:"阱,陷也,从阜、井,井亦聲。窜,阱或从穴。㳐,古文阱,从水。"或讀爲"井",卦名,《周易》第四十八卦,巽下坎上。馬王堆漢墓帛書《易之義》:"井者,得之徹也","而不窮也。"《象》曰:"木上有水,《井》;君子以勞民勸相。"

《上海博物館藏戰國楚竹書》(三)頁 196

△按　楚簡"㳐"皆記寫"井"這個詞,故當爲"井"字異體。

沿

新蔡甲三 21　　　新蔡零 9、甲三 23、57

○**何琳儀**（2004）　　△，原篆左从"水"，右从"介"聲。字書所無，疑水害之"害"的專用字。碩叔多父盤"受害福"、大簋"害（右从"凡"聲）璋馬兩"之"害"，諸家多讀"介"，可資旁證。這一本義在典籍中也有孑遺。《太玄·傒》："傒禍介介也。"注："介介，有害也。"

《安徽大學學報》2004-3，頁 5

○**楊華**（2006）　　實際上，此"介"字不必迂迴解釋。《楚辭·九章·哀郢》："哀州土之平樂兮，悲江介之遺風。"朱熹《集注》："介一作界，閒也。"蔣驥注："介，側畔也。""江介"即謂大江左右之地。姜亮夫先生認爲，《九歎·離世》之"濟湘流而南極，立江界而長歎"，句中"江界"實即《哀郢》所言"湘江左右之地"。出土簡文中的"大川有沿"與傳世文獻中的"江介"是一回事。新蔡簡文中的"介"字从水，是其意符。其"大川有沿"的"有"字，並無實義，用以足句，如同古籍中常見的"有虞、有夏"之類，新蔡簡中提到"大川有沿"的文例都是册告祝辭，尤其注重音節和文辭，用到此虛詞，在所必然。"有祟見（現）于大川有沿"，意即有祟鬼在大川之水邊降臨。曹子建詩"江界多悲風"，江邊易生風，多陰森恐怖之象，故常被疑爲有祟出現。"昭告大川有沿"，是指平夜君成因此而對大川及其水邊舉行册告儀式和祭禱巫術。

另，《詩經·召南·江有汜》中有"江有汜、江有渚、江有沱"句，指江及其支流（汜、沱）和小洲（渚），均與此相類，亦可參證。

《簡帛》1，頁 204

○**晏昌貴**（2007）　　簡文"大川有沿"與"大沈厥澰"文例相同，則"沿"應與"澰"一樣是指水名。（中略）沿或讀爲渦，（中略）大川有沿或指大川淮渦水神。

《石泉先生九十誕辰紀念文集》頁 363—364

○**宋華强**（2010）　　我們懷疑"大川有沿"是"大川"的一種美號，"大川"是神靈名，與楚簡"大水、大波"相類；而"有沿"是修飾"大川"之詞，這種稱呼可以與古書中的"泰龜有常、大筮有常"相比較。（中略）如此"有沿"可能是對"大川"之德的一種説明。"沿"从"介"聲，"介、潔"都是見母月部字，"介"聲字與"絜"聲字有相通之例。（中略）以"有潔"來稱美"大川"，可以説是很自然的。

《新蔡葛陵楚簡初探》頁 240—241

汈

睡虎地·效律 45

○**于豪亮**（1980）　《效律》：“殳、戟、弩，髹汈相易殹（也），勿以爲贏不備，以職（識）耳不當之律論之。”

　　在漢代漆器銘文中，汈字常見，均書作，以前不識此字，從這條秦律“髹汈相易”知此字當隸定爲汈，即丹字。《墨子閒詁》所引《墨子》佚文及《淮南子·說山》均有“工人下漆而上丹則可，上丹而上漆則不可，萬事由此”。《吕氏春秋·貴信》：“百工不信，則器械苦僞，丹漆染色不真。”律文所謂的“髹汈相易”大約就是“下丹而上漆”或“丹漆染色不真”之類。

《文物集刊》2，頁 177

○**朱德熙、裘錫圭**（1980）　“汈”字不見於字書。從這個字從“丹”，並且經常與“髹”連文（包括與“髹”對舉的情況，如秦律）來看，它顯然是指丹漆的一個字。“丹”的本義是丹砂。大概古人爲了區別丹砂的丹和丹漆的丹，便在指稱後者的“丹”字上增加了“水”旁，或是假借一個現成的“汈”字來指稱後者（古代也許曾爲丹水造過从“水”的專字）。漆本是液體，所以能跟“水”聯繫起來。漢以後人喜歡以“漆”代“桼”，這跟秦漢人以“汈”指稱丹漆，可能處於同樣的心理。

　　根據以上的分析，“汈”應該讀爲“丹”。但是從古書裏關於丹漆的資料來看，把它讀爲“彤”，似乎更合適些。

　　古書裏“漆”和“髹”不言色者往往指黑漆。《周禮·春官·巾車》有“漆車”，鄭注：“漆車，黑車也。”賈疏：“凡漆不言色者皆黑。”《急就篇》“革轙髤（髹）漆油黑倉”，顔注：“髤漆者以漆漆之，油者以油油之……其色或黑或倉，故云黑倉也。”丹漆一般稱“彤”。《左傳》哀公元年《釋文》：“彤，丹漆也。”《文選·魯靈光殿賦》吕注：“彤，朱漆也。”因此古書有時以彤和髹並稱。例如《漢書·孝成趙皇后傳》“其中庭彤朱而殿上髤（髹）漆”，《文選·景福殿賦》“列髹彤之繡桷”（李周翰注釋“髹彤”爲“丹漆”不確）。把地下發現的秦漢文字資料裏常見的“髹汈”，跟《景福殿賦》的“髹彤”對照起來看，讀汈爲“彤”似乎比讀"汈"爲"丹"更爲合適。

古代對於"丹、彤"二字可能不是區分得很嚴的。《説文》"丹"字古文作"彤"字,可見"彤"有時也當"丹"字用。"汈"字很可能也有"丹、彤"兩種讀法。(秦簡"髹"字有時用來指漆本身,似乎也有"髹、漆"兩種讀法。)看來,釋"汈"爲"彤"的説法雖然在字形上有錯誤,在音義方面卻基本上是正確的。

銘文或遣策稱"髹汈畫"的漆器,一般都在施黑漆、朱漆後再加文飾。馬王堆遣策屢稱"髹畫",大概是以"髹"兼指施黑漆和朱漆。單稱"髹汈"而不加"畫"字,應該是施黑漆、朱漆而不加文飾的意思。樂浪王盱墓所出建武廿一年漆耳杯,銘文自稱"髹汈木俠(夾)紵杯",其器外黑内朱無文飾(《圖説》圖版39,又45頁)。上引遣策所記的"髹汈幸食杯",據發掘報告也是"杯内均髹紅漆……兩耳及杯外髹黑漆,光素無文飾"(83頁)。但是遣策所記的"髹汈幸盒",據報告卻有彩繪雲氣紋(88頁),是一個例外。不知是寫遣策者誤記,還是別有原因。

《文史》10,頁69—70

○**睡簡整理小組**(1990) 汈,疑即"彤"字,《説文》"丹"字古文的一種寫法也作"彤"。古書常見"彤漆、丹漆",均指紅黑兩種塗料。《淮南子·説山》:"工人下漆上丹則可,下丹而上漆則不可。"

《睡虎地秦墓竹簡》頁74

△**按** 辭云:"髹汈相易殿。"整理小組説是。戰國秦文字水旁與彡旁形近,秦陶"沃"既作(陶彙5·129),又作(陶彙5·91),後者所从水旁遂與彡旁同。參本部"渼"字條。

汸

集成9734 舒鎣壺 包山100 陶録2·393·1陶録2·393·2

○**劉信芳**(1996) (編按:包山100)"湯汸"讀如"蕩防"有如簡三之"湯邑"應是"湯邑"。《周禮·地官·稻人》:"以防止水,以溝蕩水。"杜子春注讀"蕩"爲和蕩,"謂以溝行水也"。"汸"字又作澇(簡一四九),字从网从汸,並讀如防。古代捕魚用防,又稱"梁",故字又从网作。《左傳》襄公二十五年:"蔿掩書土田……町原防。"杜預注:"防,隄也。"《周禮·天官·獻人》:"獻人掌

以時廞爲梁。"鄭司農注:"梁,水偃也,偃水爲關空,以笱承其空。"賈公彥疏:"謂偃水兩畔,中央通水爲關孔,笱者,葦薄,以薄承其關孔,魚過者以薄承取之。""蕩防"與《左傳》"原防"意同,蕩謂水蕩,"原"爲"源"之本字,是"蕩防"即"原防"。

《簡帛研究》2,頁 28—29

○白於藍(1999)　　(編按:包山 100)《説文》方字或體作"",與此字形同,故本條當删,另於卷八立"方"字條。

《中國文字》新 25,頁 197

○劉信芳(2003)　　(編按:包山 100)"汸"字簡 149 作"𦊨",字从网从汸,並讀爲"防",古代捕魚用防,又稱梁,故字又从网作,《左傳》襄公二十五年:"蔿掩書土田……町原防。"杜預《注》:"防,隄也。"《周禮・天官・廞人》:"廞人掌以時廞爲梁"。鄭司農《注》:"梁,水偃也,偃水爲關空,以笱承其空。"賈公彥《疏》:"謂偃水兩畔,中央通水爲關孔,笱者,葦薄,以葦薄承其關孔,魚過者以薄承取之。"按簡文"源防"與《左傳》"原防"同。

《包山楚簡解詁》頁 94—95

【汸汸】集成 9734 舒盗壺

○張政烺(1979)　　汸汸讀爲騯騯。《説文》"騯,馬盛也,从馬旁聲。《詩》曰:四牡騯騯"。按《毛詩・鄭風・清人》"駟介旁旁",又《小雅・北山》"四牡彭彭",《廣雅・釋言》:"彭彭、旁旁,盛也。"

《古文字研究》1,頁 243

○朱德熙、裘錫圭(1979)　　《詩・小雅・北山》又《大雅・烝民》:"四牡彭彭。"《説文》引作"四牡騯騯"。"汸汸、彭彭、騯騯"並同。

《朱德熙古文字論集》頁 105,1995;原載《文物》1979-1

○徐中舒、伍仕謙(1979)　　"四駐汸汸",甲骨文牡字,有許多異文。从羊作,从豕作,从牛作。此處从馬作駐,即牡之異文。汸,音傍。《詩・小雅・車攻》:"四牡龐龐。"龐與傍俱並母,又東陽合韻,當爲同音字。

《中國史研究》1979-4,頁 93

○陳邦懷(1983)　　汸　讀爲騯　右下有重文符　圓壺　四駐汸汸
　　按,《説文》方部方字或文作,"从水"。壺銘借汸爲騯,同部音近。

《天津社會科學》1983-1,頁 65

沴　沴

曾侯乙 177　　曾侯乙 214　　郭店·成之 35　　上博四·逸詩·交交 1

○裘錫圭、李家浩（1989）　　（編按：曾侯乙 177）沴。

《曾侯乙墓》頁 499

○黃錫全（1995）　另一幣文作，幣身下部及右半部是否有字，難以確定。從殘存的這個字形分析，右旁所從之應是水形。左形的，經仔細審視拓片，當是从“刃”。沴即沴之省，亦即後來之“梁”字。《説文》正篆就作沴。金文中的沴、梁、粱等字，从刃，也省从刃、刀，作下舉之例：

沴其鐘　　　曾伯霽匜　　仲叔父盤　　曾侯乙簡 177 號

伯沴其盨　　叔家父匜　　大梁鼎

陳公子甗　　伯公父匜　　方足布

　　幣文的沴與陳公子甗、伯沴其盨及大梁鼎、方足布、曾侯乙簡等“沴”形類似。《説文》之“沴”，即由戰國文字“沴”形而來，乃沴省，與幣文類同。

　　《説文》沴爲水名。《集韻》《類篇》沴下引《説文》有“出上黨”3 字，今本脱。沴即梁之本字，後从木作。梁（沴）水出上黨，其地在今山西長子縣東。《水經注·濁漳水》：“梁水出南梁山，北流至長子縣故城南……又北入漳水。”布文之沴（梁）可能就是指梁水一帶。此地與其南之泫氏、泫水相去不遠，春秋時均在趙氏勢力範圍之内，而且其字不从木或邑作，可能就是專指梁水一帶，《説文》之沴應來源有據。當然，考慮到此幣缺去右半，也存在“沴某”或“某沴”的可能性。問題的解決，還寄希望於今後完整的實物面世。

《先秦貨幣研究》頁 15—16，2001；原載《舟山錢幣》1995-4

○張鐵慧（1996）　沴：簡 177、214 有字作：“、”，釋文隸作“沴”，《考釋》謂：“石沴人，職官名。”按字應釋作“梁”。《説文》：“梁，水橋也，从木从水，刃聲。”“梁伯戈”“梁”字作“”，與上揭簡文“、”近似。“刃”所從之兩點後省成一點。《金文編》引梁字形體作：

沴其簋　　沴其鐘　　伯沴其盨　　陳公子甗

　　按容庚先生認爲“沴”即“梁”字所从，其説可信。“梁”字早期形體當爲从水刃聲的“沴”，水旁爲形符，後又增加一個形符木作“梁”，這種附加形符的現象在古文字中常見。朱芳圃謂:"上揭奇字,从水卭聲,當爲'梁'之本字,《説文·木部》梁,水橋也,从木从水,卭聲,按梁爲氼之後起字,橋以木爲之,故增木爲形符,當云从木氼聲,陳公子甗銘借爲稻粱之粱。"由此可見,氼、梁、粱之間的分化途徑如下:

> 氼──梁(加木爲橋梁之梁)
>
> 粱(加米爲稻粱之粱)

簡文云:"石梁人馴₌"(177 簡)"所嬻石梁諫嬻粗新田之盅"(214 簡)。按"石梁人"爲職官名,《詩·衛風·有狐》"有狐綏綏,在彼其梁",《毛傳》曰:"梁,石絶水曰梁。"《詩·小雅·何人斯》:"胡逝我梁,不入我門。"《正義》曰:"梁,魚梁也。"《禮記·王制》"獺祭魚,然後虞人入澤梁",《正義》曰:"取物必順時候也,梁,絶水取魚者。"《詩·小雅·鴛鴦》:"鴛鴦在梁,戢其左翼。"《鄭箋》云:"梁,石絶水之梁。"按梁當如今之魚壩,以石攔水以便捕魚,簡文中的"石梁人"即指管理魚壩的官。

《江漢考古》1996-3,頁 72—73

○**何琳儀**(1998) 氼,从水,卭聲。疑梁之省文。見梁字。

隨縣簡"石氼",地名。

《戰國古文字典》頁 698

○**李守奎**(2003) "🐟"字从字形上看,釋爲"氼"沒有問題。"氼"字也見於《説文》,但簡文"石氼人"讀爲"石梁人"似更順暢。我們再補充兩個"卭"訛作"刃"的例子。

郭店楚簡《成之聞之》35 號簡有"櫷氼竫舟"四字,裘錫圭先生讀爲"津梁爭舟"。上博簡《魯邦大旱》"飯粱食肉"之"粱"寫作"🐟",亦可證。

《第四屆國際中國古文字學研討會論文集》頁 506

○**馬承源**(2004) "氼",讀爲"梁"。按第二、第三簡句"交交鳴鶯(烏),集于中渚","交交鳴鶯(烏),集于中溝",首句所缺之文補足應爲"交交鳴鶯(烏),集于中梁",本簡端僅存"梁"字。《詩·邶風·谷風》"毋逝我梁",《詩經集傳》:"梁,堰石障水而空其中,以通魚之往來者也。"《衛風·有狐》:"有狐綏綏,在彼淇梁。"

《上海博物館藏戰國楚竹書》(四)頁 174

○**李守奎、曲冰、孫偉龍**(2007) "氼"之訛省,與《説文》之"氼"同形。

《上海博物館藏戰國楚竹書(一──五)文字編》頁 511

○**季旭昇**(2007) "梁"有二種:橋梁和魚梁。《上博(五)·鮑叔牙與隰朋之諫》簡1:"十月而徒秢(梁)成,一之日而車秢(梁)成。"即是橋梁。人走的橋梁叫徒梁,簡單而原始的徒梁,只要堆放石頭,人履石而過就可以了,在石頭閒放魚筍就可以捕魚,所以簡單的徒梁和魚梁構造差不多,本詩的"梁"應該類似這一種。

《古文字與古代史》1,頁 488—489

△按　曾侯乙簡用爲地名,郭店《成之聞之》簡 35"津汋爭舟"、上博四《逸詩·交交鳴鶯》簡1"[中]汋",皆讀爲隄堰義之"梁"。

汐

上博三·周易 9

○濮茅左(2003)　"海",《説文·水部》:"海,天池也,以納百川者。""又(有)孚海缶",以喻著信立誠,若海若缶,能納來者,皆與相親而無偏。

《上海博物館藏戰國楚竹書》(三)頁 149

○廖名春(2004)　《玉篇·水部》:"海,大也。""海"有大、富義,故能與"盈"義近互用。

《周易研究》2004-3,頁 12

○何琳儀、程燕(2005)　△,原篆作:

其與"海"比較,迥然不同。此字的辨認關鍵在於右旁,起初我們懷疑右旁可能是"歹",但檢索楚簡中從"歹"旁之字多作:

殤 隨縣 172　殜 天星

死 包山 151　斃 包山 267

從中不難看出,△之右旁與"歹"形有別:△之右旁中閒的豎畫是一筆貫下,而"歹"則是分兩筆寫成,或連或斷。另外,馬王堆帛書本和今本皆作"盈"。"歹",疑紐月部,"盈",喻紐耕部。考慮二者聲韻皆有相當距離,訓詁也無必然聯繫。所以便放棄這一思路,而另闢蹊徑。

按,△左從"水",右從"企",字書未見。其"企"旁所從"人"形特別之處在於,"人"的右側加一斜筆做羨畫,有學者認爲是"人的變形",這一現象參見:

長 璽文 9.7　夏 璽文 5.11

脃　【字形】璽文附34　　及　【字形】中山王鼎 12

　　△所從"人"旁之下頗似"女"形,其實不然。這一部件乃"止"旁。古文字"人"形往往在其下加"止"形(包括訛變似"人"形者,諸如"備、禦"一類字等,也在豎筆上加"止"形),這類由"止"形(包括豎筆)訛變爲"女"形的現象,在商周文字中習見,例不贅舉。在晚周文字中也不乏其例:

其　【字形】配兒鉤鑃(27)　　埶　【字形】配兒鉤鑃(206)　　蒐　【字形】中山王圓壺(64)

褑　【字形】中山王鼎(98)　　夙　【字形】中山王鼎(235)　　棱　【字形】石鼓·作原(406)

醜　【字形】侯馬352　　　　埶　【字形】郭店·語三51　　　備　【字形】郭店·語一94

禦　【字形】郘豆(1529)

　　總之,從字形上分析,釋△之右旁爲"企"是有根據的。按通常慣例,△是一個從"水","企"聲的形聲字。

　　從讀音上考查。按照傳統先秦聲韻系統歸類,"企"應屬溪紐支部(《廣韻》"丘弭切")。然而,根據《說文》"企,舉踵也,從人,止聲"以及《集韻》"企,舉踵也,或作跂。章移切"等資料,可以判斷"企"應有兩種讀音,即牙音和舌音。此簡的"△"似應從《說文》所謂"止"聲和《集韻》的反切,將聲紐歸舌音。今本"盈"聲紐亦屬舌音。因此,"△"與"盈"聲紐相同,韻部爲支耕對轉。《釋名·釋形體》:"頯,傾也。"此乃聲訓。頯,支部;傾,耕部,支耕對轉。傾、盈同屬耕部,亦可相通。《老子》二章,"高下相傾",馬王堆帛書甲本、乙本"傾"均作"盈"。可資參證。"頯"之通"傾",猶"企"(或作"跂")之通"盈"。交相驗證,音理契合。

　　綜上所述,△是從"水","企"聲的形聲字,由於支耕陰陽對轉(均屬舌音),故於今本作"盈"。

　　　　　　　　　　　　　　　　　　　　　　　　《江漢考古》2005-4,頁76

○**楊澤生**(2004)　9號簡:"初六:有孚比之,無咎。有孚【字形】缶,終來有它,吉。"與此對應的文字,今本作"初六:有孚比之,無咎。有孚盈缶,終來有它,吉"。帛書本作"初六:有復比之,無咎。有復盈缶,終來或池,吉"。簡本與今本和帛書本均有不同,很值得研究。【字形】字整理者濮茅左先生釋作"海",說:

　　　《說文·水部》:"海,天池也,以納百川者。""又(有)孚海缶",以喻著信立誠,若海若缶,能納來者,皆與相親而無偏。"冬(引者按,簡文實爲“終”字古文)迻又它吉”，讀爲“終來有它吉”，有它來之吉。

整理者解“終來有它吉”爲“它來之吉”本自孔穎達《周易正義》；但“它”字學者一般解作“變故”，如李鏡池先生釋“有它”爲“有變故”，周振甫先生翻譯此句説：“得寶充滿瓦器，最後有別的變故，也吉。”這兩種主要説法其實都不盡人意。對於前一説，上文所謂“盈缶”或“海缶”應該是好的事情、吉利的事情，爲什麼還要説“終來有它吉”呢？對於後一説，既然最終有不好的變故，爲什麼還要説是“吉”的呢？難怪朱熹在《朱子語類》卷六十七中老實地説：

> 其中言語亦煞有不可曉者，然亦無用盡曉。蓋當時事與人言語，自有與今日不同者。然其中有那事今尚存，言語有與今不異者，則尚可曉爾。如“利用侵伐”，是事存而詞可曉者。只如比卦初六“有孚比之，無咎。有孚盈缶，終來有他吉”之類，便不可曉。

現在回到　字上來。廖名春先生從整理者釋，並引《玉篇·水部》“海，大也”，説“海”有大、富義，故能與“盈”義近互用。何琳儀、程燕先生則説：

> 原篆與“海”不似，疑从“水”，“企”聲。《説文》“企，舉踵也，从人，止聲。去智切。”《集韻》“企，舉踵也，或作歧。章移切。”然則“企”可能有兩種讀音，此簡的“△”疑從《集韻》的讀音，聲紐屬舌音。今本“盈”聲紐亦屬舌音。因此，“△”與“盈”聲紐相同，韻部由支耕對轉。

其指出　字與“海”不似顯然是很對的，但認爲右旁爲“企”仍然有較大出入。楚簡从“歺”之字作如下之形：

殤：　殉：　殆：　殜：　死：　殂：

可見　字當从“水”从“歺”。“歺”和“曷”分別爲疑母月部字和匣母月部字，它們韻部相同，聲母相近，所以“沙”字有可能是《説文·水部》訓爲“盡也”的“渴”字的異體。當然，現在“渴”字的本義改用“竭”字來承擔了，所以簡文“沙”可直接讀爲通行字“竭”。而簡文“它”應讀作帛書本“或池”的“池”，“或池”的“或”則讀爲“有”。《淮南子·本經》：“焚林而田，竭澤而魚。”高誘注：“竭澤，漏池也。”《左傳·宣公十二年》：“否臧，且律竭也。盈而以竭，夭且不整，所以凶也。”“竭缶”當是説缶裏無水，應該是不好的事情。《詩·小雅·無羊》：“或降于阿，或飲于池。”“終來有池”正可解“竭缶”之困，所以説“吉”。

雖然這樣解釋是文從字順的，但由於帛書本和今本爲何變作“盈”字我們仍然感到難以索解，所以我們的看法也不一定對，希望大家批評指正。

《古典傳統與自由教育》頁184—185

○**何琳儀、程燕、房振三**（2006）　△，原篆作：

其與“海”比較，迥然不同。學者或從整理者讀，認爲“海”有大、富意，故能與“盈”義近互用，或以爲其右旁所從即“歺”字，認爲“歺”和“曷”分別爲疑母月部字和匣母月部字，它們韻部相同，聲母相近，所以“汖”字有可能是“渴”的異體，並將簡文“汖”讀爲“渴”，“竭缶”當是説缶裏無水。按，其説有改字解經之嫌，似值得商榷，但其認爲簡文該字右旁所從爲“歺”則可從，只是文中所舉古文字形體尚不夠充分證明其説，現補充數例。

檢楚簡中從“歺”旁之字多作如下之形：

殤　[圖]隨縣172　　殜　[圖]天星　　死　[圖]包山151

這當是常見形體，但也有作以下形體者，如：

殃　[圖]　　殆　[圖]

殍　[圖]天星卜　　　[圖]望山1.125　　　[圖]新蔡甲三174

喪　[圖]上簡·民14　　　　　斃　[圖]包山267

以上這些字所從的“歺”旁與簡文△所從右旁的區別，僅在於其上部分叉形上的一撇或在左或在右，這種情形可參以下“及”與從“及”之字上部的變化：

及　[圖]中山王鼎12

返　[圖]上簡·民12　　[圖]包山122　　[圖]郭店·老乙7　　[圖]新蔡零6

從中不難看出，“歺”上部分叉形上的一撇或左或右並無區別，因此簡文△確當隸作“汖”，從“水”從“歺”。《龍龕手鑒·水部》有“汖”字，是“汐”字異體，《字彙補·水部》以爲是“汐”字之訛，當與簡文無關。

按，“汖”相當於字書之“洌”。“洌”，來紐月部；“泄”，心紐月部，二字疊韻。典籍從“列”與從“世”之字多相通假，如《漢書·鮑宣傳》“男女遮迣”，顏注：“迣，古列也。”《漢書·禮樂志》“迣萬里”，顏注引晉灼曰：“迣，古迾字。”《説文》：“迣，迾也。晉趙曰迣。从辵，世聲，讀若寔。征例切。”（2下6）“泄”從“世”得聲，“世”，透紐；“盈”，喻紐四等（古歸定紐），二字爲雙聲。

“泄”訓“溢”，參《廣韻（編按：當爲“廣雅”）·釋言》“泄，洮（溢）也”。“盈”亦訓“溢”，《周易·坎》：“九五，坎不盈。”虞翻曰：“盈，溢也。”

綜上所述,簡文从"水、彳、氵"與"盈"音義均通。故今本作"盈"。

○陳劍(2006)　明白了"盈"字中所謂"及"就是"企"字的變形,則"盈"當分析爲从"皿"从"及(企)聲",是從"器滿則盈"角度爲"盈"義造的字;"汲"當分析爲从"水"从"及(企)聲",則是從"水滿(器)則盈"角度爲"盈"義造的異體字。從讀音上來説,前引何琳儀、程燕先生之説已指出"企"與"盈"韻部係支耕對轉。其聲母,"盈"是余母,"企"是溪母,余母字从溪母字得聲之例如"潁"和"穎"从"頃"聲,"閻"和"焰"从"臽"聲等。從文字通假方面觀察,"企"或與"畦"相通,《龍崗秦簡》簡 120:"侵食道、千(阡)陌,及斬(塹)人疇企(畦),貲一甲。"而从"圭"聲的跬步之"跬"字,古書常常寫作"頃",又或作"蹞"(《會典》第 445 頁【跬與頃】條、又第 53—54 頁【頃與跬】條);从"奚"聲的"謑"與間接从"圭"聲的"謹"爲一字異體,而《禮記·孔子閒居》和《孔子家語·論禮》的"傾耳而聽之",《上海博物館藏戰國楚竹書(二)·民之父母》簡6作"奚耳而聽之","奚"通"傾"。綜合以上情況看,"企"作"盈"的聲符從讀音來説是合適的。

○黃錫全(2006)　帛書本作"有復盈缶"。今本作"有孚盈缶"。整理者釋爲"又(有)孚海缶",認爲"以喻著信立誠,若海若缶,能納來者,皆與相親而無偏"。

第三字,或認爲與"海"不似,疑从"水","企"聲,與"盈"音近相通。或認爲从"水"从"氵",有可能是"渴"字的異體,疑讀爲"竭","竭缶"是説缶裏無水。

今按:簡文第三字似海非海,或表示疑問是很有見地的。我們認爲,此字右旁从"晏","嬰"字从之。如下列"嬰"字:

王子嬰次爐　　古陶文　　璽彙 5350　　璽彙 2360　　信陽楚簡 2.15　　周易簡

簡文⿰字所從的晏,與上舉陶文、古璽、金文所從類似,當爲⿰之分離形。説不定就是从⿰形,目前所見不過是上部墨迹脱落所致。同簡的"來"字中閒就脱去一些墨迹,致使中閒豎筆不清。晏,影母元部。嬰,影母耕部。讀音相近。如《左傳·僖公元年經》:"公敗邾師于偃。"《公羊傳》偃作纓。此字應該隸定爲浸。浸字未見於字書,當爲"瀴"字省作。這種省作,已見於望山、信陽、包山等楚墓出土竹簡的"纓"字,省从晏作⿰(緌)。戰國文字的"安"字,或不从"宀",與此也類似。

《集韻·迥韻》：瀴溁，水貌。《文選·木玄虛〈海賦〉》：“經途瀴溟。”李善注：“瀴溟，猶絶遠杳冥也。”《吳越春秋·句踐歸國外傳第八》：“故溢隄之水，不淹其量，煽乾之火，不復其熾；水靜則無漚瀴之怒，火消則無熹毛之熱。”

瀴與“盈”讀音相近。嬰，影母耕部。盈，喻母耕部。不僅疊韻，而且聲母同屬喉音。如櫻或作荊，荊從刑聲。盈或作形，形從开聲。而形與刑均屬匣母耕部，讀音相同，典籍互作之例極多。因此，瀴、盈音近假借。“又孚瀴缶”，即“有孚盈缶”，或解釋爲“有誠心像裝滿一個瓦罐子那樣充分”。

不過，我們認爲“瀴缶”當讀爲“罌缶”。《山海經·西山經》：“嬰以百珪百璧。”郭注：“或曰‘嬰即古罌字’。”罌缶，指腹大口小的瓶。《漢書》卷三四《韓信傳》：“陳船欲渡臨晉，而伏兵從夏陽以木罌缶度軍，襲安邑。”服虔曰：“以木枒縛罌缶以度也。”韋昭曰：“以木爲器，如罌缶也。”師古曰：“服説是也。罌缶，謂瓶之大腹小口者也。”《三國志》卷五一《宗室傳第六》：“乃詐令軍中曰：‘頃連雨，水濁，兵飲之，多腹痛。’令促具罌缶數百口，澄水。”

如此，簡文“孚”可讀爲“浮”，是以浮力作比。“又（有）孚（浮）瀴（罌）缶，終來有它吉”，其義是説，具有浮力的罌缶，最終會帶來意想不到的吉利（結果或作用）。

《康樂集》頁 40

○李零（2006）　溁，今本作盈，濮注釋海，不妥。海，楚文字多從水從母，與此不同。這個字還值得研究（聲旁爲姓？）。

《中國歷史文物》2006-4，頁 56

△按　季旭昇（《上博三〈周易〉比卦“有孚盈缶”“盈”字考》，簡帛研究網 2005 年 8 月 15 日）將此字與石鼓文“盈”字相比照，認爲該字從水從及，即“水滿”之“盈”的本字。侯乃峰（《説楚簡“及”字》，簡帛網 2006 年 11 月 29 日；《楚竹書〈周易〉釋“溗”之字申説》，《周易研究》2009 年第 1 期）釋爲“溗”，分析爲從水，盈省聲。可從。此字右部所從的“及”，趙平安（《關於及的形義來源》，《中國文字學報》第 2 輯，商務印書館 2008 年；《“盈”字何以從“及”》，《出土文獻》第 6 輯，中西書局 2015 年）、袁瑩（《説“及”字的兩個來源》，《簡帛語言文字研究》第 5 輯，巴蜀書社 2010 年）、何景成（《試釋甲骨文的“股”》，《古文字研究》第 28 輯，中華書局 2010 年）有説。新出清華簡《良臣》篇，秦穆公之賢臣五羖大夫之“羖”作𦚏（簡 7），字從肉，及聲，可爲佐證。溗可分析爲從水，及聲，又作𤅶（《繫年》123），增皿旁。有關討論參卷四肉部“股”字條。

没

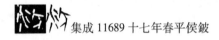鑒印山房藏古璽印菁華 6

△按　周波(《青川木牘"觶"字補議》,《古籍研究》2008 年卷上 25 頁,安徽大學出版社 2008 年)將此字下部所从"又"看成"阜"之古文,釋字爲"澗",不確。袁金平(《利用清華簡考證古文字二例》,《清華大學學報》2011 年 4 期)據楚簡"役"字作𡉈(郭店・五行 45)、𡉈(清華一・耆夜 10),釋作"没",从水,役聲,可從。晉璽"没陽",袁氏讀作"潁陽",在今河南許昌境内,可備一説。關於古文字中的"役",可參趙平安《説"役"》(《語言研究》2011 年 3 期)。

沃

集成 11689 十七年春平侯鈹

△按　《爾雅・釋詁》:"沃,墜也。"銘文"沃",人名。

泝

秦文字集證 205・93

○高明、葛英會(1991)　《説文》所無,《玉篇》:"泝,水名。"

《古陶文字徵》頁 141

○王輝、程學華(1999)　"泝"字水旁作三短橫,具有早期隸書的特點,這種寫法在睡虎地秦簡中比較普遍。

《秦文字集證》頁 320

泪　湘

泪彙 2588　泪彙 2589　泪彙 2025　泪彙 2544

○丁佛言(1924)　湘。古鉨郵湘。即𣲗之省。

《説文古籀補補》頁 48,1988

○何琳儀(1998) 泪,從目(或雙目)從水,會淚水之意。水亦聲。淚之異文。《字彙》:"泪與淚同。"《集韻》:"淚,目液。"

　　晉璽泪,人名。

《戰國古文字典》頁 1234

○施謝捷(1998) 2025 郵𣲙(泪)・郵渲。

　　2544 彊𣲙(泪)・彊沺(濯)。

《容庚先生百年誕辰紀念文集》頁 647、648

洰

璽彙 2595　璽彙 2596

○吳振武(1984) ［三〇三］275 頁,洰,璽文作𣲙,《説文》所無。

　　今按:古璽中從口之字往往在口旁下加兩小橫,如和字作𥁕(26 頁),鳴字作𥁕(88 頁),吠字作𥁕(參本文［二七八］條)。故此字實際上就是從口從水,應和 276 頁咏字條下同列一欄。

《〈古璽文編〉校訂》頁 135,2011

△按　字作氏名,釋讀未詳。施謝捷(《古璽彙考》347 頁,安徽大學 2006 年博士學位論文)釋"泪"。

沖

侯馬 16:24

△按　侯馬盟書用爲人名。

沭

天星觀　　璽彙 0018　　璽彙 0055

○羅福頤(1981)　沭(黍)。

《古璽彙編》頁 3

△按　字從水從禾。《集韻·戈韻》:"沝,水名。"字在天星觀簡和燕璽中均用爲地名,又見於清華簡《繫年》,作(簡 85)、(簡 130),亦爲地名,對應《左傳》之地名作"氾"。

洍　片

上博五·三德 16　陶彙 9·30

○**湯餘惠**(2001)　(編按:陶彙 9·30)泉。

《戰國文字編》頁 763

○**李零**(2005)　(編按:上博五·三德 16)是胃洍:末字的右半是川旁的另一種寫法,參看李零《古文字雜識(五則)》(收入《國學研究》第三卷,267 至 274 頁)。

《上海博物館藏戰國楚竹書》(五)頁 299

○**李守奎、曲冰、孫偉龍**(2007)　(編按:上博五·三德 16)當爲"巛"字。

《上海博物館藏戰國楚竹書(一—五)文字編》頁 511

△按　字之右半,見於朝歌右庫戈"朝"字所從,陳斯鵬指此即"潮"字,可從。陳文謂(《讀〈上博竹書[五]〉小記》,簡帛網 2006 年 4 月 1 日):

疑爲"潮"字。其右旁即下列寫法的"朝"字所從:

盂鼎　　獸鼎　　《窮達以時》5

《昔者君老》1　　朝歌右庫戈

這種寫法的"朝",其實是"潮"字。誠如魏宜輝先生所指出,其右旁也見於《古陶彙編》9.30,作,可見它獨立成字的。其實應即"潮"的象形初文,狀潮水涌動之形,其演變軌迹略如圖示,清晰可辨:

古文給這個"潮"之象形初文加注了朝旦的"朝"之初文作爲聲符,便成了上舉所謂"朝"字(其實是借"潮"爲"朝")。這一系列到了篆文變成了"從倝,舟聲",《説文》以之爲朝旦的"朝"的正字。金文"朝(潮)"字有時還把其中"潮"之象形初文部分換作"川",如:

利簋　　　　矢令方尊

這大概就是造成"潮"的象形初文被誤解爲"川"之異體的原因。其實"朝(潮)"字還可以改從"水"作,如:

盠方彝"廟"字所从　　　陳侯因資敦

後來《説文》"潮"字正篆即承此體。所以不難看出,"潮"之从"川"或从"水",其性質應該是一樣的,就是用一個表示義類的偏旁替換掉其示源偏旁,從而使該字成爲一個純粹的形聲字。

現在回過頭來看《三德》簡16的 字,這顯然是在"潮"的象形初文上增益"水"旁而成,應該還是"潮"字。"潮"之作 和作 ,正好體現了象形字形聲化的兩种途徑。

"潮"爲宵部字,和"樂、嚻"相押是没有問題的。不過按照"潮"字的一般意義,放到簡文中好像不太好講。是否在古人的觀念中,"潮"具有某种特殊的含義呢?比方説,古人是否可能基於對洪潮的認識,而賦予"潮"以災害一類的象徵意義呢?這顯然只能是一種缺乏根據的臆測。所以,筆者懷疑這裏的"潮"字可能還須讀破。"潮"似可讀爲"淖"。"潮"爲定母宵部字,"淖"爲泥母藥部字,聲韻俱近,例可通假。古代"朝"聲系與"召"聲系通,而"召"聲系又常通於"卓"聲系,所以"潮"之通"淖"自屬可能。"淖"本義指泥淖,引申而有污濁、沉溺之義。《廣雅·釋詁三》:"淖,濁也。"《楚辭·七諫·怨世》:"世沈淖而難論兮,俗岭峨而崟嵯。"王逸注:"淖,溺也。"簡文云:"奪民時以水事,是謂潮(淖)。"大概是説:因水事而奪民時,就如同沉溺於污泥之中,是十分危險的。《吕氏春秋》相應的字作"籥",意頗難解,王晶先生認爲"籥"通"淪","淪"有浸漬義。這可能是一種比較合理的解釋。簡文言"淖"、《吕氏春秋》言"淪",取意實有近似之處。

泊

泊 郭店·性自63　 上博二·容成35　 上博四·柬大1

泊 上博四·曹沫54　 上博六·用曰7

泊 信陽2·10

○**郭若愚**(1994)　(**編按**:信陽2·10"泊組之經")泊,同薄。王充《論衡·率性篇》:"氣有厚泊,故性有善惡。"

○濮茅左（2004）　（編按：上博四·柬大 1）"泊"，《集韻》："泊，止也。"《廣韻》同。《增修互注禮部韻略》："泊，止息也。""泊"或通"怕"。（中略）王患疥瘇病，疥瘇病脣燥口渴，奇癢，故也怕乾旱。

《上海博物館藏戰國楚竹書》（四）頁 195

○周鳳五（2006）　（編按：上博四·柬大 1"柬大王泊旱"）祓旱：祓，簡文作"泊"，整理者引《集韻》《廣韻》"止也"爲説；又引《集韻》通作"怕"，以爲"王患疥瘇病，疥瘇病脣燥口渴，奇癢，故也怕乾旱"。按，泊，古音並紐鐸部；祓，幫紐月部，音近可通。祓，除也。《説文》："祓，除惡祭也。"《詩·大雅·生民》："克禋克祀，以弗無子。"鄭箋："弗之言祓也。姜嫄之生，后稷如何乎，乃禋祀上帝於郊禖，以祓除其無子之疾而得其福也。"《周禮·春官·女巫》"女巫掌歲時祓除釁浴"鄭《注》："歲時祓除，如今三月上巳如水上之類。"簡文"祓旱"指舉行祭祀來祓除旱災。

《簡帛》1，頁 121

○張桂光（2006）　（編按：上博四·柬大"柬大王泊旱"）泊旱：原釋文以泊爲止息，以旱爲乾旱，可從。但柬大王臨卜，爲的是禳除、止息旱災，而不是"對身疾的關注"，柬大王的瘵病，是臨卜時因炙於日而激化，才引發影響祭祀的情緒，也才在臣下面前暴露出來的。至於《集韻》"怕，通作泊"之怕，是《説文》所講的"怕，無爲也"的怕，義爲恬淡、無爲，與後世的害怕義無涉，"王患疥瘇病，疥瘇病脣燥口渴，奇癢，故也怕乾旱"云云，實屬誤解。倒是讀"泊"爲"祓"，或可聊備一説。泊爲並紐鐸部字，祓爲滂紐月部字，並滂旁紐，鐸月有旁轉關係，聲韻俱近。《説文》："祓，除惡祭也"《玉篇》："祓，除災求福也。"於義正合。

《古文字研究》26，頁 267

○孟蓬生（2006）　（編按：上博四·柬大 1"柬大王泊旱"）"泊"的"止"義即"停泊"爲後起，"怕"字上古也不用作"害怕"之"怕"，而是"澹泊名利"之"泊"，而上古的"怕"義實際上是由"怖"來表示的。古音"白聲""父（甫从父聲）"相通。《周禮·天官·醢人》："豚拍魚醢。"鄭注："鄭大夫、杜子春皆以拍爲膊。"《老子》："夫禮者忠信之薄而亂之首。"馬王堆漢墓帛書《老子》乙本"薄"作"泊"。本書《曹沫之陳》簡 54："賑（重）賞而泊型。"（279 頁）"泊"即"薄"。字有古今本借而已。此處的"泊"當用爲祭名，實即《周禮》的"䄍"，其法與雩祭或禜祭類似。《周禮·地官·族師》："春秋祭䄍亦如之。"鄭注："䄍者，爲人裁害之神也。故書䄍或爲步。杜子春云，當爲䄍。玄謂，校人職又有冬祭馬步,則未知此世所云蠓螟之步與,人鬼之步與? 蓋亦爲壇位如雩禜云。"孫詒讓《正義》云:"字書醋字無祭神之義,鄭以《黨正》雩禜及漢法約之,知醋亦與人物爲裁害之神也……後世沿襲,遂以醋爲會飲,而失其祭神之義,乃與釀無重複分別,非其本也。"《説文·示部》:"禜,設緜蕝爲營以禳風雨雪霜水旱癘疫於日月星辰山川也。从示,榮省聲。一曰:禜衛使災不生。《禮記》曰:雩禜祭水旱。"本文祭楚簡王爲請命,不惜在烈日下親自祭祀與占卜,因而灼傷之事,簡文稱借故事中人物之口稱"簡王"爲"元君",良有以也。本文主旨似並不如濮先生所説是楚簡王因爲自己有病而舉行祭祀。本簡"泊"字訓釋至關重要,不但有助於我們理解本文的主旨,也有助於我們瞭解古代的醋祭之禮。

《簡帛研究二〇〇四》頁 75—76

△按　"泊"字《説文》未收,《字彙》水部:"泊,與薄同。"馬王堆帛書《老子》甲種:"是以大丈夫居其厚而不居其泊。""泊"讀爲"薄";楚簡"泊"也多表示厚薄之"薄",如上博二《容成氏》簡 35"厚愛而泊(薄)斂"、上博四《曹沫之陳》簡 54"重賞泊(薄)刑",故"泊"或即厚薄之薄之古字。上博四《柬大王泊旱》之"泊"可能表示與求雨被旱有關的動詞,具體如何釋讀,待考。

洵

璽彙 0119　　璽彙 0359

【洵城】璽彙 0119、0359

○**羅福頤等**(1981)　洵城。

《古璽彙編》頁 62

○**吳振武**(1983)　0017 洵城都司徒·洵城都司徒。

　　0119 洵城都丞·洵城都丞。

《古文字學論集》(初編)頁 488、489

○**何琳儀**(1998)　燕器洵,地名。具體地望不詳,應在洵水流域。《水經注·鮑丘水》引《竹書紀年》載梁惠成王十六年:"齊師及燕師戰於洵水,齊師遁。"

《戰國古文字典》頁 348

○**崔恆升**(2001)　洵城小器:"洵成雒。"洵,水名,源出今天津市薊縣北,西南流經北京市平谷縣南,折向東南經河北三河縣東,至天津市寶坻縣東北注入薊運河。泃城即唐武德二年建置臨泃縣,在今河北省三河縣東。

《古文字研究》22,頁 153

弨

璽彙 4120

○**吳振武**(1983)　4120 率□·率□弨。

《古文字學論集》(初編)頁 521

○**吳振武**(1984)　[五二三]419 頁第五欄,弨

今按:此字從水從弓,可隸定爲汚。古璽發字作🔲(《彙》三七一六),彌(強)字作🔲(373 頁第三欄),弨(弓)字作🔲(373 頁第四欄),所從弓旁皆與此字旁極近。者汚鐘中有🔲字(《金》578 頁汚),舊亦隸定爲汚,可參看。汚字不見於後世字書。

《〈古璽文編〉校訂》頁 207—208,2011

△**按**　吳振武摹寫準確,據此,左半所從實爲弖,弖戰國文字習見,故字可隸定爲汜。

泟

🔲包山 55　　🔲包山 164　　🔲包山 172　　🔲包山 183

🔲新蔡甲三 11、24　　🔲新蔡甲三 268　　🔲新蔡乙四 9　　🔲上博四·昭王 1

○**何琳儀**(1998)　泟,從水,正聲。疑湑之省文。《説文》:“湑,茜酒也。從水,胥聲。”

包山簡泟,或作疋。見疋字。包山簡“泟昜”,或作“邼昜”。見邼字。

《戰國古文字典》頁 583

○**白於藍**(1999)　170 頁“泟”字條,“🔲”(81)、“🔲”(172)等六例,即《説文》湑字,胥從疋聲,故湑亦可從疋聲作。

《中國文字》新 25,頁 197

○**賈連敏**(2003)　(編按:新蔡甲三 11、24)宅茲泟(沮)、章(漳)。

《新蔡葛陵楚墓》頁 189

○何琳儀（2004）　（編按：新蔡甲三 11、24）▽，从“水”，从“疋”得聲。“▽章”，又見甲三:268,《釋文》均讀“沮漳”,甚確。“疋”與“且”聲系相通,已見典籍。

《安徽大學學報》2004-3,頁 5

○陳佩芬（2004）　（編按：上博四·昭王 1）死淠之滹:“淠”,疑“湄”之省文,“湄”,盛貌。《詩·小雅·甫田之什·裳裳者華》“其葉湑兮”,毛亨傳:“湑,盛貌。”“滹”,即“滹”或“淳”,《集韻》:“池水名。”池不能爲室,疑假作“附”。《説文·自部》:“附,附婁,小土山也。”《小爾雅·廣詁》:“附,近也。”意爲近死湄之地築室。

《上海博物館藏戰國楚竹書》（四）頁 182

○袁國華（2006）　“淠”字从“疋”得聲,上古音屬疑母魚部;“沮”字上古音屬精母魚部。以上二字上古音皆屬魚部,應有通假的可能,故《新蔡葛陵楚墓出土竹簡釋文》可從。“沮”即“沮水”,位於湖北省中部,發源於今保康縣西南,流向東南方,與漳水匯流,又向南流入江陵縣西部地區,然後注入長江。

《康樂集》頁 124—125

○劉洪濤（2009）　（編按：上博四·昭王 1）“死淠之滹”是楚昭王修建宮室的地方。“滹”原作“滹”,孟蓬生先生讀爲“滹”,訓爲“水邊也”。可從。因此我們懷疑修飾限制它的名詞“死淠”所代表的是水名。董珊先生的釋文在“淠”後括注了“沮、雎”兩個字,“沮、雎”作爲水名代表的是同一條河流,大概董先生認爲“淠”指的是沮水,即今沮漳河。上古音“沮”屬精母魚部,“淠”之聲符“疋”屬心母魚部。二字韻部相同,聲母都是齒頭音,古音相近,所以从“疋”聲之“淠”可以用爲“沮”。新蔡葛陵楚墓竹簡甲三 11+24 號“宅茲沮漳”、甲三 268 號“江漢沮漳”的“沮”即沮水之“沮”同樣寫作“淠”,是其證。昭王時楚國的首都是鄀,位於今湖北江陵縣北。沮水在鄀都西北方不遠,它注入長江之處在與鄀都相鄰的枝江縣（今湖北枝江市東北）,兩地距離很近。昭王在此處營建宮室,又讓所有邦大夫都來參加落成典禮,從距離來看應屬可能。那麼“沮”字前面的“死”字應該如何理解呢？ 如果關於“沮”字的釋讀不誤,應該有兩種可能:1.“死”是“沮”字的定語,起修飾限制作用,那麼“死沮”所表示的應該是一條河水;2.“死”與“沮”没有領屬關係,所表示的是另一個地名,那麼“死沮”所表示的極有可能是兩條水。黄人二先生作後一種理解,認爲“死”是“葬”字之省,據此把“死”讀爲“漳”。我們同意黄先生認爲“死”是一條水名,但不同意他把“死”讀爲“漳”,因爲“死”是“葬”字之省的可能性極小。

《水經·江水二》有下録一段文字："（江水）又東南過夷道縣北，夷水从佷山縣南，東北注之。又東過枝江縣南，沮水从北來注之。又南過江陵縣南。"

這段文字記江水即長江在郢都附近的走向，其中提到了兩個水名"夷水"和"沮水"。沮水在郢都西北方不遠，注入長江之處距郢都很近，上文已述。夷水注入長江之處的夷道縣（今湖北宜都市）在枝江縣正西方與之相鄰，離郢都也不遠，因此我們懷疑"死沮"之"死"應該讀爲"夷水"之"夷"。上古音"死"屬心母脂部，"夷"屬喻母四等脂部。上古音喻母四等同心母關係十分密切，二字韻母又都屬脂部，音近可通。西周金文"夷狄"之"夷"皆用"尸"字表示，而表"司主"義的"尸"或借"死"字爲之。《書·舜典》"一死贄"之"死"，《説文·女部》"娎"字下引作"雉"；侯馬盟書"麻夷非是"之"夷"，朱德熙、裘錫圭先生指出應讀爲《公羊傳》襄公二十七年的"昧雉彼視"之"雉"。此都可證"死""夷"二字確可通用。夷水和沮水都注入江水，它們注入江水的兩個點距離很近，把江水截出一條很短很短的線段。"夷沮之澬"指的應該就是位於這條線段兩側既靠近夷水又靠近沮水的某一塊地。這塊地離郢都很近，所以昭王在這裏建有宮室。

《簡帛》4，頁 171—173

【沨易】包山 124

○劉信芳（2003）　沨：簡 125 作"邔"，125 反作"疋"，疑讀爲"淯"，字或作"育"，《漢志》南陽郡有"育陽"，其地在今南陽市南六十里。

《包山楚簡解詁》頁 115

浄

璽彙 2598

○劉釗（1990）　《文編》附録二六第 10 欄有字作"𣲖"。按字从水从"𠬝"，應釋作"浄"。戰國天星觀楚簡有字作"𦥑"，朱德熙先生認爲"𠬝"即"覓"字，象人戴冠冕之形，或體作弁，即"𡩡"字。按古璽"𣲖"所从之"𠬝"與楚簡"𦥑"所从之"𠬝"形同，故"𣲖"字可釋爲"浄"。浄字見於《集韻》。

《考古與文物》1990-2，頁 47

○何琳儀（1998）　浄，从水，弁聲。《集韻》："浄，導水使平。"

齊璽"洴",讀弁,姓氏。見弁字。

《戰國古文字典》頁 1067

洼

 石鼓文·汧殹

○**强運開**(1935) 薛尚功釋作汗。趙古則音汗。鄭漁仲作瀚。郭云:"籀文洋字。"楊升庵亦釋作洋,均不確。運開按:《正字通》云:石鼓文"洼_趦_",釋作瀚,古借汗字,似爲近之。

《石鼓釋文》乙鼓,頁 12

【洼_】石鼓文·汧殹
○**何琳儀**(1998) 石鼓"汗汗",見《文選·江賦》"溟漭沆漾,汗汗沺沺"。注:"善曰:皆廣大無際之兒。"

《戰國古文字典》頁 993

洱

 璽彙 1085

○**何琳儀**(1998) 洱,從水,耳聲。《集韻》:"洱,《山海經》水名,在羆谷山。"晉璽洱,人名。

《戰國古文字典》頁 75

渎

上博二·子羔 7

○**張桂光**(2004) 第十六字右旁於字形分析,確爲"史"字無疑,所以將它定作"渎"。其字不可確識,大抵有鋪張一類含義。"道不奉壺,王則義不大渎"蓋指遠古帝王之巡狩,不擾民,不鋪張,有君民平等融洽之意。

《上博館藏戰國楚竹書研究續編》頁 40

○**黃錫全**(2004) 至於"渎"字,從水從弁,可釋讀爲"弁",爲喜樂之義。

《詩·小雅·小弁》"弁彼鸒斯",毛傳:"弁,樂也。"是假"弁"爲"盤樂"字。此句是説出遊的先王也不貪圖享樂。《韓非子·十過》記述"昔者齊景公遊於海而樂之",顔涿聚曰:"君遊海而樂之,奈何有圖國者何? 君雖樂之,將安得。"於是齊景公接受了顔涿聚的批評意見。整理者引述《管子·戒》及《晏子春秋·問下四》中有關"先王之遊"的内容來理解此句的意思,無疑是正確的。如果引全《晏子春秋·問下四》的内容則更有説服力。現補引後段如下:" '今君之遊不然,師行而糧食,貧者不補,勞者不息。夫從下歷時而不反謂之流,從高歷時而不反謂之連,從狩而不歸謂之荒,從樂而不歸謂之亡。古者聖王無流連之遊、荒亡之行。'公曰:'善。命吏計公掌之粟,藉長幼貧氓之數。吏所委發廩出粟,以予貧民者三千鍾,公所身見癃老者七十人,振贍之,然後歸也。'"

《上博館藏戰國楚竹書研究續編》頁 459—460

○裘錫圭(2006)　最後附帶提一下"洟"字的問題。上引簡文説:"不逢明王,則亦不大洟。"從文義看,"大洟"之意應與後世當重用大臣講的"大用"相近。上引陳文把"大洟"讀爲"大使",我懷疑也許可以讀爲"大仕"。《論語·公冶長》:"令尹子文三仕爲令尹,無喜色。""仕爲令尹"之類大概就可以算作"大仕"了。

《中國古代文明研究與學術史》頁 108

△按　陳偉讀此字爲"使",可從。陳文謂(《〈上海博物館藏戰國楚竹書(二)〉零釋》,簡帛研究網 2003 年 6 月 5 日):

> 原從" 氵 "從"史"。疑當讀爲"使"。《大戴禮記·衞將軍文子》記孔子語云:"有士君子,有衆使也,有刑用也,然後怒。"盧辯注:"使,舉也。"簡文此句大概是説:不遇明王,也就不能得到重用。《禮記·檀弓上》記孔子説:"夫明王不興,而天下其孰能宗予。"《孔子家語·本姓解》記齊太史子與説:"惜乎,夫子之不逢明王,道德不加於民,而將垂寶以貽後世。"可與簡書對讀。

洓

上博二·容成 26

○李零(2002)　洓,即"伊",伊水。"洓"從水從死,與《説文·人部》"伊"字古文從"死"合。

《上海博物館藏戰國楚竹書》(二)頁 270

○李守奎、曲冰、孫偉龍(2007)　讀作"伊",《説文》"伊"之古文从死。

《上海博物館藏戰國楚竹書(一──五)文字編》頁 512

△按　辭云"禹乃通洬、洛,并里〈瀍〉、澗,東注之河",傳世文獻與"洬"對應的正是伊水。

沀

集成 9734 舒盞壺

○張政烺(1979)　沀,从水,吁聲,蓋汙之異體,在此讀爲宇。《毛詩·魯頌·閟宮》"建爾元子,俾侯于魯,大啟爾宇,爲周室輔",傳:"宇,居也。"

《古文字研究》1,頁 240

○朱德熙、裘錫圭(1979)　"沀"字从"水""吁"聲,銘文讀爲"宇"。《詩·魯頌·閟宮》"大啟爾宇"。

《朱德熙古文字論集》頁 105,1995;原載《文物》1979-1

○陳邦懷(1983)　此沀字从水,吁聲,爲字書所無。"大啟邦沀",讀大啟邦宇,於文理雖通,然字形與宇字毫無近似之處。今捨形以求聲,《詩·大雅·緜》:"聿來胥宇。"胥宇爲疊韻,沀胥爲同音,疑沀字用胥字之胥音,而含有宇義。如謂沀、宇音近亦可。似不如以胥宇解説爲得也。

《天津社會科學》1983-1,頁 67

洀

陶彙 3·874　　三晉 127　　貨系 2287　　貨系 2289

璽彙 2136　文物 1987-6,頁 12

○吳大澂(1884)　　古涿字。許氏説上谷有涿縣。涿字幣。　亦涿字。幣文。　古鉢文。

《説文古籀補》頁 45,1988

○鄭家相(1958)　文曰洮涅金。按洮見昭元年,顧棟高曰:"《後漢志》聞喜有洮水,聞喜今屬山西平陽府。"《水經注》"洮水東出清野山,西合涑川,然則涑水亦洮水之兼稱矣"。此布當鑄於洮水之近地者,故曰洮涅金。在春秋時,洮

屬晉地，此布亦爲晉鑄。

《中國古代貨幣發展史》頁 63

○**裘錫圭**（1978）　　戰國貨幣裏有面文如下的一種方足布：

　　　　（圖）《東亞》4·37　　　　（圖）《彙》元·4·17　　　　（圖）《辭典》258 號

其“水”旁有時挪至上方：

　　　　（圖）《東亞》4·37　　　　（圖）《辭典》259 號　　　　（圖）《發展史》104 頁

前人釋此字爲“涿”（《説文古籀補》63 頁）、“洮、河”或“汝水”（《辭典》下 26
頁），皆難信從。從古印“俞”字看，這個字似應釋作“渝”。

　　《左傳》襄公二十三年經：“八月，叔孫豹帥師救晉，次于雍榆。”《公羊》
《穀梁》“榆”皆作“渝”。《魯語》下載子服惠伯追述此事之語，亦作“雍渝”。
其地在今河南省浚縣西南，戰國時當屬魏。渝布疑即鑄於此處。

　　戰國貨幣裏還有面文如下的一種方足大布：

（圖）《辭典》
197 號　　　　“金”上一字也像是“俞”字省體。這種方足大布，形制跟“涅金”
布（《辭典》243—245 號）和“盧氏涅金”布（321 號）相同，面文應讀爲
“俞涅金”。戰國時韓地有涅，涅金疑是韓國的一種貨幣名稱。盧氏
在戰國時正是韓邑，俞也應是韓邑。據《戰國策》，韓有輸邑。《韓策
三》：“安邑之御史死，其次恐不得也，輸人爲之謂安令曰……”程恩澤《國策地
名考》：“《史記·酈商傳》：‘得俞侯欒布自平齊來。’《索隱》曰：‘俞音歈，縣
名，又音輸，在河東。’疑即此地。”“輸”“俞”音近可通。見於《韓策》的輸可能
就是俞涅金的鑄造地。

《北京大學學報》1978-2，頁 70—71

○**羅福頤等**（1981）　　（編按：璽彙 2136）貨幣文俞作（圖），與此所從偏旁形近，是知此
爲渝字。

《古璽文編》頁 273

○**裘錫圭**（1990）　　戰國古印所見姓氏字中有（圖）字（王常《集古印譜》6·25“（圖）
臡”印）。戰國貨幣中有一種方足大布，面文作“（圖）百涅”（《古錢大辭典》197
號）；又有一種方足布，面文作（圖）（《東亞錢志》4·37）、（圖）（《辭典》259 號）等形
（後一形“水”旁移至上方）。我在《戰國貨幣考（十二篇）·榆次布考》中，根
據榆次布“俞”字所從的“俞”往往寫作（圖）、（圖）等形的現象，錯誤地推測上舉三字
應該分別釋爲“鄃、俞、渝”（《北京大學學報》哲社版 1978 年 2 期 70—71 頁）。
李家浩同志很早就告訴我，他認爲這三個字應該釋爲“郍、舟、汋”。他還説

"舟""州"音同相通,方足大布的"舟"應該指見於《左傳》等書的先屬於周後屬於晉的州邑,"郍"是州邑、州氏的專字。"郍公"陶文在北平皋村出土,證明李說完全正確。(中略)

上面提到的"洀"布的鑄造地,也應該在這裏討論一下,先來看一下古書裏的"洀"字。《管子·小問》"意者君乘駮馬而洀桓",舊注:"洀,古盤字。"這個"洀"是一個會意字。《集韻》平聲尤韻之由切"周"韻有"洀"字。訓爲"水文"。這個"洀"是从"舟"聲的形聲字。李家浩同志疑幣文"洀"跟《管子》的"洀"是一個字,應讀爲陽樊之"樊","洀"布是樊邑所鑄的貨幣(樊在今河南濟源縣)。我疑幣文"洀"是从"舟"聲的形聲字,與"舟"通,"洀"布也是州邑所鑄的貨幣。據《水經注·沁水》,州地有沁水支流朱溝水流經。"州""朱"音近,可能朱溝水本名州水,水名與邑名相因,"朱"是"州"的變音。這個推測如果附合事實,幣文"洀"字就應該是州水的專字,跟《集韻》"洀"字只是偶然同形。州邑既瀕州水,所鑄貨幣當然可以用"洀"作地名字。

《慶祝徐中舒先生九十壽辰論文集》頁 11—13

○**何琳儀**(1992)　《貨系》2283—2289 著録六品方足布,銘文一字。舊釋"涿、洮、溓、河"或"汝水"。近或釋"渝"。

舊釋均不可信,唯釋"渝"說較爲合理,學者多從之。其實《貨系》962 已有標準的"榆"字作榆,从"木"从"俞"。"俞"从"余"从"舟"。"俞"雖从"舟",但與"舟"畢竟不同。圖 4 从"水"从"舟",自應釋"洀"。

"洀",殷周文字均讀"盤",見《管子·小問》;戰國文字則讀"舟",見《集韻》"之由切"。戰國文字"洀"習見。例如古璽"洀汕"(《璽彙》0363),即"朝鮮",參《史記·朝鮮列傳》集解。洀州矛"洀州"(《河北》92)、燕王職戟"洀塱"(《文物》1982 年第 8 期圖版捌),均應讀"郍州",見《水經注·灅水》陽原縣故城南"北俗謂之郍州城"。"郍"又見邢丘所出陶文"郍公",或謂"郍無疑是州邑之州的同音字"。按,"郍"讀若"州",上引"郍州"的釋讀則頗難解釋。因此,筆者懷疑方足布"洀"與陶文"郍"均應讀"舟"。

檢《國語·鄭語》:"十邑皆有寄地。"注:"十邑,謂虢、鄶、鄔、蔽、補、舟、依、柔、歷、華也。後桓公之子武公竟取十邑之地而居之,今河南新鄭是也。賈侍中云:寄地,猶寄止也。"《路史·後記》四:"伊、列、舟、駘、淳、戲、怡、向、州、薄、甘、隋、紀,皆姜國也。"又:"州,杞滅之;舟、駘、戲、薄,至周猶在列。"此"舟"與"州"爲兩個截然不同的國名的明證。"舟"的地望雖不能確指,但據《國語》韋昭注應在今河南新鄭附近。新鄭與邢丘不遠,戰國均屬韓境,因此

“邢丘”與“郞公”陶文出土同一遺址也就容易理解。

　　另外,鋭角布“舟百涅”(《貨系》1220)之“舟”,也是新鄭附近古國名,詳見另文。

　　總之,方足布“洀”即典籍之“舟”,爲古國名,戰國屬韓境。

　　　　　　　　《古幣叢考》(增訂本)頁98—99,2002;原載《陝西金融·錢幣專輯》18

○黃錫全(1993)

2283—2289		渝	洀(舟)	河南温縣東北	韓	方

　　　　　　　　　　　　　　　　《先秦貨幣研究》頁355,2001;
　　　　　　　　　　　原載《第二届國際中國古文字學研討會論文集》

○張頷(1995)　　關於朔縣秦漢墓出土銅印的第二個“䀏”字,《簡報》釋爲“海”字也是錯誤的。此字在戰國貨幣文字中常見;其字有“𣶒、𣶒、䀏、𣶒”諸形。過去譜録家皆釋作“涿”或“洮”字,但大部分人偏向於“涿”字。近年出版的《先秦貨幣文編》中隸定並列作“涿”字條。但此字實非“涿”字而是“渝”字。拙著《古幣文編》中把此字和貨幣文字中的“𣶒、𣶒、𣶒、㧁、𣶒、𣶒、𣶒”諸字形及其演變關係作了比較,從而認定此字確爲“榆”字,其詳細論説見拙作《貝丘布文字辨正》(中國古文字研究會第六届年會論文)。“䀏、榆”二字只是从水从木不同而已。在《古幣文編》中把“䀏、𣶒”諸形列爲“渝”字,《古璽文編》中也認定“䀏”字即“渝”字,並注説“貨幣文‘俞’作‘𣶒’”,與此所从偏旁形近,是知此爲‘渝’字”云云。

　　　　　　　　　　　　　　　　　　　《張頷學術文集》頁143

○何琳儀(2002)　　“洀”(2284),讀“舟”。《國語·鄭語》:“十邑皆有寄地。”注:“十邑,謂虢、鄶、鄢、蔽、補、舟、依、柔、歷、華也。後桓公之子武公竟取十邑之地而居之,今河南新鄭是也。”在河南新鄭附近。韓方足布“洀”與鋭角布“舟”(1220)應是一地。

　　　　　　　　　　　　　　　　　　　《古幣叢考》(增訂本)頁204

潑

秦陶1342

○何琳儀(1998)　　潑,从水,㹜聲。滕之省文。(中略)秦陶潑,人名。

　　　　　　　　　　　　　　　　　　　《戰國古文字典》頁149

汖

郭店·唐虞 17　　璽彙 3688

○**何琳儀**（1998）　（編按：璽彙 3688）汖，从水，求聲。《集韻》：“汖，水名。”燕璽汖，姓氏。

《戰國古文字典》頁 179

○**裘錫圭**（1998）　（編按：郭店·唐虞 17）疑讀爲“求”。

《郭店楚墓竹簡》頁 159

○**周鳳五**（1999）　（編按：郭店·唐虞 17）述乎大人之興微也：述，簡文从水旁作“汖”，《郭簡》依形隸定而無説，裘錫圭以爲“疑讀爲求”。按，當讀爲“述”，《詩經·周南·關雎》“君子好述”傳：“述，匹也。”簡文本句連下讀，“述”字在句中有比擬、相較之意。“大人之興微”，指虞舜自庶人登爲天子。虞舜出身微賤，古籍所言僉同，如《尚書·舜典·序》：“虞舜側微，堯聞之聰明，將傳嗣位。”僞孔傳：“爲庶人，固微賤。”《史記·五帝本紀》：“自從窮蟬以至帝舜，皆微，爲庶人。”簡文謂舜“居草茅之中”亦是此意。《郭簡》讀微作“美”，於“興”下讀斷，作“汖乎大人之興，美也。”雖似可通，但“汖”字費解，且與下文“今之式於德者”云云無法連貫，似不可從。

《史語所集刊》70 本 3 分，頁 753

淏

秦陶 1036

○**高明、葛英會**（1991）　《説文》所無，《集韻》：“淏，音吾，人名。”

《古陶文字徵》頁 143

涅

郭店·老甲 16　　上博三·互先 4　　上博六·用曰 8

貨系 1226　　先秦編 225　　集成 9607 休涅壺　　包山 149　　上博六·競公 9

文博 1987-2,頁 53 六年邙相鈹　　璽彙 0815　　珍秦·戰 95

○**吳大澂**(1884)　　涅。金幣。《水經注》涅陽在西北岐棘山東,春秋屬鄧國,戰國秦穰邑。

或省作涅。盧氏涅金幣。

《説文古籀補》頁 44,1988

○**鄭家相**(1958)　　文曰涅金。按此布不著地名,僅著涅金二字,蓋近洮之地所鑄,而省去洮字者。近洮之地,鑄涅金布爲常,增一洮字爲變,此今世所以洮涅金布爲僅見,而涅金布則尚多也。

《中國古代貨幣發展史》頁 63

○**裴錫圭**(1978)　　戰國貨幣裏還有面文如下的一種方足大布:

《辭典》
197 號

“金”上一字也像是“俞”字省體。這種方足大布,形制跟“涅金”布(《辭典》243—245 號)和“盧氏涅金”布(321 號)相同,面文應讀爲“俞涅金”。戰國時韓地有涅,涅金疑是韓國的一種貨幣名稱。盧氏在戰國時正是韓邑,俞也應是韓邑。據《戰國策》,韓有輸邑。《韓策三》:“安邑之御史死,其次恐不得也,輸人爲之謂安令曰……”程恩澤《國策地名考》:“《史記·酈商傳》:‘得俞侯櫟布自平齊來。’《索隱》曰:‘俞音歈,縣名,又音輸,在河東。’疑即此地。”“輸”“俞”音近可通。見於《韓策》的輸可能就是俞涅金的鑄造地。

《北京大學學報》1978-2,頁 71

○**何琳儀**(1989)　　銳角布

盧氏百涅　《古錢》三二一,河南盧氏

俞(輸)百涅　《古錢》一九七,山西夏縣

百涅　《古錢》二四三

“涅”,原篆作“涅、涅”等形,舊釋“涅”,非是。“涅”作“涅、涅”等形,與“涅”有別。《集韻》:“涅,通流也。”其音義與“盈、贏”同。故“百涅”應是貨幣流通的吉語。

《戰國文字通論》頁 109

○**黄錫全**(1997)　　二布報告均釋爲“涅金”(圖 9、10)。按:第一種作涅金,一正一倒,不知何故。第二種作涅全,與前者形體有別。第一種與方足布中的涅字作涅或涅、涅形同。“涅金”當是鑄行於涅地或以涅地命名的金屬貨幣。

第二種則與大型鋭角布文形同。如將此字釋爲涅,則鋭角布文"盧氏全𨧨、舟全𨧨"頗爲費解。盧氏在河南洛陽西南盧氏縣境,舟可能在沁陽縣南或鄭州附近,而涅在今山西武鄉西北,相距遙遠。將不同的地名並列一幣,古幣文中罕見。考慮到種種原因,而且稷山所出布文仍有區別,故我們暫從何琳儀先生的意見,將第二種釋讀爲"百涅",即"百盈",爲貨幣流通的吉語。當然,這個問題還可以再討論,稷山出土的材料無疑是非常重要的。

《先秦貨幣研究》頁 21,2001;

原載《第三屆國際中國古文字學研討會論文集》

○**唐友波**(2000)　1997 年第 2 期《中國錢幣》朱華《山西稷山縣出土空首布》一文,發表了 1995 年 6 月在山西稷山出土的空首布新材料。這批新發現的空首布,雖然形制一致,均爲小型耸肩平襠空首布,但數量多,特別是有面文的多,面文的種類也十分豐富,其中有不少是首次的新發現。這批新材料對於晉國錢幣及其相關問題的研究,無疑具有十分重要的意義。本文僅就其中有關"金涅"的材料,提出個人的意見以供討論。爲方便起見,先將該批材料中有關的三枚取録如下。

　　圖一、圖二兩枚幣文,朱華文均釋作"涅金",並認爲"開創了三晉涅字布的先河"。黄錫全在其《山西稷山新出空首布文初探》一文中,認爲該二枚布的面文應分別釋作"涅金"和"百涅(盈)"。

　　以往所知的是單字"涅"平首方足小布,二字以上的均爲大型平首鋭角異形布(參見圖四、圖五、圖六),傳統的釋法分別爲:"涅金、洮涅金、盧氏涅金"。其中圖五幣文之首字今有釋"俞"、釋"舟"者,當以釋"舟"爲是,此不贅述。想稍作展開的是關於舊釋"涅金"二字的釋讀。

　　今天看來,已經很清楚的是,"涅金"這樣的讀序是無法成立的。第一,如果"涅金"是"傳形"的讀法,則圖六應讀"涅金盧氏",而非"盧氏涅金";圖五則更會出現"涅舟金"的讀法。傳統的解釋是:圖四爲"左讀",圖六爲"四字左右讀",圖五就不予解釋了(參見《古錢大辭典》有關條目)。所以説一比較就會發現傳統讀法之混亂。第二,"涅"作爲地名來讀,僅二字者尚可説解,"盧氏、舟"也是地名,"豈有一面有關聯的三四字之中出現兩地之理"? 故後來有右讀爲"金涅",並解作"金化"者,謂其"猶言金屬貨幣之義"。近年來有古文字研究者對之提出了新的釋讀:"百涅(盈)",或"百涅"。引起這一改釋的動因是,新出中山王器中有"百"字的寫法和"金"字相同,因而使許多原釋"金"而不得其解的"百"字獲得了確釋。但是並不能因此而矯枉過正,凡

"金"字皆釋作"百"。比如本應無疑義的"玄金"布,被釋爲傳形的"百邑"。本文所論者自然就被釋爲"百涅",但是又不能通其義。於是又有釋"涅"爲"涅",解作"百通",比之以刀背的"大行";或解作"百盈",與唐代府庫稱"百寶大盈庫"相對照。我們認爲這種解説比較牽強。"大行"乃即墨刀之背文,單純以此種詞語作爲幣面正文的尚未見之,至於以唐代入藏"非正額租庸"的帝皇私用府庫之名來比附,就令人更覺費力了。

稷山新出的材料,對"金涅"問題的解決提供了不少的幫助,茲縷析於下。

首先,釋"百"不妥,應釋"金"。從圖二我們可以看出全字左邊有十分清晰的兩點,此爲釋"金"的確證。圖下所列金文和幣文的"金"字可以參照。

第二,幣文讀序應爲"金涅"而非"涅金"。從圖一和圖二的比照來看,圖一之"涅"爲倒書,則幣文右讀甚爲明白,讀"涅金"不誤,但圖二不僅字序不同,且"涅"字書法有異,可能是有意爲之者,説詳下。所以二者不應視作同一幣文來讀。

第三,既然幣文第一字爲"金",則或釋第二字爲"涅"就很難通讀了,所以幣文的第二字仍應釋作"涅"。反對釋"涅"的主要理由是:"涅"從"日"而"涅"從"口",鋭角布此字應從"口"。我們知道,戰國文字中'日''口'互混的情況很多,特別是口(包括形近的曰、白)訛作日者不勝枚舉,就是日訛作口(曰、白)形者亦不在少數,如易有作𦥑(《三代》20、57、4)、昌有作𣎴(《璽彙》0178、2159、4998)、習作𦏵(望山 M1 簡)等,甚至甲骨文時代就有將"明(朝)"寫成𦥯形者(《乙》6150),雖然早期這種情況不多,但其充分説明了"日"字訛化的可能,如上引"習"字,甲文從日,後經訛變,至許慎的《説文》就誤以爲"從白(自)"的字了。

再來看《古幣文編》中所收"涅"字的情況,其所收該字異體甚多,來源於兩種不同形制的布幣:

A 欄來源於方足小布,銘文一字,B、C 二欄均來自大型鋭角異形布,其中B 欄爲二字式(見圖四),C 欄來源於二字以上者(三字式和四字式,見圖五、圖六)。此處轉錄的原則是:選取《文編》所收各類中不同"日"字的寫法爲代表,並以出現頻數多少爲序,多者列前,少者列後。通過比較可以看出,A 欄和B、C 欄是存在一定的差別,正如稷山新出布中圖一和圖二同出而有所差別一樣。但是,同時我們又會發現:A6 和 B1、B3、C2 没有什麽不同,A4 和 C3 也是一樣的,而 B4 和 C4 則是明明白白的從"日"。同時,B5 如果不加以比勘的話,其從"日"還是從"口"都是無法確認的。可見戰國文字特別是幣文訛化之程度。因此,我們以爲 B、C 二欄之字釋爲“涅”並無根本的障礙。

我們認爲 A 欄與 B、C 欄之所以有差別,其原因在於 B、C 欄的“涅”可能一開始就是作爲借字在用的。

《説文》:“陧,危也……賈侍中説:陧,法度也。”段注:“陧與臬雙聲。臬者,射準的也,有法度之意。”《廣雅·釋詁一》:臬,“法也”。王念孫疏證:“凡言臬者,皆樹之中央,取準則之義也。文六年《古(編按:“古”爲“左”之誤)傳》‘陳之藝極’,杜預注云:‘藝,準也。’藝與臬古聲義並同。”《考工記·匠人》:“置槷以縣(懸),眡以景(影)。”鄭玄注:“槷,古文臬,假借字,於所平之地中央樹八尺之臬,以縣正之,眡之以其景,將以正四方也。”可見作爲準則的“臬”,古多用通假字,所以作爲和“陧”音同形近的“涅”字,完全有可能也是“臬”的通假字。下面來看一些字書有關的記述。

《方言》卷六:“垾、墊,下也。凡柱而下曰垾,屋而下曰墊。”錢繹箋疏:“《廣雅》:垾,‘下也’。《説文》:‘涅,黑土在水中也。’涅、垾古今字。”

《玉篇·土部》:“埾,塞也。”《廣韻》作“埕”。

《正字通·水部》:“涅,俗从臼从工,作埕。”《阜部》:“陧,本作隉。”

以上表明从呈和从㕒之字常相通用,可能就是其音同而形近的緣故。涅同湦,涅同埕,埕又同垾,陧同隉,而字从土或从阜者多同之。《説文》:“陒,垝或从阜”;“隉,塸或从阜”;“址,阯或从土”;等等。故而“涅”借用爲“陧”,讀作“臬”,“金涅(臬)”作爲幣文的意義即是“錢法”,用今天的話來説就是“標準幣”。之所以作出如此的釋讀還因爲——

第四,圖三之幣文依黃錫全文可讀作“玄金鐸”(注意:幣文三字全爲倒書,故其讀序仍爲右讀),鐸亦有法度義,故此自然應爲“‘玄金’的標準布”。這一材料對於本文的討論也十分重要,如果説鋭角布二字式是圖二布之直接延續的話,那麼圖三布之幣文就可以和鋭角布中的三字式(“舟金涅〈臬〉”)和四字式(“盧氏金涅〈臬〉”)相對應,也是“地名”+“標準幣”的格式。

第五,稷山材料中“×金、××金”的情況可以和弧足空首布上“×釿、××釿”相對應。考慮到幣文中“金”和“釿”不相重見的情況,圖一“涅金”至平首方足小布省作“涅”的情況,以及圖二幣文“金”字和圖七之“釿”字寫法十分接近的清況,可以推知的是,幣文之“金”和“釿”均是作爲幣名(單位)的,也可能“金”即“釿”之省。基於此點分析,結合以上的討論,我們認爲將“金涅”讀爲“金匕(化)”,義爲“金屬貨幣”,似亦未妥,不僅有重牀疊架之嫌,且不符合目前所知古幣材料的實際。

至此,我們可以將上述討論小結如下:"金涅"不能讀作"百涅(盈)",解作"金匕(化)"也有未妥,應解釋爲"金(釿)涅(梟)",即標準(布)幣的意思。由此不僅"舟金涅、盧氏金涅"等均能作出確釋,而且能和新出的"玄金鐸"相對應。順便提一下的是,這一結論甚至能和讀大布"枕比"爲"模幣",義爲"法錢"的情況對應起來。

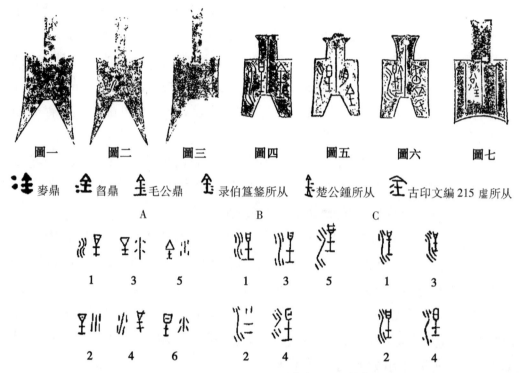

《中國錢幣》2000-2,頁18—20、33

○郭若愚(2001)　韓國鑄有"涅金"布,通高70毫米,重17.5—18.5克,其文字舊釋"涅金"。《説文》:"涅,黑土在水中者也。从水从土,日聲。奴結切。"幣文从水从土很明顯,容易辨認。就是"日"作凵或凵,使人懷疑。按戰國方足小布上的"陽"字,其"日"部有作Ａ、Ａ或Ａ、Ａ爲一類;有作○、⊙、曰爲一類;還作凵、凵、凵爲一類的。涅金幣文的"日"和第三類方足小布上"日"字相同,所以釋作涅是可信的。

　　按"涅",地名,也是水名。文獻所記有兩處:一在山西武鄉縣西;一在河南鎮平縣北(鄧縣東北)。便於研究方便,今名前者爲"北涅",後者爲"南涅"。

　　關於北涅的記載:

　　一、"涅水在山西武鄉縣的西北,源出分水嶺,東南流逕縣南,又東南流入

襄垣縣,會小漳水與濁漳會。"(《古今地名大辭典》商務印書館版)

二、"涅氏縣,漢置。後漢曰涅縣,後魏省。故城在今山西武鄉縣西五十五里,俗呼故城村。"(同上書)

三、"《漢志》:涅氏屬上黨郡。注:涅,水也。《後漢志》引《山海經》曰:竭慶之山有金玉,沁水出焉,南流注於河。郭璞注:在涅。"(倪模《古今錢略》)

四、"《竹書紀年》:梁惠成王十二年,鄭取屯留、尚子、涅。云鄭取者,韓哀侯二年滅鄭,自平陽徙都之,自後韓亦稱鄭也。《漢志》:涅屬上黨郡,今沁州武鄉縣西七十里。"(秦寶瓚《遺篋錄》)

關於南涅的記載:

一、"今名趙河,亦名照河,俗曰西十二里河。出河南鎮平縣北。(居鄧縣東北)南流會洪河、嚴陵河注於湍河。"(《古今地名大辭典》商務印書館版)

二、"涅陽,古縣名,西漢置,治所在今河南鄧縣東北。因位於涅水(今趙河)北岸而得名,隋初改名課陽。"(《辭海》辭書出版社版)

三、"《水經注》:涅陽在西北岐棘山東,春秋屬鄧國,戰國秦穰邑。"(初尚齡《吉金所見錄》)

涅地有南北兩處,這是和韓都的遷移有關,可能是隨韓都遷移,涅地亦從北遷向南地。

春秋中期晉封韓武子於韓原(今陝西韓城縣南十八里)。晉悼公十年(前563年)韓獻子卒,子宣子代,宣子徙居州(今河南武陟縣東南)。晉定公十五年(前497年)宣子卒,子貞子代立,貞子徙居平陽(今山西臨汾縣治)。到了戰國時期,韓景侯六年(前403年)與趙、魏列爲諸侯,此時都陽翟(今河南禹縣)。韓哀侯(前375年)滅鄭,因徙都鄭(今河南新鄭縣)。

《先秦鑄幣文字考釋和辨僞》頁 47—48

○黃錫全(2001)

𠦜𠳵 ꞁ全	涅金	中國錢幣 97·2	涅在山西武鄉縣西北

《先秦貨幣研究》頁 60

○何琳儀(2003)　　銳角布

銳角布銘文多有"涅"字,這是韓幣的重要標志。"百涅"前有字者均爲地名:

百涅(盈)　　　　　《貨系》1226

盧氏百涅(盈)　　　《貨系》1216　　河南盧氏

舟百浧（盈）	《貨系》1220	河南新鄭
容	《貨系》1232	河南魯山
垂	《貨系》1240	山西晉城
亳百浧（郠）	照片	河南登封

　　“浧”，原篆作“🔲、🔲”等形，舊釋“涅”，非是。“涅”原篆作“🔲、🔲”等形，與“浧”有別。《集韻》：“浧，通流也。”其音義與“盈、贏”同。故“百浧”應是貨幣流通的吉語。另外，《舊唐書·食貨志》：“非正額租庸便入百寶大盈庫，以供人主宴私賞賜之用。”唐代“大盈”可能承襲戰國“百浧（盈）”這一詞彙。

《戰國文字通論》（訂補）頁 119

△按　戰國文字口旁中常增飾筆而成甘，貨幣文之“浧”亦然，遂與“涅”形近。“涅”亦有省去日旁中橫者。然“浧”右上是口旁，與“涅”之日旁（貨幣文中常呈三角形）仍有區別。楚文字盈滿之盈皆寫作“浧”，如郭店《太一生水》簡 7“一缺一浧”，又參下【浧志】。貨幣文“百浧”可依黃錫全等讀爲“百盈”。

【浧志】九店 56·26

○**劉樂賢**（1998）　第 26 號簡有如下一段文字：
　　……（以）爲上下之禱祽（祠），囗神鄉（饗）之，乃喤兀（其）志。

　　上引拙文曾指出，喤與第 47 號簡“尻（處）之不溫（盈）志”的溫爲一字，即盈字。這裏可以再補充一點，即馬王堆帛書中也有類似的説法。例如，《經·正亂》：“〔太〕山之稽曰：子勿言佑，交爲之備，〔吾〕將因其事，盈其寺……”整理組注云：“寺，讀爲志。盈其志，即滿足其欲望，使之驕傲自滿。”

　　不過，盈志讀爲逞志，似更爲合適。逞志多見於《左傳》，與簡文句式最近者，如昭公二十五年“無民而能逞其志者，未之有也……焉得逞其志？”另外，古璽中亦有類似的説法。《古璽彙編》“吉語璽”類 4517 至 4524 號，印文皆爲“呈志”，吳振武先生都讀爲“逞志”。

　　大家知道，古代盈、逞二字音義皆近（例如，《左傳》的“欒盈”，《史記》之《晉世家》《田敬仲完世家》作“欒逞”），所以，無論讀盈志還是逞志，都應是同樣的意思。

《簡帛研究》3，頁 84

○**李家浩**（2000）　“乃浧亓志”，秦簡《日書》甲種楚除陽日占辭作“乃盈志”。上古音“浧、盈”都是耕部喻母四等字，可以通用（參看高亨《古字通假會典》49、50 頁）。疑本簡的“浧”當從秦簡讀爲“盈”。“盈其志”，謂滿足其意志。

下四七號簡"湼志"作"溫志"。

《九店楚簡》頁 81

△按　古璽亦作"呈志",參卷二口部【呈志】條。

湼

🐢 楚帛書

○嚴一萍(1967)　商氏釋洞,與上"淵"字似相應。惟此字結體从日从乚,
與古文之⊚不同。湼陽幣之湼作🐢,與此形近,疑當釋湼。《説文》:"黑土
在水中也,从水从土,日聲。"沈濤《古本考》引《五經文字》曰:"从日从土。"
不作日聲。並謂此乃"淤泥正字"。按《儀禮・既夕》"隸人湼廁",注:
"塞也。"水出地而不流,即塞也,是爲地災。亦即上文"天地見而水涸"之
意也。

《甲骨古文字研究》3,頁 244

○李學勤(1982)　湼字亦可寫作"隤",這裏當讀爲"潰"。意思是説,山陵要
頽敗,淵水要潰決。

《湖南考古輯刊》1,頁 69

○何琳儀(1986)　湼,李學勤《補論戰國題銘的一些問題》(下文簡稱"李
甲",見《文物》1960 年 7 期)釋"滔",李乙改釋"湼",讀"潰",商釋"洞",饒釋
"汩",嚴釋"湼",至爲紛歧。按:原篆作"🐢",从水从日从巛,應隸定爲"湼",
同"湼"或"汩"。根據如次:帛書"日"作"😊","曰"作"😊",形體有別,但
偶有互混者,如甲篇"脣"从"曰",籀文"昏"則从"日"。乙篇"汩"讀"汩"。
至於典籍"汩""汩"相混之例更不勝枚舉,然則帛書"🐢"雖从日,實可視从
"曰"。"乚"即《説文》"巛,水流澮也"。與《古文四聲韻》引《汗簡》"澮"作
"乚"吻合無閒。偏旁中"巛"與"川"義近可以互用,如丙篇中"訓"作"訓"(亦
見楚簡和《古璽文編》3.4),《詩・唐風・揚之水》"白石粼粼",《校勘記》作
"粼",均其證。準是,"湼"即"湼",《説文》"昴,水流也"。與"汩"爲古今字
(詳《説文詁林》),"昴"本从"川"複增"水"作"🐢"。實乃繁化。總之,"昴、
昴、汩"分別从"巛、川、水",與"湼"並無本質區別。

《江漢考古》1986-1,頁 53

○饒宗頤(1993)　汩字,从水从囗,日下从乚。巛即水流澮之巛。《説文》訓

昧前之顩,"从頁昆聲",昆乃从曰,非从日。《説文》在川部,云:"昆,水流也。从巛,曰聲,于筆切。"何琳儀謂"从日與从曰每混。混即濕,从巛从川無别,汩與上下文發、歲、月均爲月部字協韻。"

《楚地出土文獻三種研究》頁 254—255

○**李零**(2000)　　"濕",何文同拙作,釋濕或汩。李文亦釋濕,但以爲䫻字,讀爲潰。按䫻是沫字的異體。沫字,《説文》古文作湏,金文作𣿨或𣾓(參看《金文編》627 頁),與此不同。

《古文字研究》20,頁 166

○**楊澤生**(2009)　　下面談一下楚帛書乙篇(即居中 13 行之篇)第二行从乚的那個怪字:

此字从"水"从"日"从"乚",原文説:

　　山陵其廢,有淵厥🦶。

🦶字過去或釋作"洄";或釋作"汩";或先釋作"滔"字,後改釋爲"濕"字而讀爲"潰";或隸定作"湿",謂同"汩"字或"濕"字,原句"有淵厥🦶"意爲"洪水甚深";此外還有學者釋"涿"和"涅"的。其中讀"汩"之説近年尤爲得到堅持或贊同。堅持釋"汩"者以"深水"作解,而"有淵"之"淵"已是"深水";根據上下文,"有淵"與"山陵"相對,是名詞性詞語,"厥"後的"🦶"應該是描寫性的詞,如同《楚辭·天問》"一蛇吞象,厥大如何?"中"厥"後的"大",《後漢書·班彪傳》"爾乃正殿崔巍,層構厥高,臨乎未央"中"厥"後的"高",《詩·邶風·静女》"静女其姝""静女其變"中"其"後的"姝"和"變",以及《史記·五帝本紀》、《夏本紀》"下民其憂"中"其"後的"憂"一樣,可見舊釋還是有問題。

　　根據上面介紹"亡"字作乚的這種特殊的寫法,我們認爲楚帛書🦶字應該隸定作"湿","亡"在"湿"字中起表音作用;過去有學者認爲它就是《説文》中的"巛",欠妥。根據形聲字的一般規律,"湿"有可能是渺茫的"茫"的本字或"汒"字的異體。至於"湿"字的聲旁"昆"寫作从"日"从"亡",我們懷疑它與《集韻·唐韻》中訓作"暑熱"的"晄"字的省體"昆"無關,而可能是光芒的"芒"的本字,其所从的"日"表示太陽或星星。《後漢書·蔡邕傳》:"連光芒於白日,屬炎氣於景雲。"此爲日之光芒。《晏子春秋·諫上》:"列舍無次,變星有芒。"《漢書·五行志下之下》:"元延元年七月辛未,有星孛于東井……察其馳騁驟步,芒炎或長或短。"唐司空圖《〈絕麟集〉述》:"小星將墜,則芒焰驟作,且有聲曳其後。"此爲星之光芒,而古文字中的"日"旁或表示星,如"晶、星、晨"等字所從皆是,這是衆所周知的事情。

上面討論的是字形,接着説其意義。"茫"表示廣闊無邊的樣子,如《漢書·揚雄傳上》:"鴻濛沆茫。"顏師古注:"廣大貌。"而"汇"在《集韻·宕韻》中是"漭"字的異體,表示水大的樣子,與"茫"大同小異。值得注意的是,"漭"可以單説,如《楚辭·大招》:"魂乎無西!西方流沙,漭洋洋只。"又如《九辯》:"莽洋洋而無極兮,忽翱翔之焉薄?"此"莽"用作"漭"。當然,"茫"或"汇(漭)"用在"厥"的後面,"厥茫"也可能與"茫茫"或"莽莽"相當。因爲與"厥"用法相近的"其"字如果用於單音節形容詞或象聲詞前,具有使該單音節詞與其疊音詞相當的功能,如《詩·邶風·北風》:"北風其涼,雨雪其雱。"其涼、其雱"相當於"涼涼、雱雱";《詩·豳風·東山》:"我來自東,零雨其濛。""其濛"相當於"濛濛";《詩·邶風·擊鼓》:"擊鼓其鏜,踊躍用兵。""其鏜"相當於"鏜鏜"。"茫茫"在古書中常見。如《關尹子·一宇》:"道茫茫而無知乎,心儻儻而無羈乎。"漢荀悅《〈漢紀〉論》:"茫茫上古,結繩而治。"漢楊雄《法言·重黎》:"神怪茫茫,若存若亡。"《淮南子·俶真訓》:"不以曲故是非相尤,茫茫沈沈,是謂大治。"而"莽莽"見於《楚辭》,如《九章·懷沙》:"滔滔孟夏兮,草木莽莽。"此"莽莽"是草木繁茂叢生的樣子;《九辯》"泊莽莽與野草同死","泊莽莽而無垠"。此"莽莽"表示無涯際的樣子。至於主張釋"汨"者認爲它與上下文的"發、歲、月"押韻並以此作爲考釋的根據,這對我們考釋頗有啟發意義,因爲"茫"或"汇"與上文的韻腳"方、湯、祥、常、行、常、當"等押陽部韻,而舊釋"汨"這一句與下文出現的"月"和"歲"並不相連接。就是説,從押韻的角度考慮,實際上有利於將此字釋作"茫"或"汇"而不利於釋作"汨"。

《戰國竹書研究》頁 156—157

△按　戰國楚系文字"亡"字有一類寫法作:

新蔡乙四 35	上博·民之父母 5	上博·凡物流形乙 5	上博·昭王毀室 3

與"涅"字所從相同,故楊澤生隸定可從。

況

況 貨系 0555

○黃錫全（1993）

| 555 | 況 | 沇 | 況 | 與沇不同 | 周 | 空 |

《先秦貨幣研究》頁 352,2001;原載《第二屆國際中國古文字學研討會論文集》

○蔡運章（1995）　面文"況",《集韻》:"況,大水皃。"或釋爲沇,水名。《説文‧水部》:"沇,沇水,出河東垣東王屋山,東爲泲。"爲濟水的發源處,在今河南濟源、沁陽縣境。

《中國錢幣大辭典‧先秦編》頁 147

溔

溔 上博五‧弟子 8

○張光裕（2005）　

飤肉女飯土,酓酉女溔,信虖:"溔",字從"爻"得聲,疑讀爲"淆"。《廣韻‧肴韻》:"淆,混淆濁水。""土"與"淆"二者,相對"酒、肉"而言,固然不可同日而語。倘視"肉"爲"土"、視"酒"爲"淆",乃飲食無度,不知珍惜之所爲,故有"信乎"一問,而子貢則以"莫親乎父母,死不顧生,可言乎其信也"作答,則又耐人尋味。

《上海博物館藏戰國楚竹書》(五)頁 272

○禤健聰（2007）　綜合以上的情況,我們可以得出以下的幾點:(1)上博簡從"※"的"溔"字用法與文獻"啜(或歠)"用法類似;(2)楚文字的"叕"有寫作"※"形的,"夠"可能從"叕",讀爲"腏";(3)楚金文中從"※"的"厲"和從"※"的"夠"用法相似、字形有聯繫,不少學者認爲是一字;(4)"溔"與"厲"皆從"※"。孤立地從字形判斷,將"※"釋爲"乘",將"※"釋爲"爻"都是可以説得通的,但戰國文字因爲字形演變的關係,不少字符來源不一,同一形體有可能是兩個或幾個字符的形變合流,"※、※"的情況很可能也一樣。通過綜合考量,我們懷疑上述諸字中的"※"是由"※"訛變而來,"厲、夠"爲"腏"的兩個異體,"溔"應是"滋",讀爲"啜"。而上揭《曹沫之陳》的"欲"也可能是“歗”之誤,其所从之“”當是來源於“”一類的寫法。

如果只就“叕”形而論,其演變過程可大致排比如下(僅截取諸字的相關部分):

女 —1→ 恭 、 哉 —2→ 恭 、 寸 —3→ 北

新蔡簡甲三 31　　集成 1807　郭店《五行》簡 10　集成 2241　　上博《弟子問》簡 8　　上博《曹沫之陳》簡 2

省變 1:《説文》:“叕,綴聯也。”“叕”本从大,象人手腳受縛之形,引申之則有連綴之義。分別加在手、足上的四點變爲集中落在手上,則與“乘”形近,黃錫全先生對此已有分析。

省變 2:戰國文字作爲偏旁的“大”,下面兩筆有時會寫成錯筆,遂與“文”字形近;疑“叕”字所从的“大”也有這樣寫的,錯筆的上端再與上部的四點連綴,則與“爻”形近。上揭郭店《五行》的哉,左半已有這種訛變的迹象。楚簡有一個讀爲“暴”的字,作𡘇、𢍰(上博《從政》甲簡 15+5),上从“大”,又作𢍰(郭店《性自命出》簡 64),上从恭,可見這一省變是有可能的。“叕”之可以省變作“恭”或“𣴎”(《説文》正篆),還因爲此二形更象“綴聯”之形。

省變 3:形成錯畫的四筆分寫,則與“榖”字所从形混。類似的如馬王堆帛書“胀”,多寫作“胳”,演變方向或相反,但形近而訛的實質是一樣的。

準此,楚簡的“溁”字可分析爲从恭从水从土。“恭”是“叕”之訛,本作聲符;“啜(或歗)”的對象是水,故字从水;“飯於土塯,啜於土刑”是先秦成語,字从土,可能即受“土塯、土刑”之“土”的影響。原簡雖没有合文符號,但楚簡合文漏寫(也許是省寫)合文符號的情況時有見之,考慮句式特點與上下文義,“溁”讀爲“啜水”應是合理的。

《古籍研究》2007 卷下,頁 186—187

洈

珍秦金吳 145 洈陽戈　　古文字研究 27,頁 326 洈陽戈

【洈陽】

○**吳振武**(2003)　按照古漢字構形的一般規律,“洈陽”之“洈”應該是一個“从水言聲”的形聲字,跟見於《龍龕手鑒》等字書中的“訓”之訛體“渷”或“洈”並非一字。

欲知“洈陽”是何地,需先從戰國貨幣銘文上的“言易”談起。

　　戰國貨幣裏有一種面文作"言易(陽)一釿、言易(陽)二釿"或"言半釿"的方足圓胯布,又有一種面文作"言易(陽)刀、言易(陽)亲(新)刀、言刀"或"言半"的小直刀。過去古錢學家都知道,面文地名只作"言"一字的,即"言易"之省。但這些幣文中的"言"字,卻長期被誤釋爲"晉",直到1978年裘錫圭先生發表《戰國貨幣考(十二篇)》,才得以糾正。可惜,一些後出的古錢學著作仍在沿用過時的誤説,如《中國歷代貨幣大系·1·先秦貨幣》、《中國錢幣大辭典·先秦編》(刀幣部分)等等。

　　幣文"言易"之地望,上引裘先生文有詳細考證。（中略）

　　按裘先生説確不可移。從裘文中可得知,圜水、圜陽之"圜"本是一誤字,或説是一個假借字。作"圓"者亦非先秦古寫。真正的古寫當如幣文作"言"。衆所周知,古代用作水名的字,往往可以添加"水"旁。言陽既因言水而得名,則戈銘"洰陽"和幣文"言易"無疑是同一個地名,只是寫法上略有不同而已。

　　戈銘中"鑄"字的寫法比較特別,而這樣寫法的"鑄"字正多見於魏器。這一點跟我們判斷"洰陽"即圜陽,也是吻合的。

《九州》3,頁 131—133

△按　洰陽,在戰國貨幣文中作"言陽",又省稱"言",即見於《漢書·地理志》的"圜陽",顏師古注認爲圜陽之"圜"本應作"圓"。圓陽故址在今陝西省神木縣東。

渫

紫　郭店·緇衣6

○**荊門市博物館**(1998)　（編按：郭店·緇衣6)渫。

《郭店楚墓竹簡》頁 129

○**裘錫圭**(1998)　（編按：郭店·緇衣6)"以"下一字,上部與《窮達以時》篇二號簡"禖"字右旁相同,似當釋爲"渫"。《説文》:"渫,除去也。"

《郭店楚墓竹簡》頁 132

○**李零**(1999)　（編按：郭店·緇衣6)"御",原从木从亡,裘按以爲是表示除去之義的"渫"字。按此字从亡,爲陽部字,疑以音近借爲"御",今本作"御"。

《道家文化研究》17,頁 485

○**何琳儀**(2000)　（編按：郭店·緇衣6)"淅"原篆作紫,《釋文》隸定"渫"引"裘按"釋"渫",劉信芳釋"渫"(《郭店竹簡文字考釋拾遺》,紀念徐中舒先生誕辰一百周年研討會論文)。按,劉氏隸定可信。今本《緇衣》作"慎惡以御民之淫"。"渫"與"御"均屬魚部,故可通假。又《説文》"乍"訓"止",《廣雅·釋詁》三"御"亦訓"止",可證二字音義均近。

《文物研究》12,頁 197—198

○**劉信芳**(2000)　(編按:郭店·緇衣6)渫,字从水,柞聲。《周禮·秋官·序》注:"柞,除木之名,除木者必先刊剥之。"又《柞氏》:"冬日至,令剥陰木而水之。"古人治木以水浸泡,故"柞"或从水作,引申爲"治"。字讀爲"作",亦通,《周禮·地官·稻人》:"以涉揚其芟,作田。"鄭玄注:"作,猶治也。"蓋謂以水没草,以治田種稻。是"渫民淫"者,治而去民之淫俗也,有如以水治木而刊剥其皮,以水没田而芟除其草,用字極生動。今本作"御",失之遠矣。裘按謂該字與《窮達以時》第二號簡"渫"字右旁相同,似當釋爲"渫",《説文》:"渫,除去也。"信芳按:楚簡"枼""枼"寫法不同,拙文《郭店竹簡文字考釋拾遺》曾經討論過這一問題(紀念徐中舒先生誕辰一百周年暨國際漢語古文字學研討會論文,1998年,四川大學,成都)。

《郭店楚簡國際學術研討會論文集》頁 167

○**白於藍**(2001)　(編按:郭店·緇衣6)關於"渫"字,原篆作"𥝤"。筆者以爲,裘錫圭先生按語中對此字的字形分析是可信的,即該字當釋爲"渫",但裘先生對其字義的解釋卻有可商之處。今本《禮記·緇衣》中與"懂(謹)亞(惡)以渫民泾〈淫〉"一句相對應的文字是"慎惡以御民之淫",鄭玄《注》:"淫,貪侈也。《孝經》曰:'示之以好惡,而民知禁。'"筆者以爲今本之"御"字正當是禁止之義。《集韻·語韻》:"衞,止也,或作御,通作禦。"《左傳·襄公四年》:"季孫不御。"鄭玄《注》:"禦,止也。"即其證。又《睡虎地秦墓竹簡·田律》:"田嗇夫、部佐謹禁御之,有不從令者有辠(罪)。"亦其例。

　　簡文中"渫(渫)"字與今本之"御"字相對應,據其文義當讀爲"遏"。渫从枼聲,遏从曷聲。典籍中从枼聲之字與从曷聲之字常可相通,《禮記·士冠禮》:"加柶覆之面葉。"鄭玄《注》:"古文葉爲擖。"《禮記·少儀》:"執其膺擖。"《管子·弟子職》擖作揲。《詩·秦風·小戎》孔《疏》引《管子》揲作擖。可見"渫(渫)"可讀爲"遏"。《爾雅·釋詁下》:"遏,止也。"《詩·大雅·民勞》:"式遏寇虐,憯不畏民。"鄭玄《注》:"遏,止也。"可見從文義上來看,將簡本之"渫"釋爲"渫",讀爲"遏",訓爲禁止,與今本之"御"是完全密合的。

　　最後還有一點需要説明的是,郭店簡中"桀"字作"⿰亻桀"(《尊德義》簡 6)、"⿰亻桀"(《尊德義》簡 22),从人枼聲,典籍中桀與从曷聲之字亦常可相通,其例甚多,兹不贅引。亦可證"洓(渫)"可讀爲"遏"。小篆"桀"字作"⿱⿰止止木",蓋即"⿰木⿰止止"之訛形。

《古文字論集》2,頁 175—176

○**劉樂賢**(2002)　7.謹惡以虞民淫,則民不惑。《緇衣》第四簡

　　"虞",原从虍从魚,此處應依今本讀作"禦"。郭店簡與禦、淫二字相應的字,都是錯寫。

《上博館藏戰國楚竹書研究》頁 385

○**虞萬里**(2002)　郭店簡作"洓",釋文載裘錫圭先生按以爲乃"渫"字,訓除去,形則近而義有未安;劉信芳先生另釋爲从水之柞,形義近而稍覺迂曲。郭店簡《六德》有"道宷"一詞,宷字與此字上半字形相同,故此字釋作从水、宷聲較妥。宷从亡聲(李零先生亦以爲郭店簡此字从亡得聲),古在陽部,虍、禦古在魚部,魚陽對轉,其例甚多。唯二者之聲紐,尚須推證。宷在明紐,魚、御皆在疑紐,雖一在脣音,一在喉音,而仍時相通假。如:《禮記·檀弓上》"麛裘",陸氏《釋文》云:"音迷。本又作麑,同。鹿子也。"麑在疑紐。《禮記·王制》"不麛"、《儀禮·聘禮》《爾雅·釋獸》"麛"陸氏《釋文》同。楊樹達云:"弭字从耳聲,耳與兒同聲,从弭猶从兒也。"引證甚多。《左傳·宣公二年》"鉏麛"陸氏《釋文》云:"音迷。一音五兮反。"五在疑紐。是則古亦讀明紐字如疑也。

《史林》2002-2,頁 9

○**裘錫圭**(2003)　我們先據上博簡校郭店簡的錯別字。

　　郭 6"謹惡以⿰糸民淫〈淫〉",上 4 作"謹惡以虞民淫",今本作"慎惡以御民之淫"。上博簡之"虞"當讀爲"御",詳廖名春《新出楚簡試論》第 278 頁(臺灣古籍出版有限公司 2001 年)。《郭簡》把"以"下一字隸定爲"洓","裘按"疑此字應釋"渫"。劉樂賢《讀上博簡札記》(發表於簡帛研究網站,以下簡稱"劉文"),認爲"郭店簡與御、淫二字相應的字,都是錯寫"。其説可從。在郭店簡所據之本中,與今本"御"字相應之字應作"虞"。郭店簡此字上端之"亡"與"木"的上半爲"虍"之誤摹,"木"的下半和下部橫置的"水"爲"魚"之誤摹。

《華學》6,頁 50

○**陳偉**(2003)　上博本的"虞",廖名春先生指出:其字从虍魚聲,與"御"音

同,故能通借。在古文字中,"盧"多讀爲"吾",如《樂書缶》"盧以祈眉壽"。而"吾"又可讀爲"御",如《毛公鼎》"以乃族干吾王身"。這可佐證廖先生之説。郭店簡對應的字,有不同分析。整理者隸定爲"渫",未作解釋。裘錫圭先生按云:"'以'下一字,上部與《窮達以時》篇二號簡'殜'字右旁相同,似當釋爲'渫'。《説文》:'渫,除去也。'"對其上部,也有學者釋爲"乍"或"亡"。還有學者認爲此字是"錯寫"。

我們注意到,郭店簡此字在"水"形以上的部分,與《説文》"困"字古文相似。同樣寫法還見於《古文四聲韻》卷四所録古《尚書》中的"困"。可能釋爲"涃",讀爲"困"。困有阻礙的意思,與"御"義相近。因而郭店簡於此大概是用了一個形異義近的字。

此字"水"形以上的寫法。還見於《六德》26號簡。相關文句爲"道困止"。裘錫圭先生懷疑前二字是篇名。"道"可讀爲"導",指引導。第二字亦可釋爲"困",指阻止,正好是與"導"相反的意思。

《郭店竹書別釋》頁35—36

○**廖名春**(2003)　今本《禮記·緇衣》有"慎惡以御民之淫"説,郭店簡《緇衣》簡六作"蕙亞目枼民涇",《郭店楚墓竹簡》釋文爲"懀(謹)亞(惡)以渫民涇〈淫〉"。裘錫圭先生認爲:字上部與《窮達以時》篇二號簡"殜"字右旁相同,似當釋爲"渫"。《説文》:"渫,除去也。"李零認爲此字從亡,爲陽部字,疑以音近借爲"御"。劉信芳認爲字從水,柞聲,古人治木以水浸泡,故"柞"或從水作,引申爲"治"。字讀爲"作",亦通。今本作"御",失之遠矣。陳偉認爲此字在"水"形以上的部分,與《説文》"困"字古文相似。應可釋爲"涃",讀爲"困"。困有阻礙的意思,與"御"義相近。因而郭店本於此大概是用了一個形異義近的字。黃錫全認爲此字釋讀有兩種可能,一是從"亡",一是從"困"或"根"。兩相比較,考慮到諸字音近的關係,從亡一説,長於從困。虞萬里認爲郭店簡《六德》有"道枼"一詞,枼字與此字上半字形相同,故此字釋作從水,枼聲較妥。筆者1999年9月在西北大學召開的中國思想史學科建設研討會上提交的《上海博物館藏〈孔子閒居〉和〈緇衣〉楚簡管窺》一文曾指出:"盧"字從虍魚聲,與"御"音同,故能通借。"枼"字從"止"從木從"水",疑從"止"得義。而"止""御"義近,故可通用。但從上博簡之"盧"字看,故書當作"御"。現在看來,筆者説"枼"讀爲"止","止民淫"同於"御民淫";以"御"爲本字,還是可以成立的。

由郭店《緇衣》簡六的"枼(渫)"通"御",可推知《尊德義》簡25的"殊"也可通“御”，因爲“洂、殊”都从“朱”。這樣，《尊德義》簡 25 的“非命而民服殊，此亂矣”，就可讀爲“非命而民服御，此亂矣”。“服御”連言，文獻有載。《戰國策·趙策四》：“葉陽君、涇陽君之車馬衣服，無非大王之服御者。”嵇康《琴賦》：“永服御而不厭，信古今之所貴。”“服御”即使用、役使。此義係從駕馭車馬引申而來。《荀子·王霸》：“王良、造父，善服馭者也。”“服馭”即“服御”。所謂“御、馭”即“乘”。“服御”與《周易·繫辭》之“服牛乘馬”之“服、乘”同。《大戴禮記·子張問入官》：“欲民之速服也者，莫若以道御之也……不以道御之，雖服必强矣。”《孔子家語·入官》近同。此“服、御”對舉，用法與簡文近似。特別是後一句“不以道御之，雖服必强矣”，與簡文意思更是驚人相似。“不以道御之”即“非倫”；“雖服”即“而民服殊”；“必强矣”即“此亂矣”，王聘珍解詁：“强，勉强也。”勉强就會生亂。由此可知簡文是說不合人倫百姓卻服從而受役使，就會造成混亂，與簡文上句“非禮而民悦戴，此小人矣”完全相應，“悦戴”是複詞義近，“服御”也是複詞義近。

當然，將“洂、殊”讀爲“御”，文義儘管無礙，但還有語音上的困難。“洂、殊”从止得聲，止古音爲之部章母，御爲魚部疑母，相距太遠。不過，《詩經·鄘風·蝃蝀》、《小雅·巷伯》有之、魚合韻例，可能當時某些地區之、魚音近，故可相通。何琳儀説：“馭”字戰國文字有右从馬，左上从午，左下从止者，可隸作“駐”，“午”爲聲符，馬、止爲義符。因爲“御”字本來从彳，“駐”字之止當從“御”字所從之彳出。但有没有將止當成聲符的可能呢？如果在某楚方言裏，之、魚音近，書寫者就有可能在本來以午爲聲的“馭”字裏增添“止”爲聲符而成“駐”字。這樣，“御”與从止得聲的“洂、殊”通用，就好解釋了。

“世”字古音一般歸月部書母，但清人孔廣居《説文疑疑》載：“昭孔謂世从卉，止聲。”吳大澂《説文古籀補》也認爲：“世，从十从止，十止爲世。”其《世字説》又謂：“古文世从卅从止，見《邵鐘》‘世世子孫永以爲寶’……或从十止，見《師遽敦》……世止同音，古或相通。”高鴻縉也説：“字從三個十，會三十年之意，止聲。”于省吾進一步揭示：“周代金文有的以止爲世（伯尊），有的以杫（从止聲，見橋篃）爲世，可見止與世有時通用……世字的造字本義，係於止字上部附加一點或三點，以别於止，而仍因止字以爲聲（止世雙聲）。”由此可知，“世”乃“止”字所孳乳，當从止得聲，古音不當歸爲月部。

懂得“世”从止聲，《窮達以時》簡 2 和《語叢四》簡 3 的四個“殊”字皆从“止”，它們可以讀爲“世”，自然就無問題了。而郭店《緇衣》簡 6 的“朱（洂）”字本从“止”，自可以“止”爲釋。《尊德義》簡 25 的“殊”字讀爲“止”與“御”

通,則不必讀爲"世"。

○黃錫全(2004)　四、謹惡以渫民淫

郭店《緇衣》簡六:古(故)君民者,章好以𡗜(視)民忿(欲),蕙(謹)亞(惡)以𣸦(渫)民淫(淫),則民不賊(惑)。

此句的關鍵是"𣸦"字有不同看法。

郭店簡報告釋文爲渫。今本作御。裴錫圭按,"上部與《窮達以時》篇二號簡'渫'字右旁相同,似當釋爲'渫'。《說文》:'渫',除去也。"或認爲"此字從亡,爲陽部字,疑以音近借爲'御'"。或釋爲"柞",解爲"治"。"柞民淫"者,"治而去民之淫俗也"。認爲"今本作禦,失之遠矣"。

上海簡 4 此字作從虍從魚作𧆨。或主張郭店簡從"困"。

今按,此字釋讀有兩種可能,一是從"亡",一是從"困"或"根"。

世、乍、亡雖然形近易混,但有偶見與常見之別。相關諸字比較如下:

世　𣸦鄂君啟節　　𣸦上海簡　　𣸦𣸦郭店簡

乍　止 止 止 止 止

亡　止 止 止 止

通過比較,我們的印象是,楚簡從世的字從"止",可能是省形,又以此爲聲。世,書母月部。止,章母之部。章、書聲母相近(舌音)。

乍(作)字多如所舉之例,其中作止形者少見。亡字一般是三筆,中閒一筆的筆意一般多向左撇,與右面一筆成"人"字形。作後面幾形者少見。

《窮達以時》簡二的"渫"字,依字義可釋讀爲"世"。所從的"世"當是省形或者以"止"爲聲。但這不等於凡是與此相近的字形都可釋爲從"世"。如《說文》𣸦字就是從亡,而非枼字。

曾侯乙編鐘銅掛件上刻有音律名𣸦鐘,第一字與竹簡構形類似,下從木,其上我們曾經將其釋從"亡",讀爲"黃鐘"。

因此,上舉的𣸦,有可能從亡。

1.字形與亡相近。此簡的止,與上列從"亡"的字形類同。木、草義近,𣸦也有可能爲茫字異體,即芒。《集韻》芒或從水作茫。

2.字義與文義相近。《方言》芒,滅也。《國語·晉語》:"滅其前惡。"注:滅,除也。《楚辭·初放》:"賢者滅息。"注:滅,消也。亡也有去義。以渫(茫)民淫(淫),就是可以消除、消亡民淫。

3.楚簡與傳世的文獻用字均爲音近借字。傳世本作“禦”,與上海簡作从“魚”均屬疑母魚部。亡、茫屬明母陽部。魚陽對轉。古“亡”即“無”,典籍及古文字中習見。無屬魚部字。魚、禦與亡或茫諸字音同或音近,故可假借。

此句之義是,爲民之君,要章顯美善以告示民之願望,嚴禁邪惡以消除民之貪侈,這樣,老百姓就不會迷惑(知其所從)。

如將此字釋爲从“困”,也有根據,主要是其形與《説文》困字古文和《古文四聲韻》(4·20A)所録《古尚書》和《籀韻》的“困”形相同。古本《尚書》困多作朱。

我們考慮,如果此字真是从困,所謂的“困”,也可以釋爲“根”或讀爲“根”字。《古文四聲韻·痕韻》録《古老子》根作“𣥺”(1·37A)。甲骨文有𣥺字,于省吾先生曾主張釋根,或主張釋困。根,有杜絕、清除等義,與文義也貼切。

《管子·君臣下》:“審知禍福之所生,是故慎小事微,違非索辯以根之。”《後漢書》八七《西羌傳·論》:“若攻之不根,是養疾痾於心腹也。”

(謹)亞(惡)以洙(根)民淫(淫),則民不賊(惑),意爲嚴禁邪惡以杜絕或清除民之貪侈,這樣老百姓就不會迷惑。

兩相比較,考慮到諸字音近的關係,从亡一説,長於从困。

《新出簡帛研究》頁 96—98

△**按**　李守奎、張峰(《説楚文字中的“桀”與“傑”》,《簡帛》7 輯,上海古籍出版社 2012 年)釋爲“溁”,讀爲“遏”,可備一説。

㳃

曾侯乙 174

○**裘錫圭、李家浩**(1989)　㳃。

《曾侯乙墓》頁 499

○**何琳儀**(1998)　㳃,从水,忘聲。疑汒之繁文,即茫之異文。《六書故》:“茫,亦作汒。”又《集韻》:“漭,漭浪,水大皃。或从亡。”

隨縣簡“㳃”,讀茫,姓氏。見《萬姓統譜》。

《戰國古文字典》頁 728

○**劉信芳**(2006)　㳃國,馬名。或解㳃爲人名,如是則勢必以爲“㳃”後脱

“之”字。如果原簡不脱，則這種解釋不能成立。澨國讀爲“駃騠”。“駃”，或作右形左聲，見於《玉篇》，釋爲“馬奔也”。“國”字曾侯乙簡僅見一例，作爲馬名，讀爲“騠”，騠字見於曾侯乙簡 105、178 等。

《簡帛》1，頁 8

△按　字可分析爲从水，忘聲，簡文中用爲人名，本義不詳。

㴱

包山 179

△按　當是“沼”字異體，見本部“沼”字條。

潀

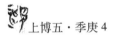上博五·季庚 4

○濮茅左（2005）　“潀”，讀爲“侮”。“侮”，輕慢、侮辱、欺凌。《尚書·大禹謨》：“侮慢自賢，反道敗德。”《詩·大雅·烝民》：“不侮矜寡，不畏强禦。”

《上海博物館藏戰國楚竹書》（五）頁 208

△按　字當分析爲从水从矛从勹，矛、勹皆聲，辭云“驕則潀”，“潀”讀爲侮。

淝

新蔡乙四 146

△按　字从水，非聲，簡文中用爲地名。

湯

上博二·容成 25　　　包山 100

○劉彬徽、彭浩、胡雅麗、劉祖信（1991）　（編按：包山 100）湯。

《包山楚簡》頁 24

○何琳儀（1998）　包山簡一〇〇“湯”，讀易，姓氏。齊大夫易牙之後。即雍巫也，善知味。見《尚友録》。

《戰國古文字典》頁 760

○**李零**（2002）　湯:《禹貢》所無,疑即古燕地的易水。

　　　　　　　　　　　　　　　　《上海博物館藏戰國楚竹書》（二）頁 270

△**按**　《容成氏》辭云"禹乃通蔞與湯,東注之海",晏昌貴(《上博簡〈容成氏〉九州束釋》,簡帛研究網 2003 年 4 月 6 日)認爲"蔞"即古書的"瀂水","瀂水"爲"虖池別流",而"'南易'水與虖池水相合,東流入海",正即指簡文"通蔞與易"。

淠

包山 85

△**按**　字可分析爲从水,卑聲,簡文中用爲人名。

湺

㵴郭店・語二 17　　㴲郭店・語二 17　　䍷上博一・性情 18

○**周鳳五**（1999）　浸字又見《成之聞之》簡四:"其道民也不浸,則其淳民也弗深矣。"裘錫圭以爲"漸進"之意。按,字當讀作"湛",深也;謂君子教導人民不深入,則其教化之浸漬於民者亦不深入矣。"淳"訓漬,見《廣雅・釋詁二》。

　　　　　　　　　　　　　　　《張以仁先生七秩壽慶論文集》頁 360

○**劉信芳**（2001）　郭店《語叢二》17—18:"湺生於欲,惡生於湺,逃生於惡。""惡"者,慚也。"湺"字《郭店》無説。按字應讀爲"愧","湺"字原簡作"㴲",而楚簡歸字作"逞",郭店《六德》11 作"䍷",包 141 作"䞈",而歸、愧爲一音之轉。後世"愧惡"爲合成詞,《南史・江智深傳》:"聳動愧惡,形於容貌。"可知釋"湺"爲愧是很合理的。楚簡"逞"是會意字,而"湺"應是从水,从逞省聲。

　　　　　　　　　　　　　　　　　　《簡帛研究二〇〇一》頁 204

○**濮茅左**（2001）　浸,漸近。《周易・遯》:"浸而長也。"孔穎達疏:"浸者,漸進之名。"

　　　　　　　　　　　　　　　《上海博物館藏戰國楚竹書》（一）頁 247

○**李零**（2002）　"浸",有沈溺之義。

　　　　　　　　　　　　　　　《郭店楚簡校讀記》（增訂本）頁 173

○**連劭名**（2003）　《語叢》二云"浸生於欲,惡生於浸,逃生於惡"。今按:"浸",讀爲"侵",《列子・湯問》云"浸滅龍伯之國",《釋文》云:"浸,一本作侵。"《管子·七臣七主》云"侵主好惡反法以自傷",尹注:"越法行事謂之侵。"

《孔子研究》2003-2,頁 31

○劉釗(2003)　(編按:郭店·語二 17—18)淊(侵)生於㦲(欲),惡生於淊(侵),逃生於惡。

"淊"即"浸"字,在此疑讀爲"侵"。"惡"字義爲自慚、慚愧。"逃"疑用爲本字,即"逃避"之"逃"。

此段簡文意爲侵奪生成於欲望,慚愧生成於侵占,逃跑生成於慚愧。

《郭店楚簡校釋》頁 204

○李守奎、曲冰、孫偉龍(2007)　(編按:上博一·性情 18)寑。

《上海博物館藏戰國楚竹書(一—五)文字編》頁 506

△按　上博一《性情論》簡 18 之"淊",郭店《性自命出》作"濈",見"濈"字條。

洤

集成 11693 卅三年鄭令劍　璽彙 2488　珍秦金吳 259 卅一年鄭命戟

○何琳儀(1998)　洤,從囟,汙聲。

韓器洤,人名。或作汙,見汙字。

《戰國古文字典》頁 215

△按　字可分析爲從水從子從囟,均用爲人名。

澍

睡虎地·秦律 1

○睡簡整理小組(1990)　澍,應爲澍字之誤。澍,及時的雨。

《睡虎地秦墓竹簡》頁 19

△按　簡文云:"雨爲澍,及秀粟,輒以書言澍稼、秀粟及墾田暘無稼者頃數。"整理小組説可從。

潗

石鼓文·靁雨

○**張政烺**（1934）　渼，从水，某聲。某，从木，廿聲，即“某”字。《説文》：“槑，酸果也。从木、甘。闕。㮡，古文某从口。”（木部）“槑”蓋“某”之複文。而“某”則“某”之變也。形聲幾失，宜乎許君闕疑矣。“廿”字古音殊難考，疑與二字音相近。古音“兩”字、“帀”字（羌伯殷有“某”字，疑即“帀”）似皆讀“廿”音。漢時“廿”字音讀已變，故《説文》於“竊”下云“廿，古文疾”，而於“兩、帀”之聲符皆視爲形符。於是“兩”下云：“平也。从廿。五行之數，二十爲一辰。㒳，兩，平也。讀若蠻。”“帀”下云：“相當也。闕。讀若宀。”俱牽強而未得其音義。實則“某、兩、帀”皆得“廿”聲，其一聲轉變之迹猶可尋也。古者書“廿”爲“U”，漸變爲“U”，或爲“U”（《殷虚書契》卷三第廿八葉，又戊辰彝），更變爲“廿”，而“槑”字變爲“槑”（禽彝），亦古文書寫增飾慣例也。“渼”當與“滿”音義同，又與“瀰”字近。《詩·匏有苦葉》：“有瀰濟盈。”《傳》：“瀰，深水也。盈，滿也。”碣文“盈渼”蓋與之同義。

《張政烺文史論集》頁 24，2004；原載《史學論叢》1

○**強運開**（1935）　薛、趙、楊俱釋作渼。此篆作槑，从廿，廿，古文以疾字，或云渼與潔同。

《石鼓釋文》戊鼓，頁 2

○**何琳儀**（1998）　石鼓渼，疑讀海。

《戰國古文字典》頁 132

○**徐寶貴**（2008）　渼，本作槑。郭沫若《石鼓文研究·注釋》：“渼疑涘之異文，从水某聲，水涯也。”按：古文字“某”字作如下等形體：槑（禽簋）、菜（諫簋）、菜（侯馬盟書）、菜（《睡虎地秦墓竹簡·爲吏之道》四九）、槑（《説文》篆文）。禽簋與篆文相近，爲篆文所本。侯馬盟書與石鼓文相近，可證郭説是正確的。“盈渼（涘）”，言大水漲滿水涯。

《石鼓文整理研究》頁 776—777

浲

聖彙 0626

○**湯餘惠等**（2001）　浲。

《戰國文字編》頁 758

湶

包山 3　郭店・成之 14　上博三・周易 45

璽彙 0363　璽彙 2508　集成 11304 郾王職戈

△按　"湶"當是纍增水旁的泉字繁構,又以音義俱近可讀爲"源",參本卷泉部"泉"字條。

【湶坓】集成 11304 郾王職戈

○何琳儀(1996)　《文物》1982・8 圖版捌著録一件罕見的燕王職戈,正面銘文七字:"郾(燕)王職乍(作)霋(鈑)萃(倅)鋸。"背面銘文四字:

　　　洀△郈(都)緤　11304

"洀",殷周文字讀若"盤",戰國文字讀若"舟"(《集韻》"洀,水文也,之由切")。燕兵"洀"理應讀若"舟"。

　　"△"原篆作:

下從"土"十分明顯,上從"州"則比較特殊。"州"兩側撇筆偏下,與通常寫法不同。這類雙撇下移的現象,參見下列文字的變異:

　　坪 隨縣 67　　包山 184　　坘 貨系 44　　陶彙 3・649

故"△"應隸定"坓",字書所無,疑"州"之繁文。

戈銘"洀坓",即"洀州",是燕國矛銘"右洀州睘(縣)"(《河北》92),檢《水經注・漯水》:"漯水又東逕陽原縣故城南,《地理志》代郡之屬縣也,北俗謂之北郍州城。"在今山西陽原縣南,《水經注》之"郍州"即燕國兵器銘文的"洀州、洀坓",也即《地理志》代郡屬縣"陽原",三孔布作"陽湔"。戈銘、矛銘爲燕器,三孔布爲趙器。國別不同,故各有異名,所謂"北俗謂之"實乃燕國之舊稱。《水經》保存了"郍州"這一陽原異名,彌足珍貴。

矛銘"洀州"前冠以"右"字,應表示地理方位。如《陶彙》有"右北平"3・752,見《史記・匈奴列傳》。還有"左北平"4・136 與"右北平"對應。《水經注》"郍州"前冠以"北"字,亦應表示地理方位,典籍習見。至於"右洀州"之"右"與"北洀州"之"北"是否爲同一概念,因材料所限,暫不討論。

"緤",亦見中山王方壺,諸家多根據《汗簡》中 2・52 釋"張"之異文,可信。戈銘"洀坓郈緤"應讀"郍州都長",指陽原縣地方長官。《後漢書・章帝紀》"以補長相",注:"長,謂縣長。"這與矛銘中"洀州"爲"睘"(縣)正相吻合。

○吳振武(1996)　　見"泉"字條。

【淉邑】包山 3

△按　地名。

潒

包山 149

────────────

△按　字從水,敭聲。《集韻》:"潒,田間小溝也。與遂同。"簡文用爲地名。

枲

上博三·周易 58

────────────

○濮茅左(2003)　　(編按:上博三·周易 58)"枲",字待考,如據帛書、今本可讀爲"抴、曳"。"抴",《集韻》:"抴,拽也,《説文》:'捈也。'或從曳。""曳",拖,《左傳·僖公二十八年》:"使輿曳柴而僞遁。"《象》曰:"九二貞吉,中以行正也。"

《上海博物館藏戰國楚竹書》(三)頁 214

○何琳儀、程燕(2005)　　根據原簡照片,在△(編按:指枲。)字上下處均有殘闕。如果恢復此字左從"爿",則可與下列其它有關戰國文字中"逸"之古文相互比較:

上博·周易 58　　　者汈鐘　　　三體石經《多士》

根據三體石經,△可直接釋"逸"。

"曳",現代音韻學家多歸喻紐月部,然孔廣森歸脂部,朱駿聲歸履部(即脂部)。"逸",喻紐脂部。"曳",據清儒之説亦屬喻紐脂部。然則,"曳""逸"雙聲疊韻,可以通假。

竹簡本"逸其輪",帛書本作"抴其綸",今本作"曳其輪"。相互比勘,經文似乎應讀"曳其淪"。《廣韻》:"水中曳船曰淪。"

《易·既濟》:"初九,曳其輪,濡其尾,无咎。"意謂"初九,水中引船,水濺船尾,没有災害”。

　　《易·未濟》:“亨。小狐汔濟,濡其尾,无攸利。初六,濡其尾,吝。九二,曳其輪,貞吉。”意謂“享祭。小狐渡淺水,水濺其尾。無所利。初六,水濺其尾,小有不利。九二,水中引船,占卜吉利”。

《江漢考古》2005-4,頁78

○李零(2006)　　曳,簡文作🦊,上半是兔加肉,乃逸字所從。逸是喻母質部字,馬王堆本作扡,今本作曳,則是喻母月部字,古音相近,濮注隸定有誤,作㺄。

《中國歷史文物》2006-4,頁65

○李守奎、曲冰、孫偉龍(2007)　　㺄。

《上海博物館藏戰國楚竹書(一——五)文字編》頁512

馮

🔲 璽彙2437

○何琳儀(1998)　　馮,从水,馬聲。《玉篇》:“馮,水也。”晉璽馮,人名。

《戰國古文字典》頁608

浦

🔲 上博五·季庚4

○濮茅左(2005)　　“浦”讀爲“備”。“備”,防備、戒備。《左傳·昭公二十四年》:“邊人不備。”“備言多難”句意要戒備言多患難。《管子·戒》:“聞一言以貫萬物,謂之知道。多言而不當,不如其寡也。”管仲頗重君言。《管子·形勢解》:“人主出言不逆於民心,不悖於理義,其所言足以安天下者也,人唯恐其不復言也;出言而離父子之親,疏君臣之道,害天下之衆,此言之不可復者也。故明主不言也。故曰:‘言而不可復者,君不言也。’”“言之不可復者,其言不信也。行之不可再者,其行賊暴也。故言而不信,則民不附;行而賊暴,則天下怨。民不附,天下怨,此滅亡之所從生也,故明主禁之。故曰:‘凡言之不可復,行之不可再者,有國者之大禁也。’”《論語》《孔子家語》也涉及到“慎言”之事。如《論語·學而》:“子曰:‘君子食無求飽,居無求安,敏於事而慎於言。’”《孔子家語·觀周》:“孔子觀周,遂入太祖后稷之廟,廟堂右階之前,

有金人焉,三緘其口,而銘其背曰:'古之慎言人也,戒之哉。無多言,多言多敗。無多事,多事多患。安樂必戒,無所行悔。勿謂何傷,其禍將長。勿謂何害,其禍將大。勿謂不聞,神將伺人。焰焰不滅,炎炎若何。涓涓不壅,終爲江河。綿綿不絕,或成網羅。毫末不札,將尋斧柯。誠能慎之,福之根也。口是何傷,禍之門也。强梁者不得其死,好勝者必遇其敵。盜憎主人,民怨其上。君子知天下之不可上也,故下之。知衆人之不可先也,故後之。溫恭慎德,使人慕之。執雌持下,人莫逾之。人皆趨彼,我獨守此。人皆或之,我獨不徙。内藏我智,不示人技,我雖尊高,人弗我害,誰能於此。江海雖左,長於百川,以其卑也。天道無親,而能下人,戒之哉!'孔子既讀斯文也,顧謂弟子曰:'小子識之,此言實而中,情而信。《詩》曰:"戰戰兢兢,如臨深淵,如履薄冰。"行身如此,豈以口過患哉?'"

《上海博物館藏戰國楚竹書》(五)頁 209

源

水厂 璽彙 2316

○**吳振武**(1996)　　最後附帶討論一方三晉官璽。《璽彙》227・2316 是下揭一方陽文官府用璽:

　　　　陽版坒(府)

璽文頭二字是地名。第二字《璽文》列在附錄(417 頁第 4 欄),曾見幾種釋法,亦難信從。今按當是"源"字。其"原"旁所从"厂、泉"兩部分有借筆。古璽"官"字或作𠣪(《璽文》339 頁),與此同例。《漢書・地理志》記代郡屬縣有陽原,治所在今河北省陽原縣西南,戰國時屬趙。又隋開皇六年曾在今河南省汲縣北置陽源縣,此地戰國時屬魏。"源、原"古本一字,璽文"陽源"究指何地,暫不能定。

《華學》2,頁 49

溫

溫 新蔡甲三 322

○**大西克也**(2006)　　(編按:新蔡甲三 322)溫:原釋"溫",不確。圖版作𣲗,从

“盥”無疑。

《古文字研究》26，頁 273

△按　此字從目，非從囧，釋讀待考。陳偉武云：“馬王堆帛書或以‘溫’爲‘脈’，與楚簡‘溫’不知是否一字。”

【溫父】新蔡甲三 322

○賈連敏（2004）　“父”似可讀爲“阜”，古音相近通假。

《華夏考古》2004-3，頁 94

△按　地名。

深

郭店・五行 17

○裘錫圭（1998）　疑是“深”之訛字。

《郭店楚墓竹簡》頁 152

○劉釗（2003）　“〔瞻望弗〕返（及），深（泣）涕女（如）雨。”能遞沱（池）亓（其）翠（羽），肰（然）句（後）能至哀。君子惡（慎）亓（其）〔虽（獨）也〕。

　　“返”爲“及”字異體。“深”讀爲“泣”。古音“泣”在溪紐緝部，“眔”在定紐緝部。“泣”從“立”聲，而“立”在來紐緝部，來、定皆爲舌音，韻皆爲緝部，所以“深”可以讀爲“泣”。

《郭店楚簡校釋》頁 77

○陳斯鵬（2004）　郭店楚簡中有一則材料支持本文釋“眔”爲“泣”字初文的觀點。《詩・邶風・燕燕》“瞻望弗及，泣涕如雨”，馬王堆帛書《五行》引“泣”作“汲”，屬音近假借。而郭店楚簡本《五行》（簡 17）對應的字如下：

　　顯然，此字應該就是“泣”字或“泣”的通用字。竹簡整理者將它隸定爲“淇”，裘錫圭先生指出此字不從“具”，疑是“深”之訛字。按，裘説應屬可信。“具”字楚簡作：

郭店《緇衣》16　　　　《上博《緇衣》9

　　皆從雙手舉“貝”（“鼎”之訛變）。而上揭楚簡《五行》那個字的右旁明顯從“目”，與“貝”形判然有別，知釋“淇”不獨於音義無解，於字形也確不相合。

“目”下部分似从丨从廾，又似釆，實當爲垂淚形的訛變。楚簡中“罘”或形變作：

上博《詩論》7“裹”所从

　　結合甲金文字形考察，可見垂淚形部分的變化軌迹爲“∭→∥→米”，即中間作如是變化：“丨→┃→┿”。楚簡《五行》“深”的垂淚形部分訛變的軌迹正類此，只不過不但發生在中間，而且發生在兩旁罷了。垂淚形部分的這種訛寫，或許就是它後來訛作∭（釆）的濫觴。“深”視作“罘”增益水旁而成應該没有問題。若此論不差，實可謂“罘”爲“泣”之初文的一個鐵證。蓋“罘”形爲借義所專，故益以表義類的水旁來承載其本音本義，屬於前人所説的分别文、纍增字一類的情況。《説文》無“深”字，但有“㴱”字，疑即“深”之變體，字用爲水名。

《古文字研究》25，頁 257—258

淶　澇

璽彙 1667　　近出 1195 十年□陽令戟　　璽彙 1691

○**吳振武**（1984）　［五一九］417 頁第五欄，

　　今按：此字从水（稍殘），从乘省。應釋爲淶。金文乘字或作（《金》308頁），或作（乘士父㼼盨，《山東文物選集［普查部分］》），即或之省。戰國公乘鈁乘字作（《中日》九七一），古璽複姓“乘馬”合文和複姓“公乘”合文中的乘字作（《彙》四○○八、四○○九、四○六八、四○六九），皆與此字旁同。淶字見於《廣韻》《集韻》等書。

《〈古璽文編〉校訂》頁 206，2011

○**黃錫金**（1991）　《古璽彙編》1691 印作，釋文爲“邡乘□”。顯然，編者是將左面部分作爲兩個字看待的。《文編》又將這一部分列入附錄二六。釋爲乘是正確的，中山王墓守丘刻石，諸家均釋爲“公乘”。古璽力字作丨、、乂等，雱字作、等，因此，即澇字。此印應釋“邡澇”。古璽又有字（璽彙 1667），《文編》列入附錄二六。此字根據公乘壺之，應釋爲淶。由此，三晉銅器中的：

魏十三年鼎　三代 3·40·4　　二十九年劍　録遺 596

七年戈　三代 20·40·5

等，顯然與古璽是一字，即變，都應以釋雱或勑爲是。

《江漢考古》1991–1，頁 68

○**何琳儀**(1998)　汝陽戟湥,讀承。《國策·齊策》一:“而承魏之弊。”《史記·田敬仲完世家》承作乘。《史記·陳涉世家》:“趙乘秦之弊。”《漢書·陳勝項籍傳》乘作承。均其佐證。《國語·齊語》“余敢承天子之命”,注:“承,受也。”“湥鈢”,讀“承鑄”,猶“受鑄”。參下勬字。

《戰國古文字典》頁146

○**何琳儀**(2000)　(**編按**:近出1195十年□陽令戟)“潕”,本義爲水名。韓國兵器銘文中的“冶”人均書名,而不書姓。故汝陽戟銘“冶明”下之“潕”,只能屬下讀爲“潕鈢”。新鄭兵器銘文“鈢”前也有“潕”,或加“又”旁,或从“又”从“無”,或从“力”从“無”等,均“模”之假借。“潕鈢”讀“模鑄”,意謂“製模鑄造”。

《文史》2000-1,頁33

○**湯餘惠**(2001)　(**編按**:璽彙1667)同滕。

《戰國文字編》頁757

△**按**　十年□陽令戟“湥”,何琳儀前後釋讀不同,當以前説爲是。《璽彙》1691之字从勬,應即“湥”字異體。“湥”皆用爲人名。

⿱⿰月次水

集成12113鄂君啟舟節

○**郭沫若**(1958)　⿰亻⿱次水即資水。

《文物參考資料》1958-4,頁4

○**殷滌非、羅長銘**(1958)　⿰阝⿱次水(資)。

《文物參考資料》1958-4,頁10

○**于省吾**(1963)　⿱⿰月次水从肉,郭釋从人,殷、羅釋从阜,並誤。今之資水訛爲从貝。

《考古》1963-8,頁445

○**湯餘惠**(1993)　⿰月⿱次水(資)。

《戰國銘文選》頁44

○**湯餘惠**(2001)　水名,今作資。

《戰國文字編》頁754

潵

郭店·性自 30

△**按**　字從水,殺聲。簡文“潵潵”,詳見“濺”條。

淫

璽彙 3334

○**何琳儀**(1998)　滛,從水,蚤聲。

《戰國古文字典》頁 226

△**按**　字當分析爲從水從爪從虫。璽文用爲氏名。

溪　溪

包山 140 反　包山 182　郭店·語四 17　曾侯乙 212　上博二·容成 31

上博四·柬大 8　上博四·柬大 3　新蔡甲三 355

○**裘錫圭、李家浩**(1989)　“撰”字原文作“撓”,從“手”從“𦃇”。金文中也有一個從“𦃇”的字作“嬈”(《金文編》810 頁)。《説文》“系”字的籀文作“繇”,“𦃇”當是“繇”的簡寫。“𦃇(系)、奚”二字形音俱近,漢初簡帛文字多以“𦃇”爲“奚”,如銀雀山漢墓竹簡“百里奚”之“奚”即作“𦃇”。《集韻》霽韻“撰、褉”二字的或體作“撰、褉”(**編按**:“撰、褉”二字當是“撓、褋”之誤寫),亦以“系”代“奚”。可證簡文的“撓”即“撰”字,金文的“嬈”字、簡文的“撰”疑當讀爲奚奴之“奚”。

《曾侯乙墓》頁 530

○**袁國華**(1997)　“溪”字,從“水”從“𦃇”,字亦見包山楚簡。包山楚簡簡 140 反“(登人所漸木四百先於)鄭君之坐襄溪之中”,簡 182“某溪邑人瞥䑏志”,句中所見“襄溪”與“某溪”皆爲“地名”。“溪”字從“水”從“𦃇”,“𦃇”乃聲符。裘錫圭、李家浩二位先生對於“𦃇、繇、系、奚”等字的關係言之甚詳:

　　　　《説文》“系”字的籀文作“繇”,“𦃇”當是“繇”的簡寫。“𦃇(系)、奚"二字形音俱近,漢初簡帛文字多以"𥝢"爲"奚",如銀雀山漢墓竹簡"百里奚"之"奚"即作"𥝢"。《集韻》霽韻"撰、禊"二字的或體作"撰、禊",(按:應該爲"搎、䄄"二字。)亦以"系"代奚(按:疑原爲開引號)奚"。

查"奚"古音屬匣紐支部,"系"古音屬匣紐錫部,二字聲紐相同,而韻部一屬支部一屬錫部,又有對轉關係,兼以字形相近,故簡帛文字多用"𥝢"代替"奚"。據此可將曾侯乙墓竹簡的"漢"讀同"溪"。"漢"字,曾侯乙墓竹簡凡三見,同出簡212,簡文云:"佣所生𢓊六夫……□漢六夫……杣漢二夫……桐漢一夫……"簡中所見"□漢、杣漢、桐漢"等詞,其性質應與包山楚簡"襄漢、某漢"等詞相當,皆同爲地名。

《中國文字》新23,頁244

○白於藍(1999) 171頁"溪"字條,"𢓊"(182)、"𢓊"(140反),即《説文》谿字。《廣韻・齊韻》:"谿,《爾雅》曰:'水注川曰谿。'溪、谿同。"《集韻・齊韻》:"谿,《説文》:'山瀆無所通者。'或从水。"

《中國文字》新25,頁197

○李守奎(2003) 上文談到的"柏溪、桐溪"的"溪"原釋爲"撰"。"撰"字雖然見於《玉篇》《廣韻》等後世字書,但是個很少使用的僻字,也不見於出土文獻中的古文字。"溪"字不僅見於後世字書,而且屢見於楚文字:

包山140　　 包山182

曾侯乙墓簡的這個字與包山簡的"溪"字相近,當釋爲"溪"。"溪"在簡文中依舊讀爲"奚奴"之"奚"。"桐溪、柏溪"即桐木或柏木製的身份爲"奚"的佣。

《第四屆國際中國古文字學研討會論文集》頁508

△按 《説文》:"谿,山瀆無所通者。从谷,奚聲。"楚文字皆寫作"漢(溪)",上博七《君人者何必安哉》甲篇簡9、乙篇簡9省作"漆"。谷部"谿"字條下重見。

【漢浴】上博二・容成31

△按 "漢浴"即"溪谷"。

漅

上博二・容成25　　上博三・中弓20

○**李零**（2002） 決九河之淶：連上爲讀。"決"，《説文·水部》："決，行流也。"是疏通水道的意思。"九河"，徒駭、太史、馬頰、覆鬴、胡蘇、簡、絜、鈎盤、鬲津九水，見《爾雅·釋水》。"淶"，疑讀爲"阻"。

《上海博物館藏戰國楚竹書》（二）頁 269

○**蘇建洲**（2003） （編按：上博二·容成25）筆者以爲由簡 5 的"殊"及簡 35 的"傑"，可知字應隸作"渿"。亦應分析爲从水桀聲，可讀作"結"，見紐質部，與"桀"，群紐月部，聲同爲見系，韻部旁轉。《管子·樞言》"先王不約束，不'結紐'"，《靈樞·陰陽二十五人》"岐伯曰：'結而不通者'"（《黄帝内經靈樞注證發微》323 頁），可見"結"有打結、不通之意。另外，《史記·扁鵲倉公列傳》"其後扁鵲過虢……乃割皮解肌，訣脈結筋"，瀧川資言説："訣、決通用。決通經絡之壅塞；結紐經筋之斷絶。"（《史記會注考證》[六] 4742 頁。）亦可見"決""結"可當反義詞用。總之"決九河之結"，就是"決九河之不通"，意謂疏通九河淤結不暢之處，參蘇建洲《容昔》。

《〈上海博物館藏戰國楚竹書（二）〉讀本》頁 139

○**李朝遠**（2003） （編按：上博三·中弓19）山又堋，川又淶："堋"，《説文·土部》："喪葬下土也，从土，朋聲。"借爲"崩"。"堋"爲蒸部並紐，"崩"爲蒸部幫紐："堋""崩"疊韻，幫、並旁紐。"淶"，與"竭"雙聲疊韻，通。"竭"，窮盡。《禮記·大傳》"人道竭矣"，鄭玄注："竭，盡也。"山崩川竭，古人認爲是重大事變或其徵兆。《國語·周語上》："夫國必依山川。山崩川竭，亡之徵也。"

《上海博物館藏戰國楚竹書》（三）頁 277

○**蘇建洲**（2005） 《容成氏》簡 24—25"以波（陂）明都之澤，決九河之渿"。渿，李零先生隸作"淶"。許全勝先生以爲是"渿"之誤，讀作"泄"。簡文"決九河之泄"，正謂分九河所泄之流。建洲按：渿右旁上部从二直筆，只是在第二直筆添加一斜筆。李家浩先生曾經指出"戰國文字有在豎畫的頂端左側加一斜畫的情況"，如"陳"作𤱏（《璽彙》1453），亦作𤲃（《璽彙》1454），"旬"作𠣜（麓伯簋），亦作𠣜（《古陶文字徵》頁 187 頁）等等。又如"昔"金文作𦰩（孟鼎），《郭店》3.5 作𦰩亦是相同現象。換言之，字形的理解應與渿相同，李零先生隸渿从"世"，本簡卻隸作"乍"，前後不一。而許氏之説有二誤。首先，字形右旁與"世"不類。其次，將簡文讀作"分九河所泄之流"，則"決"字所表示的"開鑿壅塞"字義將湮没不現。筆者以爲渿應隸作"渿"，分析爲从水桀聲，可讀作"結"，見紐質部，與"桀"，群紐月部，聲同爲見系，韻部旁轉音近。如《葛陵》甲三：31"其繇曰：是日未兑（説），大言絶絶，小言惙惙，若組若結"，

“兌、絕、結”押月部韻；“結”，質部韻，月質合韻。《管子・樞言》“先王不約束，不‘結紐’”，《靈樞・陽陰二十五人》“岐伯曰：‘結而不通者’”，可見“結”有打結、不通之意。另外，《史記・扁鵲倉公列傳》“其後扁鵲過虢……乃割皮解肌，訣脈結筋”，瀧川資言説：“訣、決通用。決通經絡之壅塞；結紐經筋之斷絕。”“決”“結”正好是兩個相反的動作，可與簡文參看。總之“決九河之結”，就是“決九河之不通”，意謂疏通九河淤結不暢之處。值得注意的是，簡42：“湯王天下三十又一‘世’而受（紂）作。”其中“世”字乍看與 **形近，但細看仍有區別，其右上從三直筆，與一般的“世”同。而簡40讀作“桀”的字，上似從三直筆，與其他《容成氏》三個“桀（傑）”並不相同，應是訛誤。

　　　　　　　　　　　　　　　　　　《古文字論集》3，頁164

○**李守奎、曲冰、孫偉龍**（2007）　　“枯竭”之“竭”。

　　（編按：上博二・容成25）遏。

　　　　　　　《上海博物館藏戰國楚竹書（一—五）文字編》頁513、811

△**按**　上博三《中弓》簡19“山有崩，川有㴱”，簡20“㴱其情”，“㴱”皆讀爲窮盡之“竭”。《説文》：“竭，負舉也。从立，曷聲。”本義是承載。窮盡、乾涸義或屬假借，然則“㴱”應是枯竭義本字。李守奎、張峰（《説楚文字中的“桀”與“傑”》，《簡帛》7輯，上海古籍出版社2012年）釋上博二《容成氏》之字爲“㴱”，讀“遏”，可備一説。

清

印類2・17

△**按**　此字用法不明。

滅

上博三・亙先2

○**李零**（2003）　　爲弌若泧：“弌”即“一”，疑指道。“若”是“和、及”之義。“泧”，此字似可分析爲從水從朱從戈，疑以音近讀爲“寂”。

　　　　　　　　　　　　　　《上海博物館藏戰國楚竹書》（三）頁289

○**丁四新**(2005) 寂,寂寥之義。寂、寥,分言之有别,渾言之無别。《老子》第二十五章"寂兮寥兮",王弼注:"寂者,無音聲;寥者,空五形。"《楚辭·九歌·希賢》:"生嗷嗷以寂寥兮。"王逸《注》:"寂寥,空無人名之貌也。"《楚辭·九歎·憂苦》:"幽空虛以寂寞。"

《楚地簡帛思想研究》2,頁 96

△**按** 此字聲符,與楚簡常見的"葴郢"之"葴"字所從相同,故隸定爲"濊"。可從李零讀爲"寂"。

濊

曾侯乙 138

○**裘錫圭、李家浩**(1989) 馘。

《曾侯乙墓》頁 497

○**李守奎**(2003) 濊。

《楚文字編》頁 644

△**按** 字從水從大從或,簡文中似作"靯"的修飾語,其義未詳。

漕

集成 286 曾侯乙鐘 集成 286 曾侯乙鐘

○**裘錫圭、李家浩**(1981) 澘(圖 3:③;圖 12。本書圖七、三一)

這個字代表的詞,在鐘磬銘文裏有三種寫法:

(1)![figure](下·一·1 等) (2)![figure](中一·11 等) (3)![figure](磬下 7 等)

甲骨文和西周金文的"書"字都作"𦘕",上引(2)與(3)的左旁應是"書"的異體。"𠄔"即《説文》"讀若愆"的"辛"字省體。"愆""遣"讀音極近,所以"書"字加注"辛"聲。古文字裏常見由同音或音近的兩個字合成的字,如"替、祠"等,也屬於這一類。(1)的左旁與此顯然是一個字,它省去了"書"所從的"臼"而加注"辛"聲。(2)的右旁是"欠"。(3)的右旁是"旨"。"旨"應是"臽"的變體。"臽""欠"古音極近("坥""坎"爲一字),"臽"變作"旨",與"書"變作"音"同例。戰國古印有"餡"字,當釋爲"餡",即"脂"或"啗"的異體。可以與此互

證。"欠"與"皆"古音尾聲不同,但聲母與主要元音相同。金文有"邎"字,郭沫若認爲是"遣"的繁文(《兩周金文辭大系》郜造遣鼎考釋)。很可能"邎"字和上舉(2)(3)兩字的"欠"旁和"臽"旁,也都是加注的音符(古代有些方言裏"欠""遣"二字的收聲也許是相同的)。總之,(1)(2)(3)諸字的讀音應該與"遣"相近。它們所代表的詞經常出現在音階名之前,地位與"變商、變徵"的"變"字相同。這個詞很可能就是與"遣"音近的"衍"。"衍"字古訓"溢",訓"廣",訓"大"(參看《經籍纂詁》),有"延伸、擴大、超過"一類意思。下層七號磬又有"豂"字("新鐘之商頏之豂")疑即上引(3)的訛體。

《音樂研究》1981-1,頁 17—18

○**黃翔鵬**(1981)　最低組用"濬"字前綴。低於"濬"聲之時,不再使用其它用語。

《音樂研究》1981-1,頁 33

○**王文耀**(1984)　"瀛",表示低八度關係的前綴。讀作"櫱",別體又作蘗,是指從樹根旁長出來新枝。《廣雅・釋詁》解釋爲"餘也、始也"。"瀛"取其"始"的意思,作爲"基音"解。"瀛孴"就是孴音的基音,作爲和孴音構成的八度和聲的根音。

《古文字研究》9,頁 401

○**曾憲通**(1986)　與此相反,傳統五音的別名卻普遍受到所在八度位置的制約,最明顯的是,代表角音的 E 音位幾乎每個八度都有不同的專名,如 E2 爲鎬,E3 爲中鏄,E4 爲宮角,E5 爲下角,E6 爲角反。角音之外,如果標音銘所在的八度位置低,那麼,樂律銘便往往在宮、商、徵、羽之前置以濬、大、珈等修飾成分,表示其爲低音區的別名,如濬宮、大羽、珈徵等。

《曾憲通學術文集》頁 40,2002;原載《古文字研究》14

○**饒宗頤**(2002)　曾侯乙編鐘律字常見"濬"字,大抵作𣲖形,所從之𣲖,以同鐘銘之"濁"字作𣲖證之,即爲水旁甚明,故此字可隸定爲"濬"。《殷周金文集成》著錄曾侯鐘銘辭,有下列各辭句:

獸鐘之濬鎬,穆鐘之濬商、割(姑)洗之濬宮。《殷周金文集成釋文》(257 頁)

獸鐘之濬徵。(259 頁)

新鐘之濬羽,濁坪皇之濬商、濁文王之濬宮。(261 頁)

文王之濬鑷。(311 頁)

坪皇之宮、姑洗之濬商。(315 頁)

應音之滈。（316頁）

以上“滈”諸字皆作⬛之形，以甲骨文比勘之，从⬛之字孳乳爲⬛、⬛，義皆爲“擘”字。又有从齒之“齺”，故此字形應是从⬛增益水旁。鐘銘另有一較特異者：“坪皇之宫、姑洗之歔商，穆鐘之角”（同上，頁349），“歔”乃爲“滈”變體。磬文下七等有“⬛”，知⬛乃欠之訛，省自而加雙手之曰於⬛之旁。《説文》“辛”从干、二，二，古文上，讀若“愆”。“童、妾”字从辛。磬文於⬛增㐭旁，㐭可釋臽。宗周鐘《集成》1.206：“㠱子敢⬛處我土。”字从臼，與㐭形近。鐘律名之“滈”與“⬛”，向來未能釋出應爲何字。

幸兩郭店楚簡中，有从滈从㐭之字，見於《老子》及《語叢》。

郭店簡《老子》第一章云：

字之曰道，吾强爲之名曰大，大曰瀅，瀅曰遝（遠），遝（遠）曰反。天大，墬（地）大，道大，王亦大。（簡21、22）

王弼本作“大曰逝”。馬王堆甲、乙本《老子》均作“大曰筮”。此借“筮”爲“逝”。“筮、逝”皆爲祭韻字。郭店《語叢四》有云：

善事其上者，若齒之事胉（舌），而終弗齺。（簡19）

此字作“齺”，不从水，與《老子》之“逝”字相同，此句可讀“終弗逝”，“逝”於此應讀爲“折”，言齒與舌相輔，而舌不爲齒所損折，於義亦通。如是知《老子》借“折”爲“逝”，怡然理順。《老子》言“大曰折”者，即《禮記·祭法》之“泰折”：

燔柴於泰壇，祭天也；瘞埋於泰折，祭地也。

《禮記》釋文云：“折，之設反，舊音逝，又音制。”讀爲“折”爲“逝”，與《老子》“大曰逝”正合。《漢書·郊祀志下》：“瘞薶於大折，祭地也……祭地於大折，在北郊，就陰位也。”漢武令有司議后土祠宜於澤中圜丘爲五壇。

郭嵩燾《禮記質疑》引《玉藻》“折旋中矩”，謂“折者，四折而方”，與“方丘”之義同，於是知“滈”字之繁形，所以增㐭者，以大折爲祭地之所，蓋取地有坎陷之象。

　　　　　《饒宗頤新出土文獻論證》頁175—176，2005；原載《道苑繽紛録》
△按　“滗”字異體，詳參本部“瀅”字條。

滂

⬛上博四·昭王1　⬛新蔡乙三7

○**陳佩芬**（2004）　"滹"，即"滹"或"滹"，《集韻》："池水名。"池不能爲室，疑假作"附"。《説文・𨸏部》："附，附婁，小土山也。"《小尔雅・廣詁》："附，近也。"意爲在死涽之地築室。

《上海博物館藏戰國楚竹書》（四）頁 182

○**孟蓬生**（2006）　今按：注以"滹"爲近水之地，其説可取。但虍聲與付聲無論聲紐還是韻部，都有一定距離，讀"附"實不可取。"滹"字當讀爲"汻（滸）"。《説文・水部》："汻，水厓也。从水，午聲。"徐鉉等按："今作滸，非是。"虍聲與午聲古均爲曉紐魚部字，故可相通。《爾雅・釋丘》："岸上，滸。"郭璞注："岸上地。"又《釋水》："滸，水厓。"郭璞注："水邊地。"《集韻・姥韻》："汻，水厓也。或作滸、滹。"

《簡帛研究二〇〇四》頁 70

△**按**　簡文云："昭王爲室於死涽之滹。"《昭王毀室》下文記述昭王"既祔"後"徙處於坪滿"（簡 5），亦即"滹"與"坪滿"必爲兩地。"滿"又見於上博《逸詩》之《交交鳴鶯》，該篇"［中］梁"（簡 1）、"中渚"（簡 2）、"中滿"（簡 3）並列，秦樺林（《楚簡逸詩〈交交鳴鶯〉札記》，簡帛研究網 2005 年 2 月 20 日）指出可與《衞風・有狐》："在彼淇梁""在彼淇厲"對讀。"滿（厲）"爲水厓，則"滹"之義當別求。《方言》卷十二："水中可居爲洲。三輔謂之淤。"郭璞注："《上林賦》曰：行乎洲淤之浦也。""淤"是三輔方言，疑"滹"即"淤"之楚語詞，指水中洲，與"渚"近義。

潒

璽彙 0628

○**何琳儀**（1998）　潒，从水，隊聲。疑潒之繁文，遂之異文。《集韻》："遂，田閒小溝也。或作潒，通作遂。"秦璽潒，人名。

《戰國古文字典》頁 1225

滿

石鼓文・汧殿　　楚帛書　　上博四・昭王 5　　上博五・競建 6

△**按**　應即"澫"字，詳參"砅/澫"字條。

濼

郭店·成之 11

○**裘錫圭**（1998）　　"源"字又見下十四號簡,字作"潨"。

《郭店楚墓竹簡》頁 169

○**劉釗**（2003）　　（**編按:** 郭店·成之 11 "窮潨反本之貴"）"濼"即"潨"字繁體,而"潨"即"源"字古文。

《郭店楚簡校釋》頁 140

△**按**　字右部所從又見於郭店《性自命出》簡 47 和清華柒《晉文公入於晉》簡 7,學界一般隸定作"潵",但泉上所從實非"艸"形,具體爲何部件,待考。《晉文公入於晉》文曰:"元年克潵。"潵,即晉文公所伐之"原"地。

燙

集成 9734 姧蚉壺

○**張政烺**（1979）　　燙,從水,昜聲。昜,上易,下火,義不可解,參照上文夜字推測,這個字大約是從易,亦省聲。《説文》狄"從犬,亦省聲",亦也寫成火旁,與此相類。《説文》惕也作悐,逖也作逷,曾伯簠"克狄淮夷"也假狄爲逷,説明易與亦聲音相同,爲什麼要造出這個從易亦省聲的字呢? 大約是因爲易字出現很早,應用的地方廣,字義多,讀音容易有分歧,所以才在易字的某一用途時加注一個亦字作爲聲音符號。燙,字書不見,按字音求之,疑讀爲敭。《説文》:"敭,侮也。"《説苑·權謀》:"侮上者,逆之道也。"

《古文字研究》1,頁 238

○**張克忠**（1979）　　"徭（逢）鄾亡（无）道燙上。"燙從水,增成皿水外溢之意,也是易的繁文。《國語·晉語》"好惡不易是謂君",注:"易,反也。"《左傳》哀公元年:"子常易之。"注:"易猶反也。"《易經·説卦傳》:"易,逆數也。"

《故宮博物院院刊》1979-1,頁 46

○**湯餘惠**（1993）　　燙,通傷,輕慢。

《戰國銘文選》頁 40

○**何琳儀**（1998）　燙，从水，煬聲。疑煬之繁文。

中山王圓壺燙，讀易。《左・昭元》"子常易之"，注："易，猶反也。"《國語・晉語》四"好惡不易"，注："易，反也。"

《戰國古文字典》頁 760

△**按**　中山王鼎及方壺"遽惕"之"惕"皆作燙，即此字所从，可參看。

淲

曾侯乙 166

○**裘錫圭、李家浩**（1989）　榮。

《曾侯乙墓》頁 499

○**李守奎**（2003）　釋爲"榮"的字照片和各家摹本如下：

　　　《曾侯乙墓》　　　　《楚系簡帛文字編》　　　《曾侯乙墓竹簡文字編》

或許是受釋"榮"的影響，摹本與照片都有一點差距。此字我們懷疑當摹作"淲"，隸作"榮"，釋作"淲"。先看字形。楚系文字中"於"字出現頻率很高，異體很多，《楚文字編》收錄六類 127 字，但無一例作"⺊"，更無作"⺊"者。"攸"字楚文字中也屢見，其中有與"榮"字上部所从相近的：

　　　　　　陵君豆　　　　　　郭店六德 41 號簡

"淲"字見於先秦和漢代的典籍和後世字書。《楚辭・大招》："東有大海，溺水淲淲只。"王逸注："淲淲，水流貌。"《漢書・敍錄下》"六世耽耽，其欲淲淲"。顏師古注："《易・頤卦》六四爻辭曰：'虎視眈眈，其欲淲淲。'耽耽，威視之貌也。淲淲，欲利之貌也。耽音丁含反。淲音滌。今《易》淲字作逐。"《玉篇》等書收有"淲"字。由此可見，"淲"字雖不見於《説文》，但不會出現太晚。簡文中"淲騟爲右服"中的"淲"可能用爲人名或馬名。即"淲之騟馬爲右邊的服馬"或"淲騟之馬爲右邊服馬"的意思。

《第四屆國際中國古文字學研討會論文集》頁 505—506

○**李守奎**（2003）　淲。《玉篇・水部》：淲，水流貌。

《楚文字編》頁 644

△**按**　字从水，敫聲，或是淤字繁構。《説文》："淤，澱滓，濁泥。从水，於聲。"簡文中當指地名，所指不詳。

瀋

郭店·性自 30

【瀋潝】

○**周鳳五**（1999）　哭之初動心也，瀋潝，其刿，繸繸如也，戚然以終。（《性自命出》簡三〇）：瀋潝，《郭簡》依形隸定而無説。按，疑讀作“湛滯”。浸，精母侵部，湛，端母侵部；殺，山母月部，滯，定母月部，皆可通假。《吕氏春秋·慎人》“水潦川澤之湛滯壅塞”，謂深沈鬱積也。

《張以仁先生七秩壽慶論文集》頁 360

○**何琳儀**（2000）　“瀋”應讀“浸”。《庄子·大宗師》“浸假而化予之左臂”，注：“浸，漸也。”《廣韻》：“潝，水也。”故“浸潝”猶言“漬水”。《孔叢子·雜訓》：“猶浸水之與膏雨耳。”

《文物研究》12，頁 203

○**吕浩**（2001）　《郭簡·性自命出》簡三〇至三一：

哭之敷（動）心也，瀋（浸）潝，其刿（?）繸繸女（如）也，慈（戚）肤（然）以終。樂之敷（動）心也，瀋（?）深臟臽，其刿（?）則流女（如）也以悲，條肤（然）以思。

沈括《夢溪筆談》卷五：“今樂部中有三調，樂品皆短小，其聲噍殺。”《禮記·樂記》：“樂者，音之所由生也。其本在人心之感於物也。是故其哀心感者，其聲噍以殺。”孔疏：“噍，踧急也。若外境痛苦，則其心哀，哀感在心，故其聲必踧急而速殺也。”“哭之動心”與“哀心感樂”，其情形近似，故疑“瀋潝”當與此“噍殺”義近。疑“瀋”讀爲“侵”。“浧”與“浸”同字，浸侵古音極近（韻同，聲鄰紐），故“瀋”與“侵”古音近，可通。“潝”讀爲“殺”。《逸周書·大明武》：“陳若雲布，侵若風行，輕車翼衞，在戎二方。”朱右曾校釋：“侵，疾。”由此可知“侵殺”與“噍殺”義近。

《中國文字研究》2，頁 285

○**李零**（2002）　“浸殺”，是漸趨衰落的意思。

《郭店楚簡校讀記》（增訂本）頁 109

○**劉釗**（2003）　“瀋潝”讀爲“浸殺”，“浸殺”乃“逐漸衰減”之意。

《郭店楚簡校釋》頁 98

△按　字從水，戠聲，戠即楚系侵伐義專字。對應上博簡《性情論》字作"淊"，所從之"帚"應是"曼"之省。

漸

包山 84

○劉釗（1998）　簡 84 有字作"🐢"，字表隸作"繫"。按字從"水"從"軫"，應釋爲"漸"。字從"軫"，不過是以"軫"聲代替了"斬"聲。古音"参"在定紐文部，"斤"在見紐文部。"軫"以"参"爲聲，"斬"以"斤"爲聲。二字韻部相同，定紐與見紐在古代亦很密切。"繫"（漸）在簡文中用爲人名。

《東方文化》1998-1、2，頁 55

○白於藍（1999）　171 頁"繫"字條，"🐢"（84），從水軫聲，即《説文》漸字異構。斬從斤聲，軫從参聲。斤、参古音相近，故漸可從軫聲作。本條之字應入 169 頁"漸"字條。

《中國文字》新 25，頁 198

○李守奎（2003）　繫　訛形。

《楚文字編》頁 635

△按　"漸"字亦見於清華叁《説命下》簡 8，辭曰"克漸五祀"，李學勤（《新整理清華簡六種概述》，《文物》2012 年第 8 期）釋"漸"，訓"進"。陳劍改釋"繫"，讀爲"慎"，可從。字又見於《説命中》簡 2："聽戒朕言，漸之于乃心。"讀"慎"文從字順。由此可知"漸"應非"漸"字異體或訛體。

潓　溮

上博二・容成 24

○黃錫全（2003）　"□潓"可能不是專指的水名，而是指水貌漫流不通，與上接簡 22"山陵不疏，水潦不湝"對應。潓從必聲，潓可讀泌。《説文》："泌，俠流也。"段注："輕快之流，如俠士然。"《詩・衡門》："泌之洋洋。"泌爲泉水。

《第四屆國際中國古文字學研討會論文集》頁 238—239

○蘇建洲（2003）　豈潓：即"開塞"。簡文"開塞潓流"疑指"開通阻塞使河水大流"。首字李零先生以爲左旁從"豈"，右旁不識。建洲按：由字形看來，此説似可信。字或可讀作“開”,《易·繫辭上》“夫易開物成務”,《釋文》:“開,王肅作闓。”(《古字通假會典》519 頁)。次字“瑟”似可讀作“塞”。“瑟”,山紐質部;“塞”,心紐職部,聲紐同爲齒音,韻部職、質相通如同之、脂可通(參蘇建洲《民 1 再議》)。《郭店·緇衣》簡 23“毋以嬖御息莊后,毋以嬖士息大夫、卿士”,兩個“息”(職)字今本皆作“疾”(質)(參曾昱夫《戰國楚地簡帛音韻研究》頁 365)。簡文讀作“開塞”,一詞亦見於《商君書·開塞》,蔣禮鴻曰:“開塞者,謂開已塞之道也。”(《商君書錐指》51 頁)黃錫全先生《札記四》:“根據下面文義,‘□瑟’可能不是專指的水名,而是指水貌漫流不通……瑟從必聲,瑟可讀泌。《説文》:‘泌,俠流也。’……《詩·衡門》:‘泌之洋洋。’泌爲泉水。”建洲按:黃文以爲“□瑟”指“水貌漫流不通”大約是對的,但讀“瑟”爲“泌”則義與“湝流”重複,而且看不出有“水貌不通”的意思。

《〈上海博物館藏戰國楚竹書(二)〉讀本》頁 137

○陳秉新(2005)　《容成氏》第 24 簡:“□𤀤湝流。”(上博楚竹書二)

原考釋:“此句含義不清。”

今按:第一字從豈聲,右部殘,當讀作闓。《説文》:“闓,開也。從門,豈聲。”段玉裁注:“本義爲開門,引申爲凡啟導之稱。”第二字原釋文隸作𤀤,從水,焱(亓之繁文)聲,即古淇字,本簡讀爲氾,淇與氾古音均在之部。《説文》:“氾,水別復入水也。一曰氾,窮瀆也。”《爾雅·釋丘》:“窮瀆,氾。”郭璞注:“水無所通者。”闓氾,義爲開決水無所通的溝瀆。與《史記·李斯傳》“決淳(《廣韻》訓水止)水”同義。

《湖南博物館館刊》2,頁 288

△按　字從水,焱聲。焱即楚系瑟字。辭云“凱瑟洌流”,夏世華(《上海博物館藏楚竹書〈容成氏〉集釋》,《楚地簡帛思想研究》[四] 131 頁,崇文書局 2010 年)讀作溝洫之“洫”。郭永秉(《補説“麗”、“瑟”的會通——從〈君人者何必安哉〉的“𤕰”字説起》,《中國文字》新 38 期,藝文印書館 2012 年)謂“楚文字用作‘瑟’的‘𤕰/𤕰’字,應當就是‘麗’字古文的一種訛變形體”,陳劍(《〈容成氏〉補釋三則》,《出土文獻與古文字研究》6 輯 371—375 頁,上海古籍出版社 2015 年)據之將此字改釋作“灑”,訓爲“析、分(河流)”,將簡文讀作“闓灑激流”,即“開通/闓導,析分湍急的河流”。然“瑟、麗”實各有來源(詳參卷十二𣎴部“瑟”字條),故此字仍以釋“瑟”爲是,唯讀法待考。

湏

璽彙 1886

△按 字从水从自从貝,璽文用爲人名。

滈

璽彙 0259

△按 字从水从亯从肉,璽文似用爲地名。

瀘

郭店・窮達 4   上博二・容成 51

△按 "津"楚文字寫法,从水,鴈聲。詳參"津"字條。

潩

天星觀   上博四・柬大 1   上博四・柬大 12   上博四・柬大 18

○李守奎(2003) 榦。

《楚文字編》頁 645

○濮茅左(2004) 潩,讀爲"旱",或讀爲"乾"。

《上海博物館藏戰國楚竹書》(四)頁 195

○晏昌貴(2005) "潩"當讀爲"幹",義爲乾枯,《列子・黄帝》:"不覺形之所倚,足之所履,隨風東西,猶木葉幹殼,竟不知風乘我邪,我乘風乎?"

《楚地出土簡帛文獻思想研究》2,頁 277

○李守奎、曲冰、孫偉龍(2007) 簡文中讀"旱",疑爲"旱"之異體。

《上海博物館藏戰國楚竹書(一—五)文字編》頁 513

淾

左冢漆桐

△按　字从水，僉聲。董珊(《楚簡中从"大"聲之字的讀法》[二]，簡帛網 2007 年 7 月 8 日，收入《簡帛文獻考釋論叢》，上海古籍出版社 2014 年)讀漆桐"淾牝"爲"儉卑"或"斂閉"，分別與"泰侈"或"汰侈"詞義相反，可參看。

塈

睡虎地·爲吏 33 叁

○**睡簡整理小組**(1990)　塗塈(音計)，用灰泥塗抹房屋。《書·梓材》："惟其塗塈茨。"

《睡虎地秦墓竹簡》頁 171

○**張守中**(1996)　爲三三　通塈　塗塈。

《睡虎地秦簡文字編》頁 173

瀘

璽彙 2878

○**丁佛言**(1924)　　潭。

《説文古籀補補》頁 48，1988

○**羅福頤等**(1981)　瀘。

《古璽文編》頁 276

○**吳振武**(1984)　[三〇五]276 頁，瀘，璽文作　，《説文》所無。

今按：此字應隸定爲瀘，釋爲瀘。虜(攎)字作　或　(參本文[一〇〇]條)，　即　、　之變。戰國時　、　、　、　、　、　、　等形往往互訛。古璽虜(盧)氏之膚作　(《彙》三一二三)，與此字　旁同。瀘从盧聲，而盧、虜(攎)等字又都从膚得聲，故瀘字可釋爲瀘。在戰國文字中，从盧得聲之字往往从虜(攎)作，參本文[四一二]條。瀘字見於《説文·水部》新附及《廣韻》《集韻》

等書。

《〈古璽文編〉校訂》頁 135—136,2011

⿰氵傷

楚帛書

○**嚴一萍**(1967)　蕩,《禮記·樂記》:“天地相蕩。”注:“猶動也。”《堯典》:“蕩蕩懷山襄陵。”傳:“言水奔突有所滌除,義取盪也。”《國語·周語》:“幽王蕩以爲陵糞土。”注:“壞也。”

《甲骨古文字研究》3,頁 242

○**李學勤**(1982)　“傷”,《戰國策·秦策》注:“害也。”彗星出現,古人以爲將爲下民之害,所以説“降於其□方”。

《湖南考古輯刊》1,頁 68

○**高明**(1985)　⿰氵傷乃湯字之繁,《漢書·天文志》云:“四星若合,是謂大湯,其國兵喪四起,君子憂,小人流。”《尚書·堯典》疏引《謚法》云:“雲行雨施曰湯。”繒書似謂天棓將作暴雨,降於四方。

《古文字研究》12,頁 384

○**饒宗頤**(1985)　“乍蕩”即作⿰氵傷。《漢書·天文志》:“四星若合,是謂大湯。其國兵喪並起,君子憂,小人流。”晉灼:“湯,猶盪滌也。”“作蕩”即大湯之義。

《楚帛書》頁 44

○**李零**(2000)　“⿰氵傷”,饒文引《漢書·天文志》“四星若合,是謂大湯,其國兵喪四起,君子憂,小人流”(晉灼:“湯、猶盪滌也。”),湯也是一種凶咎。

《古文字研究》20,頁 166

滷

上博五·鮑叔 5 集成 10975 亡鹽右戈

△**按**　鹽字或體,參卷十二鹽部“鹽”字條。

澳

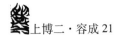上博二·容成 21

○**李零**（2002）　审正之羿吕澳：“审”即“中”。“澳”，從讀音和文義看，似應讀爲“熊”（“熊”是匣母蒸部字，“澳”从“興”，當是曉母蒸部字，讀音相近）。古四象、十二屬、三十六禽俱無熊，但《周禮·春官·司常》所述“九旗”，其中有熊虎。

《上海博物館藏戰國楚竹書》（二）頁 266

瀗

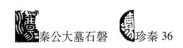秦公大墓石磬　　珍秦 36

○**王輝、程學華**（1999）　（**編按:秦公大墓石磬**）瀗字原作𤀽，从水，觴聲。觴字金文作𤖤（仲多壺），从爵。《説文》觴之籀文作𤖤，《汗簡》入聲引《義雲切韻》觴作𤖤，《古文四聲韻》引《義雲章》觴作𤖤，崔希裕《纂古》作𤖤，諸形皆與𤖤相近。

　　瀗字不見於《説文》，實際上就是湯字，不過聲旁比較繁複而已。觴上古音陽部審紐，“湯湯”之“湯”上古音亦陽部審紐，二字音同。

　　“湯湯”爲上古聯綿詞，形容水盛的樣子。《尚書·堯典》：“湯湯洪水方割，蕩蕩懷山襄陵。”僞孔《傳》：“湯湯，流貌。”又《詩·齊風·載驅》：“汶水湯湯，行人彭彭。”毛《傳》：“湯湯，大貌。”又《詩·大雅·江漢》：“江漢湯湯，武夫洸洸。”後來常用以借指樂音之洪亮。《呂氏春秋·本味》：“伯牙鼓琴，鍾子期聽之。方鼓琴而志在太山，鍾子期曰：‘善哉兮鼓琴，巍巍乎若太山。’少選之閒，而志在流水，鍾子期又曰：‘善哉乎鼓琴，湯湯乎若流水。’鍾子期死，伯牙破琴絕弦，終身不復鼓琴，以爲世無足復爲鼓琴者。”這是一則有名的故事，文中的“湯湯”，也指樂音。

　　（**編按:珍秦 36**）瀗字與鳳翔南指揮秦公一號大墓磬銘 M1:300“瀗瀗乎商”字同，只是印文水旁作三點，體現了戰國晚期的特點。此字磬銘及印文均讀爲“湯”。

《秦文字集證》頁 82、280

△按　字从水,觴聲。

灂

集成 12113 鄂君啟舟節

○**郭沫若**(1958)　諸水均與江、湘相通而匯於洞庭,則灂水亦必在澧之北而與江、湘、洞庭相通。準此以求之,灂水當是《水經》所謂涌水:"江水又東南當華容縣南,涌水出焉。"按此必即洞庭湖北面所謂洞庭湖西道——華容河、焦圻水、藕池河、虎渡河等諸水之一。諸水本由洞庭湖流入長江,但江水漲時則江水倒灌入湖。其所以名爲涌水,言自長江流出者,即以此故。戴東原未深加思考,徑改《水經》"出"字爲"入",可謂妄作聰明。字从水,臁聲,臁蓋即臃之異文。

《文物參考資料》1958-4,頁 4

○**殷滌非**(1958)　槳上从脜音柔,長銘以爲是油脂的油,此指油水,今湖北公安縣有油河。

《文物參考資料》1958-4,頁 10

○**商承祚**(1965)　灂(舟節第七行第十一字):

　　我與譚氏商榷此字的地理時,曾經指出,羅長銘同志據殷誤摹作 𦔻 而釋之爲"脜"之不可信。《節考》雖援引譚氏從羅說爲油水,但提出"字誤則義不足據,所釋就大成問題了"表示不同意。而我考證此字爲"灂",其水即灂水,"認爲這條水有兩個可能性:一、戰國時並無油水之名,後世之油水即灂水故道;二、戰國時既無油水,則《水經》的灂水從澧水北岸別出,下游仍入於澧(明弘治中已湮塞),爲後世的事"。直至目前,我這看法仍未改變。幾千年來,有些大河已改途易徑,或因河牀淤塞將長流縮短,甚至湮没都有可能,藉使推翻我釋灂爲灂,而"脜"轉爲同音之"油、繇"(見于氏文)的結論亦難以成立。

　　車節 𣗄 字于氏作檜釋"檐",是正確的,糾正我過去將 𥁕 字釋爲灂从 舀(音)的錯誤。檜、灂既同从"言"旁,可異是于氏乃各釋其釋,豈非同意殷定 𥁕 爲《説文》"面和也,讀若柔"的"脜",和同意羅、譚"油水"的説法,不然不會以"繇"代"由"(油)的。于氏既認爲我對鄂君啟節"摹仿逼真",而又以殷、羅之誤爲正,其説當作何解?

《中華文史論叢》6,頁 148

○孫劍鳴（1982）　　“澧”下一字，羅釋“㮚”，以爲是“油水”。郭釋“灂”，云：“字從水，朣聲，朣蓋即臃之異文。”又云“灂水當是《水經》所謂涌水：‘江水又東南當華容縣南，涌水出焉。’按此必即洞庭湖北面所謂洞庭湖西道——華容河、焦圻水、藕池河、虎渡河諸水之一。”商考據此字爲“溍”釋爲“澹”。他認爲這條水有兩個可能性：“一、戰國時並無油水之名，後世之油水即澹水故道；二、戰國時既無油水，則《水經》的澹水從澧水北岸別出，下游仍入於澧（明弘治中已湮塞），爲後世的事。”最後斷言：“藉使推翻我釋溍爲澹，而‘朣’轉爲同音之‘油、緜’（見于氏文）的結論亦難以成立。”

　　　　總之，各家對於此字之形、音，雖各有其見解，但此水當在澧水以北，長江以南，則並無不同的意見。至其真正正確的名稱，具體的地理位置，尚有待於繼續研究。

　　　　　　　　　　　　　　　　　　　　《安徽省考古學會會刊》6，頁 30—31

○李零（1986）　　應在澧江北，應即《漢書·地理志》之緜水。

　　　　　　　　　　　　　　　　　　　　　　　《古文字研究》13，頁 370

○張中一（1989）　　鄂君舟隊在此轉向西北而行，橫絕“資、沅、澧、灂（油）”四水，在“灂”（油）水入江處（今湖北公安的油口）“让江”，這個“让江”有兩種含義：（一）從長江南岸入江；（二）溯江而上“庚木關、庚郢”。

　　　　　　　　　　　　　　　　　　　　　　　《求索》1989-3，頁 128

○朱德熙、李家浩（1989）

　　　　　A1，　　A2，　　B，　　C1，　　C2，　　D，　　E

㮚 F，㮚 G，㮚 H，溍 I，灂 J，灂 K，溍 L

舟節銘云：

　　　上江，内（入）湘，適㮚，適洮陽；内（入）耒，通郴；内（入）資、沅、澧、A1。

1960 年壽縣第二次發現的舟節 A1 寫作 A2，字形基本相同。這個字從水從 B，過去各家考釋多認爲指油水，可是不知道是什麼字，因此有許多種不同的隸定方式，見字表 F—L。

　　　戰國文字“緜”字作：C（長沙帛書兩見）、D（信陽楚簡 2-011，原文有衣旁）、E（古璽 266，原文有心旁）等形。其中 C1、C2 是繁體。D、E 是簡體，鄂君啟節 A1、A2 所從的偏旁 B 與 D 十分接近，只是“系”旁和“言”旁筆畫略有簡省，顯然是同一個字。由此可知 A 是一個從“緜”聲的字。油水之“油”，《漢書・地理志》南郡屬縣"高成"下自注作"鼷"。"鼷""鼷"古通,因爲是水名,所以節文从"水"。油水在今湖北公安縣西北。

《朱德熙古文字論集》頁 198,1995;
原載《紀念陳寅恪教授國際學術討論會文集》

○**湯餘惠**(1993) 資、沅、澧、鼷,四水名。鼷水,見《漢書・地理志》,又作油水,見《水經・江水篇、油水篇》。據考,其上游在今湖南石門縣境內今名穿山河,澧縣境內今名邊山河,湖北松滋縣境內今名界溪河,公安縣境內的一段久已湮塞,今公安縣北的古油口,是古油水的入江處。以上湘、資、沅、澧、油五條水系及水濱邑聚是船隊西南方的經商路線。

《戰國銘文選》頁 48

○**趙誠**(2003) 1957 年出土的《鄂君啟舟節》有"内資、沅、澧、𤔲"一語,郭沫若發表於《文物參考資料》1958 年 4 期的《關於鄂君啟節的研究》一文,將該句最後一字隸定爲灘,並云:資、沅、澧"諸水均與江、湘相通而匯於洞庭,則灘水亦必在澧之北而與江、湘、洞庭相通,準此以求之,灘水當是《水經》所謂涌水……字从水,膽聲。膽蓋即臃之異文"。商承祚發表於《文物精華》第三集的《鄂君啟節考》一文則將此字隸定作灘,並云:"灘,郭釋以《水經》之涌水當之,殆非,當從羅(長銘)釋作油。涌水在長江北岸,不應與江南的資、沅、澧諸水並列。鄂南澧北諸水中,惟油水最爲源遠流長,差足與資、沅、澧並稱。油水上游即今石門澧縣松滋境內的界溪河,下游在今公安境內的故道,今已湮塞……灘水似應在油水的方位,就字的形體結構而言,極似……从水膽聲的澹字……後世的油水即澹水故道……提出以待識者考訂。"周法高《金文詁林補》3356 頁補充曰:"商氏釋爲澹,其方位相當於油水,而不詳其相通之故。古侵談部收-m 之字,有與幽部字相通者……故澹與油亦得相通。从由得聲者有迪字,故澹與油聲母亦近。"時在 1982 年。在這樣的學術背景之下,四版《金文編》增加了一個澹字頭,把這一字形納於其下,編號爲 1816,並注云:"从水从膽","今作澹。澹水在澧水北"。對這一解釋學術界並不完全信從,如馬承源主編的《銘文選》432 頁《鄂君啟節》釋文將此字隸定作灘,並於 434 頁注(八)云:"灘,史籍所無,地望不詳。一說,釋爲灘,即澹水。"可見尚待進一步考證。到了 1989 年,朱德熙、李家浩在《紀念陳寅恪先生誕辰百年學術論文集》發表的《鄂君啟節考釋(八篇)》一文的《柒》中指出,𤔲字所从的𦥑與《信陽楚簡》2-011 鼷字所从的鼷作𦥑"十分接近,只是'系'旁和'言'旁筆畫略有簡省,顯是同一個字"。由此可知《鄂君啟節》那個字“是一個从‘繇’聲的字。油水之‘油’,《漢書·地理志》南郡屬縣‘高成’下自注作‘繇’。‘繇’‘繇’古通,因爲是水名,所以節文从‘水’。油水在今湖北公安縣西北”。董蓮池《校補》314 頁認爲“其説極是”。並補充了兩點:1.《鄂君啟車節》和《龍節》的檐字所从的詹作𩰱或𩰱,與此字所从有別,則此字“釋澹是不正確的”。2.繇字“屢見於楚文字”,如《包山楚簡》圖版一六八,均與此字形體“極近”,故此字釋滫極是,“又恰指油水,應即是油字異體”,“似應直接釋爲油”。此字釋滫似已成定論,是否直接釋油則尚可研究。

《二十世紀金文研究述要》頁 377—379

△按　字當從朱德熙、李家浩釋“滫”,从水,繇聲,在舟節中用爲油水之“油”。油水在今湖北省公安縣西北。

灈

 新蔡甲三 343—1

△按　字蓋从水,瞿聲。文曰:“佩(蓮)己之述唎(刉)於灈唇社二𤞤(貜),禱二[冡]。”用爲地名。

濆

 睡虎地·日甲 16 背叁

○睡簡整理小組(1990)　(編按:睡虎地·爲吏 32 叁)濆(瀆)。

(編按:睡虎地·日甲 16 背叁“水濆西出,貧,有女子言”)濆(竇)。

《睡虎地秦墓竹簡》頁 170、210

△按　《玉篇》:“濆,水也。”簡文讀爲瀆、竇,爲水溝或水穴,參本卷水部水字下【水濆】條。

瀽

 璽彙 3266

○朱德熙、裘錫圭(1972)　　司寇觶的“觴”字,《説文・角部》作:

隸變省作“觴”。戰國璽印文字有:

戲《徵》附 35 上　　　　濶《徵》附 35 下

前人未釋,根據盟書“觴”字可以認出前一字是“觴”的簡體,後一字從水從觴,疑是“觴沸”(見《詩・大雅・瞻卬》,泉水涌出貌)之“觴”的專用字(編按:《集韻》入聲質韻壁吉切“必”小韻,有“瀻”字,異體作“渾”,訓“泉沸也”。本文討論從“水”從“觴”之字時漏引)。又《説文》以“蠚”爲“詩”的籀文,所以“瀻”也可能是“渤”的異體。

《朱德熙古文字論集》頁 57—58,1995;原載《文物》1972-8

○吳振武(1984)　　[五二四]420 頁第二欄,濶

　　今按:此字從水從蠚,朱德熙、裘錫圭兩先生在《關於侯馬盟書的幾點補釋》一文中疑是“蠚沸”(見《詩・大雅・瞻卬》,泉水涌出貌)之蠚的專字,同時又根據《説文》詩字籀文作濶,認爲此字也可能是渤字異體,其説甚有據。我們從侯馬盟書蠚字或體作濶,詩字作濶(宗盟類一:五九,舊不識)來看,此字亦可釋爲浡,浡也通渤。浡字見於《玉篇》《集韻》等書。渤字亦見於《廣韻》《集韻》等書。

《〈古璽文編〉校訂》頁 208,2011

○何琳儀(1998)　　瀻,從水,蠚聲。《集韻》:“瀻,泉沸也。或省,亦從畢。”

　　晉璽瀻,姓氏。疑讀勃。宋右師勃之後。見《世本》。

《戰國古文字典》頁 1302

瀻㴀

包山 96

────────────────────

△按　“瀻”即“澁”之異體,參本部“澁”字條。

㴀㴀　流㴀　潼潼洗

石鼓文・雨 集成 9734 𠤳盏壺 𣵠睡虎地・封診 29

璽彙 0212　上博一·性情 19　上博二·從甲 19

璽彙 3200　璽彙 3201　郭店·成之 11　郭店·緇衣 30　上博二·容成 24

上博七·凡甲 10　上博七·凡乙 2　上博七·凡甲 1　上博七·凡乙 1

○**强運開**（1935）　（編按:石鼓文）《説文》：“水行也，从林、充，充突忽也。㴟，篆文从水。”段注云：“流爲小篆。”則㳅爲古文籀文可知。

《石鼓釋文》戌鼓，頁 2

○**張政烺**（1979）　（編按:中山王器）流，筆畫詭變，不能以六書繩之，然就文義看確是流字無疑。

《古文字研究》1，頁 244

○**羅福頤等**（1981）　（編按:璽彙 3200）潲。

《古璽文編》頁 274

○**湯餘惠**（1986）　見下“流飤”條。

○**曾憲通**（1997）　例之六：

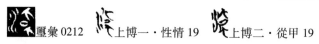

璽 0212　　璽 3200　　璽 3201

　　第一文見於《古璽彙編》之“官璽”，印文爲“㳄飤之鉌”，湯餘惠以爲首字所從之㐱乃㲋之省變，很可能是雍字之省。至於右旁的“㲋”當即蟲形省作。雍、蟲古音同在“東”部，其字或即加注“蟲省聲”，爲雍字之繁構。璽文“雍飤”當讀爲“饔食”，與《周禮·天官》掌内饔、外饔之食官有關，“饔飤之鉌”當是此類食官之印信。第二、三文見於晚周“私名璽”。湯氏以爲即上述“雍”字遞省之形，似宜釋爲雍字。按湯氏考證可從。此字釋“雍”爲東韻字，與冬韻之“蚰”同構一形。東部的“雍”加注冬部的“蚰”爲聲符，正是東冬合用的又一佳證。如果不把冬韻併入東韻，是無法解釋這一現象的。可見湯文把雍、蟲並列爲“東”韻字，也並不是偶然的。

《古文字與出土文獻叢考》頁 104，2005；
原載《第三屆國際中國古文字學研討會論文集》

○**李零**（1997）　一、潲、潲

　　《古璽彙編》3200 和 3201 有兩方小璽，印文俱作“胴～”，第一字（編按:“第一字”應爲“第二字”之誤）爲第一種寫法，同書 0212 有一官印，印文作“～飤（食）之璽”（按：“璽”字原從金從尔，下同，不再説明），第一字爲第二種寫法。《古璽文編》把前者收入卷十一水部（274 頁），後者收入附録二七（419 頁），當作不識字（同樣，這裏的“觕”字和該字所從“岡”字見於《古璽彙編》附録五三［471頁］，亦屬不識字）。其實這裏所考的兩個字是同一字，即楚文字中的“流”字，三印從字體和印式看，皆可歸入楚印，下試爲説明之。

按《説文》是把“流”字隸於卷十一下㳽部，所出字頭🈐是籀文寫法，故别出篆文🈐附於下，前者見於《石鼓·霝雨》，宋代古文字書的“流”字有許多不同寫法，如《漢簡》（編按：“《漢簡》”即“《汗簡》”之誤）頁 61 所收作：

🈐《古文尚書》   🈐《華岳碑》

《古文四聲韻》卷二，頁 23 所收作：

🈐《古老子》   🈐《古尚書》、王惟恭《黄庭經》

🈐《華岳碑》   🈐《古文（尚書）》

上述寫法，《華岳碑》《古老子》皆從㳽，似是籀文“流”字的訛變；而《古文尚書》和《黄庭經》則從水從不，這種寫法的“流”字也見於《荀子·榮辱》、《公羊傳》成公五年、八年。

出土銘文中的“流”字目前僅見於戰國銅器䢈盎壺，字作🈐，辭例作“潽潽~涕”，其寫法同小篆相似，但右旁上作宀，中作🈐，下作虫，與“瀶”字也很相似。又《古璽文編》（編按：“《古璽文編》”應爲“《古璽彙編》”）2211 有一私印，印文作“🈐乙”，其上字，《古璽文編》收入附録九（383 頁），當作不識字，其實也應釋爲“郗”。

楚文字中的“流”字何以從虫或從虫再夾一🈐，其聲旁值得分析。在楚文字中，帶有這種聲旁的字還有兩個，一個是“融”字，一個是“嬭”字，如望山楚簡和包山楚簡卜筮類都提到楚人的先祖老僮、祝融和鬻熊。簡文“祝融”作“祝雧”，“鬻熊”作“嬭酓”。李學勤先生指出，簡文“雧”字與邾公劲鐘“陸終”之“終”作“雧”是類似寫法，二者古音都在冬部；“鬻熊”的“鬻”簡文作“嬭”，是因爲“鬻”爲喻母覺部字，幽、覺、冬三部是陰、入、陽對轉的關係。所有這些字都是以蟲省聲的虫作聲旁，而蟲正是冬部字。這一考證，除蟲省聲之説容可商榷（虫和蟲無别，正猶古文字艸亦作卉或芔，不一定是省聲），確爲卓識。這裏要指出的是，印文“㳽、瀶”釋爲“流”，同樣屬於幽、覺、冬三部對轉的關係（流是來母幽部字）。

另外，古文字中從虫的字還有兩個，一個是李學勤先生提到的黄君孟器銘中的"嚻",因爲辭例作"子子孫孫則永寶～",李先生讀爲"用"(屬冬、東合韻);還有一個是蘇埠屯 M8 出土商代器銘中的族徽,字作👹,從正反雙鬲和左右雙虫,簡報作者釋爲"融",但也有可能是"嚻"字。

楚文字中的"祝融"和"嚻熊","融"字的寫法大體同於邾公釛鐘的"陸終"之"終";而"嚻"字,今體从鬲旁,古體从蚰聲,也與"融"字有相通之處(二字都屬於喻母冬、覺二部對轉字)。況且楚以熊爲氏(楚文字一律作"酓"),也是與嚻熊之名相承(楚文字亦作"酓")。凡此均暗示,楚國世系中也許確實存在某種類似"父子聯名制"的習俗。過去有些人類學家(如凌純聲、楊希枚)曾推斷楚人使用這種制度,但是他們的例證多有問題。其實真正反映該制度的材料主要是在"祝融—陸終(融)……嚻(融)熊—熊麗"這幾個環節上。另外一個例子就是楚史上的叔熊。因爲這些例子同"流"字有關,附述於此。

上述印文中的"舸流",兩印同文,雖然印比較小,但不一定是私璽,而是與船舶通行有關的官印;如作私璽,恐怕得從左向右讀,讀爲"流(游)舸"("游"是古代常見的姓氏),也大可能讀爲"舸流"。而"流食之璽","流食"疑讀"游食"。古書游、流相互通假的例子很多,如"周游"同"周流","下游"同"下流"等等。"游食"也是古代常見的詞彙,如《商君書·農戰》"高言僞議,舍農游食",《漢書·食貨志上》"末技游食之民,轉而緣南畝",法家雖於"游食"頗有非議,然古之"游食"者衆,應有司其事者。又睡虎地秦簡《秦律十八種》有《傳食律》,内容是講驛傳供給飯食的規定,"流食之璽"也有可能是傳食之璽。

《第三屆國際中國古文字學研討會論文集》頁 757—759

○陳松長(2000) "𣸬"此字見於《語叢四》簡 7,釋文逕隸定爲"流",無注。

按,"流"字楚簡中少見,滕壬生先生編的《楚系簡帛文字編》中没收"流"字。何琳儀先生著的《戰國古文字典》中收有三個字形,一是《陶彙》3.1334,作"𣻎",二是中山王圓壺,作"𣸬",三是石鼓霝雨,作"𣹳",三個字形均與簡上的字形差別很大,顯然該字不宜隸定爲"流"字。

從偏旁分析,此字應是从水从二虫,當隸定爲"湚"或"洫"。我們知道,从二虫的"蚰"字,早在甲骨文中就已出現,《説文》:"蚰,蟲之總名也。从二虫,讀若昆。"何琳儀先生考證曰:

魚顚匕"蚰尸",讀"昆夷",西戎之國名。《漢書·成帝紀》"則草木昆字,咸得其所"。注:"許慎《説文》云,二虫爲蚰,讀爲昆同。"是其佐證。

由此可證,簡上的該字應隸作"湚"或"洫"讀作"混"。《説文》:"混,豐流也。”段注：“盛滿之流也，《孟子》曰‘源泉混混’，古音讀如袞，俗字作滾。《山海經》曰‘其源渾渾泡泡’，郭云：‘木憒涌也’……渾渾者，借渾爲混也。今俗讀户袞、胡困二切，訓爲水濁，訓爲雜亂，此用混爲溷也。《説文》混溷義別。”

　　段氏所注雖未盡可信，但至少告訴我們，“混”在古文獻中有讀如“袞”，借爲“渾”者，以之讀簡文之“混澤而行”，實都可通。因之我們亦確信此字當釋爲“㳷”或“淲”，讀爲“混”。

《古文字研究》22，頁 259—260

○劉釗（2000）　“㐬”字本爲“㙱”字簡體，甲骨文作如下之形：

亯《甲骨文編》557 頁

字从“倒子”（云），三點表示生子時之血水。金文“㙱”字所从之“㐬”作：

亯　亯　亯《金文編》989 頁

三點漸漸與倒子頭部相連，如最後一例，遂成爲後世“㐬”字之形體來源。

　　戰國中山器“流”字作，所从倒子形頭部與身體已呈漸漸分離之勢，並在左右各加有一個飾畫。下部因筆勢的關係亦已變得類似於“虫”。

　　戰國楚文字中“流”字或作：

《古璽彙編》0212

“㐬”字所从的倒子頭部依然保留，但上下兩部分已與中閒割裂變得形同於兩個“虫”。如果進一步簡省，就變成了楚文字中常見的“”形。

《郭店楚簡國際學術研討會論文集》頁 80

○李天虹（2002）　流字所从㐬，甲骨文从倒子和三點，以示嬰兒出生之形。楚簡所从的“、”均是其省變之形，如下圖：

亯《甲骨文字詁林》479 頁“㙱”从→亯《金文編》989 頁“㙱”从→戰國中山王盗壺“流”从→

楚簡“流”从→楚簡“流”从

　　值得注意的是，楚簡“㐬”將子旁頭部省略後的形體與“蚰”混同，如望山和包山簡中“祝融”之“融”均从蚰，就分別作“”（望簡一二三）和“”（包簡二三七）。所以這樣的形體究竟應該隸定爲“㐬”還是“蚰”，應當充分考慮文義。

《上博館藏戰國楚竹書研究》頁 380

○曾憲通（2004）　例之五：、㳷（古璽文）　淲（郭店簡）　淲（上博竹書）

　　“㳷”字最早只發現於古璽文字，上揭第一組見《古璽彙編》0212、3201。

筆者過去根據湯餘惠釋爲“雍”字之省,印文“雍食之璽”讀爲“饔食之璽”。雍饔皆東部字。現在看來此釋有誤。同樣的字形又見於郭店簡和上博竹書。從簡文的上下文意來看,將這類形體釋爲“流”字,於文義均無滯礙。但是,這類形體的“虵”符與上面提到的“虵”符有着不同的來源。經過劉釗、本人和李天虹諸人的疏釋,此字形的形成和發展大體上經歷如下的過程:①早期字形來源於甲骨文和金文“毓”字省體的“㐬”,本象倒子離開母體身帶羊水之形;②羊水逐漸向倒子頭部聚攏,形成圓圈(倒子頭部)上下兩個“虫”字的模樣,中山王壺的“□”字即爲其過渡形態;③圓圈脱離倒子,移位在旁,乃至脱落,就剩下上下兩個“虫”形相疊了。本來,圓圈的有無是“㐬”與“虵”的重要區别,但兩者的訛混不是單向而是雙向,所以,判斷孰“㐬”孰“虵”,還要考文意才能最後决斷。

《古文字研究》25,頁 246—247

○顔世鉉(2004)　　郭店楚簡《性自命出》“流”字作□(簡三一)、□(簡四六),上博楚簡《性情論》則作□(簡一九)、□(簡三八)。已有多位學者對於楚簡“流”字字形的演變做了分析説明,大部分學者認爲“流”字右旁從的“㐬”是從甲骨文“毓”字右旁所從“倒子”之形演變而來。如李天虹説:

> 流字所從㐬,甲骨文從倒子和三點,以示嬰兒出生之形。楚簡所從的“□、□”均是其省變之形,如下圖:

> □《甲骨文字詁林》479 頁“毓”從→□《金文編》989 頁“毓”從→□戰國中山王盗壺“流”從→□楚簡“流”從→□楚簡“流”從

有關“流”和“毓”字的關係,何琳儀曾從聲韻角度加以論證,他説:

> 㐬,見毓字所從。甲骨文作□(前二·二五·三),象婦人生産倒子之形。商代金文作□(毓且丁卣),倒子形上下五點爲羊水。西周金文作□(班簋),省二點。毓從女(或母,演變爲每)從㐬,會婦人生育之意。㐬亦聲(毓、㐬均屬幽部)。或以㐬爲毓之省。《説文》:“□,養子使作善也。從㐊,肉聲。《虞書》曰,教育子。(余六切)。□,育或從每。”(十四下十三)“□,不順忽出也。從到子。《易》曰,突如其來如。不孝子突出,不容於内也。(他骨切)。□,或從到古文子。即《易》突字。”(十四下十三)許慎釋㐊或㐬,牽强附會。㐬音突(他骨切)乃音變。㐬與毓(育)一字之分化,喻紐四等,古讀定紐;突,透紐;定、透均屬舌音。㐬又音變爲“力求切”(《集韻》),來紐,仍屬舌音,且與流從㐬聲尤爲切合。

何琳儀指出"㐬"字的來源有二：一是作爲"毓"的意符兼聲符，另一是作爲"毓"的省體。

曾憲通討論到楚簡"流"字字形的演變時，引用了何琳儀的説法：並認爲"㐬"當是"毓"之省體，他説：

> 其形從毓字分化而來，其音則從肉聲（古育字同）音變爲突（他骨切），再音變爲"力求切"，成爲流、硫、旈、梳等字的聲符。

按，學者認爲"流"所從的"㐬"來自於"毓"字的看法是有待商榷的。以下試加説明之。

首先，分析"流"所從的"㐬"之形。《説文》："㳖，水行也。从沝、㐬。㐬，突忽也。流，篆文从水。""𨑩，浮行水上也。从水、子。古文或以汓爲没字。""游，旌旗之流也。从㫃，汓聲。𝅘，古文游。"有關古文"游"，段注字説："𡿮者，汓省聲也。"朱駿聲《通訓定聲》説："按此字从汓聲……𡿮，非古文子字。《即水也。"

龍宇純解釋"流、汓"二字所從"𡿮"之形説：

> 都是善游水者上伸兩手挺併兩足的形象。它們所以一正一側者，是由於所要表示的意思不同而不同的。蓋汓字所要表示的在人，所以人首向上，象人溯水而上以表示人之汓，流字所要表示的在水，所以人首朝下，象人從水而下以表示水之流。孟子説："從流下而忘反謂之流。"這一個流字的古義，不啻爲流字結構的注釋。人游於水中前進時，頭髮應該是緊貼着頭向後披拂的，流字𡿮下的川應該不是變形，而也是水的樣子，説即是川字也無不可。所以㳖字實在是人正面從水而下的樣子，左右與前方都是水。小篆省作流，文字偏旁徑省作㐬，也都是人從水而下的樣子。

對於"汓"和"流"的構形，張舜徽《説文解字約注》則説：

> 許以水行訓流，猶以浮水上訓汓耳。汓从水从子，與流从水从㐬同意。人行水時，或順而下，或逆而上。故或从子，或从㐬。汓、流古韻同部，疑本一字。惟由方音不同，其讀乃有齒舌之分耳。人行水上爲流，引申爲凡流動之稱。今則引申義行而本義廢矣。

所謂"人行水時，或順而下，或逆而上。故或从子，或从㐬"也是以人於水中游水的方向來區分从"子"从"㐬"的不同。

對於"流、汓"兩字的解釋，當以龍宇純之説較爲言之成理。"流"字所從的"㐬"，象人上伸兩手從流而下之形；"汓"或"游"字所從的"𡿮"，象人上伸兩手溯水而上之形；兩者之形原與"子"字無關。

其次，比較“毓、流”所从“㐬”之差異。“毓”字象産子之形，从子而倒置之，下爲羊水；“”字象人從流而下之形，“”表頭前方的水流；古文中，兩者構形相近，但所表之意不同；至小篆，則兩者之形同化爲一。

所以古文字“流”所从的“㐬”和“毓”所从的“㐬”，兩者字形雖然相近或相同，但並非同一個來源。就如同楚簡的“流”作，“讒”作，右邊所从之形相同。然前者之形源於“”，象人游水順流而下之行；後者从“蟲”聲，讀爲“讒”，兩者完全是不同的兩個來源。這都是因形近而混同所致。

《新出土文獻與古代文明研究》頁 150—151

○**徐寶貴**（2008） （編按：石鼓文）流，本作形。“涉馬□流”之流作。所从的二水，前者作相向之形，後者作相背之形，此乃書寫者爲了同文避複，而有意識造成的形體上的變化。《説文》：“㳅，水行也。从沝、㐬。㐬，突忽也。流，篆文从水。”段注：“流爲小篆，則㳅爲古文籀文可知。”按：甲骨文从水之字多从二水，二水或分置所从之字的兩邊，或並列同置一邊。分置兩邊者，如：洹（《掇》二·四七六）、濼（《前》四·一三·七）、沖（《後》二·三六·六）、漢（《前》五·三一·五）、洀（《乙》二一二一）。同置一邊者，如：汝（《乙》八八一六）、洹（《珠》三九三）、滴（《前》六·二·五〉。㳅跟甲骨文从二水的前字例相同。《汧殹》篇的與《説文》“次”之籀文所从之二水並列同置一邊，跟甲骨文从二水的後字例相同，此爲殷商古文遺意。戰國以後“流”簡化作（中山王圓壺）、、。

《石鼓文整理研究》頁 776

△**按** 《説文》：“㳅，水行也。从沝、㐬。㐬，突忽也。流，篆文从水。”“㳅”今僅見於石鼓文，當屬籀文。關於“流”字所从之“㐬”，前人已有詳論，其訛變，可以中山王圓壺爲樞紐，上下分離而形近於虫，中間部分又省去，遂漸行漸遠。李家浩（《楚簡所記楚人祖先“㛢（鬻）熊”與“穴熊”爲一人説——兼談上古音幽部與微、文二部音轉》，《文史》2010 年 3 期）近提出反對意見，認爲“流”字所从之“㐬”與“毓”所从之“㐬”本互不相涉。但實際情況可能較爲複雜，如弃字上倒子之形或訛作（《江漢考古》2012 年 3 期，6 頁曾公子弃疾鼎），與流字所从略近，有關問題有待進一步研究，“流”字所从之“㐬”由“毓”字省體演變而來當是目前較爲合理的解釋。上博七《凡物流形》之字作，右半形同於二“它”，可見當時人已把“流”字所从視爲虫旁。

【流女】郭店·性自 31

○劉釗（2003）　　“流如”之“流”意爲擴散或無節制。

《郭店楚簡校釋》頁 98

【流言】上博二 · 從政甲 19

○張光裕（2002）　　“流言”猶言“傳言、謠言”。

《上海博物館藏戰國楚竹書》（二）頁 232

【流飤】璽彙 0212

○湯餘惠（1986）　　晚周官璽又有

　　　　飤之鈢（0212）

40 年代初，曾經有人釋首字爲“隆”，於字形不類，恐非是。按甲骨文雍字作 等形（參看《甲骨文編》），西周金文作 （毛公鼎）、 （伯雍父簋），戰國文字或作爲 （《吉大》234），水、 兩旁均可有不同程度的省略。《説文》的“邕”爲“雍”之省形分化字，籀文省隹旁變爲 ，以此例之，上揭璽文首字所從的 ，很可能也是“雍”之省，至於右面的“虫”當即“蟲”形省作。雍、蟲古音近（同屬東部），其字或即加注蟲省聲的雍字繁構。

　　璽文“雍飤”疑當讀爲“饔食”。《周禮 · 天官》：“内饔掌王及后、世子膳羞割亨（烹）煎和之事。”又：“外饔掌外祭祀之割烹……凡賓客之飧饔饗食之事亦如之。”《左傳 · 昭公二十五年》“季姒與饔人檀通”杜注：“饔人，食官。”“饔食之鈢”當是食官的印信。（中略）

　　晚周私名璽又有 （3200）、 （3201）兩例舊所不識的字，疑即前考雍字遞省之形，似當同釋。

《古文字研究》15，頁 15

○李零（1997）　　見上“流”字條。

○曾憲通（2004）　　上揭古璽文“流食之璽”究竟應當如何釋讀？從音理和文義求之，疑讀爲“廩食之璽”。上古“流”字屬來母幽部，“廩”字屬來母侵部，二字聲母相同，韻屬陰陽對轉，古音十分接近。《周禮 · 地官 · 廩人》：“掌九國（編按：當爲“穀”之誤）之數，以待國之匪頒、賙賜、稍食。”鄭注：“稍食，禄稟。”孫詒讓曰：“稍食，猶言稟食，與禄異。《孟子 · 萬章篇》：‘廩人繼粟。’此即廩人掌廩食之證。”又於《天官 · 宫正》“均其稍食”注云：“《校人》先鄭注云‘稍食謂稟’，此訓最析。稍食亦曰稟食，《聘禮》云‘既致饔，旬而稍’。鄭彼注云‘稍，稟食也’。是稍食、稟食同義。”按《説文 · 禾部》：“稍，出物有漸也。”又云：“稟，賜穀也。”賈疏曰：“稍則稍稍與之，則月俸是也。”《正義》引沈彤曰：“稍食，食之小者。”“稍食”“稟食”乃同義詞。混言之則含“禄”在内，析言之則廩食指無"禄"者或臨時性的口糧配給。"廩食"之名見於《墨子》《韓非子》和《史記》,其制一直延續到秦漢,《睡虎地秦墓竹簡‧秦律雜抄》和《香港中文大學文物館藏簡牘‧奴婢廩食粟出入簿》都有相關的記載。既然古代有廩食的制度和職司,則傳世有"廩食之璽"也就合乎情理了。

《古文字研究》25,頁247

【流溴】郭店‧語四7

○**吳良寶**(2001)　《語叢四》第6、第7號簡文中有"彼邦芒殆,流澤而行"一語,原書無釋。其中的"流澤"一詞見於典籍及其它出土文獻中,有的義項尚未被辭書收録。

《荀子‧禮論》:"積厚者流澤廣,積薄者流澤狹也。"王先謙《集解》:"積與績同,功業也。"類似的話也見於《大戴禮記‧禮三本》《史記‧禮書》等。這是"流澤"最常用的義項。

托名東方朔撰寫的《十洲記‧昆侖》中説:"昆吾鎮於流澤,扶桑植於碧津。"昆吾是傳説中極西之地的山名,後又指用該山上的銅所冶煉出的寶劍;扶桑是傳説中的神木,生長於湯谷,見《山海經‧海外東經》等。"流澤"與"碧津"對文,當是指極西荒服流沙之地。又,司馬相如《上林賦》"緣陵流澤,雲布雨施",郭瑾(編按:"瑾"爲"璞"之誤)云:"言遍山野也。"其中的"流澤"是"延着川澤"之意,與上引楚簡、《十洲記》中的義項均爲一般詞典所未收。

"流澤"也見於西漢晚期的銅鏡銘文中。這種鏡銘文字較長,但不同的銅鏡在文字上多有所省減。清末民初梁上椿曾事集輯,得其全銘者四十八字,李學勤先生曾舉出一件出土於日本的鏡銘,全文竟達七十二字,分爲内外兩圈(即所謂重圈清白鏡)。其外圈銘文中有這樣幾句話:

　　　　絜清白而事君,怨污驩之弇明,假玄錫之流澤,恐疏遠而日忘。
内容是述説相思之情的。對於鏡銘中的"玄錫"究爲何物,一直爭論不休,從詩句的意思看,應借指銅鏡,"流澤"即銅鏡的明亮光澤。"假玄錫之流澤"不能像晚清以來的許多學者那樣解釋爲"粉以玄錫"。銅鏡爲妝粉用物,古時女子借鏡自喻,以表達相思之情,也極貼切。

《古籍整理研究學刊》2001-5,頁9

○**李零**(2002)　"流澤",古書有表示恩澤流布的"流澤",似與此不同。

《郭店楚簡校讀記》(增訂本)頁48

○**陳偉**(2003)　"流澤"不詳。《荀子‧禮論》:"積厚者流澤廣,積薄者流澤狹也。"《大戴禮記‧禮三本》略同。其中"流澤"指流布潤澤,可參照。又流、絡來紐雙聲,澤、絡鐸部疊韻,“流澤”或讀作“絡繹”,指連續不斷的樣子。

《郭店竹書別釋》頁 234

○**顧史考**(2006) 末句“流澤”一詞,若依常義則難通,在此疑讀如“流滯”。“澤”爲定紐鐸部,“滯”爲定紐月部,聲母相同,韻部乃入聲通轉。“流滯”如云水流或氣流凝滯不通,引申爲流落不得志,亦作“留滯”(然“留滯”獨可分析爲名動結構,與“時至”相同)。“流滯、留滯”似爲楚地用語,西漢楚文多見,如西漢楚辭《七諫・怨世》“年既已過太半兮,然坞軻而流滯”;《淮南子・時則》“銳而不挫,流而不滯”;《淮南子・原道》“不留於心志,不滯於五藏”;《淮南子・泰族》“靜漠恬淡,訟繆胸中,邪氣無所流滯”;是其例。

《簡帛》1,頁 66

涉 涉 涉

石鼓文・靁雨　楚帛書　上博五・季庚 7　上博三・周易 25　上博三・周易 54

包山 128 反　郭店・老甲 8　上博一・詩論 29　璽彙 2758

集成 10827 涉戈

○**强運開**(1935) 《説文》:“涉,徒行瀐水也,从林、步。涉,篆文从水。”是涉爲古文可知。運開按:涉,水厓,人所賓坿也。舉戚不前而止,从頁从步,當係从籀文涉字。步字从屮屮相背,止爲足,水橫其中,正象涉水没足之形。又按:格伯敦作涉,與鼓文相似;散氏盤作涉,效卣作涉,从川,均與小篆相近,是小篆蓋亦从古文也。

《石鼓釋文》戊鼓,頁 3

○**劉彬徽、彭浩、胡雅麗、劉祖信**(1991) (編按:包山 128 反)涉,《漢書・高帝紀・贊》“涉魏而東遂爲豐公”,晉灼曰:“猶入也。”

《包山楚簡》頁 48

○**何琳儀**(1998) 包山簡涉,見《漢書・高帝紀・贊》“涉魏而東,遂爲豐公”,注:“涉,猶入也。”帛書涉,見《集韻》“涉,一曰,歷也”。

石鼓涉,見《詩・鄘風・載馳》“大夫跋涉”,傳:“水行曰涉。”涉戈,地名,見《漢書・地理志》魏郡。在今河北涉縣西北。今本《漢書》涉作沙,乃傳寫之誤。

《戰國古文字典》頁 1431

△按　涉，皆从水作，戰國文字未見“㳠”之寫法。

【涉秦】上博一·詩論 29

○馬承源（2001）　涉秦　篇名。今本《詩·國風·鄭風》有《褰裳》，詩句云：“子惠思我，褰裳涉溱。”“涉溱”通“涉秦”，當爲同一篇名，簡本取第一章第二句後二字，今本取其前二字。

《上海博物館藏戰國楚竹書》（一）頁 159

淰

上博六·用曰 16

△按　字从㳠从心。簡文云“淰文惠武，恭淑以成”，未詳其讀。

淋

新蔡甲三 414、412

○宋華强（2010）　“淋”字作，从“㳠”从“禾”。《説文·㳠部》“流”字或从“㳠”从“㐬”，“涉”字或从“㳠”从“步”，據此，“淋”有可能是“沕”字異體。傳世文獻中“沕”字見於《玉篇·水部》及《集韻》平聲戈韻和小韻，水名，从字音看，當是从“水”，“禾”聲。古文字資料中“沕”字見於仲叔父盤（羅振玉《三代吉金文存》，中華書局 1983 年，第 1764 頁）和天星觀簡（滕壬生《楚系簡帛文字編》第 596 頁；《楚系簡帛文字編》[增訂本]第 950 頁）。仲叔父盤“沕”字學者多以爲是“黍”字異體（周法高主編《金文詁林》，香港中文大學 1974—1975 年，第 4529—4530 頁）。天星觀簡“沕”字，《楚系簡帛文字編》歸在禾部，釋爲“黍”字；增訂本則改隸水部，云“見玉篇水部。沕，水名”。葛陵簡中“淋”是地名，不知與上述哪一個“沕”字相關。葛陵簡本有“黍”字，作（參看本書第二章第二節），與“淋”寫法不同，似乎有利於説明“淋”不是“黍”字。不過甲骨文“黍”字或作（參看裘錫圭《古文字論集》第 155 頁），這種形體把下面兩個“水”旁寫得靠上些就有可能演變爲“淋”。所以“淋”是“黍”字異

體的可能性並不能排除。

《新蔡葛陵楚簡初探》頁 449

△**按**　字從枺從禾。亦見於清華簡《楚居》，文曰“湫郢”，爲楚公、楚王居處之一。還見於安徽大學藏戰國竹簡，今本《詩・鄘風・柏舟》“髧彼兩髦”之“髧”，安大簡《詩經》兩章異文皆作“淋”，黃德寬（《試釋楚文字中的“湛”字》，復旦大學出土文獻與古文字研究中心綱站 2017 年 6 月 6 日）據此認爲“淋”是楚文字中表示“貍沈”之“湛”的專用字。

瀕 顟

髀秦陶 1245　　**顟**秦陶 1257

○**袁仲一**（1987）　（9）頻陽工處、頻陽狀、頻沽。處、狀和沽都爲工匠名。頻是頻陽的省稱。《史記・秦本紀》記載秦屬公二十一年（公元前 456 年）“初縣頻陽”。《史記・白起王翦列傳》：“王翦者頻陽東鄉人也”。始皇二十一年（公元前 226 年）王翦“因謝病歸老於頻陽”。《索隱》：“地理志，頻陽縣屬左馮翊。應劭曰：在頻水之陽也。”《正義》：“故城在雍州東同官縣界也。”故址在今陝西省富平縣東北五十里。

《秦代陶文》頁 49

○**楊澤生**（1997）　九、瀕

L1　**髀**《秦》1245　　　L2　**顟**《秦》1257

L1、L2 是同一個字，《秦》118 頁、《陶徵》263 頁釋爲“頻”。按 L1 的右旁和 L2 的左旁與古文字“步”字的寫法不同，釋“頻”不可信。金文“瀕”字的“涉”旁多從“川”或“巛”。《康熙字典》引《正字通》“涉”字或作“歩”，中部是橫寫的“川”。據此，L1 的右旁與 L2 的左旁“止”和“屮”之間的二橫當是“川”或“巛”的變體。所以 L 應釋爲“瀕”。原文説：“瀕陽狀”，“瀕陽工處”。“瀕陽”是地名。《漢書・地理志》“頻陽，秦屬公置”，應劭注曰：“在頻水之陽。”可見頻陽得名於頻水。陶文“瀕陽”之“瀕”加“水”旁，當是“頻水”之“頻”的專字。

《中國文字》新 22，頁 255

く乁 甽 畖 畖 畖

　上博二·子羔 8　　　　　上博六·慎子 5

○**李朝遠**（2007）　（編按:上博六·慎子 5）畖　田間的小溝。

《上海博物館藏戰國楚竹書》（六）頁 281

△按　上博六《慎子》文曰"送（遵）畖備（服）晦"，陳劍（《讀〈上博[六]〉短札五則》，簡帛網 2007 年 7 月 20 日）、沈培（《〈上博[六]〉字詞淺釋[七則]》，簡帛網 2007 年 7 月 20 日）皆指出可與《晏子春秋》"蹲（遵）行畖畝之中"對讀。

【甽晦】上博二·子羔 8

○**馬承源**（2002）　甾畕之中:"甾"同"畖"，"畕"同"畝"。"畖畝"，泛指市廛以外田野壟畝中生活的庶民。《集韻·上·銑》:"《説文》:水小流也。《周禮·匠人》爲溝洫，耜廣五寸，二耜爲耦，一耦之伐，廣尺深尺謂之畖，倍畖謂之遂，倍遂曰溝，倍溝曰洫，倍洫曰く〈。古从田、川，篆从田，犬聲。"又:"畖，田畝也。"《國語·周語下》:"天所崇之子孫，或在畖畝，由欲亂民也。"韋昭注:"下曰畖，高曰畝。畝，壟也。"《孟子·告子下》:"舜發於畖畝之中。"《萬章上》:"帝使其子九男、二女，百官、牛羊、倉廩備，以事舜於畖畝之中，天下之士多就之者。""畖畝之中"是説夋（俊、舜）賢明之德，傳播於甽畝之民。

《上海博物館藏戰國楚竹書》（二）頁 192

粦 粦

　睡虎地·雜抄 10　　　　睡虎地·秦律 61

○**睡簡整理小組**（1990）　（編按:睡虎地·秦律 61"隸臣欲以人丁粦者二人贖，許之"）粦，疑讀爲齡。丁齡即丁年，《文選·答蘇武書》注:"丁年，謂丁壯之年也。"

（編按:睡虎地·雜抄 10"乃粦從軍者，到軍課之"）粦，應讀爲遴，選擇。此句意思是在從軍者中選取騎士。

《睡虎地秦墓竹簡》頁 35、82

川 〳〳〵

〳〵〵郭店・老甲 8　　〵〵〵郭店・唐虞 4　　〵〵〵楚帛書　　〵〵〵郭店・尊德 12

〳〳〳上博一・緇衣 7　　〳〳〳上博二・魯邦 2　　〳〳〳上博六・競公 7　　〳〳〳上博三・周易 54

〳〳〳上博五・三德 12　　〳〳〳新蔡甲三 21　　〳〳〳貨系 576　　〳〳〳貨系 577　　〳〳〳上博七・凡甲 7

〳〳〳秦文字集證 151・292

───────────────

○**李學勤**（1987）　（編按：楚帛書丙“不可以川”）“川”讀爲“穿”,指穿地、穿壁之事。

《湖南考古輯刊》4, 頁 111

○**湯餘惠**（1993）　（編按：楚帛書丙“不可以川”）川,通巡,指巡使遠方。《吕氏春秋・孟秋紀》謂此月“專任有功,以征不義,詰誅暴慢,以明好惡,巡使遠方”,與帛書相異。

《戰國銘文選》頁 171

○**劉信芳**（1996）　（編按：楚帛書丙“不可以川”）川　《説文》:“川,毌穿通流水也。”《吕氏春秋・孟秋紀》:“完隄防,謹壅塞,以備水潦。”高誘注:“是月月麗于畢,俾雨滂沱,故預完隄防備水潦。”

《中國文字》新 21, 頁 102

△按　川,楚文字常用爲順,如上博一《緇衣》簡 7“四國川（順）之”,上博五《三德》簡 1“川（順）天之常”。

坙 坙

坙郭店・尊德 13　　坙郭店・唐虞 19　　坙陶彙 3・242　　坙璽彙 3122

───────────────

○**荆門市博物館**（1998）　（編按：郭店・唐虞 19）坙（輕）。

《郭店楚墓竹簡》頁 158

○**李零**（2002）　（編按：郭店・尊德 13）教以禮,則民果以勁。

《郭店楚簡校讀記》（增訂本）頁 140

○**劉釗**（2003）　（編按：郭店・尊德 13）“坙”讀爲“勁”。“果勁”意爲果敢强勁。《吴越春秋・闔閭内傳》:“慶忌之勇,世所聞也,筋骨果勁,萬人莫當。”又《三國志・吳志・諸葛恪傳》：“恪以丹陽山險，民多果勁。”

《郭店楚簡校釋》頁 140

△按　郭店《唐虞之道》簡 19 之字，稍有寫訛，形近於坓，辭云“方在下位，不以匹夫爲![字]；及其有天下也，不以天下爲重”，與“重”對，讀爲“輕”，故知必是“巠”。

冘 冘

包山 174　郭店・唐虞 8　上博三・亙先 5　上博四・曹沫 61

上博五・三德 7　左冢漆梮

○**何琳儀**（1998）　（編按：包山 174）包山簡冘，讀荒，姓氏。見《姓苑》。

《戰國古文字典》頁 729

○**荊門市博物館**（1998）　（編按：郭店・唐虞 8“愛親冘賢，仁而未義也”）冘（忘）。

《郭店楚墓竹簡》頁 157

○**李零**（2003）　（編按：上博三・亙先 5）智罼而冘思不突：“智”讀“知”。“罼”讀“既”，是“盡”的意思。“冘”讀“荒”。《説文・川部》：“冘，水廣也。从川，亡聲。《易》曰：‘包冘用馮河。’”許慎所引見《易・泰》，今本“冘”作“荒”，是廣大之義。“冘”字亦見西周銅器《冘伯簋》（見《三代吉金文存》卷七第 13 頁背）。這裏疑是荒廢之義。“不突”，下字从宀从天，疑讀“不殄”（“殄”是定母文部字，“天”是透母真部字，讀音相近）。“不殄”是不滅、不絶的意思。此句可能是説“知”盡而荒但“思”不滅。

《上海博物館藏戰國楚竹書》（三）頁 293

○**李零**（2004）　（編按：上博四・曹沫 61）冘者：或讀“亡者”，疑即上文“芋（蒍）者”。

《上海博物館藏戰國楚竹書》（四）頁 283

○**李零**（2005）　（編按：上博五・三德 7“喜樂無堇尼，是謂大冘”）冘（荒）。

（編按：上博五・三德 22“四冘之内，是帝之關”）四冘之内：“四冘”即“四荒”，《爾雅・釋地》：“觚竹、北户、西王母、日下，謂之四荒。”

《上海博物館藏戰國楚竹書》（五）頁 293、303

△按　《説文》：“冘，水廣也。从川，亡聲。《易》曰：包冘用馮河。”段注：“引申爲凡廣大之偁。《周頌》：‘天作高山，大王荒之。’傳曰：‘荒，大也。’凡此等

皆叚荒爲宄也。荒，蕪也。荒行而宄廢矣。"

侃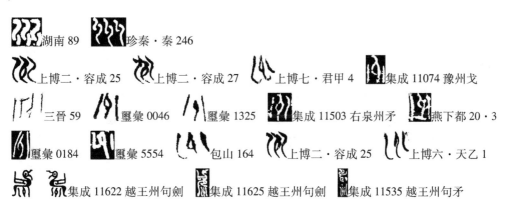

侃 天星觀　　郭店·緇衣 32　　上博一·緇衣 16　　侯馬 200：18　　璽彙 1174

○**羅福頤等**（1981）　（編按：璽彙 1174）與士父鐘侃字同。

《古璽文編》頁 277

○**荊門市博物館**（1998）　（編按：郭店·緇衣 32）侃，今本作"訊"，《詩》作"愆"。"訊"爲"愆"字籀文。

《郭店楚墓竹簡》頁 135

△**按**　《説文》："侃，剛直也。从仜，仜，古文信。从川，取其不舍晝夜。《論語》曰：子貢侃侃如也。"郭店、上博《緇衣》"淑慎爾止，不侃於義"，今本《禮記·緇衣》作"訊"，《詩經·抑》作"愆"。

州

湖南 89　　珍秦·秦 246

上博二·容成 25　　上博二·容成 27　　上博七·君甲 4　　集成 11074 豫州戈

三晉 59　　璽彙 0046　　璽彙 1325　　集成 11503 右泉州矛　　燕下都 20·3

璽彙 0184　　璽彙 5554　　包山 164　　上博二·容成 25　　上博六·天乙 1

集成 11622 越王州句劍　　集成 11625 越王州句劍　　集成 11535 越王州句矛

○**黃盛璋**（1974）　戈　十四年□州公帀（師）明、冶无　《三代》19·47·1

《戰國策·齊策五》："楚人救趙而伐魏，戰于州，西出梁門，軍舍林中，馬飲于大河。"按州本周地，後以與晉，"初州縣爲欒豹之邑"，昭三年晉以與鄭公孫段，七年段死，鄭子產又歸州田於韓宣子（均見《左傳》），"宣子徙居州"（見《史記·韓世家》），漢爲河內郡州縣。《括地志》："懷州武德縣即周司寇蘇忿生之州邑也。"乾隆十七年河內縣（今沁陽）東五十里的武格寨掘井得北魏武定七年義橋石象碑，記北魏時"遂方割四縣，在古州城置武德郡焉"，武格寨適當沁水北岸，渡河西南約十里就是武德鎮，即北魏之武德郡，唐置北義州於此,後改武德縣,宋熙寧中才廢縣爲鎮,武格寨之石橋應是北魏武德郡爲北渡沁水而建立的。古州城即今沁陽東南五十里武德鎮無疑。林中也屬魏地,見《史記·蘇秦傳》,故州在戰國後期亦必屬魏。

《考古學報》1974-1,頁 33—34

○**李立芳**(2000) 　(編按:南州壺)右行第二字“**川**”,裘錫圭先生隸爲“州”甚確。何老師把“**半**”字隸爲“南”字,並把此壺定名爲“南州壺”。“南州”爲地名,與包山楚簡、璽印、古陶文、古幣文均合。州之範圍,據《周禮·大司徒》所載:“令五家爲比,使之相保。五比爲閭,使之相受。四閭爲族,使之相葬。五族爲黨,使之相救。五黨爲州,使之相賙。五州爲鄉,使之相賓。”鄭玄注:“州,二千五百家。”

《古文字研究》22,頁 108

○**劉信芳**(2003) 　(編按:包山 114)州:《左傳》桓公十一年:“鄖人軍於蒲騷,將與隨、絞、州、蓼伐楚師。”杜預《注》:“州國在南郡華容縣東南。”《戰國策·楚策四》:“君王左州侯,右夏侯。”《水經注·江水》:“江水又東逕石子岡,岡上有故城,即州陵縣之故城也,莊辛所言左州侯國矣。”其地在今湖北監利縣東南。

《包山楚簡解詁》頁 105

【州加公】包山 22

○**劉信芳**(2003) 　州加公:楚職官名,《周禮·地官·大司徒》:“五黨爲州。”鄭玄《注》:“州二千五百家。”簡文之州絕大多數是貴族封邑,如簡 27“邸昜君之州里公”,37“福昜剃尹之州里公”,72“大臧之州人”,74“辻大令珊之州加公”,184“王西州里公”。細檢全部簡文,竟鮮有例外。楚國之“州”其屬主有楚王、封君、大夫之別,則其制不能以二千五百家概之。管理州的職官有“加公、里公”,州之性質既是私邑,則“州加公”屬私官,“加”應讀爲“家”,《左傳》桓公十五年“家父”,《漢書·古今人表》作“嘉父”,而“嘉”正從“加”得聲。《周禮·夏官·序官》:“家司馬各使其臣,以正於公司馬。”鄭玄《注》:“家,卿大夫采地。正猶聽也。公司馬,國司馬也。卿大夫之采地,王不特置司馬,各自使其家臣爲司馬,主其地之軍賦,往聽政於王之司馬。”又《春官·家宗人》:“掌家祭祀之禮。”鄭玄《注》:“大夫采地之所祀與都同。若先王之子孫,亦有祖廟。”又《秋官》有“家士”,已佚。

《包山楚簡解詁》頁 36

【州句】

○**容庚**（1964）　《韓世家》《越絶書》《吳越春秋》均作不揚,《索隱》:“《紀年》:於粵子朱勾,三十四年滅滕,三十五年滅郯,三十七年卒”（公元前448—前412）。今所見矛、劍均作州勾。朱,古音在侯部,州,古音在幽部,侯、幽可以旁轉。

《中山大學學報》1964-1,頁79—80

○**曹錦炎**（1989）　州句,即朱句。朱,古音在侯部;州,古音在幽部,侯幽旁轉。越王州句,不壽子。《史記·越世家》:“王不壽卒,子王翁立。”則作“翁”,《越絶書》及《吳越春秋》亦作翁。據《竹書紀年》“於粵子朱勾三十四年滅滕,三十五年滅郯,三十七年朱句卒”,其在位時間甚長。

《古文字研究》17,頁99

○**李學勤**（1993）　按歷年發現的各種越王劍,為數不少,有些器主是哪一代越王還不易定論。包括多見的越王者旨於賜,是不是諸咎,仍有不同意見。其間確定無疑的,只有句踐和州句。《史記·越世家》載:“句踐卒,子王鼫與立。王鼫與卒,子王不壽立。王不壽卒,子王翁立。”《索隱》引《紀年》云:“不壽立十年見殺,是為盲姑,次朱句立。”朱句即《越世家》之翁,也就是銘文的州句。《索隱》又引《紀年》:“於粵子朱句三十四年滅滕,三十五年滅郯,三十七年朱句卒。”《水經注·沂水》引《紀年》:“晉烈公四年,越子朱句滅郯,以郯子鴣歸。”可見州句之時越國勢力興盛,一再征滅鄰國,擴張領土。州句兵器之多,可能即與此有關。

《文物》1993-4,頁19—20

○**董楚平**（1993）　州句（《史記·越世家》作“翁”,《紀年》作“朱句”,金文作“州句”,不壽之子）。

《杭州師範學院學報》1993-5,頁36

○**王人聰**（2005）　州句,史籍作朱句,為越王句踐之曾孫。《史記·越王句踐世家》載:“句踐卒,子王鼫與立。王鼫與卒,子不壽立。王不壽卒,子王翁立。”《索隱》引《竹書紀年》云:“不壽立十年見殺,是為盲姑,次朱句立。”朱句即州句,朱與州同為章母字,朱屬侯部,州幽部,二字聲母相同,侯幽旁轉,例得通假,如《文選·答盧諶詩書》“自頃輈張”,李注:“楊雄《國三老箴》曰:‘姦寇侜張。’輈與侜,古字通。”即是其例。《索隱》又引《紀年》云:“於粵子朱句三十四年滅滕,三十五年滅郯,三十七年朱句卒。”《水經注·沂水》引《紀年》亦云:“晉烈公四年,越子朱句滅郯,以郯子鴣歸。”州句在位凡三十七年（公元前 448 年—前 412 年）。由《紀年》所述,州句先後滅滕、滅郯,功績彪炳,此時的越國進入了強盛時期。

《黃盛璋先生八秩華誕紀念文集》頁 306

【州狐】

○王輝(2001)　　《珍秦齋》62"狐璜"云"狐"字同。《湖南璽印集》89"州遽"陰文印"州"字同。

　　　　《通志・氏族略三》:"州氏,《風俗通》云:'晉有州綽、州賓。其先食邑於州,因以爲氏。'"由此印看,秦時已有州姓。

26.州狐(《秦印輯》15,鴨雄緑齋藏品)

《四川大學考古專業創建四十周年暨馮漢驥教授百年誕辰紀念文集》頁 305

泉　泉　㳙

集成 10372 商鞅量

包山 86　　　包山 143　　　上博二・容成 33　　　新蔡甲三 355

考古 1973-1,頁 36

包山 3　　　郭店・成之 14　　　上博三・周易 45

璽彙 0363　　　璽彙 2508　　　集成 11304 鄭王職戈

○強運開(1935)　　　古鉨　,散氏盤有　字與此形近,吳愙齋釋爲源是也。

《説文古籀三補》頁 56,1986

○裘錫圭(1983)　(編按:璽彙 2508)㳙洀　同上(編按:即"伏選 1.10 下")。

《古文字論集》頁 474,1992;原載《古文字研究》10

○朱德熙(1983)　(編按:璽彙 0363)洀谷山金鼎鍴　尊 2・4。

《朱德熙古文字論集》頁 161,1995;原載《古文字學論集》(初編)

○吳振武(1984)　(編按:《古璽文編》)420 頁第三欄,

　　今按:此字从水从舟,裘錫圭先生在《戰國璽印文字考釋三篇》一文中釋爲洀,甚是。古璽朝字作　(169 頁),所从舟旁正與此字　旁同。洀字見於

《玉篇》《集韻》等書。

《〈古璽文編〉校訂》頁 208，2011

○陳漢平（1989）　古璽文有字作帽（0363：△🜚山金貞鍴）、帽（2508：彎△），從水从帽作，字當釋淖、潮。

《屠龍絕緒》頁 339

○劉彬徽、彭浩、胡雅麗、劉祖信（1991）　（編按：包山）帽。

《包山楚簡》頁 22

○吳振武（1996）　在晚周燕國銘刻資料中，有一個寫作帽形的字（爲便於印刷，以下用△號代替此字），見於下揭各條：

　　（1）△埊都𢨉　燕王職戈背文　《文物》1982 年 8 期圖版捌·2
　　（2）△杏山金貞（鼎）鍴　燕官璽　《璽彙》63·0363
　　（3）彎△　燕私璽　同上 243·2508

資料（1）1973 年出土於河北易縣燕下都 23 號遺址。資料（2）舊見陳漢第《伏廬藏印》等譜録，今藏北京故宮博物院；全璽照片見羅福頤先生主編的《故宮博物院藏古璽印選》18 頁（編號 92，文物出版社 1982 年）。資料（3）據《璽彙》，今亦藏北京故宮博物院。（1）（2）兩條中的△字，和其他字組成地名；（3）中的△字，則用作人名。對釋讀來説，（1）（2）是關鍵性資料。

　　關於△字，舊有“源、洀、潮”等不同釋法。其中比較流行的是隸釋爲“洀”，多年前，筆者也曾一度相信過。

　　其實，這些釋法都是有問題的。拿影響最大的釋“洀”來説，我們可以用燕及相鄰地區已知的“舟”或“舟”旁作比較：

　　燕：𣃩 𣃩 𣃩 𣃩　　　　中山：𣃩 𣃩
　　三晉：𣃩 𣃩 𣃩 𣃩 𣃩　　齊魯：𣃩 𣃩 𣃩 𣃩 𣃩 𣃩

　　很明顯，“舟”字無論怎麼變，都不出現點狀筆畫。所以，把△字看成从“舟”，是有困難的。特別值得注意的是，在燕國私璽中，同時存在下揭二字：

　　　𦠆《璽彙》243·2516　　　𦠆劉仲山《擷華齋印譜》（1895 年）

前者从“舟”从“頁”，了無疑義，林澐先生謂當釋“履”。後者雖不易釋，但跟前者比較，可以肯定其左邊所从絶非“舟”旁。由此亦可推斷，△字也絶不會是从“舟”的。（中略）

　　總之，△字釋“洀”是不能成立的。至於釋“源”或釋“潮”，雖然字形上似乎都有點根據，但在地名解讀方面卻無能爲力，因此也同樣難以使人信服。

我們認爲，△字實際上應該釋爲“湶”，即“泉”字異體。下面先説字形。

兩周金文中“泉”旁習見，較常見的寫法有：

（图形）

△字右邊所從，即由此演變而來。其演變方式，跟上揭“朝”字右邊所從十分相似：

（图形）

拿它跟戰國文字資料中所見的其他“泉”或“泉”旁相比較：

　　燕：（图形）　　三晉：（图形）　　楚：（图形）　　秦：（图形）

字形上也説得過去。泉跟水有關，所以“泉”字可以再增“水”旁作“湶”。這就好比“𩰚”亦作“淵”。漢代金石文字中的“泉”字作“湶”者習見，這也是大家所熟知的。

字形既明，再看兩條地名資料。

資料（1）中的前三字是地名，第四字是工匠名。“湶”後一字舊亦不識，實際上從“州”從“土”，即“州”字異體。《説文·川部》：“州，水中可居［者］曰州，［水］周繞其旁……昔堯遭洪水，民居水中高土，或曰九州。《詩》曰：‘在河之州。’一曰：州，疇也。各疇其土而生之。”“州”是“洲”的初文，無論在字義上還是在字形上，都有加“土”的理由。戈銘“湶坙都”之“湶坙”，當即見於《漢書·地理志》的漁陽郡屬縣泉州。其地在今天津市武清縣西南，戰國時正在燕國疆域内。

這裏順便提一下，1966 年河北雄縣曾出一春秋銅矛，葉部有銘文四字，舊釋“右洀州還（縣）”。按從照片看，矛銘第二字也極有可能是“湶”字，舊釋“洀”不可信。雄縣離武清縣甚近，若釋“泉”不誤，此右泉州縣多半跟泉州有關係。

　　　　　　　　　　　　　　　　　　　　　　　　《華學》2，頁 47—49

○李運富（1997）　包山簡 3—4 有（图形）字，又作（图形）（100-2），《包簡釋文》都楷作“湯”，注釋（13）云：“湯，湯字。”

今按：包簡另有湯字，作（图形）（131、135）、（图形）（265）、（图形）（173、184）等，皆從易聲，與上引二形不類，知非從易。包山簡“易”與此二形相近，但細察仍有區別（見下）；且從易而釋爲湯，形音都不切合，恐非客觀。疑此二形當跟“𩰚”字認同。包簡 86 及 119 反有字樣（图形），簡 143 有字樣（图形），《包簡釋文》楷作“𩰚”；從簡 174“肅”字作（图形）、簡 262“繡”字作（图形）、簡 85“謐”字作（图形）來看，釋（图形）爲𩰚無疑是正確的。沈子簋“淵”字作（图形），帛書“𩰚”字作（图形），（图形）形可能是（图形）、（图形）

的省變,即或變爲,或變爲,中間的水形則省作兩撇;夏承碑"淵"字作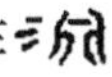,其省變情況與此類同。如果釋𣶒正確無誤的話,那上舉、則應該釋作"淵",其所从"水"旁之外的形體正是"𣶒"字。試比較"𣶒""易""昜"三個構件的不同寫法:

𣶒—

易—

昜—

顯而易見,上舉待釋形體只能屬於"𣶒"系列,它們的筆畫和形體基本一致,只是寫法交接上略有差異而已。

"淵"字在簡文中用爲地名和姓氏。"淵邑"正與簡86及143的"𣶒邑"相應,淵是𣶒的增義符異構字,淵邑與𣶒邑應是同一個地方。地名往往又成姓氏,宋鄧名世《古今姓氏書辯證・先韻》:"淵,《姓源韻譜》曰:出自高陽氏,才子八人,其一曰蒼舒,謚淵。後以謚爲氏。"高陽氏爲楚祖先,可知"淵"正是楚姓。

《楚國簡帛文字構形系統研究》頁106—107

○**李守奎**(2003) 湶。《字彙補》:"湶與泉同。"

《楚文字編》頁644

○**劉信芳**(2003) (編按:包山3)湶:字又見簡100。郭店《成之聞之》14"窮湶(源)反本",知字應讀爲"源"。

《包山楚簡解詁》頁11

○**濮茅左**(2003) (編按:上博三・周易45)"湶",與"泉"同,《漢隸字源》:"《孫叔敖碑》:'波障源湶',蓋泉字添水。"

《上海博物館藏戰國楚竹書》(三)頁198

△**按** 《説文》:"泉,水原也。象水流出成川形。"戰國文字又多作"湶",如上博三《周易》簡45"朿𦥑寒湶飤","湶"字馬王堆帛書本同,今本《周易》作"泉"。"湶"當是纍增水旁的泉字繁構。《璽彙》0363第二字,應從朱德熙、李家浩釋爲"谷","湶谷山"具體地望不詳。

灥  原

集粹 陶彙5・117 秦文字集證151・286

上博六・用曰6 集成9682原氏扁壺

【原氏】_{集成 9682 原氏壺}

○**馬承源**（1964）　　屌氏，是作器人名及第一次刻銘者。

《文物》1964-7，頁 12

○**黃盛璋**（1980）　　按上海博物館所藏原氏扁壺，銘有"原氏，三斗少半，重十六斤"。舊釋屌氏，不確。原氏即元氏，乃趙國地，所以應是趙器。

《中國歷史博物館館刊》2，頁 106

○**黃盛璋**（1985）　　原氏舊不能識，今確考爲原氏，即《史記·趙世家》孝成王"十一年城元氏"。遺址在今元氏西北故城村。

《古文字研究》12，頁 352

○**黃盛璋**（1989）　　"原"銘作"屌"，或釋"屌"。按"龠氏"戈銘有"原"作帛（左邊適當戈內殘處因缺一筆），故可確定此字是"原"。原氏即元氏，戰國係趙地，《史記·趙世家》"孝成王十一年城元氏"，《正義》："元氏，趙州縣也。"《漢書·地理志》常山郡有元氏縣。《元和郡縣志》卷十七元氏縣下："元氏故城在縣西北十五里，即漢之舊縣也，兩漢常山太守皆理於此，至隋末爲劉黑闥所破，其後移於今理所。"《元氏縣志》："元氏故城在縣西北二十里，趙公子始封之邑。"石家莊文化局普查組在元氏縣西北故城村一帶進行勘察，已經找到這座城位置恰在故城、趙村、南褚、北褚四村之間，東北角被故城村打破。城作方形，長寬均爲 1100 米，城內采集了大量戰國、漢代遺物和"常氏常貴"瓦當，證實確爲漢常山郡治之元氏故城，戰國元氏亦即在此。

《古文字研究》17，頁 25

○**何琳儀**（1998）　　原氏壺、秦璽原，姓氏。周文王之（_{編按：疑漏"子"字}）封於原，爲原伯，晉滅之，封先軫，其後並姓原。見《姓氏急就篇注》。秦璽"慎原"，讀"慎愿"。秦陶"少原、中原"，地名。

《戰國古文字典》頁 1046

○**崔恆昇**（2002）　　原氏壺："原氏。"氏爲地名後綴。原在今河南濟源市西北原鄉。《史記·晉世家》："晉文公四年，冬十二月，晉兵先下山東，而以原封趙衰。"集解杜預曰："河內沁水縣（按今河南濟源市東北）西北有原城。"《左傳·莊公十八年》："虢公、晉侯、鄭伯使原莊公逆王后于陳。"《通志·氏族略三》："原氏，周文王第十六子原伯之後，封河內。周有原莊公，世爲周卿士，故以邑爲氏。"按《左傳·隱公十一年》"溫、原……"之"原"，清顧棟高《春秋大事表》以爲濟源之原爲《莊公十八年》原莊公之"原"，此則另一原邑，疑未能明。

《古文字研究》23，頁 219

△按　《説文》:"灥,水泉本也。从灥,出厂下。原,篆文从泉。""原"即源流義本字,上博六《用曰》簡6云:"繼原(源)流澞,其自能不沽(涸)。"

永 

石鼓文・吾水 集成85楚王酓璋鐘 集成9607休涅壺

集成2782哀成叔鼎 集成4646十四年陳侯午敦

近出363王子午鼎 集成2811王子午鼎

集成4595陳曼簠 集成9735中山王方壺

○**强運開**(1935)　《説文》:"永,水長也。象水巠理之長永也。《詩》曰:'江之永矣。'"段注云:"引申之凡長皆曰永。"

《石鼓釋文》壬鼓,頁3

○**王輝**(2001)　(**編按**:秦駰玉版)永,長也。《書・高宗肜日》:"降年有永有不永。"

《考古學報》2001-2,頁147

△按　永久之"永",楚系文字以"羕"當之,參本部"羕"字條。

【永用】集成9607休涅壺

○**李學勤**(1984)　"永用"是金文習語,但以"永用"開首的銘文尚屬初見。

《新出青銅器研究》頁214,1990;原載《文物》1984-6

○**馮勝君**(1999)　永用:金文習見之套語,多置於銘文之末。此銘開首便冠以"永用"一詞,則頗覺突兀。疑銘中之"用"不應讀爲寶用之"用",而應讀爲容受之"容"。《莊子・胠篋》有"容成氏",《通鑑・外紀》引《六韜》作"庸成氏"。《史記・淮南衡山列傳》:"日夜從容王密謀反事。"《正義》:"容讀曰勇。"可證用、容聲系相通。《説文・宀部》:"容,盛也。"

《中國古文字研究》1,頁193

【永巷】

○**白於藍**(1997)　考古新發現有如下兩方漢代封泥,見於《西安北郊新出封泥選拓》(《書法報》1997年4月9日,第15期)一文。

　　原編者將此兩方封泥的釋文分別釋寫爲“永巷”和“永巷丞印”,對“巷”字的考釋可謂獨具慧眼。永巷在漢代是妃嬪、宫女居住的地方,同時也是幽禁妃嬪、宫女的場所。《史記·吕后紀》:“吕后最怨戚夫人及其子趙王,乃令永巷囚戚夫人。”裴駰《集解》:“如淳曰:‘《列女傳》云周宣王姜后脱簪珥待罪永巷。後改爲掖庭。’”司馬貞《索隱》:“永巷,別宫名,有長巷,故名之也。”永巷丞應是管理永巷的官員。《漢書·百官公卿表》少府、詹事屬官皆有永巷令、丞。

　　值得注意的是在漢代所封的諸王宫中亦往往有永巷,如:

　　《漢書·五行志》:“昭帝元鳳元年,燕王宫永巷豕出圂,壞都竈,銜其釜鬴六七置殿前。”

　　《漢書·景十三王傳》:“後去(廣川王)立昭信爲后,幸姬陶望卿爲脩靡夫人,主繒帛,崔脩成爲明貞夫人,主永巷。”

　　《漢書·宣元六王傳》:“宇(東平王)聞,斥胸臑爲家人子,掃除永巷。”在已發現的漢代官印及封泥中有“楚永巷丞、楚永巷印”和“齊永巷丞”,應即楚、齊王宫中管理永巷的官員所使用的官印。

《殷都學刊》1997-3,頁 44—45

○**周曉陸、路東之**(2000)　《漢表》:少府屬官有“永巷令承”。《漢表》:“詹事,秦官,掌皇后、天子家,有丞⋯⋯屬官有⋯⋯永巷⋯⋯令長丞。”《漢官》卷上:“(永巷)令一人,宦者爲之,秩六百石,掌官婢侍使。”《三輔》:“永巷,永,長也。宫中之長巷,幽閉宫女之有罪者。”《通志·職官四》:“永巷即漢之掖庭。置令掌宫人簿帳,公桑養蠶及女工等事。”《史記·范雎列傳》記,范雎見秦昭王,“佯爲不知永巷而入其中”。《正義》謂“是宫中獄名非是,如果是獄,豈可任意闖入”。《史記·吕太后本紀》:“吕后最怨戚夫人及其子趙王,乃令永巷囚戚夫人。”

《秦封泥集》頁 149

○**何琳儀、徐在國**(2001)　1997 年,西安出土的秦代封泥中有如下四方“永巷”封泥:

　　　1　　2　書法報 1997 年 4 月 9 日　　　3　　4　考古與文物 1997 年 1 期
第四方封泥略殘,僅存“巷”字,第一、三方封泥原文釋爲“永巷丞印”,第二方封泥原文釋爲“永巷”。

　　有關“永巷”的官印,漢印及漢封泥中多見,如:

封成 118　　同上 366　　同上 367　　同上 365　　徵存 227

《封成》118"永巷丞印"與上錄第一、四方秦封泥内容同。"齊永巷丞、楚永巷丞、楚永巷印"並爲西漢諸侯王國"永巷"官印。據《漢書·百官公卿表》,少府屬官有永巷令、丞,秦置。武帝太初元年更名爲掖庭。應劭《漢官儀》:"婕好以下皆居掖庭。"又"掖庭后官所處"。劉向《列女傳》:"吳勝楚,入至郢,昭王亡。吳王闔閭盡妻其後宮。次至伯嬴,持刀曰:'近妾而死,何樂之有?如先殺妾,又何益於王?'王慚,遂退舍。伯嬴與其保阿閉永巷之門,皆不釋兵。三旬,秦救至,昭王乃復矣。"《史記·呂太后本紀》:"呂后乃令永巷囚戚夫人。"《索隱》:"永巷,别宫名,有長巷,故名也。後改爲掖庭。"

　　據上述記載可知,"永巷"本是别宫名,因爲掌管後宫的官吏稱爲永巷令、丞,所以"永巷"就成爲官名。其職掌當如唐杜佑《通典》所載:"秦置永巷,漢武更名掖庭,置令,掌宫人簿帳、公桑、養蠶及女工等事。後漢掖庭令掌後宫貴人采女,又有永巷令,典官婢皆宦者,並屬少府。"

《中國文字》新 27,頁 103—105

△按　"𧗲"字參見卷二行部"衛"字條。

【永寶】

○陳偉武(1999)　卜淦□戈銘:"永寶用逸,宜。"秦公鐘、秦公簋銘:"永寶,宜。""永寶用、永寶"均習見於金文,後者可看作前者的縮略。

《中國語言學報》9,頁 308

羕

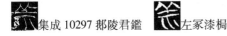集成 4096 陳逆簠　　集成 9709 公孫𥥸壺

上博三·周易 47　　　　上博三·周易 48　　　　上博四·柬大 23

集成 11358 羕陵公戈　　包山 75　　　包山 221

郭店·老甲 35　　　郭店·性自 10　　　上博三·彭祖 1　　　上博二·容成 13

集成 10297 郒陵君鑑　　左冢漆梮

○李學勤(1982)　(編按:楚帛書)"殃"字原作"羕",从"羊"聲。《墨子·非樂

上》"殃"字从"羊",故相通假。

○**高明**(1985) (編按:楚帛書)《説文》:"羕,水長也,从永,羊聲。"在此假爲殃,《説文》:"殃,咎也,从歺,央聲。"字也从羊聲寫作"羘"。《廣雅‧釋言》:"殃,禍也。"繒書乃謂"天地作羘"。

○**饒宗頤**(1985) (編按:楚帛書)羕,讀爲祥,中山王壺:"不羕莫大焉。"不羕即不祥。《馬王堆‧天文氣象雜占》:"天星出,赤傅月爲大兵、黃爲大羕,白爲大喪、青有年、黑大水。"(《中國文物》Ⅰ)大羕即大祥,故知"作羕"應即"作祥",羕、祥皆从羊爲聲符,例正同。《周語》中:"富辰曰:祥,所以事神也。""是何祥焉。"

○**黃盛璋**(1989) (編按:楚羕交金版)此字上从羊頭"M",已經習見,無庸多議。下从"刕",它是"永"字,已稍簡化,但並不難認,因已和秦漢文字相近。漢"博邑家鼎"中"永"(刕)字示已與此相差不多。漢印中也常見類似此結構之"永"字,隸書即由此結構演變出來。但此金版爲楚文字"永"字簡寫,並不屬秦漢文字系統,僅爲後者所利用。秦始皇統一文字後,六國文字被利用,保存於秦漢文字中而沿用下來的並不太多,因而在古文字演變上還是很有意義的。此字既从羊,永聲,所以就是"羕"字。只是"羊"簡化僅从頭"M","永"也簡化較多,上下合起來就與篆文"羕"字面貌不很一樣,但只要稍加分析,還是較易確認。並且和羕史尊、郤伯受瑚、郤戈中的"羕",雖上下皆有簡化,然仍有一些演變淵源可以追尋。

羕陵就是曾姬壺中的漾陵,它是楚地,地望也相符合。不論從字的形、音結構,後來演變與用作地名,皆可落實定案,所以此兩字就是"羕陵"。

羕爲水名,又爲國、邑名,傳世與出土有羕史尊、郤伯受瑚、郤戈,皆此羕國之器。但羕國亦爲失傳已久之古國,不見記載,其國依羕水爲名,羕水即《水經注》汝水支流之養水。羕國地後入楚爲養邑,楚昭王使沈尹戍等城之,以封吳公子,後稱養城,戰國爲縣,後廢爲亭,又變爲里,即養水所經之養陰里,其前身爲沙亭、沙城,因養水俗名沙水(今石河),故沙城應即養城。原爲羕國之都。

○**李零**(2000)　　(編按：楚帛書)"羕"，饒文引中山王壺"不羕(祥)莫大焉"，馬王堆帛書《天文氣象雜占》"黃爲大羕(祥)"，讀爲"祥"。《洪範五行傳》有"五色之眚"和"五色之祥"，鄭玄注："眚生於此，祥自外來也。"是一種外來的災禍。

《古文字研究》20，頁 165

【羕思】郭店·性自 26

○**沈培**(2003)　　關於"羕思而歎(動)心，菁女(如)也"

　　對於這句話當中的"羕思"的含義，學者們的看法還有比較大的分歧，似乎都有一定的道理，難以找到統一的意見。我們就首先來談談"羕思"到底應該怎麼理解。

　　大家對"羕"的讀法主要有兩種意見。一種讀爲"咏(詠)"，一種讀爲"永"。持前一種看法的學者以李零、劉昕嵐、廖名春、李天虹等人爲代表。李零最早把"羕"讀爲"詠"，但並未說明"詠思"應當怎麼理解。劉昕嵐同意李零讀"詠"之說，認爲"羕思"指《韶》《夏》《舞》《武》之樂以音聲吟詠其心緒情思"。按照她的理解，可以把"羕思"看成動賓結構。李天虹同意李零的讀法，她也把"羕思"解釋爲"詠歌情思"。廖名春也同意李零讀"詠"之說。但他對"思"的理解跟劉昕嵐、李天虹等人不一樣，他認爲"思"疑訓爲相憐哀，"羕思"指歌詠相憐哀。

　　持後一種看法的學者以陳偉、郭沂、濮茅左等人爲代表。陳偉認爲：

　　　　永(原作"羕")思，長思。《尚書·大誥》云"肆予沖人永思艱"；《荀子·正名》引逸詩云"長夜漫兮，永思騫兮"，可比照。

　　郭沂也主張"羕"讀爲"永"，是"久也，長也"的意思。濮茅左在給上博《性情論》作考釋時說：

　　　　羕，《說文·永部》引《詩》曰："江之羕矣。"今本《詩·周南·漢廣》作"江之永矣"。明楊慎《丹鉛總錄·訂訛·羕與永通》："古字羕與永同。"又《尚書·堯典》："詩言志，歌永言。"孔安國傳："謂詩言志以導之，詠其義以長其言。"《史記·五帝本紀》作"詩言志，歌長言"。羕、永、長同義。羕思，《詩·大雅·下武》："永言孝思，孝思維則。"毛亨傳："則其先人也。"鄭玄箋："長我孝心之所思。所思者其維則三後之所行。子孫以順祖考爲孝。"

　　由上可見，郭沂、陳偉和濮茅左皆讀"羕"爲"永"，訓爲"長"或"久"，但他們對於"永思"句法結構的理解還是有差別的。陳偉、郭沂把"羕思"看成偏正結構,濮茅左則看成動賓結構。

　　要確定以上各種對"羕思"的理解哪一種更加合理,有必要聯繫它後面的話來加以判斷。在"羕思"之後,對於"動心"的釋讀和含義,大家沒有異議,不必討論。要討論的是"菁女(如)"應當怎麼理解。

　　原釋文對"菁"字沒有解釋。李零指出此字見於《玉篇》《集韻》和馬王堆帛書《周易》乾卦初六,讀法待考。劉昕嵐對李零的說法進行了補充,並據馬王堆漢墓帛書整理小組的意見,"菁"在帛書中當讀爲"彙",認爲簡文此處"菁如"一詞,或可讀爲"彙如"。她認爲此處"彙"疑作"茂盛"解,"彙如"爲茂盛貌。在疏解文義時,劉昕嵐把"羕思而動心,菁如也"解釋爲:"《韶》《夏》《舞》《武》之樂,以音聲吟詠其心緒情思,因此便觸動人心,使人情志茂盛生發。"似乎"菁如也"是"使人情志茂盛生發"之義。這種解釋難免有增字解經之嫌,因此,學者當中很少有同意這一看法的。

　　劉釗認爲:

　　　　"菁"從艸胃聲,應讀作"喟"。《說文》:"喟,大息也。"《論語·子罕》:"顏淵喟然歎曰:'仰之彌高,鑽之彌堅,瞻之在前,忽焉在後。'"何晏注:"喟然,歎然也。"清王引之《經傳釋詞》卷七:"如,猶然也。如、然,語之轉。"所以簡文"菁(喟)如"也就是"喟然"。

廖名春、陳偉、李天虹等學者都同意劉釗的說法。上博《性情論》16 號簡相應之字作"蒉"。濮茅左認爲"蒉女,即'喟焉',與'喟爾、喟然'同"。

　　把"菁女"讀爲"喟然",確實是有道理的。簡文說"動心",又說"喟然","喟然"是說明"動心"的,這可以跟古書相對照。《漢書·王貢兩龔鮑傳》有這樣的話:"論議通古今,喟然動衆心。"

　　"喟然"可以看成狀態形容詞,在上引古書中作狀語,在簡文中則是一個小句,都是用來說明"動心"的程度的。濮茅左曾認爲"根據語句分析,在'蒉女(如)也'之後,可能脫漏'斯歎'二字"。這種看法顯然不正確。

　　郭店簡和上博簡跟"喟"相通的"菁、蒉"二字皆從艸,這種用字習慣可以跟古書中"芔"字通"喟"類比。《通雅》卷八說:

　　　　喟然、芔然,即喟然。《史·上林賦》:"喟然興道而遷義。"《漢書》作"芔然"。芔即卉,與喟聲通。《晏子春秋·雜上》:"退朝而乘,喟然而歎。"喟同。

　　"喟然"的讀法肯定下來之後,再回過頭來看"羕思"。初看起來,這好像對"羕思"讀爲"永思"一說比較有利。上引陳偉文在說明"羕思"當讀爲"永思"時,曾把簡文"羕思而動心,胄如也"跟《尚書·大誥》中的"永思"作對照。
按照偽孔傳,《尚書》原文"永思艱曰"的意思是"長思此難而歎曰"。"長思"
與"歎"似乎有内在的聯繫。但是,仔細一想,簡文的情況跟所引《尚書》還是
有差别的。簡文並没有直接説"羕思而胄如",而是説"羕思而動心,胄如
也"。按照陳文,"羕思而動心"只能理解成"長思而後動心"。但是,"長
思"或"久思"之後才會"動心",似乎是不太合乎實際的。此段簡文前面的
23 和 24 簡有"聽琴瑟之聲,則誖如也斯戁","誖如"之"誖"一般皆讀爲
"悸",解釋爲"動心"或"心動"。"動心"或"心動"與聆聽音樂之間似乎容
不得"長思"或"久思"。與此相比,爲什麼在觀賚、武和觀韶、夏之後就要
"長思"才能動心呢?

　　由此看來,把"羕思"讀爲"永思",解釋爲"長思、久思",大概似是而非。
至於前面所引濮茅左説,把"羕思"讀爲"永思",看成動賓結構,這大概也不能
成立。因爲如果"羕思"和"動心"都是動賓結構,"羕思而動心"就只能看成
一個聯合結構,這個聯合結構的内部由兩個動賓結構組成,中間用連詞"而"
連結。但是,如果這樣解釋,就跟後面的"胄女"的釋讀有些矛盾了。因爲"胄
女"顯然是針對"羕思而動心"而説的,前面我們已經説過,"胄女"當讀爲"喟
然",如果承認"羕思"和"動心"是聯合結構,就應當承認"喟然"既能説明"動
心",又能説明"羕思",但實際上"喟然"卻只能説明"動心",並不能説明"羕
思",因爲古書中從無"喟然長(動詞)思"之類的説法。由此可見,把"羕思"
看成動賓結構大概不能成立。

　　有了這樣的認識,再回過頭來看看前面引用過的對於"羕思"的另外的解
釋。李零等人把"羕"讀爲"咏(詠)",大概是注意到了"羕思而動心,胄女也"
這句話緊接在講述"觀賚、武""觀韶、夏"等話之後,認爲這句話跟賚、武、韶、
夏之樂有關。這種思路顯然是正確的。古人言"樂",往往包含歌、舞。《左
傳》襄公二十九年孔疏就説:"樂之爲樂,有歌有舞。"因此,簡文在説"賚、武、
韶、夏"之樂的時候,説到"詠歌",本是很自然的事情。至於"思"的理解,當
然也要聯繫"賚、武、韶、夏"之樂才能比較清楚。前面所引説法中,有人把
"羕思"的"思"理解成"相憐哀"或"愁思",這顯然是不正確的。簡文後面
分明説"賚、武樂取,韶、夏樂情",其主旨在於"樂",跟"相憐哀"或"愁思"
是没有關係的。至於把"羕思"之"思"理解成"情思"或"心緒情思",也顯
得過於寬泛,跟上下文關係較遠。其實,"羕思"的"思"完全可以看成動詞,
義爲"思慕"或"思念"。"羕思"即"詠思",相當於古書中的"歌思",《三國

志·諸葛亮傳》裴松之注引袁子説:“亮死至今數十年,國人歌思,如周人之思召公也。”

　　簡文“詠思”的對象,當然就是賚、武、韶、夏之樂所表現的武功和文德。下引《史記·周本紀》可以參看:“公劉雖在戎狄之閒,復修后稷之業,務耕種,行地宜,自漆、沮度渭,取材用,行者有資,居者有畜積,民賴其慶。百姓懷之,多徙而保歸焉。周道之興自此後,故詩人歌樂思其德。”

　　在上博《孔子詩論》中,2 號簡記載孔子對於“頌”的評論是“其樂安而屖,其詞(歌)紳而蕩,其思深而遠”,也是既有“樂”(這裏的“樂”當是狹義的“樂”),也有“歌”,還有“思”。這也可以證明我們對“肄思”的理解當是正確的。

　　　　　　　　　　《第四屆國際中國古文字學研討會論文集》頁 217—222

【肄陵】

〇李零(1986)　“肄陵公”,封地“肄陵”應即曾姬無卹壺“漾陵”。

　　　　　　　　　　　　　　　　　　　　　　《古文字研究》13,頁 390

〇黃盛璋(1989)　至於肄陵既得名於肄水即養水,也只能在養水上。“肄陵”版金窖藏出土的地點在襄城北 15 公里北宋村,而襄城自春秋晚期至戰國晚期皆爲楚境,並爲汝水所逕,養水就在它的西北面,注汝水處就是襄城西北,汝水自此即流逕襄城南。(中略)

　　肄陵既爲縣治,應該有城,有可能即養城、沙城,後變爲養陰里,但名與養陰還不盡同,也可能爲養水上另一城堡。除沙城外,養水及其支流所逕城壘有山符壘與沛公壘,肄陵應在養水主流上,因而有可能爲山符壘。總之肄陵金版僅此一塊,流傳未遠,又爲襄城首出,應距出土地點不遠。當在今襄城境内石河上。(中略)

　　附記:湖北武漢文物商店收有肄陵公戈,銘云:“□鼎之歲,肄陵公□□所造,冶己女。”“肄”亦上從“Ｍ”,下從“永”,肄陵公爲楚之封君,足證肄陵爲楚縣名,並封公於此。文中未引及,補記於此。

　　　　　　　　　　　　　　　《出土文獻研究續集》頁 110、118、119

〇湯餘惠(1993)　肄陵,即養陵,楚地名,見於包山楚簡及楚器曾姬無卹壺。養陵,即《左傳·昭公三十年》“使監馬尹大心逆吳公子,使居養”之“養”,在今河南省寶豐縣西北。此戈爲楚封君養陵公所造。

　　　　　　　　　　　　　　　　　　　　　　　　《戰國銘文選》頁 72

〇尤仁德(1996)　乑是丘字異構,從丘從伙(衆字本字)。衆字古陶文作

(《古匋文香録》8・1），从三“人”，可證。鄂君啟節丘字作𠀌，下从土。據知，戈銘丘字从众，取衆人聚居土丘之義。《廣雅・釋詁》：“丘，衆也。”《釋名・釋州國》：“丘，聚也。”《莊子・則陽》：“丘里者，合十姓百名而以風俗也。”皆可證。（中略）

丘陲之丘，是以丘爲地名的省稱。如《史記・楚世家》：“悼王三年，三晉來伐楚，至乘丘而還。”《正義》引《括地志》：“乘丘故城在兗州瑕丘縣西北三十五里。”乘丘亦是以丘爲名。《史記・律書》：“連兵於邊陲。”據知，戈銘之丘陲，即丘城之邊地。由此推知，鄂君启節銘之“襄陲”，即襄陵城之邊地；郏君鑒、豆三器銘文“郏陲”即郏城之邊地。

《考古與文物》1996-4，頁 37

○**黄盛璋**（1998）　　“㴑陵公”極爲明確，最近有人釋爲“丘陲”，則全爲誤解。

《考古》1998-3，頁 66

△**按**　《説文》：“㴑，水長也。从永，羊聲。《詩》曰：江之㴑矣。”“永”字下引《詩》則作“江之永”。永、㴑音義相涵，㴑當是在“永”基礎上纍增聲符“羊”而成。以羊爲聲的“㴑”，下半永旁常訛變作三人形。楚文字永恆之“永”皆寫作“㴑”，類似用法亦見於齊系的陳逆簋等。此外，“㴑”在不同語境中，代表不同詞義，如上博二《容成氏》簡 13“孝㴑（養）父母”、簡 16“妖㴑（祥）不行”、郭店《性自命出》簡 34“奮斯㴑（詠）”。“㴑陵”又作“漾陵”。

谷

睡虎地・日甲 23 背壹　　郭店・老甲 6　　郭店・尊德 26　　郭店・性自 62

上博一・詩論 9　　上博四・曹沫 46　　上博七・武王 9　　璽彙 3141

上博一・詩論 3　　上博一・詩論 7

璽彙 0123　　璽彙 0363

○**朱德熙**（1983）　　（編按：璽彙 0363）谷。

《古文字學論集》（初編）頁 416

○**吳振武**（1983）　　0123 谷和丞・坣（上）谷和丞。

《古文字學論集》（初編）頁 489

○**劉雨**（1986）　（編按：信陽 1·18）谷（欲）。

《信陽楚墓》頁 125

○**吳振武**（1996）　（編按：璽彙 0363）資料（2）所記山名曰“湶尕”，頗不易考。檢李興焯修《平谷縣志》（天津文竹齋鉛印本，1934 年），知今北京市平谷縣境內有泉水山。《志》卷一“山脈”下謂：“泉水山，在縣城南八里，下有泉，逆流河發原處也；灌稻田十數頃，民賴其利，有村落名曰稻地。”（15 頁下）又同卷“河流”下謂：“逆流河，一名小碾河，在縣城南，發源泉水山下，西南流九十九曲入於沟河。”（17 頁下）疑璽文“湶垡山”即此泉水山。其“水”字從“山”，當是爲山名而專造的，猶昆侖山或作“崑崙”、空同山或作“崆峒”、繹山或作“嶧”。泉水山所在的位置，當然也在燕國疆域內。

《華學》2，頁 48—49

○**何琳儀**（1998）　齊陶谷，姓氏。其先出自顓頊，益爲舜虞賜姓嬴氏，至於非子，封於秦谷，因而氏焉。見谷朗碑。

晉璽谷，姓氏。趙璽“壵谷”，讀“上谷”，地名。

信陽簡谷，疑讀欲。

《戰國古文字典》頁 346

（編按：璽彙 0363）燕璽“洃汕”，讀“朝鮮”，地名。《史記·朝鮮列傳》集解：“朝鮮有濕水、洌水、汕水，三水合爲洌水，疑樂浪、朝鮮取名於此也。”索隱：“案，朝音潮，直驕反。鮮音仙。以有汕水，故名也。汕，一音訕。”是其佐證。

《戰國古文字典》頁 1049

○**李家浩**（1998）　（編按：璽彙 0363）先讓我們考察一下戰國文字中“口”旁的一種特殊寫法。戰國文字往往把“口”旁寫作“山”字形。現把字例揭示如下，並對其釋讀略加以說明：

B	《考古》1989 年 4 期 378 頁圖 2·2·3	C	《古璽文編》50·5282
D	《古陶文彙編》3·41	E	《古璽文編》470·3515
F	《古璽文編》581·5456	G	《古璽文編》470·5437
H	燕王石磬銘文拓片	J	《古璽文編》464·1237
K	《古陶文彙編》4·23	M	《古陶文字徵》171 頁
N	《古璽文編》233·5308	P	《古璽文編》466·5556

Q 𦤶《古璽文編》425·3809

B 是"言"字,C 是"詎"字,D 是"闇",G 是"兯"字,H 是"酓",J 是"喬"字,M 是"碧"字。

E 是"誨"字。"每"旁與"言"旁作上下重疊結構,"每"旁下面一畫與"言"旁上面一畫公用。

F 从"八"从"言",即"詹"字的省寫,傳賃龍節、鄂君啟節等"檐"字的"詹"旁作从"八"从"言"可證。

N 是"各"字。此種寫法的"各"還見於《古璽彙編》3441 號、5309 號印,唯 3441 號印的"各"是反文。

K 是"青"字。戰國文字"青"多在其下加"口",K 就是這種寫法的"青"的變體。

P 應該隸定作"㝮"。"㝮"字見於包山楚墓 15 號簡背面,是"邵行之大夫"的名字,該簡正面作"岑"。《說文》說"含"从"今"聲,故从"含"聲的字可以寫作从"今"聲。在古文字中,"宀""广"二旁往往通用。疑"㝮、岑"二字皆是"庈"字的異體。

Q 應該隸定作"瘖"。《古文四聲韻》卷四泰韻"害"字的古文或作如下之形:

𡧖《古孝經》

Q 所从的"害"旁即其變體。"害""曷"二字古音相近,可以通用。疑"瘖"即"瘑"字的異體。

戰國文字"口""曰"二字字形十分相似,它們之間的區別僅在於中間有一橫而已,所以"口""曰"二字作爲形旁往往通用。例如璽印文字"周"或寫作从"曰","潛"或寫作从"口"。由於這一原因,戰國文字中的"曰"旁偶爾也寫作"山"字形的。例如古璽"曹喜"之"曹":

𣍘《樂氏藏古璽印選集》2·9

戰國文字的"口"旁爲什麼會寫作"山"字形呢? 這是值得探討的一個問題。

在戰國文字中有這樣一種情況,即把某個字所从偏旁的封閉式筆畫,用填實法寫出,造成那個偏旁與另一個字形相同。這裏以戰國文字中的"軋、遒"二字爲例:

軋《印典》4·2839　　遒《古璽文編》39 頁

“軋”字所從“巳”旁用填實法寫出，與“云”字同形；“遄”字所從“卵”旁用填實法寫出，與“卵”字同形。我認爲戰國文字把“口”旁寫作“山”字形，即屬於這種情況。戰國文字的“口”旁或作“ᘻ”形，例如下面“誚（信）”字所從的“口”旁：

《印典》1·440

上揭 B 至 Q 諸字所從“山”字形的“口”旁，就是從把“ᘻ”形的“口”旁用填實法寫出後而演變成的，其演變情況如下所示：

$$\sqcup \rightarrow \text{ᘻ} \rightarrow \blacktriangledown \rightarrow \sqcup\!\sqcup \rightarrow \text{山}$$

　　關於這種演變情況，還可以從璽印文字中另外兩個“瘖”字的寫法得到旁證：

《吉林大學藏古璽印選》8·41　　　　　《古璽彙編》368·3989

此二字與上揭 Q 顯然是同一個字，不同之處主要是這兩個字所從“害”旁，不僅把“害”字古文下部的“口”用填實法寫出，同時還把其上部的“个”也用填實法寫出。“个”像“ᘻ”形“口”的倒文。由此可見，上面對“口”旁寫作“山”字形演變情況的推測是合理的。

　　我們已經對戰國文字中“口”旁的特殊寫法作了如上的考察，現在回過來再看《古璽彙編》0363 號印的 A。A 的字形結構與上揭 G 的“谷”字相同，唯前者比後者多一個“八”字形。此正是“谷”與“谷”的區別所在。於此可見，A 所從的“山”字形，實際上是“口”的變體。在上揭 B 至 Q 諸字裏，能確定其所屬國別的有 B、D、H、J、K、P，除 D 屬齊國外，其他五種都屬燕國。0363 號印是一枚典型的燕國印。看來把“口”旁寫作“山”字形還是燕國文字的特點。

　　現在我可以替朱先生回答說：把 A 釋爲“谷”，就是根據以上所說戰國文字的“口”旁或寫作“山”字形的特點作出的釋寫。我相信大家看到這些特殊的“口”旁寫法之後，一定會和我一樣贊成朱先生這一釋法的。

《著名中年語言學家自選集·李家浩卷》頁 150—154，1998；
原載《中國文字》新 24

△按　《說文》：“谷，泉出通川爲谷。从水半見，出於口。”睡虎地簡即用爲本義。戰國楚文字山谷之谷通作“浴”（參本卷水部“浴”字條），“谷”字則記録慾望之“欲”。

谿 豀　溪 漢

官印 0085

包山 182　　上博二·容成 31　　上博四·柬大 3

△按　《説文》:"谿,山瀆無所通者。从谷,奚聲。""谿"楚文字皆寫作"漢(溪)",从水。參本卷水部"溪"字條。

睿 睿　濬 濿 濟

郭店·性自 31　　上博一·性情 19

曾侯乙 157

○裘錫圭、李家浩(1989)　(編按:曾侯乙 157)此字从"廾"从"手"从"睿",疑是"叡"的繁體。

《曾侯乙墓》頁 527

○袁國華(1997)　(編按:曾侯乙 157)"濟"字,从"水"从"睿"从"廾",李家浩先生原釋做"挦",疑是"叡"字繁體。拙見以爲當改釋作"濟",故對李説暫且存疑。曾侯乙墓竹簡簡 157 云:"……贏尹鄔之黄爲右驌,濟之騆爲右驂……"此"濟"字疑用做"人名"。

《中國文字》新 23,頁 245

○荆門市博物館(1998)　(編按:郭店·性自 31)濱(濬)。

《郭店楚墓竹簡》頁 183

○周鳳五(1999)　(編按:郭店·性自 31)樂之動心也,濬深臧舀:其刲,則流如也以悲,條然以思。(《性自命出》簡三〇、簡三一。)《郭簡》除隸定"濬"字並存疑外,未加申説。按,"濬"字形構不明,然既與"深"字複合成詞,且並从水旁,其爲同義複詞可知,字雖不能確認,而無害於文意之理解也。

《張以仁先生七秩壽慶論文集》頁 361

○李守奎(2003)　(編按:曾侯乙 157)濟。

《楚文字編》頁 650

○**李守奎**（2003）　（編按：曾侯乙）157 號簡的原隸作"撜"的字作✦，考釋 228 云："此字從'廾'從'手'從'睿'，疑是'叡'的繁體。"

疑此字當隸作"潗"，釋爲"濬"。改釋"手"旁爲"水"旁，除了上述楚系文字"水""手"不同等理由外，還有一點也值得注意：先秦古文字中從"廾"的字罕見左側纍增"手"旁的。楚系文字中"奉、承"等後世習慣纍增"手"旁的字也只作"弄、丞"。

我們先看"睿"旁。《説文》卷十一・谷部有"睿"字：

睿，深通川也。從谷從歺。歺，殘地阬坎意也……濬，睿或從水。叡，古文睿。

從"歺"的字又可從"奴"，"歺"與"奴"音、義皆近，用作偏旁可以通用。如《説文》中的"睿"即"叡"的古文。"睿"與"叡"音義相近似更合理，但這兩個字在《説文》中，一個是"濬"字篆文，一個是"壑"字篆文。段玉裁以爲"睿"與"叡、睿"音義皆相近。"叡"字在卷四別釋爲：

叡，溝也。從奴從谷。讀若郝。壑，叡或從土。

"濬"與"壑"雖然在意義上有一定聯繫，但一個韻在月部，一個韻在鐸部。說是異體字，證據顯然不足。《説文》中"睿、叡"等字有令人費解的地方。曾侯乙墓簡"睿"旁對我們或有啟示。

"睿"下部所從"吞"形與"谷"明顯不同。"谷"字和谷旁楚文字屢見，上部所從"公"兩撇和兩捺分離，無一例作"吞"。

"吞"從"大"從"口"，可隸作"呇"，應是"去"字。"去"是"呿"的本字，本義是開口。戰國文字中的"大"常常被攔腰截斷，寫成"交"。因而"去"也就有下列異體：

✦中山王鼎　　　✦郭店・語叢一 101

《説文》卷三有"呇"字：

呇，口上阿也。從口，上象其理。凡呇之屬皆從呇。嗌，呇或如此。臄，或從肉從豦。

"呇"與"去"的異體"呇"字形相同，讀音也相近。"呇"是群紐鐸部，"去"爲溪紐魚部。二字本當是一字。"卻"字漢隸作"却"，頗存古意。"呇"與《説文》卷十一"從水半見出於口"的"谷"字是形、音、義均不相同的兩個字，但由於有些形體相近，二字多有混訛。中華書局本影印《説文解字》所出隸定二字不加區別，致使有些依《説文》體例編排的字編誤把卷十二的"谷"歸入了卷三

“谷”部,即其例。

上文我們詳論了“谷”與“㕡”的不同,也論證了“去”與“谷”的密切關係。古文字中有从“谷”省形的“睿”,也有从“去”的“𡧋”。中山王鼎有字作“”,所从“睿”旁从“歺”,从“谷”省,从“目”,與《説文》“叡”的古文相合。“覩”與“叡、睿”當是一字之異。“睿”可分析爲从“目”从“㕡”省。“睿”是喻紐月部字,“歺”是疑紐月部字,古音相近。有學者已經指出“睿”从“歺”得聲。曾侯乙墓簡的“”旁上部所从可能是“歺”的省形,下部从“去”,似可隸作“𡧋”,若考慮到“去”“谷”同字,也可隸作“㕡”。疑此形从“去(谷)”得聲,是“壑”字。“壑”在《説文》中是“㕡”的或體。“壑”在匣紐鐸部,“去”在溪紐魚部,二字聲在喉牙,韻部陰陽對轉。前文已論及“去”與“谷”是一字異寫,“去”有可能會變成“谷”。對於“”形可以作出如下推測:

《説文》的“㕡”混同了兩個來源不同的字,一個是从“谷”,“歺”聲的“㕡”,古音在月部,是“睿”字所从的聲旁。即《説文》卷十一谷部“濬”的篆文所本。另一個就是見於曾侯乙墓簡的“𡧋”,从“歺”,“去”聲。這個字與“叡”“壑”是一字異寫。“𡧋、叡、壑”同字與“睿、叡、壡”爲一字相類似。由於“去”演變爲“谷”,“谷”又同“谷”相混,“㕡”與“㕡”就合二爲一,成了同形字。還有一種可能,那就是“𡧋”與“㕡”本是一字,在“壑”字中變形音化爲“去(谷)”。

疑“”是個从“水”从“㕡(壑)”从“廾”的會意字,雙手深掘溝壑以疏通水,即《説文》“谷”部“深通川也”的“濬”。“濬”在簡文中用爲人名。

“”也可能是“壑”字的異體。古文字中“廾”與“手”用作形旁可以通用,如金文中的“對”異體作“㚔”。釋“壑”从語音上説更合理一些,但古人以“填溝壑”諱稱死亡,罕見用爲人名的。不論是釋“濬”還是釋“壑”,都不影響對“”形的分析。

《第四届國際中國古文字學研討會論文集》頁510—513

△**按** 《説文》:“㕡,深通川也。从谷从歺。歺,殘地阬坎意也。《虞書》曰:㕡畎澮距川。濬,㕡或从水。濬,古文㕡。”郭店簡、上博簡作“濬”,曾侯乙157“𤅽”增収旁,應是“濬”之異體。清華二《繫年》82:“伍雞將吳人以圍州來,爲長瀫(壑)而洍之,以敗楚師,是雞父之洍。”“瀫”,从水,叡聲,即疏濬之“濬”字。

冰

集粹　　　集成 11399 二年上郡守冰戈　　　集成 4096 陳逆簠

○**高田忠周**（1925）　按寒字所从仌亦作二,知二爲古文仌也。《説文》:"冰,水堅也,从仌从水,俗作𣲝。"又仌訓凍也,象水凝之形。然則寒烈結水,謂之仌,其所以爲仌,謂之冰。仌、冰音義皆近,故經傳多借冰爲仌,《易・坤》"履霜堅冰至",《詩・匏有苦葉》"迨冰未泮",皆是也。古又借疑爲冰,《禮記・中庸》"至道不凝焉",注:"猶成也。"《釋文》本作"凝"可證。俗人亦加仌作凝,今用爲凝結專字,非矣。

《古籀篇》5,頁 36

【冰月】陳逆簠
○**吳式芬**（1895）　冰月見於《晏子春秋》,即十一月也。

《攈古録金文》卷 2 之 3・40・2

○**何琳儀**（1998）　陳逆簠"冰月",齊國之月名。《晏子・諫》下:"今君之履冰月服之,是重寒也。"

《戰國古文字典》頁 156

冬

集成 10372 商鞅量　　　陶彙 5・384　　　睡虎地・秦律 94

楚帛書　　　包山 2　　　包山 206　　　郭店・老甲 8　　　上博二・容成 22

上博二・子羔 12　　　上博一・緇衣 6　　　上博四・昭王 7

郭店・緇衣 10　　　新蔡乙一 31、25　　　新蔡乙四 63+147　　　上博一・性情 2

璽彙 2207　　　集成 9703 陳璋方壺

○**嚴一萍**（1967）　（編按:楚帛書）《説文》古文冬从日作𡘍,按陳騂壺孟冬之冬作𡘍,正始石經春秋僖公二十八年冬之冬作𡘍,皆與繒書同。《説文》之𡘍蓋𡘍之訛。頌鼎作𠀟與甲骨同,均假爲終字。

《甲骨古文字研究》3,頁 236

○**睡簡整理小組**(1990)　(編按:睡簡・日乙 177)冬讀爲中。《禮記・鄉飲酒義》:
"冬之爲言中也。"中之吉,到中部地區就吉利。一説,冬讀爲終,終之吉意謂
最後化險爲夷。

《睡虎地秦墓竹簡》頁 246

○**曾憲通**(1993)　(編按:楚帛書)此字從日,夂聲,與陳駝壺之Ǵ、古璽之Ǵ、三體
石經古文之Ǵ結構相同,爲四時之終的專字。小篆則從夊作,即今冬字。帛文
春頤眣各皆各從日作。

《長沙楚帛書文字編》頁 37

○**張守中**(1994)　通終　辛丑生子有心冬日甲一四七。

《睡虎地秦簡文字編》頁 174

○**李家浩**(2000)　(編按:九店 56・40)"各",即《説文》古文"冬",從日,從《説
文》古文"終"聲。

《九店楚簡》頁 100

○**廖名春**(2003)　《説文・夊部》:"古文冬從日。"《字彙補・日部》:"各,古
文冬。"包山楚簡 2.2、2.80、2.81、2.205、2.206 號簡,秦家嘴 1.1 號簡,天星觀楚
簡皆有"各禀之月","各"即"冬"。楚帛書"春夏秋冬"之"冬"也寫作"各"。
"各"爲"夊(冬)"之繁文,增加日旁表示季節。老子爲楚人,故書當從楚文字
作"各"。

《郭店楚簡老子校釋》頁 87

【冬禀】

○**李家浩**(2000)　(編按:九店簡)"冬禀"見於下七八號、八四號等簡。"冬"字
原文作"各",即《説文》古文"冬",參看下考釋〔一四七〕。"冬禀",秦簡《日
書》作"中夕"。"冬""中"音近古通。《國語・晉語九》"趙襄子使新稚穆子伐
狄,勝左人、中人",《淮南子・道應》"中人"作"終人",此是其例。

《九店楚簡》頁 68

△按　《説文》:"冬,四時盡也。從夊從孳。孳,古文終字。各,古文冬從日。"
四時之冬,秦系文字作"冬",六國古文多作"各",與《説文》所述大致相合。
睡簡又常以"冬"爲"終",同時纍增糸旁分化出"終"字。終結之"終"六國古
文除沿用"孳"字外,亦作纍增糸旁之"条"字(見楚帛書)。詳參卷十三糸部
"終"字條。

冶 刡刡刡灯鉊鉊㓁鉊

集成 2701 公朱左官鼎　珍秦金吳 117 廿八年左庫工師愈戟

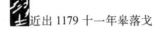璽彙 3258　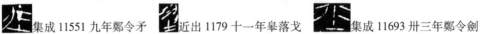集成 11319 三年修余令韓譙戈　集成 10328 八年鳥柱盆

集成 11551 九年鄭令矛　近出 1179 十一年皋落戈　集成 11693 卅三年鄭令劍

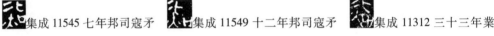珍秦金吳 109 廿七年頓丘戟

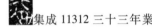集成 11545 七年邦司寇矛　集成 11549 十二年邦司寇矛　集成 11312 三十三年業

令戈

貨系 3790　陶錄 3・399・5　集成 11358 羕陵公戈　包山 80

集成 977 冶紹匕

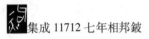集成 11712 七年相邦鈹　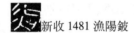新收 1481 漁陽鈹

〇**劉節**（1935）　（編按：冶紹匕等壽縣銅器）但即侃字，兮仲鐘侃字作但，古鉢文作
㗱，《説文》：“侃，剛直也。”又刀部，剛古文作㪿，《集韻》引作但，然則剛之古
文借侃爲之，則但爲侃無疑矣。金文平字作丣，是“但丣”即侃平，據上引諸文
曰“但丣”，又曰“但丣絜”，又曰“但”，又曰“但絜”，疑即一人。

《古史考存》頁 115，1958；原載《楚器圖釋》

〇**朱德熙**（1954）　（編按：冶紹匕等壽縣銅器）但就是剛字，《説文解字》卷四刀部
剛字古文作㪿。《集韻》引作但，《汗簡》三人部剛作㠯，並可證。剛市當讀爲
工師。剛工雙聲，並屬見紐。工東部，剛陽部，東陽二部通轉是古代楚方言的
特徵，如《老子》十二章：“五色令人目盲，五音令人耳聾，五味令人口爽，馳騁
畋獵，使人心發狂，難得之貨，令人行妨。”以盲、聾、狂、妨爲韻。

《莊子・天地》：“一曰五色亂目，使目不明；二曰五聲亂耳，使耳不聰；三
曰五臭薰鼻，困惾中顙；四曰五味濁口，使口厲爽；五曰趣舍滑心，使性飛揚。”
以明、聰、顙、爽、揚爲韻。

《楚辭・卜居》：“夫尺有所短，寸有所長，物有所不足，知有所不明，數有
所不逮，神有所不通。”以長、明、通爲韻。

這些韻腳裹,聾、聰、通三字東部,其餘都是陽部。

《朱德熙古文字論集》頁 11,1998;原載《歷史研究》1954-1

○**李學勤**(1959)　　(編按:冶紹匕等壽縣銅器)"但"字見於下舉題銘:

但師事秦差苟腏爲之。

但師盎埜差秦丕爲之。　　(楚幽王鼎,《三代》4.171)

但師邵夅差陳共爲之。(楚幽王鼎,"楚文物展圖録"1)

"差"即"佐",但"但"不能釋爲"工",因爲在同時的勺銘上,"但師"可簡稱爲"但":

但事秦、苟腏爲之。　　(《三代》18.27.5—6)

但盎埜、秦丕爲之。　　(《三代》18.28.1—2)

但邵夅、陳共爲之。　　(《三代》18.28.3—4)

"工師"的身分與"工"大有不同,"工師"決不能自稱爲"工",況且楚器,如懷王二十九年的漆盒(圖2),銘文爲"二十九年,大司□造,吏丞向,右工師爲、工大人台","工"字並不作"但"。

　　"但"其實是"冶"字,戰國題銘中的"冶",最繁的形態是從"人、火、口、二",但常省去其中任何一個部分。丁冕臣《璽印集英》9.5 戰國晚年的"右鐵冶官"印,"冶"字作"冶",也是由"二、人、口"三部分構成的,與楚器的"但"比較,不過各部分的位置不同而已。

《文物》1959-9,頁 60

○**陳世輝**(1960)　　(編按:冶紹匕等壽縣銅器)"題銘概述"(下)釋但爲冶,批判舊説"讀但爲剛,釋作工,則是不正確的"。按冶字作結、狤、坓、坔,但字作狂、狤、狤,形體單元與形體結構毫不相同,但絶非冶字。這裏更可以引一個李先生的例子來作證據,在"題銘概述"的"三晉題銘"中,李先生列舉了這樣的銅矛銘文:"鄭□□□司馬朱,左軍工師□□,冶䶒弸□。"我們看了拓片,知道李先生這裏寫作弸的,就是但字。冶與但同見,足證二字有別。

《文物》1960-1,頁 72

○**王人聰**(1972)　　(編按:冶紹匕等壽縣銅器)但之不能讀爲工,李學勤同志也已曾指出,他説:"因爲在同時的勺銘上,'但師'可簡稱爲'但'","'工師'的身分與'工'大有不同,'工師'決不能自稱爲'工',況且楚器,如楚懷王二十九年的漆盒,銘文爲'二十九年,大司□造,吏丞向、右工師爲,工大人台','工'字並不作'但'"。他並指出:"'但'其實是'冶'字。戰國題銘中的'冶',最繁的形態是從'人、火、口、='',但常省去其中任何一個部分。"我們認爲李學勤同志的意見是對的。"㐅"即是冶字。但李對此字字形結構的分析,認爲最繁形態中有一部分是從"人",則是不妥當的,應从"刀"。其次,李認爲此字常可省去其中任何一個部分,這也是不妥當的。爲了便於分析,現在把"㐅"字幾種寫法摹錄如下:

Ⅰ1.㐅　2.㐅　3.㐅　4.㐅　　Ⅱ1.㐅　2.㐅　3.㐅

Ⅲ㐅　Ⅳ1.㐅　2.㐅　3.㐅　　4.㐅　　Ⅴ冶

以上,Ⅰ式字《金文編》未收,Ⅱ式字《金文編》收入附錄。從Ⅰ式看,這字的較繁結構是從"＝、火、口、刀",其中刀字反寫,成了"ヒ"形,這在銅器銘文中有同樣的例子,如《金文編》4·22所收之"初"字,其所从的刀旁或作"刂"或作"ヒ"。其次,在古文字中人字與刀字是常相淆混的,這一點唐蘭同志已曾指出過。Ⅰ1.的銘文是:"□相王波邦右□冶㐅徏執齊。"Ⅰ2.的銘文是:"十五年守相木波邦右庫工帀崖不㐅㙇執齊。"由這兩段銘詞來看,㐅是屬於守相、右庫工師之下的職名是很明顯的,㐅下一字當是任此職的人名。"執齊"是在冶鑄銅器中掌握銅錫之間配合的比例,孫詒讓《周禮正義》卷七十八:"《詩·周頌》鄭箋云:執,持也。謂執持此金樸,依齊量鑄以爲器。"《周禮·考工記》:"攻金之工,築氏執下齊,冶氏執上齊。"因此,從㐅的字形及銘詞的内容來看,應即是冶字。在這裏是作爲一種職務的名稱。

Ⅱ式字的結構與Ⅰ式相較,是省去了"口"字,"刀"與"＝"左右易置,"刀"字正寫並類似"人"字,"火"字則簡化成了"⊥"。這在金文中也是有同例的,如《金文編》10·7所收之"㸯"(滕)字,所从之"火"省作"⊥"。Ⅱ1.的銘文是:"格氏㐅執。"從銘例來看,格氏爲人名,"執"當亦是"執齊"的意思,因此㐅亦應爲冶字。

Ⅲ式字《金文編》也收入附錄。此式與Ⅰ式相比,除省去了從"火"的部分外,其他部分的結構是完全相同的,應是Ⅰ式的簡化。此字見於穌冶妊鼎,銘文是:"穌冶妊乍虢改魚母媵子₌孫₌永寶用。"這裏冶是妊氏女的名字,改即己,爲蘇國的姓氏,妊氏女名冶,嫁爲蘇婦稱爲蘇冶妊。她的女兒名魚,母爲古代女子的美稱,魚母隨其父姓改,嫁與虢國,稱虢改魚母。這是蘇國君婦爲其女兒所作的媵器。

Ⅳ式字只不過是Ⅲ式的變形,把"＝"移到了右"口"下,而"ヒ"則移到左邊,並寫成了"刂"或"ɔ"。但兩式字結構的組成部分則是完全相同的。

從以上四式的比較中,我們可以看到此字變化的特點:(1)從最繁的結構中可以省去從"火"或從"口"的任一部分,(2)刀字可正寫或反寫,其位置可

置於左邊、左上角或右上角,(3)"="字可置於左上角或右下角。這些變化的
特點,反映出當時此字的寫法還不固定,正處於簡化的過程,其簡化的趨向,
即是

由此,我們可知冶字本作炱,從火從㫖,炱與㫖是炱的簡化,而怛則㫖的
變形。但是到了小篆則訛變爲冶,成了從仌(冰)台聲的冶字。台即㠯,可讀
爲貽,古屬之部,冶古讀如與,屬魚部。但之魚二部是可以通轉的,如《荀子・
非相》:"鄉曲之儇子,莫不美麗妖冶。奇衣婦飾,血氣態度,擬於女子。婦人
莫不願得以爲夫,處女莫不願得以爲士。棄其親家而欲奔之者,比肩而起。
然而中君羞以爲臣,中父羞以爲子,中兄羞以爲弟,中人羞以爲友。俄則束乎
有司,而戮乎大市,莫不呼天啼哭,苦傷其今而後悔其始。"其中冶與子、士、
起、友、市、始爲韻,冶是魚部,其餘各字都屬之部。又如《説文》:"慔慔也。"慔
慔同訓,慔之部,而慔則屬魚部。

《考古》1972-6,頁 46—47

○**唐蘭**(1979) 在古文字裏,冶字本畫出兩塊銅餅,即呂字,是金屬的名稱。
冶字還畫出一把刀,有時下面還畫有火,是指冶鑄銅爲刀的意思。

《故宮博物館院刊》1979-1,頁 5

○**李學勤、鄭紹宗**(1982) 戰國古文的"冶"字結體多變。大概説來,三晉作
"㑊",楚國作"但",本銘"㱏"則爲燕人寫法。易縣舊出一箟紋銅鐮,有"冶
尹"銘文,寫法與此敦相同。

《古文字研究》7,頁 129

○**黃盛璋**(1983) 其實"冶"並不從"仌",也不從"台",按之戰國銘刻的結
構,"冶"是會意字,而不是形聲字。李學勤先生指出:"戰國題銘中的'冶',
最繁的形態是從'人、火、口、二',但常省去其中任何一個部分。"比較扼要,但
"冶"字如何從此四形,又如何解釋,未能深入研究,沒有交待。王人聰先生指
出"人"爲"刀"字誤解,但何以從"二"從"口",亦所未解,而從"刀"從"火"的
變幻亦有未盡,特別是四者及其配合之義,與"冶"之關係,全付厥如。今就管
見所及,闡論如下:
　　(一)從"二":並不是從"仌"(冰),實乃表金餅之"呂"字初文,亦即"金"
字所從之"丷",象兩金餅狀,甲骨文已有"王其鑄黃呂,奠血,惠今日乙未利"

（《金》511），“丁亥卜，大圓……其鑄黃［呂］，……作凡（盤）……利更“（《甲》1647），西周早期的效父鼎銘就記王“錫呂三”，“呂”正作▮，銅器銘自記鑄器原料的金餅上引甲骨文兩條，第一條屬五期，第二條則屬二期，可見用黃呂鑄器，至少殷代已開始。安陽殷墟苗圃北地的鑄銅遺址，在一萬平方米的範圍內，只出坩鍋、陶範、陶模等，都不見銅礦石，也證明這個遺址所用的原料當即甲骨文所稱的“黃呂”的銅料餅塊。至於周代鑄銅遺址，更直接發現銅餅原料，證明周代鑄器所用即銅餅之“呂”。

　　（二）從“火”：冶鑄靠火，毋庸解釋，所從火形頗有變幻，歸納約有四形：火、灾、▮、▮，“灾”爲“火”字加飾一筆，戰國文字常有此例，▮乃早期火字“▮”字簡化，又由▮簡而爲▮。

　　（三）從“刀”：又常繁寫爲“刃”，個別換成“斤”代替，皆表冶鑄最後成器，刀、刃等又有立、臥、正、反、側、雙諸形，因而變化也多，有▮、▮、▮、▮、▮、▮、▮、▮等，立形之刀易與“人”形搞混，而▮、▮等則又易與勺、▮相混，如果仔細研究其源流演變，掌握其變幻規律，特別是在整個字體中地位與相關結構配合的關係，從演變的全局考察，還是能區別開來。

　　（四）從▮（口），舊所未解，我以爲應表鑄器之範，故與刀、刃、斤或匕相配合，位置並可顛倒，而範在冶鑄爲器時不可缺少。

　　《荀子·彊國》述當時鑄劍之程序有：“刑範正，金錫美，工冶巧，火齊得，剖刑而莫邪已。”

　　刑範即型範，鑄造青銅器首先要銅與錫（鉛）調劑成一定比例之金餅，其次要造範，作爲原料之金餅塊料經火冶煉而爲銅液，然後澆入型範鑄器。最後剖開範而器物成，故以“▮”在火上，刀、刃、斤與▮配，“▮”表已調劑之金餅，火表火齊，▮表型範，刀、刃、斤則表“工冶巧”與“器物成”。戰國最完整之“冶”字即爲“▮、火、刀（刃、斤）、口”四要素的配合，基本上表達冶煉之全過程。因此“冶”是一個依會意造字，而不是形聲字，説它是“从仌，台聲”，全屬誤解。

三、戰國銘刻“冶”字的組合諸式及其變化

　　戰國銘刻的“冶”字皆離不開四要素之配合，其中最繁亦即最完整的四要素皆全，兩兩相配基本一樣，但也有三要素甚至僅有兩要素相配，則出於省略，此外還有兩要素重複，則又出於變式，茲按要素多少、組合格式及其變化，將戰國銘刻“冶”字主要類型分析如下：

　　（一）四要素組合：

（1）炤：此爲四要素配合最常見之字，趙器最多，如：相邦建躬君、春平侯所監造之兵器，魏器亦有，不如趙之多，如鄴戈（《三代》20·23·1），韓尚未見。

（2）炤：見十二年司寇矛（魏）（《三代》20·4·1），與（1）全同，僅配合位置稍異。

（3）炤：見卅年虖鼎（魏）（《錄遺》522·1），寧鼎（魏）（《三代》3·24·8）。

（4）炤：見七年司寇矛（魏）（《三代》20·40·5）。

（5）炤：見卅五年虖盉（魏）即（1）之左右調轉。

（6）炤：見新城戈（韓）（《錄遺》581）。

（7）炤：多見趙器，如春平侯十七年劍（《學》21），如鸞戈（《學》28），廿九年相邦戈（《小校》10·57·1）。

（8）炤：見陰晉戈（魏）（《小校》10·43·1），此爲變式，⊔變爲火，兩火相重複。

以上七式，（1）—（5）爲Ⅰ式，（6）爲Ⅱ式，（7）爲Ⅰ式之變，即Ⅰ′。

（二）三要素二、刀（刃）、火組合：

（9）炎：見七年導工戈（東周）（《三代》20·20·1）。

（10）炎：見公朱左官鼎（東周）。

（11）坐：韓器最多，新鄭所出韓國兵器，大多屬此。魏器亦有，如梁陰鼎（《三代》3·40·4）。

（12）坐：同上，如五年鄭戈（韓），十四年戈（魏）（《三代》19·47·1）。

（13）炎：見戋丘戈（魏）（《三代》20·22·1）。

（14）炎：見頓丘戈（魏）（《學》32）。

（15）炎：見春平相邦鄙導劍（趙），中山國扁壺。

（16）炎：見三年脩余戈（韓）。

（17）炎：見中山國鳥柱盆。

（18）炎：見郢戈（《錄遺》582·1）。

（19）炎：見三年脩余戈（二）（韓）（《三代》20·25·1）。

（20）坐：見元年鄭矛（韓）（《文物》1972年10期頁32—40），此爲變式，二變成刀，因而兩刀重複。

（21）炎：見俞氏戈（韓）。

（22）炎：見高都戈，劍（魏）〢乃斤字。

（8）—（11）爲Ⅲ式，（13）—（19）爲Ⅳ式，（20）爲Ⅲ′，（21）爲Ⅲ′，（22）爲

V式。

（三）三要素“刀、二、口”組合：

（23）谷：見郚戈（魏）（《學》33）。

（24）谷：見齊陶（《古匋》8・1）。

（25）垫：見嚴戈（韓）（《小校》10・59・5），宅陽矛（魏）（《小校》10・74・6），□陽戈（《三代》20・20・2）恆戈（拓本）。

（26）垫：趙戈（《巖窟》），又見齊城右造車戈（齊）（《三代》20・19・1），又見燕下都出土“新冶”幣。

（27）㳀：見壽縣楚器。

（28）冶：見安邑下官（魏）。

　　　冷：見“又鐵冶官”印。

（23）（24）爲Ⅵ式，（25）—（27）爲Ⅶ式，（28）爲Ⅷ式。

（四）二要素“火、刀”組合。僅一見，定爲Ⅸ式：

（29）㳀：見咎奴戈（魏）（《三代》20・25・2）。

《古文字學論集》（初編）頁 427—432

○黃盛璋（1983）　今按三晉兵器冶字常作“鈞”字，右從句，左從二置於火上，當表在火上冶煉而成兵器，趙兵所見最多，如“三年緟劍、廿九年相邦劍”以及相邦春平侯一些兵器，魏亦有之，此字從句從斤，從“句”同於三晉兵器之冶，從“斤”則與從“刀、刃”同意，三晉的“冶”字雖變化多端，但必包含從“刀”，見王人聰關於“冶”字結構分析，所以此字就是“冶”字，可以無疑。至於戰國印中的“司容”，其字從與此字不是一字，銅器銘刻上的職官皆必和製造有關。冶客爲製器者，相當於楚器中的鑄客，若司客與器監造、製造皆無關，刻於器銘中非制度所有，與出土器銘全皆不合，不是司客，也可肯定。

《古文字研究》10，頁 225

○曹錦炎（1984）　（編按：《先秦貨幣文編》）5.谷谷（17 頁）

《文編》釋爲咨。此字從刀，不從欠。在古文字中，“冶”字形體有許多種，其中一種作谷（見蘇冶妊鼎），同於幣文，所以此字應釋爲冶。

《中國錢幣》1984-2，頁 68

○傅天祐（1984）　《江漢考古》1983 年 2 期發表的《武漢市收集的幾件重要的東周青銅器》一文中説：“‘后’爲冶字，即冶製的工師。”是文謂“后”爲“冶”字，未言何緣，不解。又以爲冶即冶製的工師，不切。按銘文“冶”即“冶尹”之省稱，與“工師”亦習見於各種兵器銘文。

鄭國六年戈銘云:"六年奠(鄭)命(令)朝熙、右庫工帀(師)司馬鴎,冶狄。"(《三代》19・52・1)銘文中"工師"與"冶"並稱,可見冶亦非工師,乃不同身份之職。在兵器銘文行款中,又"工師"之署名,往往前置於"冶"者,可知"工師"的身份必尊於"冶尹"。確切言之,"工師"是鑄造兵器的監工,乃行政職務。《荀子・王制篇》:"論百工,審時事、辨功苦、尚完利、便備用,使雕琢文采不敢專造於家,工師之事也。"這裏已將"工師"的職責説得很清楚了。而"冶尹"爲造器過程中的掌管者,其職能是掌握造器的合金比例,即《考工記》中所記載的"冶氏執上劑",爲技術職務。這在已著録過的兵器銘文中亦有佐證:趙國銅劍有銘文云:"王立吏(事)、葡陽徧(命)瞿卯、左庫工師司馬郘、冶昇執齊。"(《録遺》599)劍銘中的"執齊"即是文獻中"執上劑"含義,指鑄造器物過程中合金比例的掌握。於此可見,兵器銘文中的"冶"非與"工師"同。

《江漢考古》1984-1,頁110

○**黄盛璋**(1985)　工師僅負責技術指導,主持鑄造,至於具體操作勞動,則爲冶工,三晉稱"冶",他國則多稱"工",三晉以冶爲直接製造者,晚期閒有以冶尹爲製造者,冶尹當爲冶工之頭,等於後世工頭,當管若干冶工,本人也可能多由冶上升或提拔爲冶尹,因而皆能直接操作勞動,以冶尹爲撻劑即其證明。

《考古》1985-5,頁462

○**何琳儀**(1986)　剛　信　《匋》4.28　信162。(原注:信,即戰國文字中習見的"冶"字。冶、剛疑魚陽對轉。冶从刀得聲,詳第五章。)

《古文字研究》15,頁111

○**王輝**(1987)　冶又稱冶客,見左内佸壺(《三代》12・14・4),冶客與楚之鑄客當相似。

《中國考古學研究論集》頁354

○**黄盛璋**(1989)　如"半"字用"伞"即半斗會意,"冶"字用"刀、仌、火、口"等組合表示以火冶鍛兵器,這兩字内部構造還變化多端,韓趙魏三國寫法亦不盡統一,但卻代表三晉寫法的特點。

《古文字研究》17,頁56

○**韓自强、馮耀堂**(1991)　冶,《考工記》:"冶氏執上劑。"冶應是鑄造兵器的直接掌管者,掌握兵器合金的比例配方。

《東南文化》1991-2,頁259

○**蔡運章、楊海欽**(1991)　(編按:十一年皋落戈)冶午:此戈的直接鑄造者。冶,其下从土,上部左旁从丫,右旁所从之仌,當是匕字繁體。因爲在古文字的偏旁中,反正、單双本無别,其例甚多,不贅舉。此字从彳从匕从土,與三晉兵器冶字構形相近,當是冶字異體。

《考古》1991-5,頁 415

○黃錫全(1993)

551	𐤌	□	冶	冶水源出山西朔縣	周	空

《先秦貨幣研究》頁 352,2001;
原載《第二屆國際中國古文字學研討會論文集》

○林清源(1995)　　戰國"冶"字的區域特徵(中略)茲簡述如下:

一、自 1959 年李學勤先生考釋出"冶"字以來,學者咸謂其最繁的形態是由四個偏旁組成,如今已發現一件"增吕勹"型的例子,是由六個偏旁組成。

二、在第二類"从匕不省"型三十三件例子中,韓、趙、魏的比例是 1:22:10,其他國家尚未發現,可知其爲三晉特有寫法,在趙、魏二國尤其常用。

三、第三類"从勹不省"型的例子,一共發現十六件,完全屬於趙國,應可成爲辨别趙國器强有力的特徵。

四、第四類"省吕增丄"型的例子有三件,第五類"省吕匕增丄"型的例子一件,完全屬於魏國,可見既从"火"又从"丄(工、土)"的寫法,應該是魏國文字特有的寫法,但因現有例證太少,可信度難免相對降低。

五、在第六類"省吕从丄"型三十七件例子中,除了一件國别不詳,一件只能考知爲三晉器外,韓、趙、魏的比例是 28:0:7,可知此類型爲三晉特有寫法,以韓國最爲盛行,魏國偶爾使用,趙國未曾發現。

六、在第七類"省吕从火"型十一件例子中,韓國二件,趙國二件,魏國三件,東周二件,中山國二件,可知此類型仍是三晉及其鄰近地區特有的寫法。

七、在第八類"省火"型二十四件例子中,韓國二件,趙國一件,魏國四件,三晉一件,齊國一件,秦國二件,蘇國一件,楚國十一件,國别不詳者一件。在"冶"字諸多結構類型中,以本類型的狀况最爲複雜。時間方面,上起春秋早期,下迄戰國晚期;空間方面,西及於秦,東至於齊,北起於趙,南達於楚,可謂涵蓋整個春秋戰國的範圍。

八、第九類"省二火增匕"型,目前只發現二例,其國屬衆説紛紜。

九、第十類"省二吕"型與第十一類"省吕匕"型,各發現一例,都屬於魏國器,可見僅由二偏旁組成的類型,極有可能是魏國文字的特有寫法。

十、在趙國四十二件例子中,除了省"吕"與省"火"各一件外,其餘都是

"二、火、凵、匕"四要素俱全,至於省"二"或"匕"的從未發現。偏旁"火"的寫法,除了"元年郚令戈"(第99器)作"土"外,餘均作"火",尤其"火"訛作"仌",更是趙國文字的特徵。

十一、魏國"冶"字最富有變化,包括八種類型。至於"增凵匄、從匄不省"與"省二火增匕"三種類型,迄今尚未發現,是以黃盛璋先生"魏幾乎各式皆有,趙、韓所用,魏皆有之"的説法,目前應該暫作保留。此外,魏國還發現省"匕"[58]的寫法,是以王人聰、黃盛璋先生"三晉的冶字雖變化多端,但必包含從刀"的説法,也應該予以修正。

十二、由韓國的三十三件例子,可以歸納出韓國"冶"字的三項特徵:(一)僅"八年新城大令韓定戈"(第3器)是四要素所組成的田字形結構類型,餘均由三要素組成;(二)在三十件由三要素組成的例子中,只有二件省去"火"旁,其餘都是省去"凵"旁;(三)在未省"火"旁的三十一件例子中,"火"旁的寫法,只有二件作"火",餘皆作"土(土、土)"。總之,由三要素組成、"凵"多遭省略,火旁寫作"土(土、土)",是韓國"冶"字的三項特徵。

十三、中山國"冶"字僅發現二例,都是由"二、火、夕"三要素組成。

十四、東周"冶"字例子較明確的有二件,一作"夿"[34],一作"夿"[35]。另有一件作"釙"[52],據黃盛璋先生考證,可能也是東周器。

十五、齊國"冶"字目前僅有一件,作"坐"形。

十六、楚國"冶"字目前發現十一件,所從"刀"旁作"夕"或"彳",與"人"字形近而混,尤其從"彳"者更是楚國文字的特有寫法。此外,三晉還有若干例子,作"坐"[45]、"仸"[48]、"泄"[47]諸形,也容易與"人"字相混。

十七、秦國"冶"字目前發現二件,一作"訇"[55],一作"訇"[56],都省去"火"旁,且"刀"旁都發生相當程度的訛變,而與小篆"冶"形體近似,可見小篆寫法當出於秦國文字。

陆、"冶"字異形的衍生與制約

分析"冶"字異形的衍生,其所遵循的途徑可歸納如下:

一、出於偏旁筆畫增繁

a 偏旁"火",常加點爲飾,作"火",例如"夿"[2]增繁成"夿"[3]。

b 偏旁"土",增繁爲"土",再增繁爲"土",例如"坐"[19]、"坐"[20]與"坐"[21]的關係。

二、出於偏旁筆畫的簡省

a 偏旁"火"作"土"形者,常簡省作"十",例如"坐"[26]簡省成"坐"[28],

又如"⬚"[40]簡省成"⬚"[41]。

b 偏旁"⸗"也有簡省作"一"的情形,例如"⬚"[44]簡省成"⬚"[47]。

三、出於偏旁筆畫黏合

a 偏旁"⸗"有時會與偏旁"⊥"筆畫黏合,例如"⬚"[19]變作"⬚"[21]與"⬚"[31]。

四、出於偏旁筆畫離析

a 偏旁"⬚"的筆畫,有時會離析成"√⸗",例如"⬚"[5]變作"⬚"[10]。

五、出於偏旁筆畫訛變

a 偏旁"⬚"有時訛變作"厶",例如"⬚"[5]訛變作"⬚"[6];有時也訛變作"⬚",例如"⬚"[5]變作"⬚"[11]。

b 偏旁"⬚"有時訛變作"⬚"與"⬚",例如"⬚"[11]訛變作"⬚"[12]與"⬚"[14]。

c 偏旁"⸗"有時訛變作"⬚",例如"⬚"[19]訛變作"⬚"[21]。

d 偏旁"⬚"有時訛變作"⬚",例如"王立事劍"(第19器)。

六、出於偏旁位置挪移

a 由四偏旁組成的田字形結構類型中,"⸗"與"⬚","⊔"與"⬚","⬚"與"⊥",其位置經常互調,例如"⬚"[5]變作"⬚"[2],又如"⬚"[15]變作"⬚"[16]與"⬚"[17]。

b 由三偏旁組成的山字形結構類型中,居於對稱位置的"⬚"與"⸗",通常前者在左後者在右,但也有對調的例子,如"⬚"[24]變作"⬚"[27]。

c 由三偏旁組成的左一右二結構類型中,"⬚、⊔、⸗"會出現輪帶式順序異位現象,例如"⬚"[44]會變作"⬚"[54]。

d 由三偏旁組成的結構類型中,"上二下一、左二右一"三(編按:此處疑有遺漏或訛誤)種類型,經常出現轉換現象,例如"⬚"[34]可以變作"⬚"[37],"⬚"[44]可以變作"⬚"[46]。

七、出於偏旁方向改變

a 所從"刀"旁的鋒刃,可以向左作"⬚"[5],也可以向右作"⬚"[4]。

b "⬚"[52]所從"⬚",其實是"⬚(刀)"的倒書,只可惜缺乏足資對照的例證,造成辨識上的困難,以致於迄今仍然爭議不休。

八、出於偏旁纍增

a "⬚"[1]原本已有"⊔、⬚"兩偏旁,卻又纍增"⊔、⬚"兩偏旁。

b 第四類型"⬚"[15]與第五類型"⬚"[43]諸式,既從"⬚"同時又从

“⊥”。

c“刀、刃、斤”三者事類相同，經常互通代換，“□”[36]所从“□(刀)”與“□(刃)”，“□”[52]所从“□(刀)”與“□(刀)”，“□”所从“□(刀)”與“□(斤)”，也可算是纍增偏旁的例子。

九、出於偏旁省略

a 由四要素組成的基準型，經常會省略其中一或二個要素。例如“□”[5]會省略作三要素的“□”[34]與“□”[44]，也會省略作二要素的“□”[57]與“□”[58]。

十、出於偏旁形體類化

a 偏旁“□”曾見受“□”旁影響，類化作“□”，例如“□”[2]變作“□”[18]。

b 偏旁“□”受“□”旁影響，類化作“□”，例如“□”[11]變作“□”[13]。

c 偏旁“□”曾受“□”影響，類化作“□”，例如“□”[22]變作“□”[33]。

d 偏旁“□”曾受“□”影響，類化作“□”與“□”，例如“□”[19]變作“□”[29]，再變作“□”[30]，又如“□”[5]變作“□”[9]

十一、出於形體相似偏旁的混淆

a“刀”“人”二字形體相似，用於偏旁時見混淆，例如“□”[44]、“□”[50]、“□”[51]與“□”[47]的關係。

十二、出於事類相近偏旁的更易

a 偏旁“刀、刃、斤”事類相近，經常出現互相更易的現象，例如“□”[37]、“□”[38]與“□”[42]的關係。

上述十二條異形衍生途徑，可視爲十二項變數，將之排列組合，理當可以衍生出數百種異形，上文所列五十八式，僅爲目前已知部分，相信隨着考古工作日益推展，其他體式的異形必將陸續出現。

戰國“冶”字異形如此繁多，在其不斷衍生過程中，是否有某種制約力量予以適度規範呢？此一問題，可由下列現象著手尋繹。

一、“冶”字由“□、□、□、□”四要素組合，已能完整表達銷金製器之義，不需再添注其他偏旁，所以在本文一百三十個例子中，只有一件纍增相同偏旁的例子（見第一式），未見添注其他偏旁的例子。

二、“冶”字本義既爲銷金製器，“刀、刃、斤”三者皆與金屬有關，自可互相更易，至於“木、石、貝、邑”等偏旁則必無出現之理。

三、構成“冶”字的四要素，均可個別省略，也可“□”與“□”、或者“□”與

“火”、或者“二”與“卜”同時省略，而作“糺”［43］、“𡊨”［57］或“糸”［58］，卻未見“二”與“卜”、或者“日”與“火”、或者“二”與“日”同時省略的現象。形成此一歧異的原因，也在於能否適當地表達“冶”字銷金製器的本義。

四、除了第一類型“𤎲”［1］之外，偏旁“火”不管形體如何訛變，必位於該字下方，這是因爲火性向上，自然應當置於欲燃物之下。

五、作“勹”形的“刀”旁，必位居右上角，此蓋與文字要求結體方正有關。試想此一偏旁若移置左上角，則該字將被“勹”的長豎畫切割成兩半；若移置右下角或左下角，也將破壞字體的方正美觀。

歸納上述現象，可知規範“冶”字異形衍生的制約力量有三：（一）偏旁的增繁與省略，以不影響字義表達爲限；（二）偏旁位置的挪移更動，以不破壞文字方正美觀爲限；（三）偏旁的選取與安排，以不違反該偏旁的屬性爲限。幸賴這三大制約力量予以規範，戰國“冶”字異形數量才未過度膨脹。

總之，從“造、冶”二例來看，不論會意字或形聲字，在文字發展的過程中，經常會出現衍生與制約兩股反方向互相拉扯的現象。

《第二屆國際中國古文字學研討會論文集續編》頁 360—369

○**周寶宏**（1996）　“冬”當爲冶字，五年龏令思戈冶字作𠙺，三年修余令韓誰戈冶字作𠛤形，可證冬形也爲冶字之變體（以上二戈均見《殷周金文集成》［17］）。

《于省吾教授百年誕辰紀念文集》頁 283

○**李裕民**（1997）　但原文作𠊜，應釋侃，《士父鐘》作𠊾、𠊟，《蔡侯鐘》作𠊖（𢝊字偏旁），侃也叫侃師（楚王酓志鼎、《三代》4·17），身份與工師相近，大約是掌握一些專門技術的工人。

《文物季刊》1997-2，頁 62

【冶工】集成 11405 十五年上郡守壽戈

○**陳平、楊震**（1990）　有趣的是十五年上郡守壽戈將鑄造工匠的職稱名之爲“冶工”，此乃秦戈銘文中僅見之特例。據黃盛璋先生過去的考證，三晉稱鑄造工匠爲“冶”而秦則稱“工”，二者截然有別，立爲國別判斷之常則。而此戈則“冶”與“工”兼而有之，成了秦與三晉銘例的結合體。秦之上郡原爲三晉中魏國上郡之地。據《史記·秦本紀》，秦惠文王（前元）十年，“張儀相秦，魏納上郡十五縣”，自此上郡屬秦。秦昭王十五年上距惠文王前元十年約三十餘年，上郡晉魏之遺風未泯，故在十五年上郡守壽戈刻銘中才有將舊魏傳統與秦國新規相結合的“冶工”特例出現。由於它的出現，黃盛璋先生過去所定憑冶與工判斷秦或三晉兵器的標準，似有必要作一定程度的修正或保留。

《考古》1990-6，頁 552

○**王輝、程學華**（1999）　此戈鑄造之工稱"冶工"，爲秦兵器刻銘特例，此"冶"字字形與馬王堆帛書《五十二病方》"燔冶"之"冶"同，《五十二病方》一般認爲是秦之抄本，三晉之"冶"作"𢀜"，與此明顯不同，秦"冶"字省"火"旁，"刀"旁則略有訛變；小篆作"𤉷"，又訛"仌"爲"仌"，三晉稱"冶"，秦稱"工"，此戈"冶工"相稱，陳平以爲是"秦與三晉銘例的結合體"。上郡原爲魏地，秦惠文王前元十年，"張儀相秦，魏納上郡十五縣"，至昭襄王十五年，上郡入秦已 36 年，但"晉魏之遺風未泯"，才有"冶工"一詞之出現。

《秦文字集證》頁 45

【冶大夫】
○**湯餘惠**（1993）　冶大夫，官名，主持冶鑄之事，略相當於三晉等國的"工師"和"冶尹"。

《戰國銘文選》頁 12

【冶士】包山 80
△**按**　"冶士"或與"冶師"有關。

【冶匀嗇夫】
○**裘錫圭**（1981）　"冶匀嗇夫"和"□器嗇夫"似是以冶鑄爲專職的官吏。

《雲夢秦簡研究》頁 245

【冶帀】
○**周法高**（1951）　對於銘文"佢帀"二字，諸家頗有異釋：

《大系》頁 170："佢殆職名。帀即帀字，師之省文。差假爲佐，言同官之副貳，盤埜、秦戠、史秦、苟燕均人名。"

《楚器圖釋》頁 7："佢即侃字，《兮仲鐘》侃字作佢，古鉢文作佢。《說文》：'侃，剛直也。'又刀部：'剛，古文作佢。'《集韻》引作佢。然則剛之古文借侃爲之，則佢爲侃無疑矣。金文平字作𡉂，是佢帀即侃平，據上引諸文曰佢帀、又曰佢帀絫、又曰佢，又曰佢絫，疑即一人。"

商承祚《十二家吉金圖錄》（寶五）："侃師疑是鼓鑄之官名，如《周禮》之稱某師也。"

楊樹達《楚王酓忎鼎跋》："佢字郭君無釋，劉釋爲剛，蓋據《說文》刀部剛古文作佢爲説。余昔年釋爲侃，惟未及舉證，亦未明其義，今考《說文》侃字從仴（古文信）從川，而《兮仲鐘》《敔狄鐘》侃字皆作佢，從橫川，《叔氏鐘》云'用喜侃皇考’；字作伹，視《兮仲》《馭狄》二鐘省去一畫，而與此銘正同；則此爲侃字無疑。劉氏釋剛，亦誤也。侃師無義，余疑侃當讀爲鍊或煉，《説文》云：‘鍊，冶金也。从金柬聲。’‘煉，鑠冶金也。从火柬聲。’二字今皆讀郎甸切，然字从柬聲，柬讀古旱切，本見母字也。諫字从柬聲，讀古晏切，亦讀見母音，鍊諫古音蓋與諫同，故銘文假侃爲之（“侃”溪母，與見母音近）。侃師即鍊師或煉師也，《國差𦉜》云‘攻師俉鑄西章寶𦉜’；此銘文之‘侃師’與彼銘之‘攻師’，正相類矣。”

按“侃帀”當假爲“工師”。江有誥《古韻凡例》頁 6 云：“晚周秦漢，多東陽互用。”楚方言如《老子》《楚辭》，“東”部字可與陽部字叶韻。（中略）

在《説文》，“侃”爲“剛”之古文，“剛、工”聲母同屬見紐；因爲楚方音東部陽部音近的緣故，“剛”（陽部）可假爲“工”（東部）。（中略）

如讀爲“侃”字，則當假爲“官”；“侃、官”古音同爲元部牙音字，“官”“工”義同。

朱駿聲《説文通訓定聲》“工”下云：“工、假借：……又爲官。《書・堯典》‘允釐百工’，《詩・臣工》‘嗟嗟臣工’；《魯語》‘夜儆百工’；《小爾雅・廣言》‘工，官也’；工官雙聲。”

“侃”得爲“剛”之古文，猶“官”“工”互訓之比，故此處當讀爲“工師”（或“官師”，亦即“工師”）。

《金文零釋》頁 140—149

○**郝本性**（1987）　在同一人名之上，加冶或冶師均可，可見楚國的冶師可以稱冶。在三晉兵器銘文中冶的位置低於工師，而楚國卻與其不同，冶師或冶的地位較高。楚國的冶師，是專職負責鑄器的。冶師的助手稱“佐”。

《楚文化研究論集》1，頁 323

○**何琳儀**（1991）　楚文字“𠤆”既不是“冶”，也不是“弨”，而只能是“尸”（𡰥）。

《説文》“仁”古文作“𡰥”，中山王鼎作“𡰥”，可以互證。東周國“尸氏”方足幣（《東亞錢志》4.32）“尸”作“尸”，亦屬這類分化（《左傳・昭公廿六》“劉人敗王城之師於尸氏”）。上文提及“尸”與“人”陰陽對轉，其實“尸”與“仁”（𡰥）也屬陰陽對轉，由此可見，“人、尸、𡰥、仁”實乃一組分化字。因此，“𠤆”既可理解爲“尸”，也可理解爲“𡰥”。

“尸”（𡰥）與“肆”音義均近，朱駿聲《説文通訓定聲》以“肆、遲”（遲）歸併同一聲系——“尾”，又以“肆”爲“屍”“尸”之假借，引“《周禮》掌戮肆之三日,注,猶申也,陳也。《禮記・月令》毋肆掠,注,謂死刑暴尸也。《論語》吾力猶能肆諸市朝,鄭注,有罪既刑,陳其尸曰肆也。又《周禮・小宗伯》大肆,注,始陳尸伸之。《鬱人》共其肆器,注,陳尸之器"等文獻爲證,其說可信。其實典籍傳疏中已指出,"尸"是"夷"之古文(《孝經・仲尼居》釋文),在古文字材料中也可以得到驗證,例不贅舉。而"夷"與"肆"聲韻亦近,如《書・多士》"予惟肆矜爾",《論衡・審虛》作"予惟夷憐爾",是其佐證。

總之,"尸(尸)、夷、肆"均有陳列之義,聲韻亦通,可以假借。由此類推,朱家集器銘"尸币"應讀"肆師"。檢《周禮・春官・序官》:"禮官之屬,大宗伯,卿一人。小宗伯,中大夫二人。肆師,下大夫四人,上士八人,中士十有六人。旅,下士三十有二人。府,六人。史,十有二人。胥,十有二人。徒,百有二十人。"[注]肆,猶陳也。肆師佐宗伯,陳列祭祀之位及牲器粢盛。[疏]大宗伯則總掌三十禮之等。小宗伯附貳大宗伯之事。肆師主陳祭位之等,此並亦轉相副貳之事也。

又《周禮・春官・肆師》詳細地記載肆師職掌諸事。(中略)

根據《周禮》所記,可歸納肆師有如下特點:

一、肆師是僅次於"禮官之長"大宗伯和小宗伯的職官。有時還可行使宗伯的職權。實際是大宗伯的副佐。《春官》肆師位於大、小宗伯與鬱人以下六十七官之際,可見其地位之顯赫。

二、由肆師直接管轄者,多達數百人,起碼《春官》鬱人、邑人、雞人、司尊彝、司几筵、天府、典瑞、典命、司服、典祀、守桃、世婦、内宗、外宗等,都是肆師的直接下屬。可見其機構之龐大。

三、肆師掌管國家各類重大典禮和祭祀,可見其掌事之繁多。

朱家集銅器群是楚幽王生前的祭器,這可由銅器銘文自身得到證明:

楚王畬(熊)忎(悍)戰隻(獲)兵銅。正月吉日,窒(室)盥(鑄)喬(鐈)鼎之盇(簋),目(以)共(供)戠(歲)棠(嘗)。尸(肆)币(師)史秦,差(佐)苟膌爲之。集脰(羞)。《三代吉金文存》4.17.1 鼎

其中"歲嘗"即上引《周禮》"歲時之祭祀、嘗之日",顯然指祭祀,幽王墓中還出土許多鑄客器,銘文多爲"盥(鑄)客爲某某爲之"的款式,其中"某某"一般認爲是食官:

一、"集脰"(《三代吉金文存》3.13.2)讀"集羞"。《周禮・天官・獵人》"凡祭祀共豆脯",注:"脯非豆實,豆當爲羞,聲之誤也。"

二、"集既"(《壽州楚器銘文拓本》18),讀"集餼"。《國語・周語》"廪人

致饎”。《周禮·地官·廩人》“大祭祀則共其接盛”。

三、“集酅”（《三代吉金文存》3.26.1），讀“集餟”。“餟”，《集韻》或作“餟”，或作“醊”，《説文》：“餟，祭酹也。”

“羞、饎、餟”均與祭祀飲食相關，證明朱家集器確爲楚王室祭器。該銅器群理所當然應由掌管祭祀的“尸（肆）巿（師）”監造，由其屬官“盥（鑄）客”製造。（中略）

無獨有偶，在燕國銅器銘文中則有“肆尹”：

右屍君（尹）　《山東省出土文物選集》54 罍

右屍君（尹）　《河北省出土文物選集》149 敦

右屍君（尹）　《文物》1982.3.91 圖 2 壺

右屍君（尹）　《文物》1982.3.91 圖 3 壺蓋

左屍　　　　　《文物》1982.3.91 圖 5 壺

按，望山楚簡“辵”，或作“迱”，後者與《説文》“遲”之或體“迡”吻合無閒。古文字“辵”與“止”形符通用。故上揭燕文字“屍”自應釋“迡”。“屍”或作“屍”，是“二”與“𡳇”可互換的又一佳證。“迡君”，即“肆尹”。典籍闕載，應與“肆師”有關，燕器“迡君”或省作“迡”，分左、右；與楚器“尸巿”或省作“尸”，分左、右似可互證。

楚官璽“劦廜”（《古璽彙編》0337），“劦”同“剮”，或作“肆”。《説文》：“剮，解骨也。”《周禮·春官·大宗伯》“以肆獻祼享先王”，注：“肆者，進所解牲體。”“劦廜”可讀“肆府”，是宰割牲體的機構。其“肆”訓“解骨”。“肆師”之“肆”訓“陳列”，二者不盡相同，應予區別。

綜上所述，戰國文字“弜、冶、尸”分別從“弓、刀、尸”，形體易混，應予辨析，楚銘“𠈃巿”應釋“尸師”，即《周禮》“肆師”，楚官“尸師”與周官“肆師”掌管範圍不必全同，然其淵源關係則不言而喻。“肆師”的釋讀再一次證明“《周禮》出自春秋以後，乃雜宋春秋各國官制爲之”的觀點是值得重視的。

《江漢考古》1991-1，頁 77—81

○李零（1992）　冶師，即冶鑄工師。

《古文字研究》19，頁 146

○何琳儀（1999）　燕國禮器銘文中另有一字，與“屍”形近，但並非一字：

罍　右屍君　《山東》54

敦　右屍君　《河北》149

壺　右屍君　《文物》1982.3.91 圖二

壼　左屍君　《文物》1982.3.91 圖五

檢望山楚簡"屍"，或作"㞢"。後者與《説文》"遟"之或體"遟"吻合無閒。古文字"辵"與"止"形符通用，故上揭諸燕器"屍"自應釋"遟"之異文。

"屍"从"㞢"，其中"二"爲裝飾部件。"二"與"日"在戰國文字中往往可以互換，其例甚多，詳見另説。上揭壼銘的蓋部有銘文：

右屍君　《文物》1982.3.91 圖三

第二字隸定"屍"，據詞例無疑爲"屍"之異體。《玉篇》："㞢，俗豚字。""尸"，審紐，古入透紐脂部；"豚"，定紐文部。透定均屬端系，脂文對轉，音讀吻合。這説明"屍"確从"尸"聲。

楚國禮器銘文"㣚市"應讀"肆師"，見《周禮・春官・肆師》。楚文字"㣚"與燕文字實乃一字，均應釋"㞢"或"尸"，讀"肆"。"屍君"讀"肆尹"，相當"肆長"，見《周禮・地官・肆長》"肆長各掌其肆之政令"，疏："此肆長謂肆之長，使之檢校肆之事，若今行頭者也。"銅器銘有"肆長"，爲研究戰國官市屬官的構成提供一項珍貴的資料。

《考古與文物》1999-5，頁 87

【冶臣】集成 11694 春平相邦葛得劍

○裘錫圭（1981）　"冶臣"意即從事冶鑄工作的奴隸。

《雲夢秦簡研究》頁 255

【冶君】

○李學勤（1959）　冶君（尹）應略高於普通的冶人。

《文物》1959-8，頁 60

○郝本性（1972）　"冶君（尹）"或稱"冶"，應爲當時鑄造兵器的直接掌管者，掌握兵器合金比例，即《考工記》所謂"冶氏執上劑"。此外，根據二十五年上郡戈銘"工鬼薪戠"、三年上郡戈"工城旦□"、二十七年上郡戈"工隸臣積"、四十年上郡戈"（工）隸臣庚"，表明秦國用刑徒鬼薪、城旦、隸臣等官奴隸作冶鑄工人製造兵器。又據《墨子》等書記載，當時官府手工業中，是有刑徒和奴隸參加勞動的。這些兵器多由司寇來督造，而刑徒歸司寇管理，故可以證明韓國官府冶鑄工業中也使用刑徒勞動力。

《考古》1972-10，頁 36—37

○黃茂琳（1973）　三晉直接製造兵器的工人，也是各庫兵器冶作坊中地位最低的一級，就是冶，三晉的冶相當於秦兵器中的工，燕兵器中叫做"攻"；三晉的冶尹是冶之長，相當於秦兵器中的丞，燕兵器中叫做攻尹，三晉的工師相當於秦兵器中的工師,秦兵器中最低級的工有城旦、鬼薪、隸臣等刑徒,也有戍邊的"更"卒,所以冶之中也應有刑徒和卒,丞和冶尹、攻尹都是工和冶之上的直接管冶者,秦的丞不是刑徒,三晉的冶尹和燕的攻尹當然都不是刑徒。郝文說:"冶尹或稱冶。"混淆冶和冶尹的區别,看來是不對的。

《考古》1973-6,頁 379

○**黄盛璋**(1974) 至於冶尹,一庫當不止一個,上引《新鄭》兵器編號 16—21 生庫工師同爲皮耴,但冶尹卻出現三個:卅一年與卅三年冶尹爲啟,卅二年、卅四年及二年冶尹爲竑,元年冶尹爲貞,這説明生庫冶尹至少有兩個。冶尹竑與冶尹啟至少在卅二年到卅三年間同時任職,冶尹竑與冶尹貞至少在元年到二年間同時任職。冶尹是冶之長,必須有一定數量的冶人才設置冶尹。一個庫的冶究竟有多少人雖無可考,但由一庫的冶尹不止一個以及一地的庫也常不止一個看來,一般至少也有幾十人,否則也就没有分設幾個庫的必要了。

《考古學報》1974-1,頁 39

○**黄盛璋**(1989) 三晉兵器也有冶尹爲㲉(撻)劑,居於最末,三晉也有以冶㲉(撻)劑者,則冶尹㲉(撻)劑即代替冶,直接操作製造。顧名思義,冶尹必爲冶之長,相當於秦之工大人,身份屬於吏。

《古文字研究》17,頁 46—47

○**湯餘惠**(1993) 冶尹,冶工之長,即工頭。從銘文中的地位看,冶尹次於工師之後,在生産中的作用與冶大略相當,應是冶鑄生産活動的實際承擔者。

《戰國銘文選》頁 57

【冶哭】武坪君鐘

○**馮勝君**(1999) 冶哭(器),相當於陳𤅊鐘銘之"造器"。

《中國古文字研究》1,頁 190

雨 

石鼓文·霝雨 睡虎地·秦律 115 郭店·緇衣 9 上博一·緇衣 6

郭店·五行 17 楚帛書 上博二·魯邦 4 上博四·柬大 16

上博二·魯邦 5 上博三·周易 34

貨系 0288 貨系 0289 集成 9734 好盗壺

○强運開（1935）　（編按：石鼓文・霝雨）《説文》：“水從雲下也。一象天，冂象雲，水霝其閒也。”張德容云：蓋亦古文。運開按：古文雨，《説文》作𩁾，小篆作雨，蓋从籀文也。楚公鐘夜雨雷作，與鼓文微異。

《石鼓釋文》戊鼓，頁 1

○鄭家相（1959）　（編按：貨幣文）文曰雨，二象形。《説文》：“雨，水從雲下也。”蓋取財貨涌滿之義。

《中國古代貨幣發展史》頁 41

○張政烺（1979）　（編按：舒齍壺“雨祠先王”）雨，讀爲雩，《説文》：“雩，夏祭樂於赤帝以祈甘雨也。”《禮記・月令》仲夏之月，“命有司爲民祈祀山川百源。大雩帝，用盛樂。乃命百縣雩祀百辟卿士有益於民者，以祈穀實”。按王礜是先王，一般臣庶本不得祭祀，而言“敬命新地”，其祭祀之規模又極大，此可作兩種推測，一、雩祭上帝配以王礜，二、將王礜編入百辟之中，而以後者爲更有可能。

《古文字研究》1，頁 244—245

○李學勤、李零（1979）　（編按：舒齍壺“雨祠先王”）壺銘第五十一行雨字，讀爲溥。

《考古學報》1979-2，頁 163

○于豪亮（1979）　（編按：舒齍壺“雨祠先王”）“雨祠先王”雨讀爲永。因爲雨和永同爲喻三等字，雨在魚部，永在陽部，魚陽對轉，故二者可以通假。

《考古學報》1979-2，頁 183

○朱德熙、裘錫圭（1979）　（編按：舒齍壺“雨祠先王”）“雨”，匣母字，古音在魚部，“永”亦匣母字，古音在陽部，魚陽二部陰陽對轉，故可通假。

《朱德熙古文字論集》頁 105，1995；原載《文物》1979-1

○徐中舒、伍仕謙（1979）　（編按：舒齍壺“雨祠先王”）泉祠，即原祠。《史記・高祖本紀》：“孝惠五年以沛宮爲高祖原廟。”《集解》：“原者再也，先即已立廟，今又再立，故謂之原廟。”此銘前云在中山本土“饗祀先王”，此則在新地再爲立祠，故曰原祠。

《中國史研究》1979-4，頁 94

○湯餘惠（1993）　（編按：舒齍壺“雨祠先王”）雨祠，即雩祀。《禮記・月令》：“仲夏之月……乃命百縣雩祀百辟卿士有益於民者，以祈穀實。”

《戰國銘文選》頁 42

【雨土】楚帛書乙

○李學勤（1982）　“雨土”即雨灰土，《開元占經》卷三引《易飛候》云：

天雨土，是大凶，民人負子東西，莫知其鄉。

　　天雨土,是謂高土……民勞苦,繁於土功,不安,主外感謀逆。

《湖南考古輯刊》1,頁 69

○**李零**(1985)　雨土,就是《詩·邶風·終風》“終風且霾”的“霾”,現代氣象學叫“沙暴”,出現時天空昏暗,《説文》:“霾,風雨土也。”《爾雅·釋天》:“風而雨土曰霾。”也是一種凶咎之象。

《長沙子彈庫戰國楚帛書研究》頁 55

○**饒宗頤**(1985)　《御覽》八七六引京房《易傳》云:“内淫亂,百姓勞苦,則天雨土。”雨土指天降土如雨,示災異也。《易飛候》亦書天雨土事。曾侯乙墓出漆蓋二十八宿之參字形同。參謂驗也。聲字从耳从戠甚明。《詩·唐風》:“職思其居。”毛傳:“職,主也。”此句謂不見其驗,主天降雨。

《楚帛書》頁 48

○**劉信芳**(1996)　雨土　《爾雅·釋天》:“風而雨土曰霾。”《詩·邶風·終風》“終風且霾。”毛傳:“霾,雨土也。”疏引孫炎注:“大風揚塵土從上下也。”《太平御覽》八七七引京房《易傳》:“内淫亂,百姓勞,則尺(**編按**:“尺”爲“天”之誤)雨土。”

《中國文字》新 21,頁 87

【雨亡政】上博一·詩論 8

○**馬承源**(2001)　雨亡政,即《詩·小雅·節南山之什》第四篇篇名“雨無正”。

《上海博物館藏戰國楚竹書》(一)頁 136

【雨師】睡虎地·日甲 149 背

○**睡簡整理小組**(1990)　雨師,《周禮·大宗伯》:“以槱燎祀司中、司命、飌(風)師、雨師。”注:“雨師,畢也。”畢爲二十八宿之一。《風俗通義·祀典》引《春秋左氏説》云:“共工之子爲玄冥,鄭大夫禳於玄冥,雨師也。”《楚辭·天問》謂雨師名蓱翳。《漢書·郊祀志》言祠二十八宿、風伯雨師,注:“雨師,屏翳也,一曰屏號……此志既言二十八宿,又有風伯雨師,則知非箕、畢也。”

《睡虎地秦墓竹簡》頁 227

霝　霊　靐　霛　靈

靐睡虎地·日甲 42 背叁　霝信陽 2·1

包山 175

·包山 85

○**中大楚簡整理小組**（1977）　（編按：信陽 2·1）前室有陶甕一，疑即簡文的
"雷"，即罍。

《戰國楚簡研究》2，頁 25

○**郭若愚**（1994）　（編按：信陽 2·1）罍假爲罍，《詩·小雅·蓼莪》："維罍之恥。"
疏引《爾雅·釋器》孫炎注："酒罇也。"按罍形似壺。一號墓前室出土有帶蓋
壺二件（一一九七、一一九八），輪制，侈口、斂頭、鼓腹、圜底、圈足，陶質較硬，高
42、口徑 11.4 釐米。

《戰國楚簡文字編》頁 64

○**李天虹**（1995）　靁　《説文》："鹵，古文靁，𤴡，古文靁。"《汗簡》引作𤴡，今
本《説文》不見。

按：靁字甲骨文作𤴡（後下 1.2）、𤴡（前 4.10.1）；金文作𤴡（雷甗）、𤴡（師旂
鼎）、𤴡（陵方罍）、𤴡（父乙罍）；增雨旁爲形符作𤴡（盠駒尊）；信陽簡作靁，《説
文》古文第一體所从"◦◦"，當由甲骨文所从而變；第二體从"ee"，疑是申形的
訛變。《汗簡》引《説文》作𤴡，可能是今本《説文》訛脱的古文，也可能是録自
異本《説文》。

《江漢考古》1995-2，頁 79

○**劉信芳**（1997）　信陽二·一："一靁。""靁"讀爲"罍"，《詩·周南·卷耳》：
"我姑酌彼金罍。"《爾雅·釋器》："小罍謂之坎。"郭注："罍形似壺，大者受一
斛。"出土器形未詳。

《中國文字》新 22，頁 199

○**何琳儀**（1998）　（編按：璽彙 3694）齊壐靁，姓氏，方雷氏之後，女爲黄帝妃，生
玄囂，蓋古諸侯國也。後漢有雷義，蜀有將軍雷同，望出馮翊、豫章。見《元和
姓纂》。

信陽簡靁，讀罍。《廣雅·釋器》："罍，罇也。"包山簡靁，姓氏。

《戰國古文字典》頁 1263—1264

○**白於藍**（1999）　173 頁"霝"字條，"靁"（85），从雨，壘聲，即《説文》靁（雷）
字異構。壘从晶聲，故靁可以壘爲聲符。本條之字應收入同頁"雷"字條。

《中國文字》新 25，頁 198

△**按**　《説文》："靁，陰陽薄動，靁雨生物者也。从雨、晶，象回轉形。雷，古文

畾。畾,古文畾。畾,籀文畾閒有回。回,畾聲也。"所謂回,爲申(電之初文)訛
變,雨爲畾增形符。包山簡 85 及上博二《容成氏》簡 13 之字下有土旁,可視
爲从雨,畾聲。

【畾澤】上博二·容成 13

○**李零**(2002)　魚於畾澤　即"漁於雷澤"。《五帝本紀》作"(舜)漁雷澤"。
按:"雷澤"的地望,古書有二説,一説在今山東菏澤東北,一説在今山西永濟南。

《上海博物館藏戰國楚竹書》(二)頁 260

震 震

睡虎地·日甲 7 背

○**睡簡整理小組**(1990)　(編按:睡虎地·日書甲 7 背"天以震高山")震,《左傳》僖公十
五年注:"雷電擊之。"

《睡虎地秦墓竹簡》頁 209

電 電 電

楚帛書

【電虘】

○**商承祚**(1964)　霝疑覰,將二丿併爲一人寫入二目之閒。省二人爲一人,如
堯《說文》古文作炋,甲骨文作炋之例,此又其變。《說文》覞部:"覰,見雨而比
息。"雨部:"霝,稷雪也…或作覝,从見。"覰、覝同字,各有繁省,後分爲二字。
覰虘亦神名。

《文物》1964-9,頁 15

○**嚴一萍**(1967)　電　商氏疑即覰字,並説:"覰虘亦神名。"按電釋覰,甚是。
《說文》:"覰,見雨而比息,从覞从雨,讀若欷,虛器切。"謂"覰虘"爲神名,亦
是。覰虘聲相近,蓋即虘戲也。《漢書·五行志》:"虘義氏繼天而王。"師古
曰:"讀與伏同。"段玉裁曰:"虘古音在十二部,讀若密。虘義爲伏羲者,如《毛
詩》芘字,《韓詩》作馥,語之轉也。"

《甲骨古文字研究》3,頁 286

○**金祥恆**（1968）　楚繒書有"𩂖𡊅"，其𩂖字，商錫永疑爲靁云：(中略)
以文字之結構言之，𩂖从雨从勹，隸寫爲霓，亦無不可。然以"𩂖𡊅"言之，釋爲
"霓廬"，於史無徵。余以爲𩂖从畾从𠂊(勹)聲，"𩂖𡊅"即"靁廬"。𠂊即《説文》
勹，"象人曲形，布交切"。金文番匊生壺之匊作匊，从勹。大盂鼎"匍有四方"
之匍作匍，从勹。鄅侯矛之軍作軍，从勹。均作勹，蓋古文勹與人同形而異字。
《説文》老"从人毛匕"，甲骨文作𠂊，象長髮黃耇傴僂之人，一手持杖之形。《説
文》老所从之人亦象傴僂曲身之形。𩂖即《説文》靁之古文者譌。古文靁从
𢌞，段注"象其磊磊之形"，繒書譌成𢌞，猶冥，《汗簡》作𢌞，日譌爲目。小篆从
雨包聲，繒書从畾省勹聲。𡊅即廬。𩂖𡊅即《易經·繫辭傳》之包犧。(中略)
　　　今考"靁廬"爲"包犧"，與古史傳説相印證，包犧之故事，最早出於《易
經·繫傳》。因其仰則觀象於天，遂有察六氣審陰陽，迎日推策之説。因其作
結繩而爲網罟，以佃以漁，遂有取犧牲以共庖廚，食天下之言。顧氏《古史
辨》，"中國上古史導論"，論層纍造成説，引崔氏《考信録提要》云：
　　　　　大抵古人多貴精，後人多尚博。世益古，則其取捨益慎；世益晚，則
　　　　其采擇益雜。故孔子序書，斷自唐虞。而司馬遷作史記，乃始於黃帝，然
　　　　猶删其不雅馴者。近世以來，所作綱目前編，綱鑑捷録等書，乃始於庖義
　　　　或天皇氏，甚至有始於開闢之初盤古氏者，且亦有不雅馴者而亦載之。
由是言之，繒書之言包犧，必不早於《易經·繫辭傳》。《易經·繫辭傳》，世稱
爲孔子所作，或爲孔子弟子所作，今疑或七十弟子後學所爲。昔歐陽修趙汝
談、清姚際恆、今馮芝生等多所論及，至於顧頡剛以爲漢代易學家説易遺書之
彙録，胡適之先生已辨其非。則繒書爲戰國時物無疑。
《中國文字》28，頁 1—10

○**李學勤**（1984）　"靁"字讀爲"包"，其下一字讀爲"戲"。"包戲"即《易·
繫辭》的包犧氏，古書或作包義、庖義、庖犧、炮犧、宓義、宓犧、宓戲、伏義、伏
犧等等。
《楚史論叢》初集，頁 145—146

○**李零**（1985）　𩂖𡊅，嚴一萍、金祥恆、唐健垣並釋伏義，其中嚴説最先出，但
没有提供證明，金祥恆做專文考釋，才把問題解決。其上字，金祥恆釋爲靁，
謂上半即《説文》靁字的古文𩂖，下从勹聲，勹即古包字；下字讀爲戲，靁戲也
就是包戲、伏義(古書異寫甚多，作伏戲、包犧、庖犧等)，確爲卓識。
《長沙子彈庫戰國楚帛書研究》頁 65

○**饒宗頤**（1985）　龍上一字有殘形川，巴諾假定爲天，近是；天熊即大熊。

《易緯·乾鑿度》云:黄帝曰:"太古百皇闢基,文籍據理微明,始有熊氏。"(此據《永樂大典》一四七〇八,一作有能氏。)鄭玄注:"有熊氏庖犧氏,亦名蒼牙,與天同生。"又曰:"蒼牙有熊氏庖犧得易源。"《易緯》以有能爲庖犧,亦稱曰庖氏,證之帛書此語"大能🔣盧"與"有熊庖犧"完全吻合。盧即戲。漢《韓勑碑》:"皇戲統胥。"張揖《字詁》:"羲古,戲今字。"《風俗通·皇霸篇》引《尚書大傳》:"伏羲爲戲皇。""伏羲以人事紀,故托戲皇於人。"金祥恆讀🔣盧爲黿戲,即是包戲。按《漢書·律曆志》下作炮犧。《長短經·君德篇》載《漢書·郊祀贊》作庖犧。黿與炮、庖皆增形之同音通借字。惟金氏誤爲黄熊。今依《易緯》,應讀大熊爲是。

《易緯》言作易以見天心。《乾鑿度》云:"始有熊氏,知生化,祇晤茲天心。"鄭注:"祇,大也,又本也。"《復卦·象辭》:"反復其道,七日來復,天行也。利有攸往,剛長也;復其見天地之心乎。"王弼注云:"復者反本之謂,天地以本爲心者也,而以至無是其本。"孔穎達《疏》依是説加以發揮,暢論以無爲心區別之義,則雜以玄學家言,不若《易緯》之直截了當也。此處有熊氏,即指伏羲。《易緯》之説,向來不爲人注意,以楚帛書證之,其説來源已昉自楚國,非出於漢人可見。大熊氏既可爲庖犧,由於楚先世季連之子封於熊,其孫遂名穴熊,一作内熊。許多地區,中原如新鄭,向稱爲"有熊氏之墟"。其地名、山名帶有"熊"字甚多,見於《五帝紀》有"熊湘",當與有熊氏有關。

《楚帛書》頁 5—7

○**高明**(1985)　"🔣盧",金祥恆、嚴一萍均釋爲"庖犧",如金祥恆云:"余以爲'🔣'從黿從彳(勹)聲,'🔣盧'即黿盧。"又云:"黿盧即《易經·繫辭傳》之包犧。"其説至確,古籍中曾作"庖犧、伏羲、伏戲、虑犧、宓犧"等稱謂,黄熊乃庖犧氏之號。《禮記·月令》:"其帝大皞,其神句芒。"孔穎達疏引《帝王世紀》云:"大皞帝庖犧氏,風姓也,母曰華胥,遂人之世有大人之迹出於雷澤之中,華胥履之生包犧於成紀,蛇身人首,有聖德,爲百王先,帝出於震,未有所因,故位在東,主春象日之明,是以稱大皞,一號黄熊氏。"《太平御覽》七八引作:"天下故號曰庖犧氏,是爲犧皇,後世音謬故謂之伏犧,或謂之虑犧,一號雄黄氏。"今從繒書來看,當以孔穎達疏引爲確,又知帛書熊前一字當爲黄,讀作"曰古黄熊庖犧"。

《古文字研究》12,頁 375—376

○**何琳儀**(1986)　"黿盧"即"包犧"或"伏羲"。按,金説至確。"黿",原篆作"🔣",從"黿"省形(《説文》"黿"古文),"勹"聲。帛書"🔣"即"🔣"。"🔣"或作"丽"，"嶵"或作"嶵"（《金文編》1117、1442）是其證。三電粒省爲二電粒。"勹"乃"伏"之初文（《甲骨文字釋林》374），古無輕脣音，故"伏"讀若"包"。《字彙補》"電"字作"霤"，雖有訛變，然與帛書形體尚近。

《江漢考古》1986-2，頁 77

○**曾憲通**（1993）　此字錫永先生疑是覊字，謂將二亻併爲一人寫入二日之間，即省二人爲一人，如堯《説文》作祆，甲骨文作祆之例。並説覊虛爲神名。嚴一萍氏從之，謂覊、虛聲相近，覊虛蓋即虛戲。金祥恆氏則以爲帛文霝即電字，謂"以文字之結構言之，霝从雨从兒，隸寫爲霓，亦無不可。然以霝霣言之，釋爲霓虛於史無徵"。故金氏改釋爲从霝亻（勹）聲，霝虛即畐虛。

《長沙楚帛書文字編》頁 110

○**饒宗頤**（1993）　大熊指楚姓，謂其爲伏羲所出。伏羲者，生民之始祖，楚之先世亦然，戰國時已有此説。今苗瑤洪水神話以伏羲爲祖先，可證也。

《楚地出土文獻三種研究》頁 232

霝 霝　霝 霝

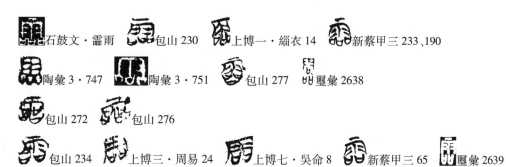

石鼓文·靈雨　　包山 230　　上博一·緇衣 14　　新蔡甲三 233、190
陶彙 3·747　　陶彙 3·751　　包山 277　　璽彙 2638
包山 272　　包山 276
包山 234　　上博三·周易 24　　上博七·吳命 8　　新蔡甲三 65　　璽彙 2639

○**饒宗頤**（1985）　（編按:楚帛書）霝即靈，馬王堆本《老子·德經》："地毋已霝〔將〕恐歇。"楚人以霝爲靈。此處霝應訓令，即命也。馬王堆《十大經》："吾畏天，愛〔地〕，親民，立有命。"《廣雅·釋言》："霝，令也。"彝銘"霝冬"即令終。霝與行協韻。

《楚帛書》頁 30

○**何琳儀**（1998）　晉璽霝，讀鄌，姓氏，見《姓苑》。
楚璽霝，見 c。楚簡"霝光"，讀"靈光"，神異之光。《逸周書·皇門解》："未被先王之靈光。"望山簡霝，讀禮。《集韻》："禮，衣光也。"楚簡"白霝、長霝、倀霝、駮霝"，靈龜。參電字。包山簡四二、一四八、一八〇霝，疑讀鄌，地名。《説文》：“酃，長沙縣。从邑，霝聲。”在今湖南衡陽東。包山簡“霝昜”，讀“零陽”。《詩·豳風·東山》“零雨其濛”，《説文》引零作霝。《詩·鄭風·野有蔓草》“零露溥（編按：“溥”爲“漙”之誤）兮”，正義“零作靈字”。是其佐證。《漢書·地理志》武陵郡“零陽”，在今湖南慈利東北。帛書霝，讀靈。《尸子》：“天神曰靈。”

石鼓“霝雨”，亦作“零雨”。《詩·豳風·東山》：“零雨其濛。”

《戰國古文字典》頁 814

○**李家浩**（2000）　（編按：九店 56·94）“丁亥又霝”，秦簡《日書》甲種《衣》作“丁亥靈”，整理小組注：“靈，福。《左傳》昭公三十二年：‘今我欲徼福假靈于成王。’哀公二十四年：‘寡君欲徼福于周公，願乞靈于臧氏。’靈與福對舉，是靈與福同義。”按“靈”从“霝”得聲，所以“霝”“靈”二字可以通用。

《九店楚簡》頁 135

○**饒宗頤**（2002）　曰：“正（政）之不行，教之不成也。則型（刑）罰不足恥，而雀（爵）不足懽（歡）也。古（故）上不可以埶（褻）型（刑）而翌（輕）雀（爵）。”

上博本《紂衣》引《吕刑》作：

（吾）大=（大夫）恭虡嗇，𤔔人不斂。

《吕刑》員（云）：“𤻲（眊）民非甬（用）𩆜，制吕型，隹作五虐之型。”《尚書》今本《吕刑》原作“苗民弗用靈，制以刑”。眊即𥄉，《説文》“𥄉”下云“讀若苗”。上博本與今本《尚書》合，郭店本引《吕刑》删去“苗民”二字，“用靈”作“用㓻”。孔傳釋此句云：“不用善化民，而制以重刑。”以“善”釋“靈”。

此句《墨子·尚同》中亦引之，云：“昔者聖王制爲五刑，以治天下，逮至有苗之制五刑，以亂天下，則此豈刑不善哉？用刑則不善也。是以先王之書《吕刑》之道曰：‘苗民否用練，折則刑，唯作五殺之刑曰法。’則此言善用刑者以治民，不善用刑者以爲五殺，則此豈刑不善哉？用刑則不善，故逐以爲五殺。”

《墨子》所引《吕刑》文字復大異。段玉裁解釋，言：“靈作練者，雙聲也，依《墨子》上下文觀之，練亦訓善，與孔正同。”

《墨子》所稱重點在善用與不善用，段氏循其文理，解“練”爲“善”，其於《説文·糸部》“練”字下云：“已湅之帛曰練，引申爲精簡之稱，如《漢書》‘練時日、練章程’是也。”

《廣雅·釋詁》：“靈，善也。”《莊子·逍遥遊》：“泠然善也。”“練”與“靈”

聲相近,故可通訓。日本《尚書》岩崎本、内野本、足利本和我國上圖本諸抄均作"弗用霝",《書古文訓》作"亞(弜)甪靐",都是"靈"字的別體,具見《尚書》本原作"霝",與上博本引《呂刑》相符。

孔傳釋"靈"爲"善",《墨子》引作"練",段玉裁引證群書,以"善"釋之,謂與孔傳正同。《禮記·緇衣》引作"匪用命",鄭注:"命,謂政令也。"

曾運乾《尚書正讀》從鄭説,謂:"古文'命''令'字通用,苗民弗用靈者,弗用其政令也。"不知"令"亦訓"善"。

《爾雅·釋詁第一》:"令,善也。"

從《爾雅》説,"命"讀爲"令",亦訓"善",不必依鄭説。今從《墨子》異文之作"練",上博本之作"霝",均以訓"善"爲合,與孔傳同。金文習語"令終"亦訓"善"。今由上列各書異文,綜合觀之,共有五種不同寫法(表一)。

我屢次説過,出土文獻經典所見異文滋多,是最令人困擾之事!今上博本乃同於今本《尚書》,證明作"霝"爲是,孔傳訓"善",比鄭注爲長。

表一

秏民非甪霝同於今本	上海博物館《紂(緇)衣》寫本
(苗民)弗用霝(靈)	日本岩崎古抄《尚書·呂刑》
非甪䤽制以型	楚簡《緇衣》引《呂刑》取"䤽"字
匪用命制以刑	《禮記》今本《緇衣》引《甫刑》
否用練折則刑	《墨子·尚同》引《呂刑》

《上海博物館集刊》9,頁 172-173

〇**李零**(2002) (編按:上博一·緇衣 14)原文作"靈","靈"與"臻"含義相近。上博簡作"霝",合於今本《呂刑》。

《上博館藏戰國楚竹書研究》頁 412

〇**濮茅左**(2003) (編按:上博三·周易 24)"霝",簡文"霝"或從二口、或從三口、或從四口同,通"靈"。

《上海博物館藏戰國楚竹書》(三)頁 169

〇**徐寶貴**(2008) 霝,《説文》:"霝,雨零也。从雨,吅,象霝形。《詩》曰:'霝雨其濛。'"今本《詩·豳風·東山》作"零雨其濛",《集傳》:"零,落也。"《傳疏》:"零當爲霝。"霝雨,落雨,降雨。

《石鼓文整理研究》頁 776

△**按** 《説文》:"霝,雨零也。从雨、吅,象霝形。《詩》曰:霝雨其濛。"石鼓文

“霝雨”即用本義。陶、璽文多作氏或名。“靈”楚簡多寫作“霝”，楚系未見靈或靁字。《説文》“竈”字下徐鍇《繫傳》有“霝，古文靈字”，當是。

【霝光】包山 277

○**湯餘惠**（1986）　回過頭來再探討“靈光”一詞的涵義。《汲冢周書》卷五《皇門解》：“王用奄有四鄰，遠土不承，萬子孫用末被先王之靈光。”

這是一句頌贊祖先的話，“靈”有美善之義，“靈光”借指留給子孫的福蔭，不是本義。

《三國志·蜀書·先主傳》：“又前關羽圍樊、襄陽。襄陽男子張嘉、王休獻玉璽，璽潛漢水，伏於淵泉，暉景燭耀，靈光徹天。”“靈光”指玉璽發出的光芒。

梁元帝《安寺銘》：“似靈光之金扇，類景福之銀鋪。”

這裏“靈光”意爲“美好光澤”，句中用作“金扇”的修飾語，與楚簡“霝光之純”（望山 8·19 等簡）句例正同，簡文此語所指，大概是一種用閃光織物製作的鑲邊，望山楚簡“霝光之某、霝光之某某”數見，“霝光”似均當如是解。

《古文字研究》15，頁 41—42

○**朱德熙、裘錫圭、李家浩**（1995）　“霝光”疑是某種織物之名，簡文屢見。

《望山楚簡》頁 119

【霝君子】新蔡甲三 76

○**宋華强**（2010）　我們懷疑“靈君子”可能是“巫”的別稱。“靈”與“巫”關係密切。（中略）“靈君子”似與楚簡中一般祭禱的“巫”有所不同，也許就是上引《史記·封禪書》中荆巫所祠的“巫先”。

《新蔡葛陵楚簡初探》頁 231—234

△**按**　霝君子爲祭禱對象，與户、門、行並列，又與地主等並列，袁金平（《對〈新蔡簡兩個神靈名簡説〉的一點補充》，簡帛網 2006 年 7 月 12 日）疑爲五祀中“竈”的異名。具體所指仍待考。

【霝易】包山 172

○**徐少華**（2001）　簡 172：霝陽人胡黎。

按“霝陽”即“零陽”，霝、零兩字古音並在來母耕韻，完全一致，《説文》（卷十一下）：“霝，雨落也。”又：“零，徐落也。”音同意近，故可通用，《詩·豳風·東山》之“零雨其濛”，《説文》引作“霝雨其濛”，是爲明證。

簡文之零陽，應是漢武陵郡零陽縣，故址在今湖南慈利縣東不遠，隋改爲

慈利縣,這裏位於澧水中下游地區,離楚國中心江漢地區不遠,亦是楚人由今
江陵一帶南渡長江後,通往西南地區的必經之地。據考古調查,今慈利縣城
近西一帶古墓較多,從60年代末至80年代初先後清理和發掘的9座墓葬材
料來看,屬於戰國早中期的楚墓,其文化面貌在體現楚文化特徵的同時,亦帶
有一些西南夷文化的影響,這説明至遲在戰國早期,楚人的勢力已經進入了
這一地區,建立了較穩定的政治統治和文化基礎,並由此與西南地區各民族
文化發生了交往和聯繫。包山簡中有關戰國中期"零陽"的記載,正好與考古
資料相印證。目前雖無材料進一步説明零陽是當時的楚縣還是封邑,然戰國
中期楚"零陽"的存在,至少爲其後漢晉零陽縣的設置奠定了有利的政治、經
濟和文化基礎。

《簡帛研究二○○一》頁40—41

○**劉信芳**(2003)　　靈昜:

即零陽。《説文》:"霝,雨零也,从雨、吅口,象零形,《詩》曰:霝雨其濛。"今
本《詩·豳風·東山》作"零雨其濛"。《漢書·地理志》武陵郡"零陽",應劭
《注》:"零水所出,東南入湘。"《水經注·澧水》:"澧水又東逕零陽縣南,縣即
零溪以著稱矣。"楊守敬《疏》:"在今慈利縣東。"又簡42、180有"霝里子",其
地位如同封君。其封地或在零陽。

《包山楚簡解詁》頁200

霝　霝

霝郭店·老甲19　霝上博一·詩論21　集成11900零令銅牌　霝璽彙2642　霝璽彙2643

霝三晉92　霝三晉92　霝貨系1926

霝貨系1931

○**吳大澂**(1884)　　霝　露省,古文以爲潞字。露字幣。

《説文古籀補》頁46,1988

○**丁福保**(1938)　　(編按:貨幣文)露即潞。(中略)《地理志》,春秋赤翟有潞
子國,後屬晉,戰國屬韓。《左傳·宣十五年》,晉荀林父滅潞,又哀公八年,齊悼公
使鮑子居潞,注齊地。【錢匯】

按露古通路、潞,凡水陸道路無不顯露也,《史記·韓世家》:"秦拔我上

黨。”正義曰：“韓之上黨，澤、潞等州是也。”【文字考】

　　面文作🅡，江秋史訓爲潞，潞亦晉地，晉純留，先爲潞子國，《春秋》哀四年傳杜注：壺口，潞縣東有壺口關。《漢志》潞屬上黨郡，《後志》潞本國注：縣地臨潞，晉荀林父伐曲梁，在城西十里，今名石梁。按其地今屬潞安府，哀八年，齊使鮑子居潞，杜注：潞，齊邑。此或與晉邑近，抑即哀四年所取晉壺口諸地耶。【錢略】

《古錢大辭典》頁 1235,1982

　　(編按：貨幣文)露古通潞，於春秋時屬晉，或屬齊，宣公十五年：“晉師滅赤狄潞氏。”注：“潞，赤狄之別種。”《漢志》，上黨郡縣潞，故潞子國。又《左氏·哀公十七年》：“齊人伐衛，執般師以歸，舍諸潞。”注：“潞，齊邑。”或曰：露如字，《詩》傳“中露，衛邑”，然幣文止一字也。【癖談】

《古錢大辭典》頁 2170,1982

○鄭家相(1959)　文曰露，古露、潞、路相通，凡水陸道路，無不顯露也。《春秋》宣十五年，“晉師滅赤狄潞氏”。《史記·韓世家》“秦拔我上黨”，正義曰：“韓之上黨，澤、潞等州是，今山西潞安府潞城縣，古潞國。”春秋屬晉，戰國屬韓。

《中國古代貨幣發展史》頁 99

○黃盛璋(1987)　1983 年初，山西考古工作者在山西潞城縣古城村北潞河村發掘兩座戰國墓，其中最重要的是七號墓，出土大批銅器、玉器、骨器、漆器，以及包金貝、貝和石器等，報導見《山西省潞城潞河戰國墓》(《文物》1986 年 6 期)，(中略)但有銘文者只有一戈，内上鑄銘一字(見《文物》12 頁)，報導未識，其實它是“霽”，也就是“露”字，亦即此古城名之潞。過去傳世有露命牌：“簠十命”(《三代》18、38、4)，與此相同的銅牌還有皮命牌：“皮命□”(《三代》38、18、3，《貞圖》中 43)，後者原藏羅振玉，羅氏釋爲“皮氏□□□□”(《夢䣄》)，第一、二字明顯爲“皮命”，第三字作“霽”，銘刻應三字橫列，但上下拉得很長，以致羅氏誤分爲上、下二行，一字分爲二字，如此三字就分爲六字。露命牌銘刻三字也上下拉得很長，霽字“雨”與“各”分開，好像是兩字，這是因爲銅牌是長方形，銘刻爲照顧銅牌中地位，使不要留有較多空隙，爲填滿銅牌，從而把字體變長，甚至上下拉開，好像是兩個字，或變形不易辨認。此銅牌當如後代之腰牌，佩於腰際，出入可免查詢，作用如通行證，西夏也常見此種腰牌，上刻西夏文，當仿自中原，而此兩銅牌實爲最早存世之實物，上端突出一小塊，留有一孔，即爲佩帶之用。第一字皆爲三晉地名，看來當起源於三晉。皮即皮氏，《史記・甘茂列傳》："秦昭王新立……使樗里子、甘茂伐魏皮氏。"雲夢秦簡《編年紀》作昭王元年"攻皮氏"，皮氏爲魏地，皮命牌當魏皮氏地方政府所鑄，備出入皮氏府，"命"即"令"，第三字當爲令名，上鑄令名，表示已經令允許，出入主要應爲縣府。露命牌中有"十"字，可能表銅牌之編號，代表某種用途。

　　此戈銘"露"與露命牌之"露"皆從雨，各聲，即潞城之古名，原只作"零"，作潞者乃後起字，因爲潞河所逕，故加水旁，漢代已如此，見《説文》"潞"字，此當出於秦始皇統一文字，戰國三晉文字則從雨，各聲。墓葬在潞城縣古城西，其城垣尚殘存西和北牆一部，餘爲漳水所没。《元和郡縣志》卷十五潞州潞城縣"本漢潞縣，即春秋時潞子嬰兒國也"。墓葬與出土戈銘證實此古城即戰國之潞，上限可追溯至春秋，漢、唐潞縣亦均在此。今之潞城縣乃唐以後所遷，乾隆《一統志》潞縣古城下引府志"故城在縣東北四十里，本漢治，後魏改刈陵，移治漳水北，城遂廢"，上引《元和志》説："後魏太武帝改潞縣爲刈陵縣，屬襄垣郡，隋開皇十六年，於此置潞城縣，屬潞州。"是隋唐均在此，城並未廢，今古城在潞城縣東北約 25 公里，即府志所説之故城，《太平寰宇記》卷四十五記潞城縣東州東北四十四里，與《元和志》記南至州四十里基本一致，其餘均與《元和志》同，潞城仍在此。廢此城移治今潞城縣，當在兩宋之間，《一統志》："潞城縣學""在縣治東，宋建，後毀，金天會中重建，元大德中地震圮復建，本朝順治中展修。"則自宋至清皆在今潞城縣，惟《一統志》記潞城縣"隋開皇閒土築，元末增築，明崇禎中甃磚，本朝康熙中修"，如今縣爲隨開皇閒築，則當爲另一縣城，而非潞城縣，因隋唐仍在古潞城縣，但此恐出方志附會隋開皇十六年置潞城縣，以今縣城距古城方位里距，與唐、北宋潞州治上黨縣甚相符合，今縣城可能利用隋唐上黨縣治。總之，古潞城之下限當在北宋末南宋初，陷於金朝時遷徙，潞水即濁漳水，城當依水得名。《禹貢》僅有漳無潞，《周禮・職方》記冀州之浸有汾潞，《水經注》：濁漳水又東北逕潞縣北，闞駰曰有潞水爲冀州浸，即漳水也，故世人亦謂濁漳水爲潞水矣。上引《元和志》下文也説："漳水一名潞水，在縣北。"今漳水正環繞古城北與東，故東牆不存，北牆僅存一部，與《水經注》及《元和志》所記皆合。

　　《國語》記史伯謂鄭桓公曰："北有秋潞。"春秋宣十五年始爲晉所滅，以潞子嬰兒歸，見《春秋》經及《左傳》。三家分晉，未見記載，不詳誰屬。漢屬上黨郡，原來自秦。《史記・秦本紀》：昭襄王"四十七年，秦攻韓上黨，上黨降趙，秦國擊趙……大破趙於長平"，自此入秦。《元和郡縣志》以潞"戰國時屬韓，別爲都,以其遠韓近趙,至趙成王時,馮亭以上黨降趙,復爲趙地,秦爲上黨郡地"。

　　　　　　　　　　　　　　　　　　　　　《文博》1987-2,頁 56—57

○汪慶正等(1988)　　🜨、🜨:地名潞,戰國韓地,今山西省黎城縣西南,或今山西省潞城縣古城;有釋今山西省繁峙縣境。

　　　　　　　　　　　　　《中國歷代貨幣大系·先秦貨幣》頁 1104

○湯餘惠(1993)　　露商,人名。古有露氏;露作霝,與"露氏"幣相同。

　　　　　　　　　　　　　　　　　　　　　《戰國銘文選》頁 55

○吴振武(1999)　🜨　　霝。

　　　　　　　　　　　　　　　　　　《古文字研究》20,頁 333

○何琳儀(2002)　　四、"霝"(1932)。《説文》:"霝,雨霝也。从雨,各聲。""霝"讀"路"或"潞"。《魯世家》:"晉之滅路。"《左傳·宣公十五年》:"辛亥滅潞。"即《地理志》上黨郡"潞縣",在今山西潞縣東北。地處韓、趙、魏交界。

　　　　　　　　　　　　　　　　《古幣叢考》(增訂本)頁 202

○廖名春(2003)　(編按:郭店·老甲 19)"霝","露"之省文。《汗簡》"露"正作"霝"。而《古文四聲韻》載《古孝經》《石經》"露"也作"霝"。帛書甲、乙本皆作"洛",亦"露"之省文。

　　　　　　　　　　　　　　　《郭店楚簡老子校釋》頁 190

△按　《説文》:"霝,雨零也。从雨,各聲。"許慎以爲"落雨"之"落"專字,別於草木下之"落"。在貨幣文字中,"霝"或省去聲符"各",與"雨"同形。戰國文字除在貨幣、兵器、璽印等中用作氏名或地名外,多讀爲"露"。如上博一《孔子詩論》簡 21"湛霝",即今本《詩經·小雅》之"湛露";郭店《老子》甲簡19"甘霝",今本《老子》作"甘露"。《説文》:"露,潤澤也。从雨,路聲。"

屚　屚

睡虎地·效律 22

○張守中(1994)　　通漏　倉屚歼禾粟秦一六四。

　　　　　　　　　　　　　　　《睡虎地秦簡文字編》頁 175

△按　《説文》:"屚,屋穿水下也。从雨在尸下。尸者,屋也。""屚"即屋漏義

本字。段注:"今字作漏,漏行而屚廢矣。"

霽　霽　霽

集粹　　珍秦·戰 94

△**按**　《説文》:"霽,雨止也。从雨,齊聲。"

露　露

故宮 443

△**按**　《説文》:"露,潤澤也。从雨,路聲。""露"戰國文字多寫作"零",如上博一《孔子詩論》簡 21"湛零",即今本《詩經·小雅》之"湛露";郭店《老子》甲簡 19"甘零",今本《老子》作"甘露"。參"零"字條。

霡　霡　霝

上博三·周易 38　　　　楚帛書

○**何琳儀**(1986)　(編按:楚帛書)雷,原篆作"雷"。諸家多釋"電",安志敏、陳公柔《長沙出土戰國繒書及其有關問題》(《文物》1963 年 9 期)釋"雷"。按,楚文字"申"習見,均作"㠯"形。下文"神"作"神",即其内證。衆所周知,"電"本从"申",若釋"雷"爲"電",於楚文字不合。其實此字本从"田"形,中山王方壺"奮"作"奮"是其例。故應釋"雷"。

《江漢考古》1986-1,頁 54

○**劉信芳**(1996)　(編按:楚帛書)霣:原篆作"霣",字或釋"雷",或釋"電",均與字形不合。按其字从雨从央,甚清晰。"霣"未見於後世字書,若依辭例定之,應讀若"霣",《春秋》僖公三十三年:"霣霜不殺草。"

《中國文字》新 21,頁 87

○**李零**(1999)　(編按:楚帛書)應是"霏"字。"霏雲雨土"應釋"霧霜雨土"。

《出土文獻研究》5,頁 150

○**李零**（2000）　（編按:楚帛書）“電”,何文以爲電从申聲,而此字下半與申不類,而與中山王方壺“歔”字所從的田寫法相同,因從安志敏、陳公柔之舊説,改釋爲“雷”,但雷字並不从田,我們考慮,即使此字从田,亦以讀電更合適(田與電都是定母真部字)。陳字,《説文》古文作陣,古書則多作田。申字,古文作䰠,字亦从田得聲。皆申、田古音相近之證。

《古文字研究》20,頁 166

○**濮茅左**（2003）　（編按:上博三·周易38）“霂”,《爾雅》:“天氣下地不應曰霂;地氣發天不應曰霧;霧謂之晦。”鄭樵注:“霂,即蒙也。”

《上海博物館藏戰國楚竹書》(三)頁 188

△**按**　楚帛書“霂”字過去多種釋讀均與字形有間,以上博《周易》之“霂”證之,當以李零(1999)所釋爲是。《説文》:“霖,地气發,天不應。从雨,敄聲。霂,籒文省。”上博《周易》簡 38“霂”對應馬王堆帛書及今本《周易》皆作“濡”。《集韻·虞韻》:“濡,霑溼也。”與“霖”義近。

雩　雩　翠

包山 69　　上博五·鮑叔 8　　貨系 0290　　陶彙 3·1368　　陶彙 3·1369

集成 2840　中山王鼎　　上博一·緇衣 20　　璽彙 0451　　璽彙 1531

集成 326 曾侯乙鐘　　曾侯乙石磬　　曾侯乙 79　　包山 141　　郭店·五行 17

○**鄭家相**（1942）　（編按:貨幣文）右布文曰雩,在左,在右。按雩爲樗省,第四字尤省作雨,即長樗,晉地,見襄三年,孔穎達曰:蓋近城之地。

《泉幣》11,頁 34

○**張政烺**（1979）　（編按:中山王鼎）王國維《盂鼎銘考釋》:“雩,古文粵字。雩之訛爲粵,猶霸之訛爲𩂣矣。《説文》分雩粵爲二字,失之。”此處假爲越。吳人併越在吳王夫差二年,即公元前 494 年,見《左傳》哀公元年,《史記·十二諸侯年表》及《吳太伯世家》。

《古文字研究》1,頁 230

○**李學勤、李零**（1979）　（編按:中山王鼎）“吳人并粵”,粵即越,與《考工記》、古本《紀年》等書同。“修教備保”,也就是生聚教訓。越併吳的史事見《左傳》《史記》等書。《史記·吳太伯世家》載,吳王夫差十四年,越乘吳王北會黃池,伐吳,吳"使厚幣以與越平"。"十八年,越益强,越王句踐率兵伐敗吳師於笠澤"。"二十年,越王句踐復伐吳。二十一年,遂圍吳,二十三年十一月丁卯,越敗吳"。夫差自到,吳爲越所併。銘文説"五年復吳",可能是不計夫差十四年之役,從笠澤之戰算起,至滅吳共爲五年。

《考古學報》1979-2,頁 159

○**于豪亮**(1979) （編按:中山王鼎）雩讀爲越,雩从于聲,而于、雩、越並爲喻三等字,以雙聲通假,故古于字亦寫作越,《書・大誥》:"大告繇爾多邦,越爾御事。"《漢書・翟方進傳》載王莽《大誥》:"大誥道諸侯王三公列侯,于汝卿大夫元士御事。"即于讀爲越之證。

《考古學報》1979-2,頁 175—176

○**羅福頤**(1979) （編按:中山王鼎）鼎書越作雩。按傳世越王戈矛其自稱亦作越不作雩,僅盂鼎粵字作雩,與此正同。今考諸《説文解字》段氏注"越"字,説《尚書》有越無粵。魏正始石經文侯之命,越字古文作粵。可證越、粵乃古、今字。往見古璽文中有孫雩人,今以此證之,知孫雩人當即孫粵人矣。

《故宮博物院院刊》1979-2,頁 81

○**裘錫圭、李家浩**(1981) （5）羽。

音階"羽",鐘磬銘文皆作"翠"。(中略)《説文・雨部》"雩"字或體作"翠"。"羽""翠"音近相通。

《音樂研究》1981-1,頁 18

○**商承祚**(1982) （編按:中山王鼎）雩即吳越之越,在其它金文多以雩爲語氣詞,國名則作越,如越王劍;又或省走作戉,如者沪鐘。此用爲國名,尚屬首見。雩,經典皆作粵,王國維謂粵乃小篆因雩之誤,而分之爲二者。

《古文字研究》7,頁 59—60

○**裘錫圭、李家浩**(1989) （編按:曾侯乙）"翠",《説文》以爲"雩"字的或體,而簡文用爲"羽"。同墓出土的鐘磬銘文宮、商、角、徵、羽之"羽"亦作"翠",與簡文同。"羽""雩"音近,故"翠"既可用爲"羽",也可以用爲"雩"

《曾侯乙墓》頁 510

○**戴家祥**(1995)雩字上半从羽,下半从亏,字當讀羽。《春官・大司樂》:"凡樂圜鍾爲宮,黄鍾爲角太簇爲徵,姑洗爲羽。"《唐韻》羽讀"王矩切",匣母魚部。亏讀"羽俱切",匣母侯部。侯魚韻近,聲同字通。《爾雅・釋樂》"羽謂之柳"。釋文引劉歆注:"羽,宇也。物聚藏,宇覆之也。"漢晉舊籍多言"孔子反宇"或言"反圬"。王充《論衡・骨相篇》云:"反羽。"《廣韻》上聲九麌:"頨,孔子頭也。"頿从羽聲。宇圬皆从亏聲,羽亏通用,知罻爲羽之注音加旁字。今《説文》十一篇《雨部》列罻爲雩之重文異體字。蓋取材於《春官·司巫》"若國大旱,則師巫而舞雩"。作書者爲了突出的内容是祈求甘雨的夏祭,故其表義形式,偏旁从雨。同時又以雩祭的方法方式爲巫的舞蹈,而這種舞蹈,由於人類在農業生産勞動的長期實踐中,逐漸認識到禽類中的某些種屬對於氣象的變化特别敏感,如所謂"鵲噪晴""鳩唤雨""鷸知天之將雨"等等客觀反應,於是把鳥羽作爲舞具的一種,用以表達喁喁望雨的心切,於是雩字的表義偏旁,改从雨爲从羽,寫成了罻,成爲舞祭的特定辭。

《金文大字典》頁 3735—3736

○**湯餘惠等**(2001)　　罺　同雩。

《戰國文字編》頁 228

○**李守奎**(2003)　　罺　𦏧曾 79　《説文》雩之或體。在楚文字中皆讀羽。字當是羽字或體。讀雩當是假借。

《楚文字編》頁 229

○**侯乃峰**(2007)　　(編按:上博五·鮑叔 8)我們以爲簡文當讀爲"雨平地至膝"。前面所説"是歲也,晉人伐齊。既至齊地,晉邦有亂,師乃歸"一句本身就是一層意思,而"雨平地至膝"是説齊邦内下了一場大雨,是另一回事。"雨平地至膝"極言雨之大,也是古籍中可見的表述方式。《左傳》隱公九年疏有"平地尺爲大雪",《公羊傳》隱公九年注有"平地七尺雪"。古代史書中也常用"大雨平地三尺"這樣的句子來形容雨大。

《楚地簡帛思想研究》3,頁 131

△**按**　《説文》:"雩,夏祭樂于赤帝以祈甘雨也。从雨,于聲。罺,或从羽。雩,羽舞也。"上博一《緇衣》簡 20"出入自爾師雩,庶言同","雩"對應郭店《緇衣》作"于",今本《禮記·緇衣》作"虞"。上博《鮑叔牙與隰朋之諫》簡 8"雩平地至膝","雩"讀爲"雨"。戰國文字"罺",在曾侯乙鐘磬中讀爲五音之"羽",楚遣册簡中讀爲羽毛之"羽",當是在"羽"的基礎上纍增聲符而來,與"雩"之或體可能只是同形。

需　霂

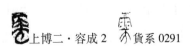

上博二·容成 2　　貨系 0291

上博三·周易 57　　　上博三·周易 57

○**濮茅左**（2003）　（編按：上博三·周易 57）“需”，《廣雅》：“需，須也。”或讀爲“濡”，霑溼之義，《集韻》：“《説文》：‘水出涿郡故安，東入漆涑。’一曰霑溼也。”或讀爲“繻”，《玉篇》：“繻，細密之羅也，綵也，帛邊也，古者過關以符書帛，裂而分之，若今券也。”引申爲裂縫。

《上海博物館藏戰國楚竹書》（三）頁 213

△**按**　《説文》：“需，頡也。遇雨不進止頡也。从雨，而聲。《易》曰：雲上於天需。”上博二《容成氏》簡 2“攸需爲矢”，“攸需”讀爲“侏儒”；上博三《周易》簡 57“需”，對應馬王堆帛書及今本《周易·既濟》分别作“濡、襦/繻”。

霊

楚帛書

○**李學勤**（1982）　“霊”讀爲“霜”，《白虎通義·災變》：“霜之言亡也。”

《湖南考古輯刊》1，頁 69

○**饒宗頤**（1985）　霊字从雨从亡，字書未見，霊可讀爲“芒”，甘氏《歲星法》：“其狀作作有芒。”指閃電光芒。《釋名·釋天》：“電，殄也，言乍見即殄滅也。”或云“霊讀爲霜”，引《白虎通·災變》：“霜之言亡也。”（李學勤説）此指震電與雨土諸咎徵。《御覽》八七六引《古今五行記》及《京氏易·五星占》，俱載雷震殺人事。《漢書·五行志》云：“隱公九年三月癸酉，大雨震電。”震、電聯言，此作電霊。

《楚帛書》頁 47—48

○**何琳儀**（1986）　“霊”，諸家多釋“震”，李釋“霊”讀“霜”，甚確。按原篆作“霊”，其所从“止”帛書屢見，均釋“亡”讀“無”。“霊”即“霜”之異文。《白虎通·災變》：“霜之言亡也。”《釋名·釋天》：“霜，喪也。”“喪”亦从“亡”得聲。《古文四聲韻》引《義雲章》“霜”作“霊”从“亡”，尤爲明證。《淮南子·天文訓》：“陰陽相薄，感而爲雷，激而爲霆，亂而爲霧，陽氣勝則散而爲雨露，陰氣勝則凝而爲霜雪。”帛書“雷霜”乃“陰氣勝”所致。

《江漢考古》1986-1，頁 54

○**何琳儀**（1986）　霜　霊　帛書　（原注：《四聲韻》原篆作，中間所从不 2.16。

詳,但上从"雨"、下从"亡",與帛書霜作形吻合。)

《古文字研究》15,頁 125

○**劉信芳**(1996)　　霝:李學勤先生謂字讀如"霜",《白虎通·災變》:"霜之爲言亡也。"按典籍多稱霜爲"賈霜",是結構相當穩定的動賓詞組,由此可證"霝"上一字應讀爲"賈"。

《中國文字》新 21,頁 87

○**李零**(1999)　　"霝",李文引《白虎通義·災變》"霜之言亡也",讀霜,何文並引《古文四聲韻》"霜"字作(出《義雲章》),似从亡,確不可易。

《古文字研究》20,頁 166

霝

上博二·容成 41

○**李零**(2002)　　霝　或可讀爲"批"。

《上海博物館藏戰國楚竹書》(二)頁 282

○**黃錫全**(2003)　　霝字雨中閒有豎筆貫下筆迹,似不从丙。下从比是。雨與水義近,霝也可能即"沘"字別體,在此可從整理者讀"批",義爲擊。《左傳·莊公十二年》:"宋萬遇仇牧於門,批而殺之。"其上一字與一般的"以"字有別,很可能是"亡"字,在此讀爲"廣"。"廣批四海之内",才引起"天下之兵大起"。西周牆盤記有:"弘魯昭王,廣能(或讀懲、或讀批)楚荆,爲寏(患)南行。""廣批"類似"廣能、廣馭"。江淹《慶平賊表》:"皇威遐制,璿圖廣馭,四海競順,其會如林。"亡,明母陽部。廣,見母陽部。二字疊韻可通。如恍字或作芒、望,从糸的光即从糸的廣。

《第四屆國際中國古文字學研討會論文集》頁 240

○**陳劍**(2003)　　此"霝"字跟見於後世字書的"宓"字俗體"霝"恐無關係。"霝"的聲符"瓜"跟"略"聲母相近、韻部魚鐸陰入對轉,疑兩字可相通。《廣雅·釋詁》:"略,行也。"王念孫《疏證》:"略者,隱五年《左傳》'吾將略地焉'杜預注云:'略,總攝巡行之名。'宣十一年傳'略基趾',注云:'略,行也。'《漢書·高祖紀》云:'凡言略地者,皆謂行而取之。'《方言》:搜、略,求也。就室曰搜,於道曰略,義亦同也。"此類用法的"略"《左傳》多見,除王念孫所舉外又如:《宣公十五年》:"壬午,晉侯治兵於稷,以略狄土。"《隱公五年》:"公將如棠觀魚者……公曰：吾將略地焉。”《僖公十六年》：“十二月，會於淮，謀鄫，且東略也。”《昭公二十二年》：“六月，荀吳略東陽……”《僖公九年》：“齊侯不務德而勤遠略，故北伐山戎，南伐楚，西爲此會也。東略之不知。西則否矣。”楊伯峻《春秋左傳注》（中華書局1990年，第327頁）云：“略，《詩・魯頌譜》‘謀東略’，《疏》云：‘是征伐爲略也。’勤遠略，即下文之北伐、南伐。”

　　　　　　　　　　　　　　　　《戰國竹書論集》頁72—73，2013；

　　　原載《“中研院”成立75周年紀念論文集——中國南方文明學術研討會》

○何琳儀（2004）　（23）以霋四海之内（簡四十一）

　　“霋”，整理者讀作批。按，此字乃从雨，瓜聲，《五音篇海》：“霂，下也。”有降落之意。簡文意謂“湯徵九州之師，以降四方”。

　　　　　　　　　　　　　　　《上博館藏戰國楚竹書研究續編》頁454

○白於藍（2004）　《容成氏》簡四十一：“湯於是虘（乎）謹（徵）九州之帀（師），以霋四洰（海）之内。”

　　關於“霋”字，原注釋云：“或可讀爲‘批’。”該字原形作霚，有學者認爲其下部从瓜，不確。楚簡中“蓏”字很常見（包山簡二五五、二五八），所从瓜與該字下部所从有細微區別，即“瓜”下从一小圓點，而該字所从之下部爲一肥筆。包山簡二六五中有“匕”字作匕，可參考。另外，天星觀竹簡有字作，滕壬生先生釋爲“匕”，應該是可信的。該字既从雨，匕聲，於此似可讀爲包。古代“伏羲”或稱“包義、包犧、砲義、庖義”，又稱“宓義、宓戲、虙義、虙戲”。上古音“必”爲幫母質部字，“匕”爲幫母脂部字，兩字雙聲，韻則對轉，古音十分接近。“包”及从包聲之字既可與从必聲之字相通，則亦當有與从匕聲之字相通的可能。“包”字古有包取之義，《漢書・匈奴傳上》“善爲誘兵以包敵”，顏注：“包，裹取也。”又《漢書・賈誼傳》“淮陽包陳以南揵之江”，顏注引晉灼曰：“包，取也。”故“霋（包）四海之内”蓋即包取四海之内。《新語・過秦論》：“有席捲天下，包舉宇内，囊括四海之意，并吞八荒之心。”可參考。

　　　　　　　　　　　　　　　《上博館藏戰國楚竹書研究續編》頁491

○王輝（2004）　《容成氏》簡41：“湯於是虘（乎）謹（徵）九州之師，以霚四海之内……”霚影本隸作霋，疑讀爲批。何琳儀隸作霂，《五音篇海》：“霂，下也。”今按瓜雲夢簡《日書》乙作，包山簡174作，似仍有距離。竊疑此字應隸作霄，其下爲月之訛。《説文》霸字古文作，上部爲雨之訛，而雨乃�省形，字从月，霸省聲。簡文上部爲雨，不過左右皆爲三點。“以霸四海之内”即稱霸於天下。《論語・憲問》:"管仲相齊桓公,霸諸侯,一匡天下。"這也是春秋時大國諸侯如齊桓、晉文、秦穆公的願望,此加之於商湯,也是以今例古。

《古文字研究》25,頁 320

○**楊澤生**(2004)　《容成氏》41 號簡云:"湯於是乎征九州之師,以 B 四海之內。"B 原文作如下之形:

整理者隸定作從"雨"從"匕",説"或可讀爲'批'"。我們認爲,此字下部隸定作"匕"是對的,但上部隸定作"雨"恐怕有問題。試比較下面"丙"字及從"丙"之字:

　　丙: 楚簡　 、金文　 《汗簡・丙部》"丙"字古文

　　炳: 《義雲章》;

　　更: 王存乂《切韻》　 《華岳碑》　 《王庶子碑》

可見此字從"丙"從"匕"。"匕"作爲舀取食物的器具,"柄"的作用比較重要,其顯著特徵也在通常比較長的"柄",所以 B 應該是個從"匕""丙"聲的字,很可能就是"柄"字的異體。"柄"的本義爲器物的把兒,是名詞,可以引申爲動詞的"執掌、掌握、控制",如《戰國策・韓策二》:"公仲柄得秦師,故敢捍楚。"

"柄"又可讀作"秉"。《國語・齊語》:"治國家不失其柄";"而慎用其大柄焉。""柄"字《管子・小匡》作"秉"。《文選》曹元首《六代論》:"及諸吕擅權,圖危劉氏。"李賢注:"《漢書》,太后崩,上將軍吕禄、相國吕産專兵秉政。"賈逵《國語注》曰:'權,秉,即柄字也。'"《説文・木部》"柄"字或從"秉"作"棅"。《詩・小雅・節南山》:"秉國之鈞,四方是維。""憂心如酲,誰秉國成?"漢陸賈《新語・懷慮》:"失道者誅,秉義者顯。"《漢書・孔光傳》:"君秉社稷之重,總百僚之任。"簡文"以秉四海之內"可能就是以求控制、掌握四海之內。

另外,"柄"字古音屬幫母陽部,"并"屬幫母耕部,其聲母相同而韻部相近,馬王堆帛書《五十二病方》"燔北向并符","并"或讀爲"秉",所以"柄"也可能讀爲吞併的"併"。《戰國策・中山策》:"魏併中山,必無趙矣。"高誘注:"併,兼也。"賈誼《過秦論》:"有席捲天下,包舉宇內,囊括四海之意,併吞八荒之心。"《史記・秦始皇本紀》:"招致賓客游士,欲以併天下。"然則簡文"以併四海之內"可能就是以求吞併四海之內。

《古文字研究》25,頁 355—356

△**按**　字當從何琳儀釋(何文 2003 年先發表於網絡),從陳劍讀。辭云:"湯

於是乎徵九州之師,以霶(略)四海之内。"

霶

曾侯乙 44　　曾侯乙 97

○**裘錫圭、李家浩**(1989)　霶(霶)。

《曾侯乙墓》頁 492、495

○**何琳儀**(1998)　霶,從雨,友聲。《集韻》:"霶,雨皃。"

隨縣簡霶,讀帔。《方言》二:"揄鋪、艦桯、帗縷、葉輸,毼也。"注:"皆謂物之行簸也。"

《戰國古文字典》頁 954

○**李守奎**(2003)　霶。

《楚文字編》頁 653

○**程燕**(2004)　霶　霶　原篆摹寫有誤。

《戰國古文字典》2004 年版,頁 1629

△**按**　字從龙,簡文中與霶爲異體,詳參本卷"霶"字條。

霶

楚帛書

○**饒宗頤**(1985)　《楚世家》云:"楚先祖出自顓頊。"《風俗通・六國篇》:"楚之先,出自帝顓頊。""出自"二字語同此。近姜亮夫讀此句爲"出自甡霶",謂即顓頊(姜著《離騷首八句解》見《社會科學戰線》1979 年 3 期)。按霶從雨走聲,自可讀爲霶,惟上一字不明。考《御覽・皇王部》引《帝王世紀》:"炎帝神農母曰任似,有蟜氏女。"少典娶於有蟜氏,生黃帝、炎帝。霶即霶,殆即有蟜氏。《大戴禮・帝繫》:"老童娶於竭水氏,竭水氏之子謂之高絧氏,產重黎及吳回。"郭注《山海經》引《世本》作:"老童娶於根水氏,謂之驕福,產重及黎,是爲楚先。"參雷學淇《介庵經説》二"帝繫説"。

《楚帛書》頁 7—8

○**何琳儀**(1986)　"霶",諸家多釋"震"。"☐霶"饒讀"聽訛",金讀"華胥"。按《帝王世紀》載"伏羲"乃"出于震","震"可能是"霶"之誤字,地望待考。

《江漢考古》1986-2,頁77

○**劉信芳**(1996)　霒　諸家或釋"震",或釋"霮",釋"霒"是。姜亮夫先生連上字讀爲"峊霖",謂即"顓頊"(《離騷首八句解》,《社會科學戰線》1979年3期)。

　　按"霒"實爲"需"字異體,"霒"從雨走聲,《説文》:"需,𩔖也。遇雨不進止𩔖也,從雨、而。易曰:雲上於天需。"段注:"各本作而聲者,非也。《公羊傳》曰:而者何?難也。《穀梁傳》曰:而,緩辭也。而爲遲緩之辭,故從而。而訓須,須通𩔖,從而猶從𩔖也。"段注解"需"從"𩔖"聲是也。今據帛書,知"需"本應作"霒"(𩔖、需、走古音同在侯部,端系精組聲紐),以後多用爲"濡",假爲"耎",故字改從"而",則由侯部字轉入寒部。包山簡二六五:"一升鑐。""鑐"字蔡侯墓大鼎作"鼒",則字又轉入魚部矣。讀"霒"(需)爲"頊",在音韻上不存在問題,"頊"亦侯部字。馬王堆帛書《刑德》九宮圖"顓頊"作"𣇃兀"(《馬王堆漢墓文物》,湖南出版社1992年),其"𣇃"與楚帛書"霒"上一字之殘形相近。

《中國文字》新21,頁68

○**何琳儀**(1998)　帛書"□霒",地名。疑讀"華胥"。

《戰國古文字典》頁383

○**董楚平**(2002)　霒,可能是"震"的異體字。《易·説卦》:"帝出乎震。"帝指伏羲,震指震澤,震澤又稱雷澤,即太湖。《山海經·海內東經》:"雷澤中有雷神,龍身而人頭,鼓其腹則雷。在吳西。"太湖正在吳西。《易·繫辭傳》疏引《帝王世紀》曰:"有大人迹出於雷澤,華胥履之而生包羲。"華胥,古氏族名。《列子·黄帝篇》有華胥氏之國。華胥即姑蘇。姑爲見母魚部,華爲匣母魚部。見匣旁紐,同屬牙音。既同韻,又旁紐,自可通假。胥與蘇也同屬魚部。《越絶書》與《吳越春秋》常稱姑蘇爲姑胥。現在蘇州市仍保留着姑胥地名。故以聲韻言,華胥完全可以讀作姑蘇,此其一;其次,《海內東經》説雷澤在"吳西"。《山海經》成書於戰國,當時吳指姑蘇,太湖在姑蘇之西,雷澤當即太湖。

《古文字研究》24,頁347

△**按**　字從雨,走聲,裘錫圭(《説從"皆"聲的從"貝"與從"辵"之字》,《文史》2012年3輯)讀爲穴竇之"竇"。

霥

![霥曾侯乙11] 曾侯乙 11　![曾侯乙47] 曾侯乙 47　![曾侯乙56] 曾侯乙 56　![曾侯乙95] 曾侯乙 95

【霥羽】

○**裘錫圭、李家浩**(1989)　“霥”，或寫作“獴”(61 號)、“霙”(44 號、97 號)。此字在簡文中有兩種用法，一是用作車馬器的名稱，常與韅、靹、靰、鞁、彎等記在一起，如“豻首之霥、豻霥”等；一是用作形容羽毛之詞，如“霥羽之翿”(42 號、43 號)。在望山二號墓竹簡記車馬器的簡文中，與此用法相似的一個字作“豖”。天星觀一號墓竹簡“豖”亦從“犬”作“昦”。疑簡文“霥”即“霥”字之省(字見《集韻》送韻)。指車馬器的“霥”是什麼，目前還不清楚。形容羽毛的“霥”應當讀爲《詩・秦風・小戎》“蒙伐有苑”之“蒙”，意即雜色(參看《信陽楚簡“渝”字及從“关”之字》，《中國語言學報》第一期 195 頁)。

　　“霥羽”一詞亦見於 44 號、61 號二簡。“霥”可能是“霥”字的簡寫，在此讀爲《詩・秦風・小戎》“蒙伐有苑”之“蒙”(參看注 35)。“蒙羽”蓋謂雜色的羽。

　　　　　　　　　　　　　　　　《曾侯乙墓》頁 506—507、514

△**按**　字所從之豖形體奇特，何琳儀摹作![手摹字1](簡 35)、![手摹字2](簡 56)、![手摹字3](簡 95)(《戰國古文字典》1224 頁)，或確是《集韻》送韻“霥”之省。曾侯乙簡與之用法相同的字作“霙”(簡 44、97)，“霙”從龙聲，“龙”見於上博三《周易》簡 1，對應馬王堆帛書及今本《周易》皆作“蒙”，故“霙”與“霥”當一字異體，可從裘錫圭、李家浩讀爲“蒙”。

霥

![霥侯馬85:15] 侯馬 85∶15

○**何琳儀**(1998)　霥，從雨，㝷聲。疑雷之異文。參𤱐字。

　　侯馬盟書霥，姓氏，疑讀雷。古諸侯國有方雷氏，後以國爲氏。見《古今姓氏書辯證》。

　　　　　　　　　　　　　　　　《戰國古文字典》頁 935

霂

集成 9734 舒盜壺

△按　“潾”字異體,詳參本卷水部“潾”字條。

霖

璽彙 3217

△按　字從雨從二犬,璽文用爲人名。

霖

包山 174

○劉彬徽、彭浩、胡雅麗、劉祖信(1991)　霖(？)。

《包山楚簡》頁 30

○何琳儀(1993)　周霖(？)174

　　△原篆作<!--篆-->,下從“拔”,甲骨文“祓”作<!--字-->,《古文四聲韻》引《古老子》“拔”作<!--字-->,是其證(于省吾《甲骨文字釋林》26)。故△應釋“霙”。《集韻》:“霙,雨兒。”

《江漢考古》1993-4,頁 59

○劉信芳(2003)　霖:何琳儀《戰國古文字典》釋“霙”,其說是。該字下部從木從奴,郭店簡《老子》乙 15:“善建者不拔。”“拔”字原簡作“果”,從奴猶從臼,知“霖”字從“拔”之古文得聲。

《包山楚簡解詁》頁 202

△按　字從“拔”字初文,簡文中用爲人名。

霝

郭店·老甲 25

△按　"霺"字異體,詳見"霺"字條。

霻

郭店・語三 31

○**荊門市博物館**(1998)　霻(寡)。

《郭店楚墓竹簡》頁 210

○**劉釗**(2003)　智叞(治)者霻(寡)惡(悔)。

　　"霻"字從文意看應爲"寡"字的訛變之體。"惡"從"心""母"聲,讀爲"悔"。古"母""每"本爲一字之分化,所以從"母"聲的"惡"可讀爲從"每"聲的"悔"。古"誨""謀"爲一字異體,而"謀"字古文即作"惡"。

　　此句簡文說用智慧來統治者就會避免後悔。

《郭店楚簡校釋》頁 217

○**趙立偉**(2005)　郭店楚簡《語叢三》第 31 號簡有一段簡文作"智叞者霻(寡)悔(謀)",第四字原篆作"",整理者隸定爲"霻",讀作"寡"。然對於該字爲何如此處理,整理者並沒有作出明確的解釋。裘錫圭先生按:"如'悔'上一字確爲'寡'字,'悔'似應讀作'悔'。"《語叢三》均爲類似格言的短句,又因與本簡相鄰的第 32 號簡上端已殘,從而使 31 號簡文的文義難以索解,故學術界對""字的考釋仍存在着不同的意見,如《戰國文字編》將其置於"寡"字條下,而《郭店楚簡文字編》和《楚文字編》則收入卷十三"雨"部字下。將楚簡""與石經古文""相比較,我們認爲,""不當隸於"雨"部字下,字從"雨"作者當是""兩側飾筆上移與宀旁結合後發生訛變的結果。如此,則當從裘錫圭先生之說,即讀作"智治者寡悔"。《論語・爲政》:"多聞闕疑,慎言其餘,則寡尤。多見闕殆,慎行其餘,則寡悔。"則簡文中的"寡悔"應與此同,"寡悔"即"少悔",據此簡文似可理解爲善於治理的人就會少犯錯誤,也就很少爲自己所做的事而感到後悔。

《漢字研究》1,頁 294

△按　趙立偉(2005)說可從,寡字古文作、、等形,此字當即"寡"字訛體。

霰

包山 91

○**何琳儀**（1998）　霰，从雨，殺聲。霰之異文。《字彙補》：“霰，同霰。”霰即霰之訛。《説文》：“霰，稷雪也。从雨，散聲。”

　　包山簡霰，人名。

《戰國古文字典》頁 940

○**劉釗**（1998）　簡 91 有字作“霰”，字表隸作“霰”。按字从“雨”，从“殺”聲，應釋爲“霰”。古音“殺”在生紐月部，“散”在心紐元部，音韻都很近。《方言》：“散，殺也。”即以“殺”聲訓“散”。戰國兵器言“散戈”者，即“殺戈”。“霰”字見於《説文》，在簡文中用爲人名。

《東方文化》1998-1、2，頁 56

○**白於藍**（1999）　173 頁霰”字條，“霰”（91），即《説文》霰字。散、殺聲韻俱近，故霰或可从殺聲作。

《中國文字》新 25，頁 198

霈

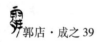郭店·成之 39

○**黃德寬、徐在國**（1998）　成 39 有字作霈，原書隸作“霈”。誤。老甲 25 脆字作霈，从雨从毨。注釋：“霈，字亦作‘霈’（《包山楚簡》第 185 號簡），从‘毨’聲。王弼本作‘脆’，《經典釋文》：‘一作腣。’與簡文‘霈’同聲旁。”（116 頁）“霈、霈”不見於後世字書，疑是“腣”字或體。《説文·肉部》：“腣，奥易破也，从肉毨聲。”《訂正六書通·隊韻》引《六書統》脆字作腣，《玉篇·肉部》“腣”同“脆”，可知“腣”乃“脆”字異體。“霈”字所从“半”絶不是“丰”，乃是“毛”，此字从“雨”“毨”聲，應釋爲“腣（脆）”。

《吉林大學古籍整理研究所建所十五周年紀念文集》頁 109-110

○**顔世鉉**（1999）　又《成之聞之》簡三九：“言不霈大常者，文王之刑莫厚安（焉）。”霈作霈，此字也从“半”，讀作“奉”，“奉大常”猶簡四〇之“祀天常”，亦猶“奉天時、奉天命”之意，《易·乾文言》：“後天而奉天時。”《尚書·盤庚上》：“先王有服，恪謹天命。”

《張以仁先生七秩壽慶論文集》頁 386—387

○**李零**（1999）　“逆”，原從雨從朔（下半左右反置），疑讀“逆”。

《道家文化研究》17，頁 516

○**廖名春**（2000）　簡文對引文的說解也頗值得注意。“此言也，言不霸大棠者，文王之型莫厚安。”疑“霸”爲“霸”之異體，與“伯”通，而“伯”與“率”義同，“率”可訓爲循、遵。“棠”即“常”之異文。“型”即“刑”。“厚”可訓爲“重”。“安”讀爲“焉”。就是説《康誥》“不率大夏，文王作罰，刑茲無赦”的意思是説不遵太常而行，文王的刑法就不會爲世人所重視。而孔安國傳：“夏，常也。凡民不循大常之教，猶刑之無赦。”其“大常”之訓與簡文同。這説明孔安國傳也是有來源的，對認識孔傳真面目也是有益的。

《郭店楚簡國際學術研討會論文集》頁 121

○**白於藍**（2001）　關於“霸”字，原篆作“霸”。李零先生釋此字爲“逆”。按，其説不可信。郭店簡中“邦”字習見，作“邦”（《老子》甲簡二九）、“邦”（《老子》甲簡三〇）、“邦”（《老子》丙簡三）、“邦”（《成之聞之》簡三〇）、“邦”（《語叢》四簡一四）等，所從之“丰”均與“霸”字右下所從相同。可見，原釋文中將此字隸作“霸”不誤。筆者以爲此字當分析爲從雨胖聲。胖字則從肉丰聲，於簡文中當讀爲“奉”。《説文》：“奉，承也，從手從廾丰聲。”霸、奉俱從丰聲，自可相通。《論衡·感虛》：“武王不奉天令，求索己過。”又《論衡·恢國》：“直奉天命，推自然。”此兩處“奉”字之用法與簡文之“霸（奉）”完全相同。若依李零先生將此字釋爲“逆”，則與簡文本義完全相反。

《江漢考古》2001-2，頁 58

○**崔永東**（2001）　霸：蓋爲“霈”（《説文》篆體爲霈）之訛。《説文》：“霈，霈霂，小雨也。”“霈”作動詞用當有沐浴的含義。在上述引文的語境中又有接受、服從的意思。所謂“不霸大棠（常）者，文王之型（刑）莫厚安（焉）”是説對不服從“大常”（官方肯定的倫理制度）者將按照“文王之刑”（周文王制定的刑法）嚴加懲處。

《簡帛研究二〇〇一》頁 70

○**李守奎**（2003）　讀逆。

《楚文字編》頁 654

△**按**　楚簡“逆”字或作（上博《性情論》簡 4）、（上博《容成氏》簡 52）、

（郭店《性自命出》簡 10），其中尤以最後一形之屰與霏字所從最近，而郭店《性自命出》與《成之聞之》屬同類字體，故知釋“霏”確不可易。辭云：“言不霏大常者，文王之刑莫重焉。”讀“逆”可從。

霝

新蔡乙二 14

──────────

△按　用爲地名，文殘，不詳其讀。

霻　　霈

上博四・采風 3　　包山 185

郭店・老甲 25

──────────

○**劉彬徽、彭浩、胡雅麗、劉祖信**（1991）　（編按：包山 185）霖（？）。

《包山楚簡》頁 31

○**荊門市博物館**（1998）　（編按：郭店・老甲 25）霈，字亦作“霻”（《包山楚簡》第一八五號簡），从“毳”聲，王弼本作脆，《經典釋文》：“一作膬。”與簡文“霈”同聲旁。

《郭店楚墓竹簡》頁 116

○**魏啟鵬**（1999）　（編按：郭店・老甲 25）霈，乃楚簡文字“霻”之省形。在此句中讀爲毳（cuì），《説文》：“獸細毛也。”字通“脆”，脆弱，細脆。《荀子・議兵》：“是事小敵毳，則偷可用也。”楊注：“毳，讀爲脆。”朱謙之校：敦煌、遂州二本“脆”作“毳”。《釋文》曰：“河上本作膬。”

《道家文化研究》17，頁 226

○**劉信芳**（1999）　（編按：郭店・老甲 25）“霈”，字從雨，毳省聲。王本作“脆”，河上本作“膬”。按：王本“其脆易泮”不可解，後世諸本多改“泮”爲“破”，近年論者或謂“泮”當做“破”，非是。“霈”字讀如“叕”，《説文》：“叕，綴聯也，象形。”從叕之“綴”釋爲“合箸”，“畷”釋爲“兩百閒道也”。凡土地之“畷”，易於爲“畔”，或作爲自然之田界。凡織物之綴聯處，容易分拆。引申之，當著事物之聯接，尚易於分畔也。“霈”字讀與“叕”，有如“啜”之作“嚘”（《一切經音義》十九引《通俗文》）。

《荊門郭店竹簡老子解詁》頁 32

○**丁原植**（1999）　（編按：郭店・老甲 25)《遂州道德經碑》，此字作“毳”。“毳”，《説文・毳部》：“獸細毛也，从三毛。”“毳”字，意指“柔細的狀態”。“毳”可通“脆”，但將“毳”解爲“脆弱”之“脆”，恐與《老子》義理有別。

《郭店竹簡老子釋析與研究》頁 173

○**廖名春**（2003）　（編按：郭店・老甲 25)《説文・肉部》：“脃，奐易破也。从肉，毳聲。”《玉篇・肉部》：“脃”，同“脆”。《説文・肉部》：“脆，小奐易斷也。从肉，从絶省。”《玉篇・肉部》：“脆”，同“脆”。從楚簡“毳”看，故書當作“脃”。從《説文》和《荀子・議兵》“事小敵毳”説看，“脃”字之義當爲小而軟弱。

《郭店楚簡老子校釋》頁 265

○**劉釗**（2005）　“毳”即“毳”字省文，字从“毳”聲，讀爲“脆”。古音“毳、脆”皆在清紐月部，可以相通。

《郭店竹簡校釋》頁 20

○**陳錫勇**（2005）　“毳”，或作“毳”，《説文》作“脃”，从“毳”聲，《史記・刺客傳》“甘毳以養親”，即以“毳”謂“脃”，《説文》：“脃，奐易破也，从肉毳聲。”段玉裁注：“脆、脃，蓋本一字。”《説文》：“脆，小奐易斷也，从肉絶省聲。”段注：“《七發》曰‘甘脃肥濃’，《魏都賦》‘稟質蓮脃’，作脆者誤也。”然則王弼本原文當作“脃”，不作“脆”也。而郭店甲編“毳”，當釋作“脃”，是謂柔腝易破、易斷也。廖君引《説文》“脃”字句誤脱句末“聲”字，所引《玉篇》是證“脃”“脆”同也，而《郭店楚墓竹簡・老子》亦據通行本“毳”釋作“脆”，並非也，當據段注釋作“脃”。范應元所見王弼本作“脃”，不作“脆”，作“脆”者，誤也。

《郭店楚簡老子論證》頁 157

△**按**　清華簡《楚居》6 號簡有楚王名“酓霝”，整理者認爲即文獻中的“熊雪”。

【**霝氏**】上博四・采風 3

○**馬承源**（2004）　霝氏　曲目。“霝”，从雨，毳聲，字書所無，疑讀爲“毳”。《通志・氏族略》引《姓苑》有“毳氏”，《五音集韻》清四：“毳，細毛也。又姓，出《姓苑》。”《周禮・天官冢宰・掌皮》：“掌皮，掌秋斂皮，冬斂革，春獻之。遂以式灋頒皮革於百工。”鄭玄注：“皮革踰歲乾，久乃可用，獻之，獻其良者於王，以入司裘給王用。”“毳氏”疑爲掌皮的百工。字亦見於《包山楚簡》。

《上海博物館藏戰國楚竹書》(四)頁 167

霈

集成 9734 奻盗壺

△按　"涕"字異體,詳參水部"涕"字條。

霥

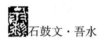石鼓文·吾水

○**强運開**(1935)　薛尚功作霈,趙古則作霾。郭云:"恐是籀文霾字。"張德容云:"按黎、貍聲同,是郭説所本。"運開按:曾伯霥匜作霥,又霥彝作霥,皆作霥字也,特右旁省去勹耳。

《石鼓釋文》壬鼓,頁 10

【霥=】

○**何琳儀**(1998)　霈,從雨,利聲。

石鼓"霈霈",讀"遲遲"。《史記·高祖本紀》"黎明圍宛城三匝",索隱:"黎,《漢書》作遲。"《漢書·高帝紀》注:"《史記》遲字作遟。"《廣雅·釋詁》四:"遟,遲也。"是其佐證。《爾雅·釋訓》:"遲遲,徐也。"

《戰國古文字典》頁 1261

○**徐寶貴**(2008)　霥,本作霥形,從雨黎聲。《説文》所無。霥霥,重言形況字。在"四翰霥霥"句中,殆狀"四翰"之狀盛、肥大之貌。

《石鼓文整理研究》頁 806

雲 雲 云

陶彙 5·294　珍秦·秦 121　天星觀　錢典 794

璽彙 4876　璽彙 4877　睡虎地·封診 40

郭店·緇衣 35　上博三·互先 4　上博七·君甲 9　楚帛書

【云₌相生】上博三·互先4

○**李零**（2003）　云₌相生　"云₌"重文，讀爲"云云"，是衆多之義。

《上海博物館藏戰國楚竹書》（三）頁292

【雲君】天星觀

○**李零**（1998）　疑即《九歌》中的"雲中君"。

《李零自選集》頁62

【雲陽】

○**周偉洲**（1997）　15.雲陽丞印　《史記·秦始皇本紀》云：十三年（公元前234年）"韓非使秦，秦用李斯謀，留非，非死雲陽"。則雲陽爲秦舊縣，秦併天下前後，其爲内史屬縣；丞爲縣令佐官。地在今陝西淳化北。

《西北大學學報》1997-1，頁34

雲霙　会

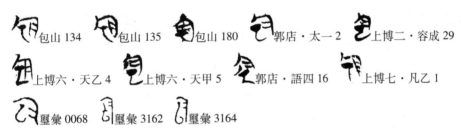

包山134　包山135　包山180　郭店·太一2　上博二·容成29

上博六·天乙4　上博六·天甲5　郭店·語四16　上博七·凡乙1

璽彙0068　璽彙3162　璽彙3164

○**何琳儀**（1998）　晉璽"会陰、会□"，地名。晉璽会，讀陰，姓氏。見陰字。魏璽"会成"，讀"陰成"，地名。《戰國策·趙策》四："抱陰成，負葛薛。"在今河南盧氏、羅寧之閒。

　　包山簡会，讀陰，姓氏。見陰字。

《戰國古文字典》頁1393

【会易】郭店·太一8、上博二·容成29

△**按**　《説文》："黔，雲覆日也。从雲，今聲。会，古文或省。𩃿，亦古文黔。"戰國文字未見作"黔"之形。"会"除用爲本義外，亦借表樹蔭之"蔭"，如郭店《語叢四》簡16"利木会（蔭）者"。

魚　臭

石鼓文·汧殹　睡虎地·日甲72正貳　曾侯乙8　新蔡甲三321　包山256

包山 257　　　包山 259　　　上博二·魯邦 4　　　上博二·容成 5　　　上博三·周易 41

上博五·姑成 9　　上博五·姑成 10　　　璽彙 0347　　　陶彙 3·319　　　璽彙 2727

貨系 2796

○**强運開**（1935）　（編按:石鼓文）《説文》魚，篆作&#xFFFD;，“水蟲也。象形，魚尾與燕尾相似”。又鱙篆，籀文作&#xFFFD;。段注云:从&#xFFFD;，據徐氏鉉筆迹相承小異條云:史籀筆迹如此也。是則&#xFFFD;爲籀文矣。又按毛公鼎魚作&#xFFFD;，酥&#xFFFD;妊鼎作&#xFFFD;，俱與鼓文近似，是&#xFFFD;本古文魚也。

《石鼓釋文》乙鼓，頁 8

○**鄭家相**（1959）　文爲魚形，蓋古之象形魚字也。魚，餘也，取盈餘之義。

《中國古代貨幣發展史》頁 73

○**裴錫圭、李家浩**（1989）　（編按:曾侯乙）5 號等簡有“襧貂與綠魚之箙、襧貂與紫魚之箙”語，“襧貂”與“綠魚、紫魚”對言。“襧”似指某種顏色，與《集韻》“襧”字不同義。“襧紫魚與綠魚”當指“二縣箙”是用襧紫色的魚皮和綠色的魚皮做的。簡文屢見“紫魚之箙、綠魚之箙”。《詩·小雅·采薇》“象珥魚服”，毛傳:“魚服，魚皮也。”孔穎達正義引陸璣《毛詩草木鳥獸蟲魚疏》:“魚服，魚獸之皮也。魚獸似豬，東海有之，其皮背上班文，腹下純青，今以爲可（“可”字當是衍文）弓韃、步叉者也。”

《曾侯乙墓》頁 503

○**張守中**（1994）　（編按:睡虎地）通漁　魚邇　日乙五九。

《睡虎地秦簡文字編》頁 175

○**吳振武**（1996）　（編按:璽彙 0347）《古璽彙編》（以下簡稱“璽彙”）46 頁 0270 和 60 頁 0347 是下揭兩方陰文官璽:

　46·0270　　　　　60·0347

這兩方官璽從風格上看，皆可斷爲楚物。

　　兩璽的第二字都从“金”“尓”聲，是“璽”字的古寫。（**中略**）

　　0347 那方的第一個字，《璽彙》隸作从“勹”从“羔”（《璽文》同，見該書 229 頁）。這個隸定法曾見幾種著作襲用，但未見有人解説。無人解説的原因大概很簡單，即如此隸定根本就無法解釋。

　　筆者很久以來一直懷疑此字可能是"魚"字的變體。理由是此璽跟上面討論的0270"敂璽"璽無論在文字風格上，還是在璽文格式上，都是一致的；而讀"魚"爲"漁"，從文義上講，正可以和筆者的釋"敂"説相呼應。但這個猜想在很長一段時間裏，一直苦於找不到硬證。及至曾侯乙墓竹簡和包山楚簡刊布，我們看到這兩批竹簡中"魚"字的寫法，始知這個猜想是可以成立的。事有湊巧，不久前承澳門收藏家蕭春源先生惠助，得見日本著名篆刻家菅原石廬先生收藏並刊布的幾方戰國璽印，其中居然有可以落實筆者猜想的硬證。

　　此璽文字風格和璽文格式跟上揭二璽亦相同。文曰"敘璽"，顯即等於0347"魚璽"。《周禮・天官》有"歔（漁）人"，釋文曰："歔音魚，本又作'魚'，亦作'敘'，同。"段玉裁在《説文》"漁"字下謂："捕魚字古多作'魚'，如《周禮》'歔人'本作'魚'，此與取鱉者曰'鱉人'，取獸者曰'獸人'同也。《左傳》：'公將如棠觀魚者。'魚者，謂捕魚者也……《周禮》當从古作'魚人'，作'敘'者次之，作'歔'者非也。"按取獸曰"田"，取魚曰"漁"，古書中當田獵和捕魚講的"田漁"一詞，也作"敂漁"（《逸周書・文傳》）或"敂敘"（《文選・張衡〈西京賦〉》，李善注："《説文》曰：'敘，捕魚也。'音魚。"）。今比觀璽文，既見"敂璽"，又見"魚璽"或"敘璽"，則後者顯然是掌管漁事的官員所用之璽。這種掌漁官的具體責守，可參看《周禮・天官》中的"歔人"一職。包山楚簡中有"大敘尹"，漢印中有"上沇漁監"，亦可資參校。

　　近十幾年來，曾讀到不少系統討論楚國官制的論著，其中有一些是利用《璽彙》對古璽和其他出土古文字資料中所見的楚官作綜合性論述的佳作。但遺憾的是，這些論著均未涉及本篇所討論的"敂璽"和"魚璽"。故本篇所論，對未來楚國官制的進一步研究，或有裨益。

《金景芳九五誕辰紀念文集》頁190—191

△按　魚可讀爲漁，如"魚璽"（璽彙0347）、"魚於雷澤"（上博二《容成氏》簡13）。

【魚是】新蔡甲三321

△按　地名。

【魚易】貨系1979

○何琳儀（1998）　魏方足布"魚易"，或作"慮陽"。

《戰國古文字典》頁1501

△按　地名。

【魚軒】曾侯乙 174

○**李守奎**(2000) “魚軒”之名見於典籍,《左傳》閔公二年“歸夫人魚軒”杜預注云:“魚軒,夫人車,以魚皮爲飾。”簡文只記“紫錦之裏”,與其他車“紡表、紫裏”“紫錦之表、□□裏”兼及表、裏不同,應該是此物之表爲魚皮所製。杜注所謂“夫人車”是就傳文“夫人軒”而言,非魚軒皆爲夫人所乘。至於該車什麽部位以魚皮爲飾,僅從以上材料是無從得知的。

《古文字研究》22,頁 197

【魚鞁】望山 2・23

【魚鞁】包山 259

○**朱德熙、裘錫圭、李家浩**(1995) (**編按**:望山 2・23)《周書・王會》所附《伊尹朝獻》有“魚皮之鞞”。《詩・小雅・采薇》有“魚服”,《左傳・閔公二年》有“魚軒”,“魚”皆指“魚皮”。

《望山楚簡》頁 122

【魚鱉】上博二・容成 5、睡虎地・秦律 5

△**按** 簡文曰:“禽獸朝,魚鱉獻。”泛指鱗介水族。

魼 

集成 11352 秦子戈

○**陳平**(1986) 其左邊偏旁似爲魚字之殘,其右旁不清。其右旁當係形符,而其左偏之魚當係聲符,故字音近通魚。魚與旅上古韻皆屬魚部,例可通假。故其第二字可讀作旅。

《考古與文物》1986-2,頁 66

○**王輝**(1997) “魼”字《三代》戈、矛不太清楚,故宫戈則从魚从去,甚爲清楚,原先或隸作“旐”,是不準確的。《説文》:“魼,魚也。从魚,去聲。”又《廣韻・魚韻》:“魼,比目魚。”除秦子戈、矛外,魼不見於其它古文字資料,所以戈、矛之“魼”與《説文》之“魼”字是否一字,無法證明。但上古音魚、去、旅皆魚部字,故“魼”無論是从魚得音還是从去得音,其讀爲旅從音理上説應該是没有困難的。“帀魼”我原先曾推測應讀爲師旅,並舉師旂鼎“師旅衆不從王征于方”(**編按**:銘文作“師旅衆僕不從王征于方”),《詩・大雅・常武》“左右陳行,戒我

師旅”,以及春秋時晉、宋等國有左、右師的例子,説明戈、矛銘“左右師旅”强調的是軍隊的組織形式,現在看,這仍不失爲一種比較合理的推測。

《陝西歷史博物館館刊》4,頁 19

○**李學勤**(2003)　下面的“䤚”字也見於《説文》,清代朱駿聲已説明該字應從“劫”省聲。“劫”是見母葉部字,可讀爲同音的“夾”,訓爲“輔”。

《文博》2003-5,頁 38

△**按**　字又从金作“鈝”,董珊(《珍秦齋藏秦伯喪戈、矛考釋》,《故宮博物院院刊》2006 年 6 期)讀爲“甲”,參卷十四金部“鈝”字條。

鯀 鯀

郭店·語一 3　　　郭店·語一 5

○**裘錫圭**(1998)　“鯀”疑當讀爲倫序之“倫”。

《郭店楚墓竹簡》頁 200

○**陳偉武**(2000)　《語叢》一 48—49 號簡云:“凡勿(物)又(有)蝨(本)又(有)卯,又(有)終又(有)絧(始)。”　蝨字原篆作蝨,整理者隸定可靠。而無説釋。今按:此字實从本,蚰聲,表“根本”義,即“根”之異體字。《老子》甲 21 號簡“又(有)瘤(狀)蟲〈蚰〉成”,把“蚰”誤寫爲“蟲”,整理者注釋已指出:“‘蚰’即昆蟲之‘昆’的本字,可讀爲‘混’。”睡虎地秦簡《田律》“畚(蚤)蚰”之“蚰”即用爲蟲類總稱。蚰,見紐文部字,故見紐文部字的“根”可以之爲聲符另造新字“蝨”。

　　“卯”字屢見於他簡,如《語叢》三 32:“……戔者卯。”裘先生按語云:“‘卯’字簡文中屢見,從文意看似應有‘別’一類意義,待考。”今按:古書中“柳”可與“昧”通用,如《尚書·堯典》:“曰昧谷。”《尚書大傳》“昧谷”作“柳谷”,《周禮·天官·縫人》鄭注所引同。《左傳》昭公十五年“吳人夷末”,《公羊傳》襄公二十九年作“夷昧”。“未”或從“未”得聲之字與“末”通用之例甚多,毋繁贅舉。“柳”從卯得聲,故“卯”與“末”通假的可能性頗大。《説苑·談叢》:“本傷者枝槁,根深者末厚。”“根”與“末”對文。知上文將“蝨”釋爲“根”之異體,“卯”讀爲“末”不謬。《語叢》一 3:“天生鯀,人生卯。”裘先生按語:“‘鯀’疑當讀爲倫序之‘倫’。下條‘鯀’字同。”今知“鯀”亦當讀爲“根”,聲韻皆合。“卯”亦讀爲“末”。所謂“天生根”,似可以《老子》甲 24 簡文爲注腳:"天道員員,各復其堇(根)。"丁原植先生指出:"自然的運作,循環而往復,萬物雖然並起興作,但均安然復歸其始源之根。此實指'天道'的運作。"《莊子・應帝王》有寓言人物"天根",或可證楚簡"天生根,人生末"爲道家者言。天生之根,猶如《鶡冠子・泰鴻》所說的"神明之所根"。與天之所生相比,人之所生自然只能稱爲"卯(末)"了。《語叢》一 4—5 簡云:"又(有)命有麌又(有)名,而句(後)又(有)鯀。"頗疑此"鯀"字亦當讀爲"根"。

《華學》4,頁 77—78

○**劉釗**(2003)　天生鯀(倫),人生化。

　　"鯀"讀爲"倫"。古音"鯀"在見紐文部,"倫"在來紐文部,韻部相同,古音見系字與舌音關係密切,所以"鯀"可以讀爲"倫"。"倫"指道理。《禮記・中庸》:"今天下車同軌,書同文,行同倫。"孔穎達疏:"倫,道也,言人所行之行皆同道理。""化"指風俗、風氣。簡文説天生出道理,人生出風俗。

《郭店楚簡校釋》頁 183—184

△**按**　辭云"天生鯀,人生⺆"(簡 3),又"有命有文有名,而後有鯀",字如何釋讀尚難論定。

鰥 𩼛

上博六・用曰 16

△**按**　《説文》:"鰥,魚也。从魚,眔聲。"《書・堯典》:"有鰥在下曰虞舜。"孔傳:"無妻曰鰥。"簡文"□鰥之身",當用爲鰥寡義。

鯉 鯉

石鼓文・汧殹

○**强運開**(1935)　《説文》:"鱣也,从魚,里聲。"《詩・小雅》:"魚麗于罶,鰋鯉。"《周頌》"鰷鱨鰋鯉",足見周人鰋鯉二字每多連用也。

《石鼓釋文》乙鼓,頁 4

○**徐寶貴**(2008)　鯉,《爾雅義疏》:"陶注《本草》云:'鯉魚最爲魚之主形,既可愛,又能神變,乃至飛越江湖。'《月令》:'孟夏之月(引者按:此乃"孟春之月"之誤),獺祭魚。'《吕覽》及《淮南・時則篇》注並以魚爲鯉也。《齊民要

術》引《養魚經》云：'鯉不相食，又易長。'舊説鯉脊中鱗一道，每鱗有小黑點，大小皆三十六鱗。今驗，唯脇正中鱗一道，如舊説耳，非脊鱗也。《廣雅》云：'黑鯉謂之�👎。'《古今注》云：'兖州人呼赤鯉爲赤驥，謂青鯉爲青馬，黑鯉爲玄駒，白鯉爲白騏，黃鯉爲黃雉。'是鯉有數色。《廣雅》舉其黑，郭注舉其赤耳。今所見有赤、黑、黃三色。"

《石鼓文整理研究》頁 768

△按　《説文》："鯉，鱣也。从魚，里聲。"鼓文云"鰻鯉處之"。

魴 魦 鰟

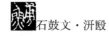璽彙 2728　　魦璽彙 2729

石鼓文·汧殹

○**强運開**(1935)　(編按:石鼓文)薛尚功、趙古則均釋作鱄，鄭云："今作鮒。"楊升庵亦以爲鮒字，張德容云："鄭説非也。鄭康成注《易》'井谷射鮒'云：'鮒魚微小。'虞翻云：'鮒，小鮮也。'《吕覽》云：'魚之美者，洞庭之鱄。'《爾雅》疏云：'魚之大者爲鱄。'鱄鮒義迥别。"運開按，張説甚是，鱄本魚名，固不必釋鱄爲鮒也。

《石鼓釋文》乙鼓，頁 10

○**郭沫若**(1936)　魦即《説文》魴之重文鰟字，⿰氵旁乃滂字也。妣娌母毁有旁字作⿰，與此形近。《説文》頭之重文有古文頢頢，又有籀文頢，旁之異作頗多。其頭頭諸文蓋即⿰之訛變耳。

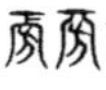

《郭沫若全集·考古編 9》頁 122,1982

○**何琳儀**(1998)　燕璽魴，姓氏。晉士魴之後。見《路史》。

《戰國古文字典》頁 715—716

○**徐寶貴**(2008)　按郭老釋二字爲"滂、鰟"，是非常正確的。睡虎地秦簡《秦律十八種》第二一〇簡有"旁"字作⿰，《五十二病方》"旁"字作⿰，《老子》帛書乙本"旁"作⿰。均與石鼓文"滂、鰟"二字所从"旁"相近，可爲之證。王國維説："《説文解字》魚部：'魴，赤尾魚。从魚，方聲。鰟，籀文魴从旁。'按小徐本如是，大徐本作'鰟或从旁'。殆以籀文旁作雱，不應有从旁之字而改之。"《玉篇》："魴，扶方切，赤尾魚。鰟，籀文。""鰟"爲"魴"之籀文無疑。郝懿行《爾雅義疏》："按《詩·汝墳》傳：'魚勞則尾赤。'今魴魚色青白而尾不赤，故毛説以'魚勞'，許便定以'赤尾'，非矣。陸璣疏云：'魴，今伊洛濟潁魴魚也。

廣而薄,肥恬而少力,細鱗,魚之美者。遼東梁水魴特肥而厚,尤美於中國魴,故其鄉語曰:居就糧,梁水魴,是也。'"

《石鼓文整理研究》頁 771—772

△按　《説文》:"魴,赤尾魚。从魚,方聲。鰟,魴或从旁。"鼓文云"有鰟有鯆"。

鰅

石鼓文·汧殹

○强運開(1935)　《説文》:"鰅,魚也,从魚,與聲。"《詩·齊風》"其魚魴鰅",傳曰:"魴鰅,大魚。"箋云:"鰅,似魴而弱鱗。"疏曰:"鰅,似魴而頭大,其頭尤大而肥者,徐州人謂之鰱。"《廣雅》曰:"鰅,鰱也。"

《石鼓釋文》乙鼓,頁 13

○徐寶貴(2008)　鰅,王念孫《廣雅疏證》:"《齊風·敝笱篇》'其魚魴鰅'箋云:'鰅似魴而弱鱗。'《義疏》云:'鰅似魴而頭大,魚之不美者,故里語曰:"網魚得鰅,不如啗茹。"其頭尤大而肥者,徐州人謂之鰱,或謂之鱅。幽州人謂之鴞鶄,或謂之胡鱅。'鱅,一作鰫。《漢書·司馬相如傳》'鰅鰫鰬魠',郭璞注云:'鰫似鰱而黑。'《江賦》云'鯪鰩鯿鰱',《埤雅》云'鰅魚色白,北土皆呼白腆',故《西征賦》曰'華魴躍鱗,素鰅揚鬐'也。今人通呼鰱子。"牟應震《毛詩質疑》:"鰅即鰱也。好群行相與,故曰鰅。形似白鰷,鱗尤細,色尤白。"

《石鼓文整理研究》頁 774

△按　《説文》:"鰅,魚名。从魚,與聲。"鼓文云"唯鰅唯鯉"。

鯢

包山 194

△按　《説文》:"鯢,刺魚也。从魚,兒聲。"簡文用爲人名。

鰻

石鼓文·汧殹

○强運開（1935）　《説文》：“鮀也，从魚，晏聲。鰋或从匽。”段注云：“鮀也，乃鮎也之誤。”運開按：鮎下云“鰋也”，是二字爲轉注矣。今經典皆作鰋，本文僅此一見。

《石鼓釋文》乙鼓，頁 4

○徐寶貴（2008）　鰋，《説文》：“鰋，鮀也。从魚晏聲。鰋，鰋或从匽。”“鮀，鮎也。”李時珍《本草綱目・鱗部・鮧魚》：“魚額平夷低偃，其涎黏滑。鰋，偃也；鮎，黏也。古曰鰋，今曰鮎。北人曰鰋，南人曰鮎。”郝懿行《爾雅義疏・釋魚》：“按今通呼爲鮎。《爾雅翼》云：‘鮧魚偃額，兩目上陳，頭大，尾小，身滑無鱗，謂之鮎魚。言其黏滑也。’”

《石鼓文整理研究》頁 768

△按　《説文》：“鰋，鮀也。从魚，晏聲。鰋，鮀或从匽。”鼓文云“鰋鯉處之”。

鮮 鱻

石鼓文・汧殹　 集成 9734 舒蚉壺　 上博四・逸詩・多薪 5　 睡虎地・日甲 74 正貳

璽彙 1305　 璽彙 3227

○强運開（1935）　《説文》：“鮮魚也，出貉國，从魚，羴省聲。”段注云：“此乃魚名，經傳叚爲新鱻字，又叚爲尟少字，而本義廢矣。”張德容云：“此蓋引申爲鱻羮之義。”運開按：張説是也。又按，畢鮮敦鮮作鱻，鱻易左形右聲爲上下耳。

《石鼓釋文》乙鼓，頁 9

○于豪亮（1982）　（編按：青川木牘）律文云：“十月，爲橋，脩波（陂）隄，例津梁（梁），鮮草離。”鮮讀爲獮。《史記・魯世家》：“於是伯禽率師伐之於肸，作肸誓。”集解：“徐廣曰：肸一作鮮，一作獮。”索隱：“《尚書》作費誓，徐廣云：一作鮮，一作獮。按，《尚書大傳》見作鮮誓，鮮誓即肸誓，古今字異，義亦變也。鮮，獮也。言於肸地誓衆，因行獮田之禮，以取鮮獸而祭，故字或作鮮，或作獮。”此鮮與獮通之證。《爾雅・釋詁》：“獮，殺也。”離當以雙聲讀爲萊。“鮮草離”意思是除去草萊。

《文物》1982-1，頁 23

○李零（1989）　（編按：青川木牘）鮮（删）。

《出土文獻研究續集》頁 120

【鮮于】集成 9715 枕氏壺

○**何琳儀**(1998) “鮮于”,讀“鮮虞”,國名。

《戰國古文字典》頁 1050

【鮮蓳】好盗壺

○**李學勤、李零**(1979) “鮮蓳”即《周禮·庖人》“鱻薧”,鮮是生肉,薧是乾肉。

《考古學報》1979-2,頁 161

○**于豪亮**(1979) “以取鮮蓳”,《淮南子·泰族》“湯之初作囿也,以奉宗廟鮮犒之具”,注:“生肉爲鮮,乾肉爲犒。”《國語·魯語上》:“古者大寒降,土蟄發,水虞於是乎講罛罶,取名魚、登川禽而嘗之寢廟,行諸國人,助宣氣也。鳥獸孕,水蟲成,獸虞於是乎禁罝羅,矠魚鱉以爲夏槁,助生阜也。鳥獸成,水蟲孕,水虞於是乎禁罜䍡,設穽鄂以實廟庖,畜功用也。”也是敘述取鮮蓳之事。

《考古學報》1979-2,頁 182—183

○**朱德熙、裘錫圭**(1979) 鮮槁,鮮肉和乾肉,古書或寫作“鱻薧、鮮犒”。《周禮·天官·庖人》“死生鱻薧之物”,注引鄭司農云“鮮謂生肉,薧謂乾肉”。鱻,古鮮字。《淮南子·泰族》“以奉宗廟鮮犞之具”,注云:“生肉爲鮮,乾肉爲犞。”按:“犞”當作“犒”。

《朱德熙古文字論集》頁 105,1995;原載《文物》1979-2

○**徐中舒、伍仕謙**(1979) 鮮蓳:《周禮·天官·庖人》:“辨魚肉爲鱻薧。”鄭司農注:“薧,乾肉。鱻,鱻肉。”鱻即鮮之古文。《周禮·獸人》鄭注:“六畜、六獸、六禽,亦稱鱻薧。”

《中國史研究》1979-4,頁 94

○**王勇**(1991) 再從“鮮蓳”看,“鮮蓳”即《周禮》之“鮮薧”,《周禮·天官·庖人》鄭注:“鮮,謂生肉;薧,謂乾肉。”

《寧夏大學學報》1991-1,頁 101

○**湯餘惠**(1993) 鮮,新鮮生肉。薧,加工過的乾肉。《周禮·天官》:“庖人掌共六畜、六獸、六禽,辨其名物,凡其死生鱻薧之物,以共王之膳。”

《戰國銘文選》頁 41

鮭 

璽彙 1143 陶彙 3·605 陶彙 3·1152

○**何琳儀**（1998）　齊璽鮏，人名。

《戰國古文字典》頁 825

○**徐在國**（2002）　七、釋"鮏"

齊陶文中有如下一字：

H　陶彙 3·1152

《陶彙》缺釋。《陶徵》放入附録，但摹寫有誤（310 頁）。

按：齊文字中"鮏"字作：

並从"魚"，"生"聲。H 與上録"鮏"字形體相近，應釋爲"鮏"。《説文》："鮏，
鰠也。从魚，生聲。"段注："與肉部腥義别，字俗作鯹。"《陶彙》3·1152 是一
方單字陶文。

《古文字研究》23，頁 112

鮨 鮨

包山 255

○**劉彬徽、彭浩、胡雅麗、劉祖信**（1991）　鮰□。

《包山楚簡》頁 37

△**按**　字右半不甚清晰，整理者缺釋，此從劉國勝（《楚喪葬簡牘集釋》74 頁，
科學出版社 2011 年）釋，東室 2:16 號陶罐内盛有鮒魚製品。《説文》："鮨，魚
䏽醬也，出蜀中。从魚，旨聲。一曰：鮪魚名。"

鮪 鮍 鰾

十鐘　石鼓文·汧殹

○**薛尚功**（宋）　鰾。

《歷代鐘鼎彝器款識》頁 363，1985

○**吳大澂**（1884）　　古鮪字。石鼓。

《説文古籀補》頁 47，1988

○**羅振玉**（1916）　鰾从睪，乃之變形。《説文》鞭字古文作，古金文作。
《毛白彝》馭作，从鞭、馬二字會意。《大蒐鼎》作，《大鼎》作，《鳳文尊》

作□。是古文之□一變而爲□,再變爲□,三變爲□。此从□,又□之變。許書有鯾字,鱗蓋即鯾之籀文。

《羅振玉學術論著集》1,頁 520—521,2010;原載《石鼓文考釋》

○**强運開**(1935)　薛尚功釋云"鯝",鄭漁仲、趙古則均釋作"鯾",楊升庵釋作"鯿"。張德容云:"此當是籀文'鮀'字。"羅振玉云:"鱗从□,乃□之變形。《說文》鞭字古文作□,古金文作□。毛白彝馭作□,从鞭、馬二字會意。大蒐鼎作□,大鼎作□,鳳文尊作□。是古文之□一變而爲□,再變爲□,三變爲□。此从□,又□之變。許書有鯾字,鱗蓋即鯾之籀文。"運開按:羅說甚辨而有理,但鼓文徒騁字兩見,均作騁,並不作□,是鱗當爲別一字。張釋爲鮀之籀文,似爲近之。按,《說文》:"鮀,蚌也。"段云:"蚌者,蜃屬。"蜃爲大蛤,蛤之類甚多,如海蛤、魁蛤皆是。今俗於其色之黃者名曰黃蜆,白者名曰白蛤。是蛤本有黃、白色二色也。

《石鼓釋文》乙鼓,頁 9—10

○**郭沫若**(1939)　鱗(鯾)。

《石鼓文研究》頁 13

○**何琳儀**(1998)　鱗,从魚,□聲。疑鮀之繁文。(中略)石鼓鱗,讀鯾。《說文》:"鯾,鯾魚也。从魚,便聲。鯿,鯾或从扁。"《集韻》:"鯾,魚名,似魴而大。"

《戰國古文字典》頁 712

○**徐寶貴**(2008)　鱗作□,从魚□聲。薛尚功釋爲"鯾",後來的古文字大家如羅振玉、王國維、郭沫若等均從之。羅振玉《石鼓文考釋》說:"鱗从□乃□之變形。《說文》鞭字古文作□,古金文作□。毛白彝馭作□,从鞭、馬二字會意。大蒐鼎作□,大鼎作□,鳳文尊作□。是古文之□一變而爲□,再變爲□,三變爲□。此从□,又□之變。許書有鯾字,鱗蓋即鯾之籀文。"按羅說金文"馭"从馬,从古文鞭會意,非常正確。禹鼎"雪禹以武公徒馭至于噩",師袁簋"無諆徒馭",中山王圓壺"馭右和同","馭"均指駕馭車馬的人。大盂鼎"人鬲自馭至于庶人六百又五十又九夫","馭"指會駕馭車馬的奴隸,都與駕馭車馬有關。這些古文字"馭"字,除中山王圓壺在"馭"上加注"午"聲作"駿"形外,其他金文均从馬,从古文鞭,無一从"更"或"□"作者。大鼎"王乎善夫□(騁)召大以乒友入攺",騁卣"□(騁)作旅彝",二字均作人名。可見把"騁、騁"二字都釋作"馭"不可信。馬承源《商周青銅器銘文選》把□釋作"騁",這是很有見識,很高明的。《金文編》把"騁"單立字頭而未釋作"馭",也是非常正確的。"□"字見於甲骨文。楊樹達釋爲"更",說:"考更字《說文》作□,从攴丙聲,而金文師虎、師艅二簋及趠尊、召鼎四器更字皆从夐作夏，字蓋从夐聲。甲文之夐疑是夏之省形。"我們認爲説金文更从夐聲是對的，但説甲骨文的夐字是更字之省形，則不妥當。理由是：言其爲省形者，當有不省者爲證。甲骨文的更字還没有寫作夏形者。石鼓文的"鰒"字，鄭樵釋作："即鯾字，卑連反。"按《説文》有"鯾"字，也有"鰒"字，"鯾""鰒"非一字。許氏訓"鯾"爲"魚骨也"。可見"鯾"非魚名，釋此字爲"鯾"與石鼓文詩義不諧。釋爲"鰒"，也與此字形體不符。羅氏説："鰒从夐乃𦀚之變形。"按石鼓文"馭"字《霝雨》篇完好，作𦀚，亦从馬从古文鞭。所从之鞭與"鰒"字所从之𦰩之字形風馬牛不相及，羅説非。金文更字本从攴从夐作"夏"，至《説文》篆文省作从攴从丙之夏形。以此例之，石鼓文之"鰒"，《説文》可省作"鮙"。强運開説："按《説文》：'鮙，蚌也。'段云：'蚌者，蜃屬。'蜃爲大蛤，蛤之類甚多，如海蛤、魁蛤皆是。今俗於其色之黄者名曰黄蜆，白者名曰白蛤。是蛤本有黄、白色二色也。"其説可從。

《石鼓文整理研究》頁 770—771

△按　石鼓文之字从二丙，石鼓文字常見同符疊加之例，故字當爲鮙字異體。鼓文云"黄白其鰒"。

鯛　𩾡

包山 165　　　包山 190

△按　《説文》："鯛，骨耑脆也。从魚，周聲。"簡文用爲人名。

鱻　𩼶

陶彙 3·915　　　左冢漆桮

○劉國勝、黄鳳春（2003）　（編按：左冢漆桮）鱻（鮮）忧。

《第四屆國際中國古文字學研討會論文集》頁 496

△按　《説文》："鱻，新魚精也。从三魚，不變魚。"陶文爲獨字，用法未詳。

鮃

璽彙 4018　　　璽彙 4019

璽彙 4015 "鮮于" 合文

○**羅福頤等**（1981）　　鮮。

《古璽彙編》頁 370

○**何琳儀**（1998）　　鮃,从雨,千聲。疑鮮之異文。鮮,心紐;千,心紐;均屬齒音。鮮爲會意,鮃爲形聲。

晉璽"鮃于",讀"鮮于",複姓。周武王封箕子於朝鮮,支子仲食采於于,子孫因合鮮于爲氏。見《古今姓氏書辯證》。疑"鮮于"與"鮮虞"有關。參鮮字。"鮮虞",亦作"獻虎",見虞字。

《戰國古文字典》頁 1142

魟

璽彙 0563　　璽彙 0564

○**吳振武**（1983）　　0563 王魟・王䲛（魚）。

0564 同此改。

《古文字學論集》（初編）頁 493

○**何琳儀**（1998）　　（編按:璽彙 0563、0564）王魯。

《戰國古文字典》頁 504

○**劉信芳**（2000）　　《璽彙》0563:"王□"

《璽彙》0564:"王□"

上揭二璽吳振武先生釋爲"王漁"。何琳儀先生釋爲"王魯"。

按以上二璽皆爲三字構成,而不是二字。0563"王"下一字的上部从"人",而不是一橫畫,且該字右部未封口,因而不能將其看成"口"形。璽文應釋爲"王亡魚","亡魚"讀爲"亡虞",漢印有人名"田不虞"（《漢徵》五・八）。

0564 中的"亡"字被寫進了"王"字的左腰,乍看是"口"形,細審則有問題。古文字"口"爲二筆畫,而該字則由三筆寫成。字左下是"乚"（於謹切）,右上是"人","人"承把於"乚"上,因而該字仍應釋爲"亡"字。

《中國文字》新 26,頁 165

△**按**　田煒(《古璽探研》225 頁,華東師範大學出版社 2010 年)釋“魟”,
可從。

鮏

鮏 璽彙 1022　　鮏 璽彙 2372　　鮏 璽彙 3006　　鮏 璽彙 3246

○**徐寶貴**(1994)　六、釋从乍之鮏、疟二字

　　“鮏”字見於《古璽彙編》編號爲 1022、1821、2372、3006、3246 及《吉林大
學藏古璽印選》編號爲 16 的諸方璽印。

　　“疟”字見於《古璽彙編》編號爲 1161、1660、3000 諸方璽印。

　　此二字《古璽彙編》隸作“魟、症”。陳漢平《屠龍絶緒》313 頁謂“鮏”字
“當隸定爲魼……當釋爲鰈”。

　　按此二字之所从既不是“止”,也不是“牛”,而是“乍”字。古璽文及侴肯
臣、包山楚簡从“乍”之字,所从之“乍”多如此作。如:

　　胙:乍 璽彙 0896　　　　乍 包簡二二四　　　　　复:乍 侴肯臣　　　乍 包簡二二五

以上實例可以證明此二字應釋爲“鮓、疰”。

　　“鮓”,从“魚”,“乍”聲。《玉篇》同鮺,其下又列有“鹺”字,謂爲“鮺”的
籀文。《説文》:“鮺,藏魚也。南方謂之魿,北方謂之鮺。”《釋名・釋飲食》:
“鮓,菹也,以鹽米釀魚以爲菹,熟而食之也。”又《集韻》:“鮓,海魚名。或作
蚱。”晉張華《博物志》:“東海有物,狀如凝血,縱廣數尺方圓,名曰鮓魚。無頭
目處所石泉,内無臟。衆蝦附之,隨其東西。”此字在璽印中用爲人名。

　　“疰”,从“疒”,“乍”聲。侯馬盟書也有此字,作“疰”形。此字爲《説文》
所無。《玉篇》:“疰,疰疥,病甚也。”《集韻》:“疰,疰疥,創不合。”字在侯馬盟
書與古璽文中均爲人名。

《考古與文物》1994-3,頁 105

○**劉釗**(1998)　《古璽彙編》2372 號璽作:

　　其中“鮏”字還見於 1022、1821、3246、3006 等號璽。這個字《古
璽文編》釋爲“魟”。按字書無“魟”字,此字所从之“乍”非“止”字,釋
“魟”是錯誤的。上面曾論證古璽“乍”爲“乍”字,如此則“鮏”字無疑應釋爲
“鮓”。字見於《廣韻》《集韻》,在璽文中用爲人名。

《考古與文物》1998-3,頁 78

○**何琳儀**（1998）　鮓，从魚，乍聲。《釋名·釋飲食》：“鮓，葅也。以鹽米釀魚以爲葅，熟而食之也。”

　　晉璽鮓，人名。

《戰國古文字典》頁 579

△**按**　晉璽“鮓”，右部所從“**廿**”形亦見於《璽彙》1715 等處，作人名，過去或釋“止、乍”，田煒（《古璽文字叢考》[十篇]，《古文字研究》26 輯 387—388 頁，中華書局 2006 年）認爲其釋讀就形體而論有“亡、甲”兩種可能，從命名習慣傾向於釋“甲”。故從田説看，該字有釋“魟”和“鮃”兩種可能，但晉璽中已有“魟”字（見本部“魟”字條），與此不同，故應以釋“鮃”爲是。《集韻》狎韻：“鮃，魚名。”古人有以魚名命名者，如孔子之子“孔鯉”、春秋衛國大夫史鰌、鄧鯈鼎“鄧鯈”（《集成》2085）等。

鮒

鮒 包山 170

○**劉彬徽、彭浩、胡雅麗、劉祖信**（1991）　鮒，簡文右部作**㐮**，與州字形近。

《包山楚簡》頁 52

○**湯餘惠**（1992）　鮒　右从**㐮**即舟，字見《集韻》。

《考古與文物》1993-2，頁 74

○**何琳儀**（1993）　莫鮒 170：

　　△原篆作**鮒**，應釋“鮒”，《集韻》：“鮒，魚名。”

《江漢考古》1993-4，頁 59

○**李零**（1995）　釋“鮒”。

《國學研究》3，頁 273

○**劉釗**（1998）　簡 170 有字作“**鮒**”，字表隸作“鮒”。按字从魚从“**㐮**”，“**㐮**”乃“舟”字，簡文“遊”字作“**遊**”（86）可證。字應釋爲“鮒”。鮒字見於《集韻》，在簡文中用爲人名。

《東方文化》1998-1、2，頁 63

○**白於藍**（1999）　174 頁“鮒”字條，“**鮒**”（170），右旁所從不識，宜入存疑字。

《中國文字》新 25，頁 198

○**劉信芳**（2003）　鮒：字从魚，舟聲，參簡 86“遊”字注。《集韻》引《山海經》

佚文:"英鞮之山,浼水出焉,是多鮂魚。"

《包山楚簡解詁》頁 196

△按　字右半所從,即"潮"之初文,暫隸定作"鮂",詳參本卷水部"洌"字條。

鮭

故宫 454

△按　字从魚,圭聲。

鮍　　鯡

包山 166　　　　包山 185

○何琳儀(1998)　鯗,从魚,夋聲。騰之省文。《廣韻》:"騰,魚名,滄身赤尾。"

包山簡鯗,人名。

《戰國古文字典》頁 149

○劉釗(1998)　簡 166 有字作"鮍",字表隸作"鮍",按字从魚从关,應釋爲"騰"。騰字見於《集韻》《廣韻》等書,在簡文中用爲人名。

《東方文化》1998-1、2,頁 62

○白於藍(1999)　174 頁"鯗"字條,"鯡"(185)、"鮍"(166),从魚关聲,关乃朕字所从之聲符。《説文》:"朕,我也。闕。"對朕字形未作分析。段《注》:"云(朕)从灷聲者,人部俟(筆者按,今本《説文》作俟,此段《注》據朕字改)字亦云灷聲,今《説文》雖無灷字,然論例當有之。凡勝、驣、滕、螣、騰皆以朕爲聲。"包山簡从魚、关(即《説文》俟字所从之灷)聲,應即騰字。騰从朕聲,朕从关(灷)聲,故騰或可从关(灷)聲作。騰字見於《集韻》《廣韻》等字書。

《中國文字》新 25,頁 198

鯖

郭店·忠信 6　　　關沮 341

○**李零**(1999)　“爭悅”,原作“鯖兌”。

《道家文化研究》17,頁 503

○**趙建偉**(1999)　“鯖”當讀爲“請”,訓爲索求。“請悅民”即請悅於民、求民愛悅自己,此即《黃帝四經·稱》所謂“行憎(惡劣)而索愛,父弗得子;行侮(邪逆)而索敬,君弗得臣”。

《中國哲學史》1999-2,頁 35

○**何琳儀**(2000)　應讀“請”。《廣雅·釋詁》三:“請,求也。”

《文物研究》12,頁 201

○**周鳳五**(2000)　鯖(爭)兌(奪)。

《中國哲學》31,頁 138

○**李天虹**(2000)　《忠信之道》五、六號簡釋文:

□㿝而實弗從,君子弗言尔,心□□亲,君子弗申尔,故行而鯖悅民,君子弗由也。

裘錫圭先生指出:“㿝”當釋惠,讀爲惠(《郭店》一六四:[一二])。並認爲:

“心”下似爲“疋”字,尚存大半。疑此處簡文本作“心疋(疏)[而]□亲”,“亲”上一字可能是“口”或“貌”字(《郭店》一六四:[一三])。

按:裘注所釋所補當是據《禮記·表記》中如下的文字:

子曰:“口惠而實不至,怨菑及其身,是故君子與其有諾責也,寧有已怨。”

子曰:“君子不以色亲人,情疏而貌亲,在小人則穿窬之盜也與?”

簡文“鯖”,疑當讀作爭。古青、爭均耕部字:青清母,爭精母,兩字音近可以相通。《成之聞之》三五號簡有“婧”字;從青爲聲,亦讀作爭(《郭店》一七○:[三一])。“申”,疑當讀作陳。

《江漢考古》2000-3,頁 83

○**吕浩**(2001)　“古(故)行而鯖兌民”之“故”用作副詞,義取“故意”,而不宜看作表因果關係的連詞。因爲文中有“三者,忠人弗作,信人弗爲也”。此三者即指“口惠”“心疏”“故行”三句內容。既稱“三者”,可知前此三句爲並列結構,而非偏正結構。由此,我們懷疑“鯖”讀爲“靖”,二字同從青得聲,故可通。《詩·小雅·小明》:“靖共爾位。”今本《緇衣》引《詩》同此,而《郭簡·緇衣》引作“情共爾立”,可知此“情”亦讀爲“靖”。《爾雅·釋詁》:“靖,謀也。”《詩·大雅·召旻》:“昏椓靡共,潰潰回遹,實靖夷我邦。”毛傳:“靖,謀也。”“兌民”之“兌”字讀爲“悅”,文獻常見,不煩舉例。“故行而靖悅民”義謂:故意去做(一些事)而謀求取悦於民。

《中國文字研究》2,頁 284—285

○馮時(2003)　“靖説”,簡文作“鯖兑”,學者讀爲“爭奪”,可商。準上文“口惠而實弗從”可知,“而”字之後用詞的詞意適爲其前用詞的反意,故與其排比爲句的“古行而鯖兑民”,其意亦當如此。今讀“古行”即“暇行”,意爲慢行,故“鯖兑”當讀爲“靖説”。前文“大忠不説、大説而足養者”之“説”,於簡皆作“兑”,知二字可以通假。“説”於此當訓説服。《孟子·盡心下》:“説大人,則藐之,忽視其巍巍然。”《莊子·説劍》:“孰能説王之意止劍士者,賜之千金。”準此,則“鯖”字之意當爲形容説者的態度,應讀爲“靖”。“鯖、靖”皆從“青”聲,同音可通。“靖”有恭敬之意。《管子·大匡》:“士處靖,敬老與貴。”尹知章《注》:“靖,卑敬貌。”故竹書“暇行而靖説民”意即自己行爲散逸懈怠卻假作恭敬地教説別人,這種行爲同前述的“口惠而實弗從”,即嘴上説得漂亮,但卻不付諸行動,“心疏[而貌]親”,即心中毫無感情卻假裝至友至親一樣,都爲忠信之人所不爲。《論語·公冶長》:“子曰:‘巧言、令色、足恭,左丘明恥之,丘亦恥之。匿怨而友其人,左丘明恥之,丘亦恥之。’”此“巧言、令色、足恭”“匿怨而友其人”分別即竹書所謂“口惠而實弗從”“心疏[而貌]親”也。《荀子·不苟》:“君子寬而不僈。”僈即怠惰,實竹書所謂“暇行”也。此三者正與竹書所述君子恥此僞善之行相同。

《古墓新知》頁 48—49

○**湖北省荆州市周梁玉橋遺址博物館**(2001)　“鯖”,疑讀作“清”,《考工記·㡛氏》注:“澄也。”

《關沮秦漢墓簡牘》頁 131

鯌

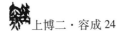
上博二·容成 24

○**徐在國**(2003)　此字似讀爲“粗”。典籍中從“昔”聲的字常和從“且”聲的字通假。如:《周禮·秋官·序官》:“蠟氏。”鄭注:“蠟讀如狙司之狙。”《周禮·地官·遂人》:“以與鋤利甿。”鄭注:“鄭大夫讀鋤爲藉。”因此,此字可讀爲“粗”。《説文》:“粗,疏也。”引申指粗糙。

《學術界》2003-1,頁 100

○**黄錫全**（2003）　　從魚從昔之字可讀爲錯或藉，義爲錯雜、錯亂，或者狼藉。《漢書·地理志》：“五方雜厝，風俗不純。”《書·禹貢》：“厥賦惟上上錯。”疏：“錯爲雜也。”

《第四屆國際中國古文字學研討會論文集》頁 238

○**陳秉新**（2004）　　簡文鰭，讀爲蹠，鰭與蹠，清照鄰紐，鐸部疊韻。《淮南子·氾論》：“體大者節疏，蹠距者舉遠。”高誘注：“蹠，足也。”

《江漢考古》2004-2，頁 91

○**孟蓬生**（2004）　　生按：牌當隸定爲牌，從旱聲，旱字寫法與《魯邦大旱》之“旱”字相同。牌當讀爲乾或皯（黚），“鰭”當讀皵。“乾皵”指面部皮膚乾燥粗糙；“皯皵”指面部皮膚烏黑粗糙，核之傳世文獻，似以後者更爲近之。“𡵉”字右旁與巠字略似，疑爲“脛”字之借，而“之”當爲衍字。整句當讀爲“面皯皵，脛不生毛”。《説文·皮部》：“皯，面黑氣也。”《莊子·天下》：“禹親自操耒耜，而九雜天下之川，腓無胈，脛無毛，沐甚風，櫛疾雨，置萬國。禹大聖也，而形勞天下也如此。”《史記·李斯列傳》云：“禹鑿龍門，通大夏，疏九河，曲九防，決渟水，致之海。而股無胈，脛無毛，手足胼胝，面目黎黑，遂以死於外，葬於會稽。”《劉子·知人》：“禹爲匹夫，未有功名。堯深知之，使治水焉。乃鑿龍門，斬荊山，導熊耳，通鳥鼠，櫛奔風，沐驟雨，耳（按，當爲“面”之誤）目黧黚，手足胼胝，冠絓不暇取，經門不及過，使百川東注於海，西被於流沙，生人免爲魚鼈之患。”

《上博館藏戰國楚竹書研究續編》頁 476—477

△**按**　　字從魚，昔聲，孟蓬生讀“鰭”爲“皵”，可從。

鮊

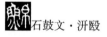

石鼓文·汧殹

○**吴大澂**（1884）　　鮊　古鮊字。許氏説海魚名。石鼓白字皆作帛。石鼓。

《説文古籀補》頁 47，1988

○**强運開**（1935）　　薛尚功、趙古則均釋作鮊，音綿。鄭漁仲作鮊，音白。潘迪今按叶韻音綿。張德容云：按此當即鮊。《説文》：“鮊，海魚也，讀若書白不黑。”運開按，此字以白作帛例之，自係籀文。鮊字薛、趙、潘三氏叶韻音綿亦是也。

《石鼓釋文》乙鼓，頁 10

○**何琳儀**（1998）　鮊，从魚，帛書（編按：“書”爲“聲”之誤）。鮊之異文。《正字通》：“鮊，同鮊。”《説文》：“鮊，海魚也。从魚，白聲。”

　　石鼓鮊，讀鮊。《廣雅・釋魚》：“鮊，鱎也。”疏證：“今白魚生江湖中，鱗細而白，首尾俱昂，大者長六七尺。”

《戰國古文字典》頁 602

○**徐寶貴**（2008）　鮊，鄭樵説：“鮊音白。”羅振玉説：“以上文帛、鰶二字例之，則此是鮊字。然不得改其音讀。前之帛魚即‘白魚躍入王舟’之白魚，此字从魚从綿省聲，殆別一魚。”按釋此字爲“鮊”是正確的。羅氏説此字“从綿省聲”是錯誤的。王國維《兩周金石文韻讀》和郭沫若《石鼓文研究・原文之復原及其考釋》都受以羅氏爲代表的這一舊説的影響，也都把此字標爲元韻。其實此章詩用韻的情況是這樣的：

　　　黃帛其鱒，又鰶又鮊▲。

　　　其孔其庶▲，犖之麋鹿▲，

　　　泹泹趦趦▲。

除第一句不入韻外，其餘句句入韻，一韻到底，所用之韻爲鐸部韻。從本章用韻情況看，把“鮊”釋爲“鮊”，比釋爲“音綿（元部）”要好。鮊，王念孫《廣雅疏證》：“鮊之言白也。《玉篇》：‘鱒，白魚也。’鮊，一作鮊。石鼓文‘又鰶又鮊’，鄭樵云：‘即鮊字。’……今白魚生江湖中，鱗細而白，首尾俱昂，大者長六七尺。一名鱎，《説文》：‘鱎，白魚也。’《古今注》云：‘白魚赤尾者曰魟，一曰魷。或云雌者曰白魚，雄者曰魟。’”

《石鼓文整理研究》頁 772

鱒

包山 183

○**何琳儀**（1998）　鱒，从魚，隼聲。疑鯡之繁文。（中略）包山簡鱒，讀準，姓氏。

《戰國古文字典》頁 1209

○**劉信芳**（2003）　“鱒”，姓氏，原簡字从魚，堆聲，楚簡堆、隼不甚別，茲作簡化處理。

《包山楚簡解詁》頁 191

△按　字從魚，隻聲，也可分析爲從魚，隻聲，土爲纍增無義形旁。隻即鳧字異體，作爲偏旁亦見於包山簡258，作"鳧"，簡文"鳧芷"即"荸薺"。鳧與付皆並母侯部，鱄，疑即《説文》"鮒"字異體，簡文中作氏名。

鑫魚

包山265

○李零（1999）　古（213）1133頁：5行。
　　按：上從金，下從雙魚。

　　　　　　　　　　　　　　　　　　　　　　《出土文獻研究》5，頁155

○李守奎（2004）　鑫魚。

　　　　　　　　　　　　　　　　　　　　　　《楚文字編》頁656

△按　字從二魚從金，未詳其讀。

灙 灙 漁 灙 灙 敆 灙

漁睡虎地·日甲138正捌　　　灙石鼓文·汧殹　　　灙包山121　　　灙集粹

灙集成11153楚王孫漁戈

○吳大澂（1884）　灙　古漁字，從魚從水從又，以手捕魚也。石鼓"君子漁之"。小篆作灙，又作灙。

　　　　　　　　　　　　　　　　　　　　　　《説文古籀補》頁47，1988

○强運開（1935）　（編按：石鼓文）薛尚功、趙古則、楊升庵均釋作漁。羅振玉云："《説文》灙，捕魚也，從魚從水，篆文從魚作漁。又籀古文作魝，商人卜辭漁亦作灙，從又持釣綸以取魚。《周禮》漁人作魝人，亦從又，《廣韻》敆同漁，從攴乃手持綸之誤。蓋灙魝敆魝並是漁字，此從寸者，即從又之變，古文從又從寸不別。"運開按：《説文長箋》云："石鼓君子，漁之從魚從水從又，三體會意亦象形，後人妄臆誤以又字爲二體之重文，遂改作灙。"説雖近是，惟鼓文乃從寸非從又，《長箋》之説亦未可信。又按，遹敦漁字作灙，從叔與從又從寸同意。

　　　　　　　　　　　　　　　　　　　　　　《石鼓釋文》乙鼓，頁5

○石志廉（1963）　（编按:楚王孫漁戈）1959 年,湖北省博物館爲了支援中國歷史博物館建館,撥借了大批解放後出土的古代文物。這件錯金鳥篆"楚王孫鱻（魚）"銅戈,就是其中的一件。根據湖北省博物館原始清册的記載,此戈是在湖北省江陵縣新民泗場長湖邊出土的,時代定爲戰國。（中略）

　　全部銘文共六字,應釋爲"楚王孫鱻（魚）之用"。除其中鱻字較難辨識外,其餘諸字,極易認出,鱻字從水從魚從舟從又,四字合成,似人乘舟於水中,以手捕魚之形。鱻乃漁之繁體字,卜辭作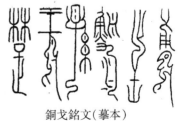（殷墟書契前編卷貳,二五）、（殷墟書契前編卷伍,四四）、（殷墟書契前編卷伍,四五）、（同上）、（殷墟書契後編卷下,三五）。有的從魚從水,有的從魚從又,有的從魚從网從又。通叚作,石鼓文作,從水從魚從又,形均相近。《周禮》漁人作歔人,亦從又。則歔即漁字。又古時魚、漁往往不分,可互假通用,故漁又可作魚字解。

　　根據以上情況,我們認清此戈的全部銘文,知道戈主人是楚國的一位王孫,名字叫做魚。《左傳》昭公十七年有一段關於楚司馬子魚的記載:"吳伐楚,陽匄爲令尹,卜戰不吉。司馬子魚曰,我得上流,何故不吉,且楚故,司馬令龜,我請改卜。令曰,魴也,以其屬死之,楚師繼之,尚大克之吉。戰于長岸,子魚先死,楚師繼之,大敗吳師,獲其乘舟餘皇。使隨人與後至者守之,環而塹之,及泉,盈其隧炭,陳以待命。吳公子光請于其衆曰,喪先王之乘舟,豈唯光之罪,衆亦有焉,請借取之以救死。衆許之,使長鬣者三人,潛伏于舟側,曰:我呼餘皇則對。師夜從之。三呼皆迭對。楚人從而殺之,楚師亂,吳人大敗之,取餘皇以歸。"從這一段的記載中,可以得知在春秋末期,吳曾伐楚,在長岸（按長岸,春秋時地名,在今安徽省當塗縣博望山,地勢險要,處長江下游,自古爲兵家必爭之地,故吳楚相遇大戰於此）進行了一次大規模的水戰,楚國的司馬子魚率領楚師應戰,結果戰勝,並且獲得了吳王的乘舟餘皇,但他自己卻犧牲在這次戰役中。

　　這個率領楚師的司馬子魚正與戈上的楚王孫漁（魚）名字相同,且其時代均在春秋晚期。按司馬爲古代軍事上極爲重要的官職之一。子者乃古時男子之尊稱。子魚者,實際即指名魚之男子,自稱爲魚,人稱爲子魚。如吳王光,公子光又可稱爲吳光。故此司馬子魚即戈上的楚王孫魚。

銅戈銘文（摹本）

　　再證以與此戈同出土的器物,多是兵器,從這一特點來看,墓主人也應是一帶兵的武將,因此,楚王孫魚的身份也就更和抗擊吳的楚司馬子魚的身份相互吻合了。此戈的出土地點在湖北省江陵縣,江陵在春秋晚期爲楚之國都郢之所在地,位居長江上游。司馬子魚率楚師由郢出發擊吳於長岸,戰死後,因其爲楚之王孫,尸體由長岸溯江而上運回郢都,也是合乎情理的事情。

　　從以上幾種可能情況證實,春秋晚期吳楚之戰中的楚司馬子魚可能就是此戈的主人。戈銘所稱楚王孫,正是他早年的用物。

《文物》1963-3,頁 46—47

○**李零**(1986)　（編按：楚王孫漁戈）"灓"即漁字,所从⿲可能是冎字,不是舟字。

《古文字研究》13,頁 377

○**李零**(1995)　（3）⿰(《金文編》1886：王子漁戈)（中略）

　　例（3）應是漁字的一種異寫,下从又,右从第三種川字,類似潮本作淖,後加此旁作潮（詳下）。

《國學研究》3,頁 273

　　（5）⿰(《包山楚簡》簡 170)

　　例（5）應同（3）,原書釋鮄,則是把右旁理解爲州。

《國學研究》3,頁 273

○**吳振武**(1996)　參本卷"魚"字條。

○**何琳儀**(1998)　戀,从鮣从水从九（疑爲疊加聲符）,疑鮣之繁文。

《戰國古文字典》頁 186

○**劉釗**(1998)　（編按：包山）簡 121 有官名曰："大敆尹。""敆"疑應讀作"虞",金文"虞"或从"魚"作"鱳",可知"敆""虞"可通。"虞"即"虞衡"之"虞",乃掌山之官。

《東方文化》1998-1、2,頁 59

○**徐寶貴**(2008)　漁作⿰。甲骨文用作動詞"捕魚"之義的"漁"字作:⿰(《卜辭通纂》七四八)。用作人名的"漁"字作:⿰(《殷契粹編》八七七)、⿰(《合集》三二七八一)。殷金文用作人名的"漁"字作:⿰(子漁尊)、⿰(子漁罍)。西周金文用作動詞"捕魚"之義的"漁"字作:⿰(遹簋)、⿰(井鼎)。以上殷商文字可證人名用字从"水"从"魚"與从二"水"从四"魚"者無別。甲骨文用於人名的"漁"字跟《説文》篆文結構相同。遹簋與石鼓文的"漁"字,从"水"从"魚"从"奴"或"寸"（又之變）會意。其本義均與許訓"捕魚"相同。

石鼓文用其本義。

《石鼓文整理研究》頁 768

△按　《説文》:"灪,捕魚也。从鱟从水。漁,篆文灪从魚。"石鼓文漁,从水从魚从又,又(旁)亦以表捕魚義。楚王孫漁戈漁,實即在石鼓文字形基礎上,纍增形符屵,屵即"潮"之初文,在字中與水旁同義。参本卷水部"洌"字條。

燕 薽 騔

　上博一·詩論 10　　　上博一·詩論 16　　　上博二·子羔 11

○劉彬徽、彭浩、胡雅麗、劉祖信(1991)　(編按:包山 85)騔。

《包山楚簡》頁 22

○黃錫全(1992)　(編按:包山 85) 85　　騔　騔(?)

《古文字與古貨幣文集》頁 399,2009;原載《湖北出土商周文字輯證》

○白於藍(1995)　簡(85)有字作"",字表釋爲"騔",甚謬。字左旁應爲鳥,非爲馬("鳥"字字形詳下"鴈"字考釋)。另外,包山簡中馬字與从馬之字屢見,如馬字作""(8)、""(牘 1);駁字作""(93)、""(234);騎字作""(119),例多不贅舉。馬字均作""""之形,與簡文""字之左旁形似而實異。此字右旁應爲旻,簡中有"鄖"字作""(145)、""(181)、""(186),所从之"旻"與此字左旁相同無異,故上引之字可隸作"鷃"。根據古文字的一般規律來看,"鷃"字應分析爲从"旻"聲。上古音"旻"屬元部,"嬰"屬耕部,耕元二部關係密切,可以通用。戰國文字中旻與嬰在用作聲符時經常可以替代。如王子嬰次盧的嬰字作"",从貝从旻,是將嬰字所从之"女"變形音化爲與嬰聲相近的"旻"。古璽和陶文的"瓔"字作""(1935)和""(《古陶文彙編》3.1248),亦从旻爲聲(裘錫圭、李家浩説),簡文纓字从旻作""(包山 259),古璽作""(5623)、""(1573),凡此均可證"嬰"可替換"旻"。故"鷃"(編按:"鷃"當爲"鷃"字之誤)應即"鷃"字,即"鸚鵡"之"鸚","鷃"字見於《説文》,在簡中用爲人名。

《簡帛研究》2,頁 38—39

○劉釗(1998)　(編按:包山 85)簡 85 有字作"",字表隸作"騔"。按字从"馬"从"旻",應釋爲"騔"。古"旻""旻"同字。"騔"字見於《玉篇》《集韻》等書,在簡文中用爲人名。

○何琳儀（1998）　（編按：包山 85）鷃，从鳥，妟聲。鷃之異文。《集韻》：“鷃，駕聲。或作鳦。”

包山簡鷃，人名。

《戰國古文字典》頁 970

○白於藍（1999）　（編按：包山 85）58 頁“躱”字條，“𢽥”（85），即《説文》鷗字。匽从妟聲，故鷗可从妟聲作（從林澐師説）。

《中國文字》新 25，頁 181

○李零（1999）　（編按：包山 85）（52）316 頁：鷃。

按：應釋“躱”，即“鳶”字，不一定讀爲“鷃”。

《出土文獻研究》5，頁 144

○湯餘惠等（2001）　（編按：包山 85）鷗。

《戰國文字編》頁 241

○馬承源（2001）　（編按：上博一·詩論 10）“躱”字下有重文符，爲“躱躱”二字。今本《詩·國風·邶風》有篇名作《燕燕》。“躱”从鳥从妟，妟爲聲符。《説文》所無。

《上海博物館藏戰國楚竹書》（一）頁 140

○饒宗頤（2002）　（編按：上博一·詩論 16）“躱躱”即“燕燕”。阜陽漢詩作“匽匽于飛”，馬王堆帛書《德行》作“嬰嬰于蜚，差㳄其羽”。郭店楚簡《五行》篇引此詩，云：“然後能至哀，君子慎其蜀（獨）也。”《德行》亦兩次言“君子慎其獨也”。

《上博館藏戰國楚竹書研究》頁 230

○李守奎（2003）　（編按：包山 85）躱　《集韻·諫韻》：“鷃，或作鳦。”

《楚文字編》頁 243

△按　《説文》：“燕，玄鳥也。籋口，布翄，枝尾。象形。”“燕”本象形字，戰國楚文字改爲形聲，作躱，从鳥，妟聲。上博一《孔子詩論》簡 10、16“躱躱”，即今本《詩經》篇名“燕燕”。

龍　龑　龔

吉大 138　鐵續　睡虎地·日甲 18 正叁

璽彙 0538　璽彙 1050　璽彙 1822　集粹

璽彙 0278　　包山 138　　郭店・性自 28　　上博一・性情 17　　上博四・柬大 15

集成 226 邨黛鐘

新蔡零 572　　新蔡甲三 346—2

璽彙 1422　　新收 641 夒陽燈

○**劉樂賢**（1994）　　（編按:睡虎地・日甲 81）“龍”字在《秦簡》日書中多次用爲“禁忌”之義,日書甲種一八正三簡之後注:“《淮南子・要略》:‘操舍開塞,各有龍忌。’注:‘中國以鬼神之事日忌,北胡、南越皆謂之請龍。’故龍意即禁忌。”按:龍字的這種用法很特别,應多舉證據加以説明。《後漢書・周舉傳》:“太原一郡舊俗以介子推焚骸,有龍忌之禁。”龍忌連言,龍亦禁忌,與《淮南子・要略》同。《論衡・難歲篇》:“俗人險心,好信禁忌。”“忌”,宋本《論衡》作“龍”。

《文物》1994-10,頁 38—39

○**施謝捷**（1998）　　（編按:璽彙）1422 宋夒・宋龍文。

《容庚先生百年誕辰紀念文集》頁 646

○**李零**（2002）　　（編按:郭店・性自 28）“凡古樂龍心,益樂龍指”（10 章:簡 28）。

　　“龍”,舊作讀“動”,不對,疑讀“弄”。“弄”有遊戲玩弄之義,用於音樂,多指演奏（動詞）,如《韓非子・難三》“且中期之所官,琴瑟也,弦不調,弄不明,中期之任也”;或樂章的劃分（名詞）,如《江南弄》《梅花三弄》。這裏的“益樂”是相對於“古樂”,可能指後出的新樂（學者多以爲即“鄭衛之樂”）。簡文似乎是説,古樂是靠心來彈奏,新樂是靠指來彈奏。

《郭店楚簡校讀記》（增訂本）頁 113

△**按**　上博七《君人者何必安哉》甲本及乙本簡 5:“君王龍其祭而不爲其樂。”“龍”似讀爲“隆”。

【龍日】

○**賀潤坤**（1988）　　所謂“龍日”參照《日書》其他記載可知,其意仍是忌日。

《文博》1988-3,頁 65

○**睡簡整理小組**（1990）　　（編按:睡虎地・日甲 18）《淮南子・要略》:“操舍開塞,各有龍忌。”注:“中國以鬼神之事日忌,北胡、南越皆謂之請龍。”故龍意即禁忌。

《睡虎地秦墓竹簡》頁 184

○劉樂賢（1994）　甲種《日書》的“禾忌日”在乙種中叫“五穀龍日”，可證龍是禁忌的意思。龍的這種用法比較特別，古書中除整理小組所引《淮南子》外，還有兩處。《論衡・難歲篇》：“俗人險心，好信禁忌。”“忌”，黃暉《校釋》云：“‘忌’，宋本作‘龍’，朱校元本同。按：作‘禁龍’是也。”《後漢書・周舉傳》：“太原一郡，舊俗以介子推焚骸，有龍忌之禁。”禁龍、龍忌，都是禁忌的意思。龍何以有禁之義？黃暉認爲與《墨子・貴義篇》“帝以甲乙殺青龍於東方”一段有關，並説是移徙家禁龍之本。黃氏此説有待於進一步論證。

《睡虎地秦簡日書研究》頁 42

○蔡哲茂（1997）　龍字是否如注釋所説的即禁忌之義，以及劉氏所説的“禾忌日”與“五穀龍日”對比，來證明注釋的説法，不無可疑。因爲在古書上除了《淮南子・要略》及《後漢書・周舉傳》的“龍忌”之外，要解釋何以“龍”有禁忌的意義，不管是高誘注的“請龍”之説，或黃暉注引《墨子・貴義》的“殺青龍”之事，皆扞格難通。即《日書》中的“龍”及“龍日”和文獻上的“禁龍、龍忌”固可比對瞭解，但是拿文獻上的“請龍、殺青龍”來作比附詮釋，就恐怕有商榷的餘地。如果拿“五穀龍日”和“五穀良日”“禾良日”對比，以及“取妻龍日，丁巳、癸丑、辛酉、辛亥、乙酉、及春之未戌、秋丑辰，冬戌亥。丁丑、己丑取妻，不吉”。“龍日”和“不吉”相對，龍日顯然是吉利的。再從《日書》中的“馬良日……其忌”“木良日……其忌”“牛良日……其忌”等例來看良日和忌日是相對的，猶如上舉“龍忌”相對言，很可能“龍”字要讀作“良”。龍字上古音是來母東部，良字上古音是來母陽部，而東部與陽部在日書中是合韻的，如《馬禖》祝辭中從“大夫先牧”一句開始，全辭協古東、陽二部韻。（中略）

　　從上述，既然東陽合韻是西周以來就有的現象，而古代楚方言也不乏其例，《日書》的《馬禖》祝辭也有東陽協韻，那麽與其把“龍日”的“龍”作禁忌的意思，不如把它讀作“良”，來得文從字順。

《訓詁論叢》2，頁 147—150

○李家浩（2000）　（編按：九店 56・108）雲夢秦簡《日書》甲種有“取（娶）妻龍日”（一五五正），乙種有“五穀龍日”（六五），“龍日”是忌日的意思。秦簡《日書》常見以“龍”爲禁忌之義，例如甲種一八正叁“禾忌日，稷龍寅、秋丑”，整理小組注：“《淮南子・要略》：‘操舍開塞，各有龍忌。’注：‘中國以鬼神之事日忌，北胡、南越皆謂之請龍。’故龍意即禁忌。”《墨子・貴義》：“子墨子北之齊，遇日者。日者曰：‘帝以今日殺黑龍於北方，而先生之色黑，不可以北。’子墨子不聽，遂北，至淄水，不遂而反焉。日者曰：‘我謂先生不可以北。’子墨子曰：'南之人不得北，北之人不得南，其色有黑者，有白者，何故皆不遂也？且帝以甲乙殺青龍於東方，以丙丁殺赤龍於南方，以庚辛殺白龍於西方，以壬癸殺黑龍於北方，若用子之言，則是禁天下之行者也。是圍（違）心而虛天下也，子之言不可用也。"學者多認爲此文所説，即所謂的"龍忌"。秦簡《日書》甲種一二六背説："以甲子、寅、辰東徙，死。以丙子、寅、辰南徙，死。以庚子、寅、辰西徙，死。壬子、寅、辰北徙，死。"簡文天干與四方搭配，跟《墨子》大致相同，大概也是屬於"龍忌"。

《九店楚簡》頁 137

○劉樂賢（2003）　我們目前所見討論《日書》"龍"字的論著，大致就是上面這些。它們對"龍"字的解釋，可以歸納爲兩種意見：一種認爲《日書》的"龍"字是禁忌之意；另一種則認爲"龍"當讀爲"良"，是"好"或"吉"之意。這兩種意見，一以"龍"爲忌，一以"龍"爲吉，看法可謂恰好相反。

（二）《日書》"龍"字用法分析

要判定這兩種意見哪一種符合《日書》原意，必須先就《日書》記有"龍"字的各篇内容進行分析。在這些篇中，具備上下文和甲乙本對比研究的，只有"農事篇"，這裏先將該篇甲乙兩本的有關簡文抄録如下：

禾忌日，稷龍寅、秫丑。稻亥，麥子，菽、荅卯，麻辰，葵癸亥，各常□忌，不可種之及初穫、出入之。　甲種第一八簡正叁至二二簡正叁

五種忌，丙及寅禾，甲及子麥，乙巳及丑黍，辰麻，卯及戌叔（菽），亥稻，不可以始種及穫、賞（嘗），其歲或弗食。　甲種第一五一簡背至一五二簡背

五穀龍日，子麥，丑黍，寅稷，辰麻，申、戌叔（菽），壬辰瓜，癸葵。　乙種第六五簡

五種忌日，丙及寅禾，甲及子麥，乙巳及丑黍，辰卯及戌叔（菽），亥稻，不可以始種穫、始賞（嘗），其歲或弗食。　乙種第四六簡貳至四九簡貳

先看第 1 段，"禾忌日"是小標題，其後詳列各種作物的"龍"日，這裏的"龍"字顯然只能是禁忌的意思。如果像蔡文那樣，讀"龍"爲"良"，則此段文字無法讀通。不過，蔡文引用簡文時，將它們與前面的一七簡正叁連寫，並省略爲"禾良日，己亥、癸亥……禾忌日，稷龍寅、秫丑"，似使簡文含義有些模糊。從照片看，這一段簡文是並排書寫與第一七至第二三號簡正面的最下一欄即第三欄上，按照我們的理解，這一段簡文應點讀爲：

禾良日，己亥、癸亥、五酉、五丑。　第一七簡正叁

禾忌日,稷龍寅、秫丑,　第一八簡正叁

稻亥,麥子,叔(菽)、荅卯,　第一九簡正叁

麻辰,葵葵亥,各常　第二〇簡正叁

□忌,不可種之及初　第二一簡正叁

穫、出入之。辛卯,不可以　第二二簡正叁

初獲禾。　第二三簡正叁

顯然,第一七號簡講"禾良日",後面各簡都是講"禾忌日"。這裏的"禾",用的是廣義,是農作物的總稱。"稷龍寅,秫丑……"等既然屬於"禾忌日",則"龍"當然沒有讀爲"良"的可能。

其實,只要將上列4段簡文作對比研究,同樣可以斷定,"龍"字的意思只能是"忌"而不是"良"。下面不妨按地支爲序,將4段簡文列於表2-7。

表2-7　《日書》"龍、忌"日對照表

	子	丑	寅	卯	辰	巳	申	戌	亥
禾忌日	麥	秫	稷	菽荅	麻				稻葵
五種忌	麥	黍	禾	菽	麻	黍		菽	稻
五穀龍日	麥	黍	稷		麻瓜		菽	菽	
五種忌日	麥	黍	禾	菽	菽	黍		菽	稻

上面所列簡文原來可能略有訛脱;兩種看似不同的作物名稱,其實也有可能是指同一種作物。這些問題比較複雜,容另作討論。我們只需看一些較爲明顯的例子,如麥這種作物,其日期在"禾忌日、五種忌、五穀龍日、五種忌日"中都是地支子,這説明,"龍"字的意思確應爲"忌"。反之,如果讀"龍"爲"良",則會出現麥的良日和忌日同爲地支"子"的奇怪顯現,這顯然是不符合選擇術原則的。其他如黍、麻、稻等作物的日期,也同樣能證明,"龍"是"忌"而不是"良"。總之,從《日書》甲、乙本的"農事篇"分析,"龍"字只能是禁忌之意。

同樣,從乙種"祭祀篇"的下列文字,也很容易看出"龍"字的意思是忌而不是良:

祠室中日:辛丑、癸亥、乙酉、己酉吉,龍壬辰、申。

祠户日:壬申、丁酉、癸丑、亥吉,龍丙寅、庚寅。

祠門日:甲申、辰、乙亥、丑、酉吉,龍戊寅、辛巳。

　　祀行日:甲申、丙申、戊申、壬申、乙亥吉,龍戊、己。

　　祀□日:己亥、辛丑、乙亥、丁丑吉,龍辛□。

乙種第三一簡貳至三九簡貳

　　簡文各條都是先列祭祀的吉日,然後再列所"龍"之日。如果將"龍"讀爲"良",則簡文既列吉日,又列良日,顯然是重複設置。相反。如將"龍"理解爲禁忌之意,則簡文前列吉日,後列忌日,顯得十分合理。

　　上引蔡文談到《日書》"龍"字的用法時,有這麽一段:

　　　　如果拿"五穀龍日"和"五穀良日""禾良日"對比,以及"取妻龍日,丁巳、癸丑、辛酉、辛亥、乙酉、及春之未戌、秋丑辰,冬戌亥。丁丑、己丑取妻,不吉"。"龍日"和"不吉"相對,龍日顯然是吉利的。再從《日書》中的"馬良日……其忌""木良日……其忌""牛良日……其忌"等例來看良日和忌日是相對的,有如上舉"龍忌"相對言,很可能"龍"字要讀作"良"。

　　蔡文以"五穀龍日"與"五穀良日、禾良日"對比,認爲"龍日"與"良日"相當。其實,從"日書"的具體記載看不出"五穀龍日"與"五穀良日、禾良日"有何共同之處:

　　　　五穀龍日,子麥,丑黍,寅稷,辰麻,申、戌叔(菽),壬辰瓜,癸葵。　乙種第六五簡

　　　　五穀良日,己□□□□出種及鼠(予)人。壬辰、乙巳,不可鼠(予)。子,亦勿以種。　乙種第六四簡

　　　　禾良日,己亥、癸亥、五酉、五丑。　甲種第一七簡正叁

　　顯然,無論從體例和具體日期看,"五穀龍日"與"五穀良日、禾良日"並無共同之處。相反,"五穀龍日"倒是與上面列舉的"禾忌日"大致相當。

　　至於"娶妻龍日"條,蔡文以"龍日"與"不吉"相對,論證"龍日"是吉利之日。這其實也不符合《日書》的原意。因爲,如果"龍日"是吉利的,則"秋丑辰"爲吉日,而後面又説"丁丑、己丑取妻,不吉",二者勢必互相矛盾。

　　總之,從《日書》所載"龍"字諸簡的内容分析看,"龍"字不存在讀爲"良"的可能,而應解釋爲禁忌之意。這一説法,在古書中也有根據。如上文所引,《淮南子·要略》和《後漢書·周舉傳》"龍忌"、《論衡·難歲篇》"禁龍"的"龍"字,都與《日書》的"龍"字用法相同。

　　(三)"龍"何以有"禁忌"之義

　　以上通過對《日書》有關簡文的内容分析,證實了"龍"確應解爲禁忌之

意。但是,問題並没有就此解決。因爲,據我們掌握的古漢語知識,在"龍"字及可能與"龍"通假的字中,都找不出禁忌一類的義項。那麽,這個奇怪的義項是怎麽出來的呢? 這個問題,早在睡虎地秦簡《日書》出土以前,就已引起了一些研讀《淮南子》《後漢書》《論衡》的學者的注意。最早就此發表意見的,當然是上引《淮南子·要略》許慎注對"龍忌"的解釋,這裏不妨再次抄出:

中國以鬼神之事日忌,北胡、南越皆謂之請龍。

老實説,讀了這個注釋後,我們仍舊不明白何謂"龍忌",不明白"龍"何以有禁忌之義。事實上,這一注釋本身就有些令人費解,尤其是"請龍",其含義更是令人難以琢磨。孫詒讓就認爲,"許君請龍之説,未詳所出,恐非古術也"。劉盼遂則主張"請龍"應讀爲"請靈",他説:

"請龍"二字無義,"龍"當爲"靈"之借。張平子《南都賦》:"赤靈解角。"李注:"赤靈,赤龍也。"蔡邕《獨斷》:"靈星,火星也。一曰龍星。"《漢書·郊祀志》:"立靈星祠。"顔注引張晏曰:"龍星左角曰天田,則農祥也。"此皆龍、靈通用之證。又按:《詩·周頌·絲衣》序:"高子曰:靈星之尸也。"《風俗通》:"辰之神爲靈星。"亦皆借靈爲龍,謂東宫倉龍七宿角、亢、氐、房、心、尾、箕也。故胡、越語得轉靈作龍,謂請靈爲請龍矣。靈者,本泛言鬼神(《大戴禮》、《尸子》、《風俗通》、《楚辭》注)。中國謂爲鬼神忌日,胡、越謂爲請靈,文義實同,惟聲轉作龍,因難知耳。

劉氏此説,倒是能講清楚"請龍"的意思,但對理解古書的"龍忌"和"禁龍",以及《日書》的"龍"字,並無裨益,實不足爲據。

除了許注以外,後來多數注釋者都認爲"龍忌"與《墨子·貴義》的下列文字有關:

子墨子北之齊,遇日者,日者曰:"帝以今日殺黑龍於北方,而先生之色黑,不可以北。"子墨子不聽,遂北,至淄水,不遂而反焉。日者曰:"我謂先生不可以北。"子墨子曰:"南之人不得北,北之人不得南,其色有黑者,有白者,何故皆不遂也? 且帝以甲乙殺青龍於東方,以丙丁殺赤龍於南方,以庚辛殺白龍於西方,以壬癸殺黑龍於北方,若用子之言,則是禁天下之行者也。是圍(違)心而虛天下也,子之言不可用也。"

持這種意見的,可以舉出孫詒讓、劉文典、黄暉等人。他們認爲,上引《墨子》一段就是古代的"龍忌"之術。細讀《墨子》原文,這是日者以五行學説講出行禁忌的一種數術,雖可勉强據以解釋"龍忌",但並不足以説明"龍"字何以有禁忌之義。

此外,還有個別學者(如惠士奇)提出過另外的解釋,因參考價值不大,這裏就不介紹和評議了。

睡虎地秦簡《日書》出土後,雖然有不少學者贊同“龍”字爲禁忌之意,但對“龍”字何以有禁忌之義,並未做出合理的解釋。所以,上引蔡文對此提出質疑,可以説是事出有因。

我們在撰寫《睡虎地秦簡日書研究》時,未能就此問題提出解釋,當時深感遺憾。後來讀到蔡文,引發進一步思考,現將初步意見寫出來供大家討論。

《日書》的這個字如果讀爲“龍”,實在無法解釋它何以會有禁忌之義,那麽,是否還有別的可能呢? 我們猜測,這種用法的“龍”字,也可能是“龐”字的省寫。大概是“龐”字形體過於複雜,抄寫者想省事,就只寫一半。也就是説,這樣的“龍”字,其實應讀爲“龐”聲或看作“龐”省聲。在《日書》中,這種讀“龐”聲的“龍”字,可能應通假爲“讋”。據《説文解字》,讋是從龐省聲,故可與龐通假。《孔子家語·子路初見》:“對曰:未有所得而所亡者三,王事若龍,學焉得習,是學不得明也。”王肅注:“龍宜爲讋,前後相因也。”《孔子家語》“龍”讀“讋”的這個例子,恰可與《日書》“龍”讀爲“讋”互相印證。

而“讋”字在古書中正好有禁忌一義,《淮南子·氾論訓》:“裘不可以藏者,非能具絺綿曼帛溫燠於身也,世以爲裘者,難得貴賈之物也,而不可傳於後世;無益於死者,而足以養生,故因其資以讋之。”注:“資,用也。讋,忌也。”

需要説明的是,“讋”訓爲“忌”在古書中也較爲罕見,因此,有的學者提出了不同看法。如朱駿聲解釋上引《淮南子》的“因其資以讋之”説:“按,猶斂也,注‘忌也’失之。”今按,朱説不可信。如將“讋”字讀爲“襲”訓爲“斂”,則“因其資以讋之”就成了“因其有用而葬之”的意思,這與《淮南子》的原意恰好相反。上引《淮南子》一段文字,因有訛脱,致使有的地方文義不清,兹將《淮南子集釋》的校訂文字抄引如下:

> 裘不可以藏者,非裘不能具絺綿曼帛溫暖於身也;世以爲裘者,難得貴賈之物也,而可傳於後世,無益於死者,而足以養生,故因其資以讋之。

其大意是説,裘不能用做葬品,並不是因爲裘不能像絺綿曼帛那樣溫暖死者的身子,而是因爲裘乃難得值錢之物,可傳與子孫後世,它對死者無益卻足以養活生者,因此,裘是因其有用而不宜作葬品。從上下文推敲,這段話中的“讋”字應按注文訓爲“忌”,而不能像朱氏那樣讀“襲”爲“斂”。

考古書“讋”常與“慴”通用,其基本義是“懼怕”,“忌”當是其引申義。由

“懼怕”而引申出“禁忌”之義,正符合詞義引申的規律。

　　至此,我們可以給《日書》的“龍”字一個較爲合理的解釋了:原來,這種用法的“龍”字本是“龖”的省寫,應讀爲“礐”,按《淮南子・氾訓論》注可訓爲“忌”。

　　同樣,上論古書中的“龍忌、禁龍”也可得到合理的解釋:《論衡・難歲篇》的“禁龍”應讀“禁礐”,是“禁忌”的意思;《淮南子・要略》和《後漢書・周舉傳》的“龍忌”應讀爲“礐忌”,是同義複詞,意義與“禁忌”相同。至於《淮南子・要略》許注所謂“請龍”,是否與此相關,尚有待進一步研究。

　　本節的上述討論,可簡略總結如下:

　　1.以往研究《日書》的論著,對《日書》“龍”字的理解有“忌、良”兩種完全對立的説法。本節通過對《日書》與“龍”字有關簡文的内容分析,斷定“龍”只能解釋爲“忌”,不能讀爲“良”。

　　2.對“龍”何以有禁忌之義,以前曾有學者做過推測,但都不能令人信服。本節試提出一種新的思路:這種用法的“龍”字很可能是“龖”之省寫,或當讀“龖”省聲,在簡文中則應通假爲“礐”。《孔子家語》也有讀“龍”爲“礐”的用例,恰可與此互證。據《淮南子・氾論訓》注,“礐”字可訓爲“忌”。

　　3.《淮南子・要略》和《後漢書・周舉傳》“龍忌”、《論衡・難歲篇》“禁龍”的“龍”字,也應讀爲“礐”,訓爲“忌”,“龍忌、禁龍”都是同義複詞,與“禁忌”意義相同。

《簡帛術數文獻探論》頁88—98

○**王子今**（2003）　睡虎地秦簡《日書》中可證“龍意即禁忌”之例,又有甲種“人良日”中“男子龍庚寅,女子龍丁”（八一正貳）,“娶妻”中“取妻龍日,丁巳、癸丑、辛酉、辛亥、乙酉,及春之未戌,秋丑亥,冬戌亥”（一五五正）,以及“祠史先龍丙望”（一二五背）,乙種“五穀龍日”（六五）,及“祠室中日,辛丑,癸亥,乙酉己酉,吉;龍,壬辰,申”（三一貳至三二貳）,“祠户日,壬申,丁酉,癸丑、亥,吉;龍,丙寅、庚寅”（三三貳至三四貳）,“祠門日:甲申、辰,乙亥、丑、酉,吉。龍,戊寅、辛巳”（三五貳至三六貳）,“祠行日,甲申,丙申,戊申,壬申,乙亥,吉;龍,戊、己”（三七貳至三八貳）,“祠□日,己亥,辛丑,乙亥,丁丑,吉,龍,辛□”（三九貳）,“祠史先龍丙望”（五二貳）,以及“行忌”題下“行龍戊、己,行忌”（一四二）等。放馬灘秦簡《日書》甲種也有“目龍日秉不得”（七三）的内容。對於“龍”日的意義,已經有不少學者發表了意見。賀潤坤最早指出,“所謂‘龍日’,參照《日書》其他記載可知,其意仍人忌日”。整理小組和

劉樂賢的觀點已見上述。金良年也説，"從内容分析來看，'龍日'就是當忌之
凶日"。九店楚簡《日書》中，也有一枚記有"龍日"的殘簡。李零定義"龍日"
爲"忌日"。李家浩發表了同樣的意見，同時説道睡虎地秦簡《日書》所見"龍
日"："雲夢秦簡《日書》甲種有'取（娶）妻龍日'（一五五正），乙種有'五穀龍
日'（六五），'龍日'是忌日的意思。"蔡哲茂則著文指出，從睡虎地秦簡《日
書》有些簡例看，"'龍日'和'不吉'相對，龍日顯然是吉利的"。他認爲，"很
可能'龍'字要讀作'良'。龍字上古音是來母東部，良字上古音是來母陽部，
而東部和陽部在日書中是合韻的……"劉樂賢又進行了深入的討論，認爲"從
《日書》所載'龍'字諸簡的内容分析看，'龍'字不存在讀爲'良'的可能"。對
於"龍"何以有"禁忌"之義，劉樂賢認爲，"這種用法的'龍'字，也可能是'龓'
字的省寫。大概是'龓'字形體過於複雜，抄寫者想省事，就只寫一半。也就
是説，這樣的'龍'字，其實應讀爲'龓'聲或看作'龓'省聲。在《日書》中，這
種讀'龓'聲的'龍'字，可能應通假爲'譻'"。"《孔子家語》也有讀'龍'爲
'譻'的用例，恰可與此互證。據《淮南子·氾論訓》注，'譻'字可訓爲'忌'"。
劉樂賢的這一意見，應當肯定是對於睡虎地秦簡《日書》"龍日"的最合理的解
説。不過，如蔡哲茂所舉"龍日"與"不吉"並見之例，睡虎地秦簡《日書》乙種
"行忌"題下"行龍戊、己，行忌"，"龍"字也有與"忌"字同時出現於一條簡文
中，似乎"龍"與"忌"的實際内涵還可以繼續討論。放馬灘秦簡《日書》乙種：
"種忌：……寅稷……"可以作爲理解"稷龍寅"時的參考。

　　　　　　　　　　　　　　　　　　《睡虎地秦簡〈日書〉甲種疏證》頁 76—78

△按　　龍日之"龍"，據《日書》相關簡文分析，應爲禁忌之意。劉樂賢解釋此
種用法之"龍"乃"龓"字省寫，通作"譻"，故有禁忌之意。劉説較爲牽强，
"龍"何以有禁忌之意，待考。

【龍杸】望山 2·2

△按　　劉國勝（《楚喪葬簡牘集釋》108 頁，武漢大學 2006 年博士論文）讀
"杸"爲"收"，謂簡文"龍收"疑指漆繪黑白相閒紋飾的車軫，可備一説。

【龍臣】上博四·柬大 15

△按　　讀爲"寵臣"。

【龍城】璽彙 0278

○羅福頤等（1981）　　龍城。

　　　　　　　　　　　　　　　　　　　　　　　　　　《古璽彙編》頁 47

○何琳儀（1998）　　楚璽"龍城"，地名。《水經注·獲水》："獲水又東歷龍城，

不知誰所創築也。”在今安徽蕭縣東。帛書“句龍”，神名。

《戰國古文字典》頁 427

寵　靈　瓏

秦公大墓石磬　　秦公大墓石磬

○**王輝、程學華**（1999）　龗字不見於《説文》，但《説文》有寵字，云：“龍也，从龍，霝聲。”不過這説法似無根據。《玉篇·龍部》則云：“龗，又作靈。神也，善也。”認爲是靈字之異。《玉篇》又收寵字，云“同龗”。又《集韻》收龗之古文作霿、龕、鼇。《玉篇》《集韻》的説法可能也有某種道理。《汗簡》龍之古文作𠄋，即竜、龕，又天星觀楚簡龗旁龍字作𩪊、𩪊，故霿、鼇即龗，爲龗之省形。《説文》：“靈，靈（段玉裁注本删此字）巫（段注本後加“也”字），以玉事神。从玉，霝聲。靈，靈或从巫。”金文庚壺靈之異體作𩇓，秦武公鎛鐘靈作𩇓（《金文編》26）。孫海波《甲骨文編》卷十一有𩇓字，孫氏云：“从雨从龜，《説文》所無。按褚少孫補《龜策列傳》稱‘大龜爲玉靈’，此疑即玉𩇓之本字。”説亦殆是。我以爲靈、𩇓、𩇓、龗、寵、𩇓、𩇓、鼇、靈均爲一字之異，而龗則又爲寵、靈之繁構，或者即其籀文。先民神靈觀念濃厚，靈字應用既廣，則其異體必多。古人説：“麟鳳龜龍，謂之四靈。”古文以龜占卜，以龍爲器物花紋，皆因其有靈驗。巫爲祭神者，楚人稱巫爲靈。屈原《九歌》：“靈偃蹇兮姣服。”王逸《注》：“靈，巫也。”玉爲祭神靈之物，示即神靈、神示。故靈字或从龍，或从龜，或从玉，或从巫，甚或既从龍，又从玉。至於之从心，其初當是心靈之專字，後才轉指祭神之樂音。（**中略**）

靈指威靈，神靈。“高陽有靈”，是説高陽氏在天之神有靈，可以保佑作磬秦公吉康壽考，國祚綿延。《史記·秦始皇本紀》始皇曰：“寡人以眇眇之身，興兵誅暴亂，賴宗廟之靈，六王咸伏其辜，天下大定。”同篇廷尉李斯也對始皇説：“今海内賴陛下神靈，一統皆爲郡縣。”都是把國家的統一、安寧看作先祖及時君神靈保佑的結果。

《秦文字集證》頁 100—101

靈訓美好，《廣雅·釋詁一》：“靈，善也。”《詩·鄘風·定之方中》：“靈雨既零，命彼倌人。”鄭玄《箋》：“靈，善也。”所謂“靈磬”即美好之磬。

《秦文字集證》頁 120

△按　《説文》:"龗,龍也。从龍,霝聲。"小徐本下有"霝,古文靈字"。

龍

集成 261 王孫遺者鐘　　上博一·緇衣 13　　璽彙 3615　　上博六·用曰 16

○羅福頤等(1981)　（編按:璽彙 3615）王孫鐘龍作,璽文省虫,楚王戈作,亦从兄。

《古璽文編》頁 279

○吳振武(1984)　［三○七］279 頁,龍,璽文三六一五號作,下云:"王孫鐘龍作,璽文省虫,楚王戈作,亦从兄。"

今按:注語謂"王孫鐘龍作,璽文省虫"不妥。我們只要看一看金文龍字由變,又由變(《金》124、125 頁龔字所从)的演變過程即可知道,龍不从虫,王孫鐘字中的原是龍形的一部分,並非虫字。故注語前半段應改爲"王孫鐘龍作,璽文从省……"

《〈古璽文編〉校訂》頁 136,2011

○何琳儀(1998)　璽彙 3615

龍,春秋金文作(王孫鐘)。从兄,龍聲。龍之繁文。甲骨文鳳作(類纂 1769),亦从兄,可資比照。《廣雅·釋詁》:"兄,大也。"龍、鳳爲鳥獸之首,故二字均从兄以見大義。

古璽龍,讀龍,姓氏。見龍字。

《戰國古文字典》頁 427

△按　《璽彙》3615 之字當分析爲从龍省,从兄。羅福頤所舉楚王酓璋戈之字,李家浩(《楚王酓璋戈與楚滅越的年代》,《文史》24 輯 15 頁)已指出實爲"犺"字。上博一《緇衣》簡 13、上博六《用曰》簡 16 之字皆从龍省,後者又增口旁。楚簡二字簡文中均讀爲"恭"。

飛　

望山 2·49　曾侯乙 171　曾侯乙 172　曾侯乙 173　曾侯乙 174

曾侯乙 172　上博三·周易 56　上博六·用曰 5

○裘錫圭、李家浩(1989)　（編按:曾侯乙）簡文"騑"均寫作"飛"。《説文·馬

部》："騑,驂旁馬。"簡文所記六馬駕一車,把兩驂外面的馬稱爲左騑、右騑,與
《説文》的解釋相合,舊注一般認爲驂、騑異名同實,非是。

《曾侯乙墓》頁 528

○何琳儀(1998)　隨縣簡騑,或作飛。《後漢書·章帝紀》"騑馬可輟",注:
"夾轅者爲服馬,服馬外爲騑馬。徐廣曰,馬在中曰服,在外曰騑,騑亦
名驂。"

《戰國古文字典》頁 1292

【飛衣】望山 2·49

○中大楚簡整理小組(1977)　非衣,亦見長沙馬王堆一號漢墓竹簡遣策第
244 簡:"非衣一,長丈二尺。"非即飛之本字,非衣實即飛衣,飛天之衣,在馬王
堆一號墓爲覆蓋於錦飾内棺蓋板上的帛畫,其形制亦與衣服相仿。唯此墓出
土物中未見此物,殆已腐爛。

《戰國楚簡研究》3,頁 43

○朱德熙、裘錫圭、李家浩(1995)　此字可能是"飛"的省寫,疑當讀爲"緋"。

《望山楚簡》頁 128

○李家浩(1998)　"厹"與"旭"的字形結構相同。《説文》説"旭""從日,九
聲"。那麽"厹"應該分析爲从"夊","九"聲。"九、秋"古音都是幽部字。疑
(8)的"厹衣"即(9)的"緅衣"的異文。

《簡帛研究》3,頁 13

△按　釋"飛"讀"非"是。

【飛鳥】上博三·周易 56

△按　簡文曰:"上六:弗遇過之,飛鳥離之,凶。"泛指鳥類。

翼　翼　翼

翼 睡虎地·日甲 6 背貳　　翼 曾侯乙 62　　翼 曾侯乙 68

翼 曾侯乙衣箱　　翼 集成 9735 中山王方壺　　翼 集成 11087 陳子翼戈

○張政烺(1979)　(編按:中山方壺)翼,疑讀爲冀。又按:翼下疑脱重文號,翼翼
是重言形況字,《毛詩·大雅·常武》"緜緜翼翼",《傳》:"翼翼,敬也。"

《古文字研究》1,頁 221

○商承祚(1982)　(編按:中山方壺)翼下脱重文。祗祗翼翼,恭敬的形容詞。

《詩·大雅·烝民》:"令儀令色,小心翼翼。"傳:"翼翼,恭也。"

《古文字研究》7,頁 70

○**黃盛璋**(1982) <small>(編按:中山方壺)</small>冀:"祇祇冀昭告後嗣",諸家皆讀"翼",並增重文,讀爲"翼翼",按此字下並無重文符號,不能增字爲讀,其上所從"𢁓"是"北"非"羽",隸定當𢁓是"冀"字。讀冀正適。

《古文字研究》7,頁 80

○**裘錫圭、李家浩**(1989) <small>(編按:曾侯乙)</small>簡文所記的"戟"和"戈"幾乎都加上"一翼之翾、二翼之翾"等説明。河北汲縣山彪鎮出土的水陸攻戰紋鑒(《山彪鎮與琉璃閣》20—22 頁,圖版肆柒、肆捌),四川成都百花潭出土的宴樂水陸攻戰紋壺(四川省博物館《成都百花潭十號墓發掘記》,《文物》1976 年 3 期)和故宮博物院藏宴樂水陸攻戰紋壺(《戰國繪畫資料》20,《故宮博物院院刊》1983 年 3 期圖版六)等畫像中的戈戟,柲上都有二至三對翼狀物,疑簡文的"一翼之翾"等即指此。

《曾侯乙墓》頁 505

○**李守奎**(2003) 翼 《説文》𩁹字篆文。

《楚文字編》頁 233

翰

石鼓文·吾水

○**吳大澂**(1884) 𩙣 翰,《説文》所無,疑即飛字之繁文。石鼓。

《説文古籀補》頁 47,1988

○**强運開**(1935) 郭云:"籀文翰從飛。"張德容云:"《説文》𩁹,籀文翼,篆文從羽作翼。此籀文翰從飛之證。"運開按,張説是也。吳愙齋《説文古籀補》以爲古飛字,非是。又按,《集韻》壽或作𩙿,翿或作𩙇,皆可證從羽之字古多從飛也。

《石鼓釋文》壬鼓,頁 10

非 非

十鐘 睡虎地·答問 15 包山 137 反 郭店·老甲 8 郭店·語三 55

楚帛書　　上博一·緇衣 14　　上博三·周易 16　　上博三·亙先 6
上博五·鬼神 6　　上博六·用曰 13　　集成 2840 中山王鼎
貨系 496　　貨系 498　　璽彙 3080

○**朱德熙、裘錫圭**(1972)　(編按:侯馬"麻夷非是") 載書非字當從傳文訓爲彼,傳文視字當從載書讀爲氏。非與匪通,匪、彼音近,典籍匪字訓彼之例極常見。

《朱德熙古文字論集》頁 32,1995;原載《考古學報》1972–1

○**李學勤**(1984)　(編按:楚帛書) 下面"曰:'非九天……'"一句,應爲祝融工作完成後向炎帝報命的話。"非"字讀爲"彼"。

《楚史論叢》初集,頁 149

○**劉信芳**(1996)　(編按:楚帛書)《說文》:"非,違也。"《禮記·禮運》:"非禮也。"鄭玄注:"非猶失也。"所謂"非九天則大峽",謂違失九天之道,將會出現大的災難。古數術家以爲天數"九",《天問》:"九天之際,安放安屬?"《離騷》:"指九天以爲正兮。"《九歌·少司命》:"登九天兮撫慧星。"《國語·楚語下》記載"九黎亂德"之時,因祭祀違失禮度,以致"禍災荐臻",蓋帛書"大峽"之謂也。

《中國文字》新 21,頁 82

○**何琳儀**(1998)　周空首布非,讀"棐",地名。《左·文十三》:"鄭伯會公于棐。"在河南鄭州東南。侯馬盟書"麻塞非是",讀"昧夷彼氏"。即《公羊·襄廿七》"靡雄彼視"。《詩·小雅·桑扈》"彼交匪敖",《左·襄廿七》引彼作匪。《詩·小雅·采菽》"彼交匪紓",《荀子·勸學》引彼作匪,是其佐證。中山王鼎"非恁與忠",讀"非信與忠",與《書·吕刑》"罔中于信"相近。中山王方壺"非之",以之爲非。《廣韻》:"非,不是。"

帛書非,讀彼。

青川牘非,不是。

《戰國古文字典》頁 1291

○**周鳳五**(1999)　(編按:郭店·成之 26—27) 聖人之性與中人之性,其生而未有非之,節於而也,則猶是也(第二六簡、第二七簡):

《郭簡》以"之節"連讀,於"而也"斷句。注引裘錫圭說,疑"於"下"而"字是誤字。按,裘說可商。簡文"非"字當讀作"分",非,古音幫紐微部:分,並紐文部,對轉可通。《周禮·地官·廩人》:"掌九穀之數,以待國之匪頒、賙賜、稍食。"注:"匪,讀爲分。"匪從非聲而鄭玄讀爲分,即其例證。分,分別,區別。節,指不可預知,無法掌握的機遇。《荀子·天論》:"楚王後車千乘,非智也;君子啜菽飲水,非愚也;是節然也。"楊倞注:"節,所遇之時命也。"而,讀作爾,此也。簡文意謂,聖人的天性與一般中等資質者的天性没有分別,偶然遭逢時命如此也就如此了。

                                        《古文字與古文獻》(試刊號),頁52

○**廖名春**(2006)　《曹沬之陳》簡一至簡二:"非山非澤,亡又不民。"原注:"'亡又不民',指山澤以外的土地都有人居住。"

　　按:"亡"可讀爲"無"。"亡又不民"原注"指山澤以外的土地都有人居住",實質將"非山非澤"的"非",訓爲了"無、没有"。這樣,就成了"無山無澤,無有不民",意思是"山澤"所居則非是魯邦之臣民,只有居於"山澤以外"的才是魯民。這種理解是有問題的。

　　《左傳》定公四年:"分魯公以……殷民六族,條氏、徐氏、蕭氏、索氏、長勺氏、尾勺氏,使帥其宗氏,輯其分族,將其類醜,以法則周公。用即命于周。是使之職事于魯,以昭周公之明德。分之土田陪敦,祝、宗、卜、史,備物、典策,官司、彝器;因商奄之民,命以伯禽而封於少皞之虛。"《詩·魯頌·閟宮》則作:"乃命魯公,俾侯於東;錫之山川,土田附庸。"《左傳》之"分之土田陪敦",《詩·魯頌》則作"錫之山川,土田附庸"可見授土也當有"山澤"。《詩·小雅·北山》:"溥天之下,莫非王土,率土之濱,莫非王臣。"若魯"山澤"所居皆非魯民,還説什麽"東西七百,南北七百"呢? 因此,當另求別解。

　　"非山非澤"的"非",其實當訓爲隱、閒,也就是偏僻之"僻"。《玉篇·非部》:"非,隱也。"《增韻·微韻》:"非,閒也。"《荀子·王制》:"故近者不隱其能,遠者不疾其勞,無幽閒隱僻之國,莫不趨使而安樂之。"又《議兵》:"故近者歌謳而樂之,遠者竭蹶而趨之,無幽閒辟陋之國,莫不趨使而安樂之。"《淮南子·脩務》:"絶國殊俗,僻遠幽閒之處,不能被德承澤,故立諸侯以教誨之。"《吕氏春秋·先識覽·觀世》:"故欲求有道之士,則於江海之上,山谷之中,僻遠幽閒之所。"這些文獻裏,"幽閒隱僻""僻遠幽閒"連言,其實"幽""閒""隱""僻""遠"它們都是同義詞。"非"可訓爲"隱、閒",自然也可訓爲"僻"。

　　《墨子·耕柱》:"古者周公旦非關叔,辭三公,東處於商蓋,人皆謂之狂。"張純一《集解》引欒廷梅(字調甫)曰:"'非'字當讀如'避'。古讀'非'字如

'彼'，與'避'字音近。《金滕》:'周公乃告二公曰:我之弗辟(讀爲避)，我無以告我先王。'即其避管叔之由。而周公居東二年，即其東處於商奄之時也。"欒説近是。但"非"古音爲微部幫母，"僻"爲錫部滂母，"彼"爲歌部幫母。文獻裏，從非的"匪"字與"彼"字通用尚有兩例，"彼"字與"辟"字通用也有一例。但"非"與"辟"字通用則不見。這説明"非"與"辟"聲母雖然接近，但韻母一爲微部，一爲錫部，尚有一定距離，以致難以通假。因此，只能將"非"訓爲"避"，説"非"有"避"義。而"避"和"僻"都是"辟"的後起孳生字，它們意義是相通的。"周公旦非關叔"，是避開、躲避，也是"隱"，是從京都隱避到偏僻的魯奄去了。

由此看來，簡文"非山非澤"，完全可以釋爲"僻山僻澤"。所謂"非山非澤，無有不民"，是説魯邦全境"東西七百，南北七百"里之内，即使是偏僻的山澤，無一例外，所居住的都是魯之臣民。這是追溯魯國昔日的强大，以與今日的"小"作對比，説明"爲大鐘"之非。

《華學》8，頁 165

○**劉洪濤**(2007)　二、説"非山非澤，亡有不民"

上博竹書《曹沫之陳》1、2 號簡記有曹沫講述周室封魯時情形的一段文字，現在抄寫於下:

東西七百，南北五百。非山非澤，亡有不民

前一句很好理解，講魯國初封時所擁有的土地面積。東西七百，南北五百，則總面積爲三千五百平方里。後一句不很好理解，關鍵是"非"字。先看學者們的意見。整理者李零先生没有解釋"非"字，但説"亡有不民""指山澤以外的土地都有人居住"，他大概是把"非"訓爲"不是"。廖名春先生訓爲"隱、閑、偏僻"。李鋭先生在"非"字後括注"匪"，但没有解釋。蘇建洲先生讀爲"鄙"，訓爲"郊外"。高佑仁先生讀爲"無"，訓爲"無論、不論"。季旭昇先生讀爲"靡"。李强先生訓爲"違、僻遠"。按以上諸説中，除李鋭先生的意思不清楚外，皆有可商。從語法上講，這句話應是主謂結構，"非山非澤"是主語，"亡有不民"是謂語;"非山非澤"是名詞性並列結構，"非山、非澤"都是名詞性結構，"非"是"山、澤"的修飾限制語。當"不是"講的"非"，是一個表否定的實詞，如果把"非山非澤"之"非"訓爲"不是"，則"非山非澤"就成爲謂詞性結構，不能作主語了。從訓詁上講，"非"能訓爲"違"，也能訓爲"隱、閑"，但這種意義的"非"多是"違背、責難"一類的意思，並不能引申爲地理上的"偏僻、僻遠"等義，文獻中也没有例證支持這種用法。從語音上講，上古音

"非"屬幫母微部,"鄙"屬幫母之部,"無"屬明母魚部,聲母雖然都屬脣音,但韻部並不相近,不大可能通假。從文義上講,"亡有不民"應翻譯爲"沒有不臣服的",意爲"非山非澤"都是魯國所擁有的土地;把"非"訓爲"不是"或讀爲"靡",那些"山、澤"就全不是魯國的封地了,這顯然是不符合文義的。

傳世文獻中有"匪 A 匪 B"的用法,下面以《詩經》爲代表舉例如下:

(1)匪載匪來,憂心孔疚(《杕杜》)

(2)匪飢匪渴,德音來括(《車舝》)

(3)篤公劉,匪居匪康(《公劉》)

(4)匪安匪遊,淮夷來求(《江漢》)

(5)匪安匪舒,淮夷來鋪(同上)

(6)匪疚匪棘,王國來極(同上)

(7)王舒保作,匪紹匪遊(《常武》)

(8)匪教匪誨,時維婦寺(《瞻卬》)

這些例句中的 A、B 都是謂詞性成分,"匪"應該讀爲與"不、弗"義近的"非"。但是下錄三例中的 A、B 是名詞性成分:

(9)匪鶉匪鳶,翰飛戾天(《四月》)

(10)匪鱣匪鮪,潛逃于淵(同上)

(11)匪兕匪虎,率彼曠野(《何草不黃》)

(9)(10),陳奐引《釋詞》云:"匪,彼也。"(11),馬瑞辰云:"'匪兕匪虎',傳:'兕、虎,野獸也。'箋:'兕、虎,比戰士也。'瑞辰按:'匪''彼'古通用,'匪兕匪虎'猶言彼兕彼虎也。兕、虎猛獸,宜其'率彼曠野',以興征夫不宜疲於征役也。《傳》《箋》不解'匪'字,《正義》訓'匪'爲'非',失之。"《廣雅·釋言下》"匪,彼也"王念孫《疏證》:"《詩》中'匪'字,多有作'彼'字用者……《小雅·四月》篇:'匪鶉匪鳶,翰飛戾天。匪鱣匪鮪,潛逃于淵。'言彼鶉彼鳶則翰飛戾天,彼鱣彼鮪則潛逃于淵,而我獨無所逃於禍患之中也……《何草不黃》篇:'匪兕匪虎,率彼曠野。哀我征夫,朝夕不暇。'言彼兕彼虎,則率彼曠野矣,哀我征夫,何亦朝夕於野而不暇乎?……説者皆訓'匪'爲'非',失之。"王引之《經義述聞·毛詩上·匪直也人》條略同。他們的意見應該是正確的。

簡文"非山非澤"之"非",與(9)(10)(11)之"匪",都應該是"彼"的假借字。上古音"彼"屬幫母歌部,"非、匪"屬幫母微部,音近可以通假。如侯馬盟書"麻夷非是"之"非",朱德熙、裘錫圭先生指出應讀爲《公羊傳》"昧雉彼視"之"彼"。《左傳》昭二十二年傳:"非言也,必不克。"吳昌瑩認爲"非"應假借爲“彼”。“彼山彼澤,亡有不民”,謂方圓三千五百平方里内的那山那澤,没有不臣服的,即都歸魯國所有。《尚書·立政》:“方行天下,至於海表,罔有不服。”西周金文又常説“溥有四方”“咸有九州”。它們都是在吹噓統治者開國辟疆的功績。

《古籍研究》2007 上,頁 90—92

靡　䊳

睡虎地·秦律 86　秦駰玉版

○**睡簡整理小組**(1990)　(**編按**:睡虎地·秦律 86“縣、都官以七月糞公器不可繕者,有久識者靡蚩之”)靡,即磨。蚩(音産),讀爲徹。磨徹,意爲磨壞、磨除。

《睡虎地秦墓竹簡》頁 41